악티움 해전

악티움 해전

=== 로마 제국을 만든 전쟁 ===

배리 스트라우스 지음 | 이종인 옮김

책과함께

차례

흑

히스테르 (다뉴브) 강

아드리아해

마케도니아

트라케

비티니아

갈

필리피

아시아

악티움

에게해

아카이아

스미르나
에페수스
아프로디시아스

아테네

킬리키아

이오니아해

사모스

크레타

리키아

키프로스

지

중

해

키레네

키레나이카

파라이토니움

알렉산드리아

펠루시움

이집트

수에즈만

나일강

지중해 동부

0   마일   400

0   킬로미터   400

일러두기

- 이 책은 Barry S. Strauss의 THE WAR THAT MADE THE ROMAN EMPIRE(Simon & Schuster, 2022)를 우리말로 옮긴 것이다.

- 각주는 모두 옮긴이가 덧붙인 해설이다.

- 인용문에서 지은이가 덧붙인 해설은 〔 〕로 표시했다.

망각된 전쟁 기념물

그리스 니코폴리스

바다와 널찍하고 습한 만 사이에 자리 잡은 반도半島의 언덕 꼭대기. 그리스 서부에 있는 그곳은 사람들이 잘 찾지 않는 장소다. 그런데 여기에 아주 중요하지만 널리 알려지지 않은 역사적 기념물이 우뚝 서 있다. 얼마 남아 있지 않은 암석 덩어리들은 그 기념물의 원래 모습이 얼마나 장엄했을지 짐작케 한다. 불과 몇십 년 전만 하더라도 이 암석들은 잡초가 웃자라서 황량하고 쓸쓸하기 짝이 없는 언덕에 쓰러져 있었으나, 여러 해에 걸친 현지 발굴과 유적 연구조사 끝에 원래의 정교한 건축술을 얼마간 회복했다.

오늘날 이곳을 방문하는 사람들은 언덕 위 테라스풍의 기념물을 장식하는 석회석, 대리석, 트래버틴(온천 침전물) 덩어리들이 단정하게 배열된 모습을 볼 수가 있다. 이 암석의 원래 라틴어 기명記銘 중 남아 있는 일부 글자는 쉽게 읽을 수 있는데, 고전적 정제미를 자랑하는 음각陰刻으로 새겨져 있다. 글자가 새겨진 암석 덩어리 뒤에는 일정한 간격으로 움푹 들어간 구멍이 난 석벽이 있다. 이 구멍들은 해전에서 노획한 적선의 충각衝角 끄트머리 조각을 넣어두던 공간이다. 충각은 벽면에서 니은 자 형태로 90도 각도를 이루며 튀어나온 형태인데, 총 서른다섯 개다. 이 웅장한 전시물은 고대 지중해 세계에서 포획된 충각을 전시한 유물로는 최대 규모다. 야만적 화려함을 자랑하는 그 전리품 옆에는 무력으로 탈취한 여러 가지 무기가 멋지게 장식되어 있다.

그러나 로마인들이 익히 알던 대로 전쟁에서 승리를 거두는 것은 천상의 신들에게 달린 문제였고, 그 신들의 존재는 여기에서도 망각되지 않았다. 두 개의 석벽 뒤, 언덕 높은 곳에는 군신 마르스와 해신 넵투누스에게 봉헌된 거대한 노천 성소가 있었다. 거기에는 또 빛의 신 아폴론에게 바쳐진 노천 사당도 들어서 있었다. 그 건물의 프리즈*에 설치된 조각상에는 전쟁의 승리를 기념하는 로마의 개선 행렬이 조각되어 있었다. 그 거대한 신전 단지의 대지는 약 3000여 제곱미터에 달했다.

이 기념물은 로마 제국의 초석이라 해도 무방할 것이다. 이 역사적 유물이 이탈리아가 아닌, 로마에서 약 1000킬로미터 떨어진 이곳 그리스 서부 해안 지대에 세워진 것은 썩 타당한 일이었다. 그 언덕 아래쪽 바다에서 벌어진 전투인 악티움 해전을 기념하는 것이니 말이다. 악티움 해전은 로마 제국의 패권을 두고 동서의 양대 세력 사이에서 벌어진 거대한 싸움이었다. 세계의 무게 중심을 서방에 둘지, 아니면 동방에 둘지를 결정한 중대한 전투였다. 유럽 각국은 이 해전

---

* 고전 건축물에서 기둥과 처마 사이에 있는 삼각형 공간.

에서 생겨난 로마 제국에서 파생된 자식들이니, 악티움 해전은 역사의 전환점이 되는 사건이 아닐 수 없다.

그 해전은 두 가지 전투 방식, 즉 전통적 방식과 비전통적 방식 가운데 어떤 것을 선택할지를 보여주는 전형적 싸움이었다. 전투의 양쪽 당사자는 각각 다른 방식을 선택했다. 한쪽은 대규모 전투 부대, 최신 장비, 두둑한 군자금이라는 확실해 보이는 방식을 선호했고, 다른 한쪽은 자금도 없고 국내에서 저항에 직면했지만 노련한 경험과 상상력, 과감한 도전에 의존했다. 한쪽은 적을 기다렸고, 다른 한쪽은 과감하게 쳐들어가는 공격에 모든 것을 걸었다. 한쪽은 전면전을 추구했지만, 다른 쪽은 간접적 접근 방식을 선택했다. 오늘날까지도 이 문제는 전략 토의에서 핵심 의제로 남아 있다.

2000년 전 9월의 어느 날, 전함 600척과 20만 병력은 제국의 지배권을 두고서 해상에서 격돌했다. 그 제국은 영국 해협에서 유프라테스강에 이르는 광대무변한 지역을 통치했고 그 세력 판도가 장차 더 확대되어 오늘날의 스코틀랜드 에든버러에서 페르시아만에 이르는, 일찍이 본 적이 없는 광대한 영토를 지배하게 될 터였다. 한 여성과 두 정적이 지중해 세계의 운명을 손아귀에 올려놓고 최고의 패권을 차지하기 위해 용호상박을 벌였다. 유혈 낭자한 전장에 여성이라니? 하지만 시녀들을 거느리고 전투 현장에 나타난 그 여성은 역사상 가장 유명한 여왕인 클레오파트라다.

클레오파트라는 단지 남자들의 마음을 사로잡는 여왕, 윌리엄 셰익스피어가 영원불멸의 존재로 그려놓은 매혹의 아이콘으로 그치고 마는 여성이 아니었다. 그녀는 국가 경영의 기술과 경륜이 뛰어난 재주 많은 여인이었다. 만약 그녀가 존재하지 않았다면 역사의 방향이 달라졌을 정도로, 그녀는 무수한 대체 역사의 주인공이 되는 인물이다. 그녀의 혈통에는 마케도니아인·페르시아인·이집트인의 피가 섞여 있었다. 세상의 모습을 결정하는 전략과 전술 측면에서 그만큼 결정적 역할을 한 여성도 없을 것이다.

그녀의 연인 마르쿠스 안토니우스는 셰익스피어의 희곡에서 "친구여, 로마인이여, 동포여" 하고 연설했고, 카이사르가 암살되었을 때에는 포룸*에서 망자의 업적을 칭송했으며, 전장에 나아가 카이사르를 위해 복수를 해주었던 인물로, 악티움 해전에서는 클레오파트라 곁에서 한 팀이 되어 싸웠다. 그의 반대편에는 장차 아우구스투스 황제가 되는 옥타비아누스 카이사르가 있었다. 옥타비아누스는 서방 세계가 알고 있는 제국의 건설자 가운데 가장 위대한 황제였다. 그의 옆에는 최측근 오른팔이며 없어서는 안 될 해군 제독 마르쿠스 빕사니우스 아그리파가 있었다. 종종 아우구스투스의 그늘에 가려져 무시되는 경향이 있지만, 사실 아그리파는 승리의 진정한 설계자였다. 그와 옥타비아누스는 역사상 위대한 리더십의 한 팀을 이루었다. 비록 악티움 현장에 와 있지는 않았지만(로마에 있었다) 안토니우스의 사랑을 쟁취하고자 클레오파트라와 경쟁을 벌인 옥타비아도 정신적으로는 싸움의 현장에 와서 응원했다. 옥타비아는 옥타비아누스의 누나이자 그 무렵에 막 이혼한 안토니우스의 전처였다. 옥타비아

---

* Forum. 고대 로마 시대 이후 이탈리아 도시에 존재했던 중앙 대광장. 상거래 시장으로 이용되는 동시에 공개적 정치 집회나 재판이 열리는 장소였다. 로마의 경우, 이곳에 콜로세움을 비롯해 원로원 건물과 정부 관청이 들어섰다.

는 사람들에게 존경받는 동시에 오랜 시간 고통을 겪은 여인으로 치부되기도 했으나, 실은 뛰어난 첩보 제공자였고 그런 고급 정보는 남동생의 핵심 정적인 안토니우스의 침실에서 흘러나온 것이었다. 역사에서 왕왕 그런 일이 벌어지듯이, 겉보기에는 사소한 인물이 때로는 배후에서 중요한 영향력을 행사하는 법이다.

악티움 해전은 결정적 사건이었고 그 후과는 엄청났다. 만약 안토니우스와 클레오파트라가 승리했다면 로마 제국의 무게 중심은 동쪽으로 이동했을 것이다. 이집트의 알렉산드리아는 세계의 수도 지위를 놓고 로마와 경쟁했을 것이다. 동방을 더 중시하는 제국은 그 모습이 후기 비잔틴 제국과 비슷했을 것이다. 그리하여 제국의 신민들은 라틴어를 사용하는 로마의 엘리트 문화보다는 그리스, 이집트, 유대, 기타 동부 지중해 문화에 더 익숙해졌을 것이다. 이 제국은 아마도 브리튼을 왕국의 판도에 추가하지 못했을 것이고, 게르만족과 충돌하는 일도 없었을 것이며, 서유럽에 실제로 미친 그와 같은 영향력을 행사하지 못했을 것이다. 이 모두는 안토니우스가 해전에서 이겼을 때를 가정한 이야기이지만, 실제로 해전에서 이긴 사람은 안토니우스가 아니라 옥타비아누스다.

악티움 해전 이후 2년이 지난 기원전 29년경에 옥타비아누스는 자신의 작전 본부가 있던 자리에 기념물을 세우고 다음의 문장을 새겨 넣었다.

싸우면 언제나 이기는 개선장군[임페라토르Imperator] 카이사르는 신의 아들이며, 이 지역에서 공화국을 위해 전역戰役을 수행했다. 당시 그는 다섯 번째로 집정관직에 올랐고 일곱 번째로 개선장군으로 선포되었다. 이러한 영예의 수여는 육상과 해상에서 평화를 회복시킨 공로 덕분이었다. 카이사르는 전투에 임했던 캠프를 해전의 전리품으로 장식해 마르스와 넵투누스에게 기념물로서 봉헌했다.[1]

이 기념물 앞에 서면 그 일대의 전경을 볼 수 있다. 동쪽에는 악티움만(오늘날의 암브라키아만)이 있고, 남서쪽에는 레우카스섬(오늘날의 레프카다섬)이 있으며, 서쪽으로는 이오니아해, 북서쪽에는 팍소스섬과 안티팍소스섬, 마지막으로 북쪽으로는 에피루스산이 있다. 육지나 바다 쪽에서 위를 바라보면 언덕 꼭대기에 우뚝 솟은 전승 기념물을 쉽게 발견할 수 있다.

고대의 위대한 정복자들이 항용 그렇게 했듯이, 전투의 승자는 기념물 아래쪽의 들판에 새로운 도시를 건설하여 승리의 도시 혹은 그리스어로 니코폴리스Nicopolis라고 명명했다.[2] 그 도시는 몇백 년 동안 항구 도시로, 지방의 수도로, 그리고 4년마다 한 번씩 거행되는 '악티움 경기'의 개최지로서 관광객들을 끌어들이며 번창했다.

승리의 도시에서는 승리자들이 현장을 떠나자마자 신화를 만들어내는 사람들이 나타났다. 악티움은 위대한 승리였는가? 대리석이 세워진 수천 제곱미터의 땅, 수많은 행정가, 4년마다 열리는 경기에서 땀 흘리는 운동선수들과 응원하는 구경꾼들이 그렇게 말했다면, 그건 틀림없는 사실일 것이다. 그 점은 역사서도 동의하는 내용이지만, 아쉽게도 그 책들은 승자들의 책이다. 곧 아우구스투스로 알려지는 옥타비아누스는 후대의 영국 총리인 윈스턴 처칠이 한 말을 틀림없이 인정했을 것이다. 이 위대한 영국인은 역사의 판단을 자신한다고 말했는데, 그 이유는 "나 자신이 역사를 쓰고 있기 때문"이었다.[3] 니코폴리스에서 아우구스투스는 그 역사를 종이 위에 쓰는 대신 단단한 돌에다 새겼다.

그는 잉크로도 역사를 기록했는데, 바로 유명한 고대 저작 중 하나인 《회고록》이다. 이 책은 소수 고대 저작에 영향을 미치기는 했으나 아주 오래전에 인멸되었다. 후대에 전해진 고대의 저작들은 악티움에 대해 산발적인 밑그림만 제공하고 그나마도 중요한 사안들에 대해서는 서로 엇갈리는 서술을 한다. 우리는 안토니우스나 클레오파트라 측이 그 해전에 대해 남긴 자료는 갖고 있지 않다. 물론 약간의 흔적이 기존 사료에 남아 있기는 하지만 미미하다. 그래서 저 중요한 해전의 진짜 스토리는 재구성하기가 어렵다.

악티움 해전은 매우 중요한 전투였지만, 단발로 벌어진 사건은 아니었다. 그 전투는 육상과 해상에서 6개월에 걸쳐 벌어진 일련의 교전이 다다른 클라이맥스였다. 그러고 나서 1년 뒤, 간단히 끝나버리긴 했으나 그래도 중요한 전투가 이집트에서 벌어졌다. 또 당시에 벌어진 모든 작전이 군사적인 것만은 아니었다. 안토니우스와 옥타비아누스 사이에 벌어진 전쟁은 외교, 프로파간다와 가짜 뉴스를 포함한 정보전, 경제적·재정적 경쟁, 사랑·증오·질투 같은 인간적 정서가 개입된 전쟁이었다.

우리가 악티움 해전에 대해 안다고 여기는 내용의 대부분이 그렇듯이, 악티움 해안 위쪽에 조성된 도시와 기념물은 신화의 한 부분이다. 보이지 않기에 더욱더 음산해진 그런 신화다. 악티움은 풍성한 학문적 유업을 달성했다. 학자들은 악티움 해전의 실제 이야기가 공식 버전과는 상당히 다름을 알고 있었고, 시간이 흐르면서 서로 다른 의견을 내놓았다. 1920년대에 들어와, 한 선도적인 역사학파가 악티움 해전은 단기간에 시작되어 종식된 사소한 전투였는데 옥타비아누스가 대대적인 프로파간다를 펼친 바람에 그처럼 중대한 전투인 양 침소봉대되어 별다른 내용물이 없는 과대 포장 상품이 되었다고 주장했다. 이 학파의 주장은 최근에 발견된 고고학적 증거와 문헌 자료의 재해석 덕분에 고개를 숙이며 수면 아래로 가라앉았다. 이 새로운 자료들 덕분에 악티움 해전은 안토니우스와 클레오파트라를 자살하게 만들고 옥타비아누스를 로마 제국의 초대 황제인 아우구스투스로 만든 사건으로 그치지 않고 좀 더 흥미진진한 갈등으로 확대해석할 수 있게 되었다.

클레오파트라 전설은 역사적으로도 아주 풍성한 뒷이야기를 남겼을 뿐만 아니라, 그녀 자신도 처음부터 그 해전에 신화적 의미를 부여했다. 이런 점은 옥타비아누스와 안토니우스도 마찬가지였다. 옥타비아누스는 자신이 이성의 신 아폴론을 받드는 전사로서 야수적이고 술 취한 비이성을 상대로 싸움에 나섰다고 공언했다. 그는 그 전쟁이 동양 대 서양, 도덕 대 부도덕, 남성다움 대 사악한 여성의 일대 격돌이라고 주장했다. 그러나 현대인들은 이런 범주들을 오히려 역전시켜서 그의 프로파간다를 인종 차별주의, 서양 우월주의, 여성 혐오주의로 해석한다.

안토니우스와 클레오파트라가 그 당시에 무슨 생각을 했는지를 재구성하기는 더더욱 어렵다. 그러나 역사적 사료들이 단서를 제공한다. 클레오파트라는 자신을 로마에 저항하는 세력의 지도자이자, 서방에서 온 오만한 침략자에 맞서는 정의로운 무장봉기의 옹호자라고 주장했다. 거기서 더 나아가, 구세주이자 이시스 여신의 화신인 그 자신의 승리는 새로운 황금시대를 불러올 것이라고 주장했다. 안토니우스는 자신이 클레오파트라의 배우자임을 자랑스럽게 여기며 아시아를 정복한 디오니소스 신이 자기에게 영감을 불어넣어 주었다고 주장했다. 또 옥타비아누스는 자신을 질투할 뿐만 아니라 불경스럽기 짝이 없는 자라고 주장했다(하지만 디오니소스가 알코올의 신이라는 점은 옥타비아누스의 선전꾼들에게는 적수 안토니우스를 비방하며 도덕적으로 훈계할 빌미를 주었다). 좀 더 세속적 차원에서 보자면, 안토니우스는 낮은 신분에서 벼락출세한 독재자 옥타비아누스에게 맞서는 로마 귀족과 원로원의 옹호자로 자처했다. 클레오파트라는 자신이 300년 역사의 프톨레마이오스 가문을 보호한다고 생각했다. 이 두 사람은 옥타비아누스의 도전을 반드시 꺾어야 한다는 사실을 알았다. 그렇게 하지 못한다면 그들 자신과 자녀들을 위해 쌓아 올린 모든 것을 잃게 될 터였다.

이 책은 악티움 해전을 자세히 서술하면서 전쟁의 양상을 재창조한다. 또 그 전쟁의 전환점이 된 사건, 그러니까 악티움 해전 6개월 전에 벌어진 교전도 재구성한다. 아그리파는 안토니우스의 배후를 공격하는 과감한 수륙 양면 작전을 펼쳐 적을 충격에 빠뜨렸고 안토니우스의 예상을 온통 뒤흔들었는데, 그 작전의 세부도 함께 다룬다. 팽팽한 대치전은 온 세상 사람들의 상상을 사로잡는다. 그러나 전쟁의 역사를 살펴보면 승패의 갈림길에서 결정적 차이를 만들어내는 것은 기습적으로 행해진 비상식적 전략인 경우가 많다. 구체적 예를 들어 악티움 해전의 경우, 고대 마우레타니아의 폐위된 왕이 결정적 역할을 했다. 왕은 그리스 남부 구석의 한촌인 메토네에서 치열하게 싸웠다. 거기에서는 안토니우스도 클레오파트라도 옥타비아누스도 보이지 않았다.

하지만 아그리파의 수륙 양면 작전이 중요하기는 해도 그보다 1년 여 전에 발생한 비군사적 갈등의 맥락에서 그 작전을 살펴보아야 한다. 실제 전쟁은 무력 충돌뿐만 아니라 외교술, 정치적 조종술, 정보 전, 경제적 압박, 섹스 등이 모두 개입된 총력전이었다.

안토니우스는 최근에 발간된 전기에서 지금까지 알려진 패장의 모습보다 훨씬 더 인상적인 인물로 제시된다. 예를 들어 사료 비평에 입각한 전기들은 기원전 36~34년에 걸친 안토니우스의 '파르티아 참사'를 새로운 시각으로 조명한다. 그것은 파르티아 왕국을 간접적 으로 겨냥한 군사 작전이었는데, 성공이라고 할 수는 없어도 그렇다 고 참사라고 할 수도 없는 전쟁이었다고 본다. 그 후에 벌어진 외교적 파급 효과 덕분에 안토니우스가 잃어버린 것의 상당 부분을 회복할 수 있었으니 그 점을 고려해야 한다는 주장이다. 하지만 그런 성공을 자만하여 악티움에서는 실패를 보게 되었으니, 기이한 일이다.

이 미스터리는 해결되어야 한다. 악티움 해전은 그 당시 옥타비아 누스가 인근 들판에 조성한 새로운 도시와 해안가 언덕 위에 건립한, 반짝거리는 돌과 청동의 기념물로 마무리되었다. 그러나 그 전쟁을 일으킨 원인은 그보다 12년 전에 로마에서 발생한 갈등이었다.

1부

전쟁의 씨앗

기원전 44~32년

1

필리피로 가는 길

기원전 44~42년, 로마에서 필리피까지

기원전 31년에 벌어진 악티움 해전은 그 뿌리가 수십 년 전 사건들로 소급된다. 그러나 무엇보다도 기원전 49년에 율리우스 카이사르가 루비콘강을 건너 이탈리아로 들어오면서 벌어진 내전에서 생겨난 일이다. 카이사르는 휘하 군단의 장병을 이끌고 갈리아의 군사 지역과 이탈리아의 문명 지역을 갈라놓는 그 작은 강을 건넘으로써, 그후 4년 동안 지속되는 본격적인 내전을 시작했다. 카이사르는 적들을 모두 물리쳤고 결국에는 사상 최초로 종신 독재관 자리에 올랐다. 그러한 결정은 기존 엘리트층에게 엄청난 증오심을 불러일으켜 일단의 원로원 의원들이 기원전 44년 3월 15일에 로마의 원로원 모임에서 그를 무자비하게 칼로 찔러 살해했다. 이것이 저 악명 높은 '3월의 이데스 날' 암살 사건이다.

　암살자들은 자신들이 카이사르만 제거하면 곧 공화국을 복원할 수 있을 것이라고 생각했다. 하지만 그들의 원래 의도와는 달리, 제어하기 어려운 친親카이사르 세력을 결집시키는 결과를 낳았을 뿐이다. 이 카이사르 추종 세력이 단합하는 데에는 1년 이상 걸렸고, 이어 벌어진 무력 충돌은 상호 불신이라는 유산을 남겼다. 그러나 기원전 44년 4월, 친카이사르파와 반反카이사르파의 길은 단시간 안에 엇갈렸다. 카이사르가 암살된 지 한 달이 지난 그 시기는 비가 자주 내린 다음에 꽃 피는 계절이었으나, 죽음의 그림자가 로마 공화국 위로 길게 드리워졌다.

기원전 44년 4월 이후 15년 동안 로마 공화국을 주름잡는 인물들이 로마시를 중심으로 하여 그 일원에 모습을 드러냈다. 그들은 로마뿐만 아니라 지중해 세계의 역사를 쥐락펴락하는 주인공들이었다. 마르쿠스 안토니우스는 로마의 최고위 행정관인 집정관 두 명 중 한 사람이었고 나머지 한 집정관은 그보다 훨씬 권위가 떨어지는 인물이었다. 이 당시 클레오파트라는 로마 공화국의 판도 안에서 가장 부유한 독립국인 이집트의 여왕이었다. 옥타비아누스는 사후 입양으로 막 카이사르의 아들로 지명되어 종신 독재관의 엄청난 재산을 대부분 물려받은 후계자가 되었다. 그의 누나 옥타비아는 당시 로마의 거물 정치인이며 전 집정관인 가이우스 클라우디우스 마르켈루스와 결혼한 상태였으나 그 지위는 가까운 시일 내에 바뀌게 된다. 마지막으로, 옥타비아누스의 어릴 적 친구이자 가장 신임하는 부하인 아그리파가 있었다. 그는 나중에 벌어지는 전쟁에서 없어서는 안 될 중요한 해군 제독 자리에 올랐다. 이들은 곧 로마 세계 전역으로 흩어져서 저마다 활약상을 보이다가 나중에 다시 만나는데, 그로부터 13년 후인 악티움 전투에서였다.

먼저 클레오파트라가 로마를 떠났다. 젊은 여왕은 그 전해에 사업과 쾌락이라는 두 가지 목적으로 로마시를 찾아왔다. 외국 통치자들이 외교 문제로 로마를 방문하는 것은 그리 이례적인 일이 아니었으나, 클레오파트라는 카이사르의 정부이기도 했다. 이집트에서 한 차례 정분이 난 이후, 그녀는 기원전 47년에 아들을 낳았다. 그 아들에게는 프톨레마이오스 카이사르라는 이름이 주어졌으나, 카이사리온이라는 이름으로 널리 알려진다. 클레오파트라는 이 아들의 아버지가 카이사르라고 주장했다. 독재관 자신은 그 사실을 부정하지도 인정하지도 않았다. 어쩌면 그녀는 로마를 방문했을 때 그 아이도 함께 데리고 왔을 것이다. 여하튼 그녀는 그 후에 카이사르의 또 다른 아이를 임신한 모양인데 그 아이는 유산되었다.[1]

클레오파트라는 '이데스 날' 이후에 재빨리 로마를 떠나지는 않았다. 그녀는 정부의 죽음을 슬퍼하는 가녀린 여자가 아니라 어엿한 여왕의 신분이었다. 그런 만큼 이집트를 위해, 어떤 인물들이든 간에 로마의 새 실력자들과 지속적으로 우의를 다져둘 필요가 있었다. 그녀는 로마에 체류하는 동안 많은 저명인사를 만났다. 그중에는 마르쿠스 안토니우스도 있었다.

카이사르의 뛰어난 부장副將 중 한 사람인 안토니우스는 저명한(하지만 그 근원은 수상한) 귀족 가문의 후예였다. 당시 39세이던 그는 부장 무리에서 가장 나이가 많았다. 그는 진정한 전사였고 재주 많은 웅변가이기도 했다. 그는 혁명가는 아니었고, 다른 사람들보다 공화국의 전통적 제도를 더 많이 존중했으나 그렇다고 철저한 보수주의자는 아니었다.

18세의 옥타비아누스는 신동이었다. 부계 쪽으로는 이탈리아의 중상류 계급 출신이었고 모계 쪽으로는 로마의 최고 명문가 중 하나인 카이사르 가계에 속했다. 율리우스 카이사르가 외가 쪽 큰할아버지였다. 옥타비아누스가 네 살 때 아버지를 여의자 카이사르는 그 아이를 자기 집으로 데려왔다. 암살되기 6개월 전인 기원전 45년 가을, 카이사르는 옥타비아누스에게 유리하게 자신의 유서를 수정했다. 그후 카이사르는 당시 18세이던 옥타비아누스를 아드리아해 건너편으로 보내 기원전 44년 후반부에 전개될 동방의 군사 원정에 참여하도록 배려했다. 카이사르가 암살당했다는 소식이 들려오자 옥타비아누스는 이탈리아로 돌아와 매우 신중하게 움직이면서 마침내 로마에들어왔다. 그 당시 그의 옆에는 아그리파를 비롯한 수행원들이 따라붙었다. 옥타비아누스는 어린 나이였음에도 대권을 잡겠다는 의도가 분명히 엿보였다. 안토니우스는 그 청년이 카이사르의 유서 하나만가지고 권력의 최상부로 돌진하겠다는 의도를 좋게 봐줄 수가 없었고, 당연히 옥타비아누스를 저지하려는 마음을 품었다.

기원전 44년 봄 당시, 로마에 머물던 이 다섯 남녀는 저마다 품은 야망에 따라 그 앞길이 서로 나란히 달리거나 교차하리라는 것을 알았다. 하지만 그들 앞에 얼마나 많은 드라마가 펼쳐질지는 아마도 상상하지 못했으리라.

안토니우스의 부상

기원전 44년 4월, 카이사르를 암살한 자들은 로마와 이탈리아 밖의 여러 속주로 흩어졌다. 일부는 군대를 지휘했고, 일부는 속주의 총독을 맡았으며, 일부는 군자금을 모으고, 또 다른 일부는 동맹 세력을 규합했다. 그러면서 사망한 독재관을 지지하는 자들과 벌일 일전을 준비하고 있었다. 본국 로마의 정계는 안토니우스와 옥타비아누스 중심으로 단합했다.

안토니우스 쪽의 스토리를 서술하기란 쉽지 않다. 악티움 해전 이후에 나온 저작은 대다수가 승자인 옥타비아누스를 옹호할 뿐, 패배자인 안토니우스를 지지하지 않기 때문이다. 안토니우스의 소통 전략을 보여주는 증거물인, 그의 이름으로 발행된 주화와 그가 쓴 편지의 몇몇 인용문을 제외하고 그 자신의 저작물은 인멸되었다. 후대에 전해지는 문헌은 플루타르코스의 〈안토니우스의 생애〉가 유일하며 이것이 가장 중요한 문헌 사료다. 뛰어난 저술가인 플루타르코스(서기 120년 이후에 사망한 것으로 추정되는 루키우스 메스트리우스 플루타르코스)의 〈안토니우스의 생애〉는 대단한 걸작으로, 그가 집필한 《플루타르코스 영웅전》에 들어 있는 고대 그리스-로마인 50명의 전기 중 백미다. 셰익스피어는 1607년에 〈안토니우스와 클레오파트라〉라는 희곡을 쓸 때 플루타르코스의 안토니우스 전기를 주로 참고했다. 하지만 우리는 플루타르코스를 조심스럽게 읽어야 한다. 우선 그는 안토니우스의 사망 이후 100년 이상 지난 시점에 그 글을 썼다. 옥타비아누스와 안토니우스 양쪽의 자료를 참고했다고 하나, 그는 아우구스투스의 공식 관점을 선호하는 경향을 보인다. 게다가 그는 문학적·철학적 목적의식이 있었기에 때때로 필요하다고 여기는 대목에서 문학적 창작도 서슴지 않았다. 《플루타르코스 영웅전》 9권에서 그는 안토니우스를 그리스 영웅 데메트리오스와 대비한다. 이 그리스 영웅은 '공성자' 데메트리오스(기원전 337~283)라고도 불리는데, 마케도니아의 실패한 왕이자 장군으로 유명하다.●

이보다 더 문제가 많은 자료는 《필리피카》라는 키케로의 연설문집이다. 이 문헌은 마르쿠스 툴리우스 키케로가 기원전 43년에 집필한 반反안토니우스 연설문을 한데 모아놓았기 때문에 적대적 내용으로 가득하다. 제국 시대에 집필된 여러 역사서는 안토니우스에 대한 이런저런 정보를 제공하는데, 그중 가장 중요한 책이 그리스 출신의 로마 시민이 집필한 역사서다. 그중 하나는 알렉산드리아의 아피아누스(기원후 165년경에 사망)의 것이고, 다른 하나는 비티니아(오늘날의 튀르키예 북서부)의 카시우스 디오(기원후 235년경에 사망)의 것이다.

이러한 사료들을 심층적으로 읽으면 안토니우스 쪽의 역사를 재구성하는 데 어느 정도 도움이 된다. 그러나 승자인 옥타비아누스에 대해서만큼 세부 사항을 자세히 얻어내지는 못한다. 옥타비아누스는 악티움 해전 직후에 아우구스투스라는 존귀한 이름으로 격상되어 로마 최초의 황제 자리에 올랐다. 심지어 그때로부터 2000년이 흐른 지금도 우리는 권력의 법칙에서 시작해 인생 잡사에 이르기까지 필요한 교훈을 얻기 위해 아우구스투스를 연구하지, 안토니우스를 연구하지는 않는다. 어쩌면 부정적 교훈을 얻기 위해서라면 안토니우스를 거명할지도 모르겠다.

● 이처럼 실패한 인물과 안토니우스를 나란히 놓았으니 곧 지은이가 안토니우스를 실패한 장군으로 보았다는 의미다.

안토니우스는 기원전 83년 1월 14일에 로마의 귀족 가문에서 태어났다. 그의 가문은 성공한 집안이었지만 스캔들이 많았다. 안토니우스는 그 같은 가문의 전통을 그대로 이어받았다. 그의 친할아버지 마르쿠스 안토니우스는 뛰어난 웅변가이자 법률가였고 최고위직인 집정관과 감찰관을 역임했다. 하지만 로마의 고위 장군인 가이우스 마리우스와 술라(루키우스 코르넬리우스 술라 펠릭스) 사이에 내전이 벌어진 기원전 87년에 살해되었다. 그는 내전 중에 목숨을 보전하기 위해 은신처에 숨어 있었는데 술을 너무 좋아하는 바람에 그것을 들키고 말았다고 한다. 그 노인의 잘린 머리는 안토니우스의 외할아버지와 외삼촌의 잘린 머리와 함께 장창에 꿰어져 포룸의 연단 위에 효수되었다.

어린 안토니우스는 조상들의 이런 죽음과 아버지의 실패라는 그림자 아래에서 성장했다. 아버지는 크레타에 소굴을 둔 해적을 상대로 한 원정전의 지휘를 맡았는데 참담하게 실패했다. 아버지 이름 또한 마르쿠스 안토니우스인데, 그 전쟁을 너무나 시원찮게 지휘하여 크레티쿠스Creticus라는 반어적 별명이 붙었다. 이 별명은 '크레타의 정복자'라는 뜻이다. 그는 그 전투 직후에 사망했다.

안토니우스의 어머니 율리아는 한 귀족에게 재가했는데, 그 남편은 집정관으로 근무한 지 1년 정도 되었을 때 부도덕한 행위로 원로원에서 지위를 박탈당했다. 기원전 63년에 안토니우스의 그 계부는 이른바 '카틸리나의 음모'라는 사건에 가담했다. 그 사건은 채무자들과 정치적 배신자들이 일으킨 난폭한 저항 운동이었다. 그는 배신당해 체포되었고, 당시 집정관이던 키케로의 명령으로 재판 없이 즉석에서 처형되었다. 안토니우스는 이때부터 키케로를 몹시 미워했다.

잘생긴 청년 안토니우스는 활동적이고, 정력적이고, 매혹적이고, 카리스마가 있었다. 인생의 여러 시절에 그는 헤라클레스를 모방한 수염을 기르고 다녔다. 헤라클레스는 그의 집안에서 조상으로 모시는 반신半神이었다. 안토니우스는 모범적인 청년은 못 되었다. 술 마시기, 여자 따라다니기, 빚지기, 나쁜 친구 사귀기 등으로 로마 시내에서 악명 높았으나, 20대 중반에 들어서 어느 정도 안정을 찾았다. 그는 그리스에서 수사학을 공부했고 기원전 58~55년에 동방에서 기병대 대장으로 이름을 떨쳤다. 맨 처음에 참가한 전투에서 그는 공성전을 벌일 때 육체적 힘을 과시하며 적의 성벽에 제일 먼저 올라간 장교가 되었다. 뒤이어 다른 군사적 업적도 올렸다. 또 장교이면서도 부하 병사들과 똑같은 식사를 함으로써 존경을 받았다.

안토니우스는 갈리아 지역에서 카이사르에게 충실히 복무했다. 거기서 봉급과 병참을 담당하는 장교인 재무관으로 봉직했는데, 카이사르 밑에서 열심히 일하고 사령관에게 평생 충성(피데스fides)의 의무를 다하겠다고 맹세했다. 기원전 50년에 로마로 되돌아와 호민관 열 명 중 한 명으로 선출되었다. 호민관은 해마다 뽑는 선출직인데 보통 시민들의 이해관계를 대변하는 관직이었다. 안토니우스는 원로원이 갈리아 사령관 카이사르를 교체하고 그 후 체포하려고 하자 온 힘을 다해 막으려 했으나 실패했고, 로마에서 도망쳐 나와 갈리아의 카이사르 사령부로 피신했다.

안토니우스는 그 후 훌륭한 장군으로서 두각을 드러냈다. 카이사르가 루비콘강을 건넌 후 벌어진 내전 기간(기원전 49~45년)에 군사 임무뿐만 아니라 정치 임무도 탁월하게 수행했다. 가령 이탈리아 방위군을 조직하는 일, 카이사르의 군단이 적군 지역인 아드리아해를 건너가게 하는 일, 그 군단을 로마령 마케도니아에 가 있던 카이사르에게 합류시키는 일 등 중요한 업무를 처리했다. 그는 또 기원전 48년 8월 9일, 그리스 중부 지역인 파르살루스 전투에서 아주 중요한 역할을 수행했다. 카이사르의 최대 정적인 그나이우스 폼페이우스 마그누스(기원전 106~48, 일명 '위대한 폼페이우스')를 상대로 벌어진 이 결정적 전투에서 안토니우스는 카이사르 부대의 좌익을 맡았고, 카이사르의 베테랑 부대가 폼페이우스의 전선을 돌파할 때 자신의 기병대로 하여금 달아나는 적을 추격하게 했다.

이처럼 야전에서 혁혁한 공을 세웠는데도 안토니우스는 한 번도 최고 책임자로서 군단을 지휘한 적은 없었다. 정치적 측면에서 그는 원숙한 기량을 보여주지 못했다. 파르살루스 전투 이후에는 카이사르의 명령에 따라 로마로 돌아갔고, 카이사르는 이듬해를 동방에서 보냈다. 로마에서 안토니우스는 사마관(마기스테르 에퀴툼 magister equitum)으로 근무했는데 이 자리는 독재관의 지휘 계통에서 2인자의 관직이었다. 이제 평화의 한때를 맞이한 안토니우스는 방탕한 생활에 깊이 탐닉하기 시작했다. 여러 사료에서 그의 허랑방탕한 야간 연회, 공개적 자리에서 드러난 숙취 행태, 포룸에서 토한 일, 사자들이 끄는 전차 등을 언급했다. 키테리스('베누스의 시녀')라는 예명을 가진 옛 노예이자 여배우와의 내연 관계도 널리 알려진 일이었다. 둘이서 가마를 타고 공개적으로 여행을 다녔기 때문이다.

로마의 민간 및 군사적 질서는 안토니우스의 통제에서 서서히 벗어났다. 부채 탕감과 임대료 인하를 요구하는 군중이 폭력을 행사하자 그는 포룸에 군대를 파견해 유혈참극을 벌이고 시민 800명을 학살했다. 한편 당시 로마에 돌아와 있던 카이사르의 참전 병사들 중 일부도 보수 지급과 동원 해제를 요구하며 반란을 일으켰다. 안토니우스는 이 반란을 진압했고, 임대료 인하는 받아들였으나 부채 탕감은 거절했다. 카이사르는 원로원에 등원해 안토니우스를 비난했다가 얼마 안 가 바로 용서했다.

안토니우스는 이제 이혼하고 재혼함으로써 안정기에 접어들었다. 이번의 결혼 상대는 남편을 잃은 경험이 두 번 있는 귀족 풀비아였다. 그 당시의 권력 센 로마 여성 중에서도 풀비아는 독보적이라고 할 정도로 강력한 여성이었다. 그녀는 군대를 직접 동원했다. 풀비아에게 적대적인 주장을 펼친 사람들은 그녀가 허리에 칼을 차고서 병사들을 향해 사자후를 토했다고 주장했지만, 많은 경우 그녀는 칼보다는 말로 싸움을 했다. 철저한 평민 지지자인 풀비아는 세 정치가와 차례로 결혼했다. 첫째 남편은 거리에서 대중을 선동하던 정치가 푸블리우스 클로디우스 풀케르다. 둘째 남편은 카이사르를 지지한 호민관 가이우스 스크리보니우스 쿠리오이고, 셋째가 운명적인 남편 안토니우스다. 안토니우스의 정적들은 풀비아가 남편을 배후에서 조종한다고 주장했지만, 그건 사실이 아니었다. 하지만 이 강력한 여성은 안토니우스를 줏대 있는 남자로 만들었고 두 전남편에게서 배운 정치 기술을 그에게 전수했다. 안토니우스는 풀비아와의 결합으로 상당한 혜택을 입었다.

안토니우스는 운명의 해인 기원전 44년에 벌어진 여러 사건에서 핵심적인 역할을 했다. 2월 15일에 로마에서 거행된 루페르칼리아 축제에서 카이사르에게 왕관을 헌정함으로써 로마 포룸에 모인 대중을 경악하게 만든 사람도 안토니우스다.[2] 카이사르는 겉으로 보이는 모습을 중시하여 두 번이나 그 왕관을 거절했다.

3월 15일, '3월의 이데스 날'에 개최된 원로원 회의에서 마르쿠스 브루투스, 가이우스 카시우스 롱기누스, 데키무스 브루투스 등이 주축이 된 암살자 무리가 카이사르를 칼로 찔러 죽였다.[3] 만약 안토니우스가 원로원 내부에서 카이사르 옆에 앉아 있었더라면, 그가 암살자들을 상대로 시간을 끌고 우호적인 다른 원로원 의원들이 그 방으로 들어와서 카이사르를 도와 목숨을 부지할 수 있게 해주었을 것이다. 그러나 음모자들 중 한 명이 원로원 밖에서 안토니우스에게 일부러 말을 걸면서 붙잡고 있었고, 그 결과 카이사르는 혼자서 연단에 올라갔다. 바로 거기서 암살자들이 카이사르를 둘러싸고 칼로 찌른 것이다.

안토니우스는 이 사건 직후에 현장에서 도망했다. 아마 귀족의 겉옷인 토가를 벗어버리고 노예의 겉옷을 입고 변장한 채 달아났을 거라는 말도 있는데, 이는 확실히 중상모략일 뿐이다. 그다음 주에 그는 핵심적인 역할을 해냈다. 그는 무장한 채 분노하는 카이사르 지지자들을 잘 구슬려, 카피톨리노 언덕에 대피하고 있던 암살자들을 공격하지 못하게 했다. 그는 원로원을 설득하여 카이사르가 독재관 시절에 실시한 정책을 그대로 유지하되, 암살자들의 사면을 요청하는 타협에 응하게 했다. 또 원로원을 성공적으로 움직여 증오의 대상이던 독재관 자리를 철폐하게 했다. 그런 뒤, 시선을 당면한 문제로 돌려서 카이사르의 장례식 절차를 주관했다. 장례식에서 사람들의 감정이 격해져 폭동으로 번졌는데, 분노한 군중이 암살자 중 한 명으로 간주된 사람(실은 엉뚱한 사람이었다)을 살해했고, 나머지 다른 암살자들을 위협했다. 그래서 그들은 곧 로마에서 도망했다.

안토니우스는 생애의 절정기에 다다라 있었으며 카이사르의 후계자로 나설 준비가 되어 있었다. 그러나 카이사르는 유언장에서 옥타비아누스를 후계자로 지명했고 재산마저 대부분을 그에게 남겼다. 이런 결정에 안토니우스는 번민했을 것이다. 옥타비아누스는 카이사르의 친척이었는데, 그렇게 본다면 비록 촌수는 멀지언정 안토니우스 역시 인척 관계였으니 말이다. 게다가 그는 전장에서 여러 번 카이사르를 위해 목숨 걸고 싸워서 이 위대한 사령관의 승리에 크게 기여했다. 그러나 옥타비아누스는 아직 전장에서 피를 본 적도 없는 열아홉의 어린 소년에 불과했다.

옥타비아누스의 부상

옥타비아누스는 기원전 63년 9월 23일에 태어났다. 아니, 우리는 이렇게 물어야 하는 게 아닐까? 실제로 그날 태어난 사람은 누구인가? 옥타비아누스라는 이름 자체가 홍보전의 성격을 띠고 있다. 그는 옥타비아누스가 아니라, 가이우스 옥타비우스로 태어났다. 카이사르의 유언장에 따라 사후 입양 절차를 받아들임으로써 가이우스 율리우스 카이사르 옥타비아누스로 알려졌다. 아니, 로마의 표준 명명 절차에 따르면 그 이름으로 알려지는 것이 마땅했다. 하지만 그는 옥타비아누스라는 이름을 거부하고 카이사르로 불리기를 고집했다. 오늘날 대다수 역사가들은 그를 가리켜 옥타비아누스라고 부른다. 하지만 기원전 27년, 그의 나이 서른다섯이 될 때까지만 그 이름을 쓰고 그후에는 스스로 아우구스투스라는 호칭을 사용했기에 오늘날 이 이름으로 널리 알려져 있다. 이처럼 그의 이름은 복잡한 문제인데, 그 뒤에 존재하는 사람 역시 복잡한 인물이었다.

그의 아버지 역시 이름이 가이우스 옥타비우스인데, 그는 부유하고 야심만만한 인물이었지만 로마의 귀족은 아니었다. 그는 수도 로마가 아니라 그 남쪽에 있는 자그마한 도시 출신이었다. 그가 출세의 티켓을 거머쥔 계기는 율리우스 카이사르의 조카딸인 아티아 발부스와의 결혼이었다. 그러나 그는 아들 옥타비아누스가 네 살일 때 갑자기 죽었다. 아티아는 그 후 곧 재혼하면서, 어린 옥타비아누스의 양육을 자기 어머니인 율리아에게 맡겼고, 율리아가 옥타비아누스를 어린 시절부터 양육했다. 율리아의 오빠가 바로 그 당시 갈리아 지역을 정복하고 있었고 곧 로마의 일인자로 올라서는 율리우스 카이사르다.

옥타비아누스가 성장하는 동안, 카이사르는 시민들의 자치 공화국인 로마의 정치에 일대 혁명을 일으키고 있었다. 민중과 엘리트는 의회, 법정, 선출된 관리, 원로원 등의 사회적 제도를 통해 권력을 공유했다. 이론적으로 국가 운영 체제는 그러했으나 실제로 공화국은 카이사르 같은 정복 장군과 그를 충실히 따르는 수만 병사가 쥐락펴락했고, 원로원은 그들을 이길 수가 없었다.

당시의 로마는 정치적·군사적·사회적·경제적·문화적·행정적 난제의 미로 속에 갇힌 듯이 보였다. 로마와 그 제국을 순치시킬 수 있는 사람만이 지속적으로 평화를 유지할 수 있을 것으로 기대되었다. 카이사르는 그런 사람이 아니었다. 그는 정복자였지 건설자가 아니었다. 카이사르가 그 일을 할 수 없다면 누가 할 수 있을까?

카이사르는 합법적 적자를 두지 않았다. 앞에서 언급한 대로, 클레오파트라와의 사이에 카이사리온이라는 아들을 두었으나 그 아이는 서출이었다. 법률 측면에서 보자면 클레오파트라는 자신의 부친이 그러했듯이 로마의 시민권을 취득할 수도 있었다. 그러나 일반 대중이 볼 때 그녀가 이집트의 여왕이라는 점이 문제였다. 그래서 카이사르는 카이사리온이 아닌 옥타비아누스를 후계자로 지정한 것이다.

야심만만한 옥타비아누스는 타고난 정치가였다. 똑똑하고 매력적이었고, 말을 매우 조심스럽게 골라가며 했다. 그는 두 눈이 반짝거리는 잘생긴 청년이었고 조금 곱슬거리는 금발을 갖고 있었다. 키가 작고 다소 허약한 체격이어서 겉모습은 그리 당당해 보이지 않았으나 강인한 성품으로 보충했다. 타고난 군인은 아니었지만 끈질기고, 영리하고, 용감했으며 강철 같은 의지의 소유자였다. 게다가 그에게는 율리우스 가문 출신의 어머니 아티아가 있었다. 아티아는 기회 있을 때마다 카이사르에게 자기 자식을 자랑했다.

이처럼 뛰어난 소년 옥타비아누스에게는 친구가 많았는데 그중 한 명이 평생에 걸쳐 그의 오른팔 노릇을 한 마르쿠스 아그리파다. 그도 옥타비아누스와 마찬가지로 이탈리아의 부유한 가문 출신이었으나, 그 집안은 로마의 귀족들과는 아무런 연관도 없었다. 아그리파는 실용적 재주가 아주 풍부한 사람이었다. 그는 용감하고, 자신 있고, 무엇보다도 충성심이 강했다. 확실히 옥타비아누스는 사람들이 자기를 따르게 만드는 재주가 있었다. 아그리파의 경우, 옥타비아누스가 카이사르를 찾아가 아그리파의 형을 감옥에서 풀어달라고 호소하여 성사시켰다. 그 형이 카이사르에게 대적해 싸웠는데도 사면을 받아준 것이다. 그런 결정에 아그리파는 깊이 감사하는 마음을 가졌고 한평생 옥타비아누스에게 봉사했다.

청년 옥타비아누스는 그런 정치적 기질을 함양하는 데 여러 스승에게서 도움을 받았다. 그의 어머니 아티아는 원로원에서 자신을 인질로 잡으려 하자, 신전의 신녀들을 잘 구슬려 신전 내 도피처로 숨어드는 말재주가 있었다. 그의 누나 옥타비아는 첫 번째 남편 마르켈루스가 친정에 적대적인 상대였다가 온순한 동지로 변신하는 과정에 깊숙이 개입했다. 그의 양아버지는 전직 집정관이었는데 어느 편에도 붙지 않고 내전을 견디고 무사히 살아남았다. 옥타비아누스의 증조모와 조모는 함께 법정에 나가 어떤 간통 사건에 대해 구체적으로 증언함으로써 집안의 대들보인 카이사르가 공식적으로 지저분한 일을 하지 않고도 이혼할 수 있는 길을 열어주었다.[4] 그리고 마지막으로 가장 중요한 스승은, 역사적으로 기만에 능하기로 이름 높은 율리우스 카이사르였다. 카이사르의 발치에서 한 시간을 보내는 것은 정치학 교수에게서 한 학기 동안 강의를 듣는 것보다 더 가치 있었다. 그런데 옥타비아누스는 그 큰할아버지 곁에서 여러 시간을 보냈다.

무엇보다도 카이사르는 청년 옥타비아누스에게 공직을 계속 선사했다. 17세 청년은 기원전 46년에 카이사르의 로마 개선식에서 개선장군 옆에서 행군했다. 그런 영예는 개선장군의 아들에게나 부여되는 것이었다. 이듬해에 옥타비아누스는 히스파니아에 원정 나가는 큰할아버지를 따라갔다. 카이사르는 무섭게 성장하는 그 청년에게서 깊은 인상을 받고 자신의 유언장을 그 청년에게 유리하게 수정했다. 그 서류는 로마 신전의 신녀들에게 맡겨졌고, 우리가 아는 한 비밀로 지켜졌다.

카이사르는 동방에 나가 3년에 걸친 정복전을 수행하려는 계획을 세웠다. 그는 먼저 다키아(오늘날의 루마니아)를 정복한 뒤, 예전에 파르티아인들에게 당한 로마의 패배를 설욕할 계획이었다. 파르티아는 당시 아시아의 남서부 지역의 상당 부분을 다스리고 있었는데, 근동에서는 로마에 도전할 수 있는 유일한 강대국이었다. 카이사르는 당시 18세이던 옥타비아누스를 사마관에 임명했는데, 그 관직은 자주 사람들의 눈에 띄고 여러 장교와 연결망을 구축할 수 있는 자리였다. 파르티아 원정전은 기원전 44년 3월부터 시작될 예정이었다. 옥타비아누스는 기원전 45년 12월경에 카이사르의 명령에 따라 아드리아해를 건너 오늘날의 알바니아에 해당하는 지역에 설치된 카이사르 사령부로 갔다. 그 길에 친구 아그리파도 동행시켰다. 그곳에서 옥타비아누스는 여러 군단 지휘관과 유익한 접촉을 할 수 있었다.

그러나 3월 15일의 암살 사건이 모든 것을 바꾸어놓았다. 카이사르 암살 사건의 여파로, 옥타비아누스는 카이사르 지지자들과 군인들의 호위를 받으며 조심스럽게 로마로 돌아왔다.

약간의 망설임 끝에, 그리고 어머니와 양부의 반대 조언에도 불구하고 가이우스 옥타비우스는 카이사르의 입양 제안을 받아들였다.

그는 이때 이후 자신을 카이사르로 불러달라고 고집했다. 그의 어머니 아티아가 제일 먼저 그렇게 해주었다.

옥타비아누스는 겨우 18세였는데도 아주 높은 곳을 겨냥했다. 율리우스 카이사르 밑에서 도제 훈련을 끝낸 그는 포룸을 급습할 준비가 되어 있었다. 그 형상은, 마치 어떤 갑작스러운 충격에 의해 작동하지 않던 로마라는 투석기의 스프링이 야연 작동하기 시작한 것과 비슷했다.

그러나 장애물도 많았다. 당시 집정관 안토니우스가 카이사르의 후계자 자리를 차지하기 위해 옥타비아누스를 제치고 싶어 했다. 보수적인 공화주의자들은 카이사르의 양자 따위는 필요 없다고 생각했다. 그들은 무엇보다도 독재관의 유업을 영원히 제거하고자 했다. 반면에 한 무리의 야심만만한 사람들은 옥타비아누스 편에 붙어서 자신들의 정치적 목표를 달성하려고 눈에 불을 켰다.

카이사르는 굉장히 부유한 사람이었다. 만약 옥타비아누스가 유언장에서 약속된 재산의 4분의 3만 입수할 수 있었더라면 그 역시 큰 부자가 되었을 것이다. 하지만 그 재산을 만져보지도 못했다. 안토니우스가 유산 기금 대부분을 관리하면서 지불하기를 거부했기 때문이다. 그 재산 가운데 어떤 부분이 카이사르의 것이고, 또 어떤 부분이 로마 시민의 것인지 먼저 감정해야 한다는 주장이었다. 하지만 옥타비아누스는 다른 여러 출처에서 자금을 얻을 수 있었다. 첫째, 파르티아 전쟁을 지원하기 위해 아폴로니아(오늘날의 알바니아)에 설치된 금고가 있었다. 이 금고의 전액은 아니더라도 일부는 챙길 수 있었을 것이다. 옥타비아누스가 이 자금의 일부 혹은 전부를 로마 국고에 귀속시켰다고 주장했으니까. 둘째, 은행가들과 부유한 자유민들을 위시하여 카이사르 지지자들에게서 받은 차입금. 셋째, 어머니와 양부에게서 빌린 돈. 넷째, 그 자신의 재산과, 자신이 상속받을 수 있었던 카이사르 재산의 일부를 팔거나 저당 잡혀서 조달한 돈. 다섯째, 독재관이 옥타비아누스의 사촌들에게 남겨준 재산의 4분의 1. 이 정도만 해도 상당한 재산이었으나 안토니우스가 동방에서 끌어온 엄청난 자금에 비하면 비교가 안 되는 수준이었다.

옥타비아누스는 나날이 발전하는 영리한 젊은 정치가였고 전도가 유망한 청년이었다. 상황을 어떻게 장악하느냐에 따라 경력이 폭삭 망할 수도 있었고 최고의 자리에 올라갈 수도 있었다. 이 영리한 청년은 결국 상황을 장악했다. 옥타비아누스는 단순히 평범한 로마인이 아니라 카이사르였다. 안토니우스는 한때 그를 가리켜 이름뿐인 애송이라고 대단치 않게 여겼으나, 이는 사태의 핵심을 놓친 생각이었다.[5] 옥타비아누스가 볼 때, 정말로 중요한 것은 이름이 아니라 그 이름이 간직한 유산이었다.

옥타비아누스는 명예를 매우 중시했는데, 그 점이 로마의 일반 대중에게 좋은 인상을 주었다. 로마인들은 무엇보다도 개인의 평판에 높은 점수를 매겼기 때문이다. 카이사르 암살 사건으로부터 8개월이 흐른 기원전 44년 11월, 로마 포룸에 나간 옥타비아누스는 일장 연설을 했다. 그는 오른손을 뻗어 율리우스 카이사르의 동상을 가리키며 양아버지의 관직과 명예를 모두 상속하겠다는 의지를 공개적으로 드러냈다. 19세 청년이 로마 최초의 종신 독재관 지위를 그대로 계승하겠다고 주장했으니, 보통 배짱이 아니었다.

이 무렵 청년 옥타비아누스는 경험이 풍부한 두 로마 군단이 안토니우스를 배신하고 자기편에 붙도록 회유하는 데 성공했다. 옥타비아누스의 대리인들은 그 군단 사람들과 어울리면서 안토니우스의 인색함과 가혹한 훈련에 품은 불만을 더 부추겼다. 이는 정치권력이 군대를 움직이는 조종술의 연습 게임이었다. 옥타비아누스는 앞으로 몇 년에 걸쳐서 그 기술을 한층 더 가다듬어 완성한다. 이는 또 옥타비아누스가 공화정의 전통에 전혀 관심이 없음을 보여주는 사건이었다. 그의 군대는 사실 로마의 군대가 아니라 개인의 군대였던 셈이다.

하지만 그런 사실도 로마 원로원의 마지막 사자獅子였던 키케로가 옥타비아누스를 돕는 데 방해가 되지는 않았다. 이 위대한 정치가이자 연설가는 카이사르의 독재 정치를 싫어해서 암살자들을 지지했다. 따라서 카이사르의 후계자를 믿을 이유가 별로 없었다. 그러나 옥타비아누스는 키케로의 증오심(안토니우스는 키케로의 개인적·정치적 적수였다)과 노인의 허영심에 호소했다. 키케로가 적극적으로 권장하자 원로원은 안토니우스를 상대로 한 전쟁에 나선 두 집정관에게 옥타비아누스와 그의 사병들이 합류하도록 조치했다.

기원전 43년 4월, 양측은 이탈리아 북부에 있는 도시 무티나(오늘날의 모데나) 외곽에서 두 번의 전투를 벌였다. 그 일은 옥타비아누스가 처음 경험한 불의 시련이었고, 안토니우스는 자신보다 한참 연하의 적이 실패하여 겁쟁이가 되었다고 주장했다. 옥타비아누스는 비록 타고난 전사는 아닐지라도 용기를 발휘했다. 예를 들어 기원전 43년의 두 번째 전투에서, 그의 군단 기수(아퀼리페르aquilifer)가 부상을 입자 그 깃발을 대신 들었다. 다른 상황에서도 그랬지만, 전쟁 국면에서도 뛰어난 자제심을 보여주었다. 범사에 절제했고, 심지어 소란스러운 병사들 틈에서도 음주를 적절히 조절하는 데 자제심이 대단했다.[6]

그런데 공교롭게도 두 집정관은 이 전투에서 부상을 입어 사망했다. 이제 옥타비아누스는 원로원 군대의 사령관이 되었다. 따라서 그가 두 집정관을 독살하지 않았는지 의심을 받은 것도 그리 놀라운 일이 아니다.[7]

안토니우스는 전쟁에서 살아남은 병사들을 이끌고 질서 정연하게 퇴각하여 알프스를 넘어 갈리아로 갔다. 그곳에서 로마 사령관들을 접촉해 그들에게서 폭넓은 지지를 이끌어냈다. 이 무렵 옥타비아누스는 재빨리 편을 바꾸기로 결정한다. 1년 전, 키케로와 원로원을 민첩하게 지지했던 것과 마찬가지로 이번에는 아주 재빠르게 그 지지를 철회했다.

옥타비아누스는 자신이 안토니우스를 굴복시켜서 알프스 북쪽으로 내쫓았으니, 이제 원로원이 자신을 공격할 것이라고 생각했다. 사실 원로원은 카이사르 암살자들을 지원하는 쪽을 더 선호했다. 갈리아로 간 안토니우스는 그곳에서 카이사르의 옛 부장 중 한 사람인 마르쿠스 레피두스와 동맹을 맺었다. 그리하여 안토니우스는 근 20개 군단을 통제할 수 있게 되었는데 옥타비아누스도 그 정도의 병력을 갖고 있었다. 카이사르를 암살한 두 주동자인 마르쿠스 브루투스와 가이우스 카시우스가 카이사르 지지자들과 싸우기 위해 동방에서 군사를 모병하고 있다는 사실을 알게 된 안토니우스와 옥타비아누스는 서로 힘을 합치는 게 좋겠다는 결론을 내렸다.

기원전 43년 가을, 그들은 레피두스와 함께 로마를 공동으로 통치하고 군단과 속주의 통치권을 서로 분할하는 데 동의했다. 그들의 정부는 삼두 정치라는 이름으로 알려져 있다. 그 통치 기간을 5년으로 정하는 법률이 기원전 43년 11월 27일에 로마에서 제정되었다. 로마는 여전히 원로원을 비롯해 여러 통치 기구를 거느리고 있었지만 실제로는 세 명의 과두(삼두)가 통치하는 상황이 되었다.

브루투스와 카시우스는 로마를 재정복하여 원로원과 전통적인 귀족이 다스리는 예전의 공화국을 회복시키려 했다. 이들을 상대로 싸우려면 삼두에게 자금이 필요했는데 과세와 강탈로 조달할 계획을 세웠다. 그들은 정치적·개인적 적수의 목록을 발표했다. 여기에 오른 사람들은 재산을 몰수당하고 목숨을 잃게 될 것이었다. 그 명단에는 그들에게서 빼앗아야 할 금액이 적혀 있었다. 그 대상은 대략적으로 말해서 공화정을 지지하는 사람들이었다. 많은 사람이 해외로 도피했지만, 결국 2000명이 넘는 부유한 로마인이 죽음을 당했다. 구체적으로 원로원 의원 300명과 기사 2000명이 희생되었다. 기사는 부와 명예 측면에서 원로원 의원 바로 밑의 계급이었다. 이 목록은 서면으로 작성된 공식 통지인데, 라틴어로는 프로스크립티오proscriptio(징벌 고시)라고 했다. 징벌 고시는 1년 반 정도 시행되었다. 키케로가 이 고시로 희생된 인물 중 가장 저명한 인사다. 안토니우스는 최대 적수인 키케로를 무자비하게 죽였다. 옥타비아누스는 나중에 자신이 키케로를 살려내려고 애썼다고 말했으나, 그건 믿기 어려운 말이고 설사 그렇다 해도 그리 적극적으로 나서지 않았던 것으로 보인다.

삼두 정치 시절에 살아남으려는 로마인들은 양쪽에 다 보험을 들어 살아남는 기술을 일종의 예술 형태로 발전시켰다. 실세 정치가들에게 헌금을 나누어서 하고, 누구에게나 친절하게 대하고, 자신의 의견을 모호하게 말하는 것이 현명하면서도 신중한 처사였다. 어떤 사람들은 공직에서 은퇴했다. 재력과 재주가 있는 소수자는 글쓰기에 몰두했다. 물론 때때로 원칙이나 야망 때문에 과감하게 나서야 하는 경우도 있었으나 용기 있는 태도를 그리 오래 취하지는 않았다.

역사에서 그처럼 다수의 힘 있는 사람들이 그처럼 자주 편을 바꾼 적도 없었다. 그렇게 편을 바꿀 때는 나름의 훌륭한 이유가 있었다. 표면상으로는 삼과두였으나, 실제로는 안토니우스와 옥타비아누스가 중요했다. 날마다 두 사람의 세력 균형이 바뀌었다. 오늘은 한쪽이 올라가고 내일은 다른 쪽이 올라가는 식이었다. 레피두스는 나머지 두 사람만큼 권력도 야망도 크지 않았다. 셰익스피어는 〈안토니우스와 클레오파트라〉에서 레피두스를 가리켜 "사소하면서도 별로 공로가 없는 사람"으로 묘사했다.[8] 그리고 역사는 이런 묘사를 증언해준다. 옥타비아누스는 마침내 그를 해고하고 로마 남쪽으로 유배를 보냈다.

삼두 시대의 로마에서는 배신자와 변절자, 망명자와 이중간첩이 넘쳐났다. 대다수 주요 인사는 생애의 어느 시점에 충성의 대상을 바꾸었고 더러는 두 번 이상 변절하기도 했다. 평생을 단 한 명의 지도자 옥타비아누스에게만 충성을 바친 아그리파 같은 인물은 아주 드문 경우였다. 또 가이우스 아시니우스 폴리오도 그런 불변의 충성을 바쳤다.[9] 그는 장군이자 정치가이자 역사가였는데 안토니우스를 배신하고 망명하라는 옥타비아누스의 요청을 거절했다. 무슨 일이 벌어지더라도, 폴리오와 같은 끈덕짐과 살아남는 기술을 보여준 로마인을 찾아보기는 어렵다.

필리피 전투

브루투스와 카시우스를 상대로 한 결전은 기원전 42년에 그리스 북부 도시 필리피에서 로마의 대로인 비아 에그나티아Via Egnatia를 따라 펼쳐졌다. 암살자 군대를 맞상대하는 사령관은 안토니우스와 옥타비아누스였다. 필리피는 그 시대의 위대한 전투가 갖추어야 할 요소를 많이 보유하고 있었다. 그곳에서의 전투는 로마의 내전인 동시에 동방과 서방의 대결이었고, 지상전이었으나 해군력이 결정적 요소로 작용했다. 필리피 전투에서 한쪽은 돈과 물자가 풍부했고, 다른 쪽은 창의력이 번뜩였다. 그러나 필리피를 독특한 사건으로 만들어준 것은 대의였다. 내전에 참여한 모든 군대가 겉으로는 공화국의 대의를 위해 싸운다고 주장했다. 브루투스를 사령관으로 옹립한 동방의 군대는 실제로 그 대의를 실현하고자 했다. 브루투스는 정치가였을 뿐만 아니라 자신의 공화정 사상을 높이 평가하는 웅변가이자 철학자였다.

대결이 다가오자 브루투스는 용기와 결단이 넘치는 기개로 티투스 폼포니우스 아티쿠스에게 편지를 썼다. 아티쿠스는 키케로의 가까운 친구이자 로마 정계의 예리한 관측통이었다. 브루투스는 아티쿠스에게 보낸 이 편지에서 로마 시민들을 자유롭게 해방하거나, 아니면 그 자신이 죽어서 노예제로부터 해방되어야 한다고 썼다.[10] 전투 결과를 제외하고는 모든 것이 안전하고 단단하게 준비되었다고 그는 덧붙였다.

필리피 전투가 시작되기 전에 브루투스와 카시우스는 암살 사건을 기념하는 주화로 병사들의 봉급을 지불했다.[11] 주화의 앞면에는 브루투스 또는 브루투스 선조의 모습을 새겼고, 뒷면에는 카이사르를 암살할 때 사용했던 것과 같은 두 자루의 단도와 해방 노예들이 쓰던 '자유 모자'를 새겼다. 주화에 새겨진 글자는 '3월의 이데스 날'이었다. 이 주화의 속뜻은 명확했다. 카이사르 암살 사건이 로마를 독재자로부터 해방시켰다는 것이었다. 귀한 데다 굉장한 고가의 이 주화는 고대 세계에서 생산된 주화 중에 가장 유명한 것으로, 후대까지 전해진 주화는 대부분 은으로 제조된 것이다. 2020년에 금으로 만든 브루투스 주화가 근 420만 달러에 팔렸는데, 지금껏 판매된 고대 주화 가운데 최고가다.[12]

브루투스의 대의, 다시 말해 카이사르를 암살한 카시우스를 비롯한 인사들의 대의에 오점이 없지는 않았다. 그들은 자신들을 일러 해방자라고 주장했지만 실은 과두였다. 자유의 이름으로 카이사르를 암살했지만, 그들이 말하는 자유는 5000만 시민을 상대로 권력을 휘두르는 소수 엘리트 가문의 자유를 뜻했다. 카이사르는 독재자인 동시에 평민의 옹호자이기도 했다. 그는 이탈리아의 평민뿐만 아니라 정복된 지역의 엘리트를 자신의 충실한 조력자로 삼았다. 그가 로마 공화국의 제도를 짓밟은 것은 사실이지만, 그 제도는 기실 편협한 사고방식을 고수하는 통치 계급을 중시했다. 미래는 변화를 요구했고, 카이사르는 그 사실을 잘 알았다. 하지만 그는 오만, 폭력, 독재 권력을 통해 그 미래를 가져오는 방법 말고는 귀족과 민중에게 좀 더 친화적인 방법은 알지 못했다. 카이사르를 암살하려는 결정은 이기적이고 근시안적인 행위였으나 그 속에 이상주의가 담기지 않은 것은 아니었다. 어떤 의미에서 본다면, 브루투스는 셰익스피어의 〈안토니우스와 클레오파트라〉가 주장한 것처럼 로마인 가운데 가장 고귀한 사람이었다.[13]

필리피 전투에서, 브루투스와 카시우스는 제대로 지휘했더라면 승리를 거둘 확률이 높았다. 그들의 병력은 규모가 컸고, 로마의 대로를 내려다보는 높은 자리를 차지하고 있었다. 산봉우리들이 그들의 북측을 막아주었고, 습지가 남측을 방어해주었다. 카시우스는 매우 뛰어난 사령관이었고 그 옆에 브루투스가 있었다. 두 사람은 바다를 장악했고 인근 섬에다 함대를 정박시켰다. 캠프에서 멀리 떨어지지 않은 항구에서 그 섬으로 손쉽게 군수 물자를 수송할 수도 있었다. 이와 대조적으로 옥타비아누스와 안토니우스는 병사를 인솔하여 아드리아해를 건너느라 애를 먹으면서 진을 뺐다. 그런데 클레오파트라가 좋은 돌파구를 마련해주었다.

클레오파트라는 기원전 44년에 이집트로 돌아갔다. 거기서 그녀는 동방에서 점점 세력권을 키워가는 카이사르 암살자들에게 맞서 대항해야 했다. 이집트 여왕은 카시우스와 휘하 군대의 압력에도 굴하지 않고 그가 원하는 재정적 지원을 제공하지 않았다. 그녀는 두 가지 이유로 카시우스를 불신했다. 그는 카이사르를 암살한 세력의 주모자였을 뿐만 아니라, 추방된 그녀의 언니 아르시노에에게 이집트 왕좌를 돌려주어야 한다고 주장하는 세력을 은근히 지지했던 것이다. 안토니우스와 옥타비아누스가 필리피로 진군할 때 클레오파트라는 소규모 함대를 조직하여 그들을 도우러 나섰다. 하지만 함대는 항해 중에 풍랑을 만나 피해를 입었고 클레오파트라는 병(아마도 뱃멀미였을 것이다)이 나서 이집트로 돌아가야 했다. 그런 와중에도 이집트 함대는 공화파의 함대를 이탈리아로부터 빼냄으로써 옥타비아누스와 안토니우스를 간접적으로 도왔다. 이 두 사령관은 공화파 함대가 다른 바다에 나간 틈을 타 일부 병력이 안전하게 아드리아해를 건너오게 할 수 있었다. 클레오파트라는 새로운 함대를 건조할 계획을 세웠으나 그 당시 벌어진 사건들이 그녀를 앞질러 나감으로써 그렇게 하지 못했다.

그렇게 해서 안토니우스와 옥타비아누스는 필리피에 도착했으나 그 뒤에는 식량이 부족했다. 그들은 휘하에 22개 군단을 거느렸고 많은 병사가 베테랑이었으나 식량 부족은 병사들의 심신을 크게 압박했다. 반면에 물자 보급이 원활한 브루투스와 카시우스는 느긋하게 앉아서 적이 굶어 죽기를 기다릴 수 있었다. 브루투스와 카시우스는 인근 해군 기지에서 얼마든지 식량을 조달할 수 있었다. 그러한 적의 우위를 상쇄하기 위해 안토니우스는 습지 위로 둑길을 건설하는 동시에 요새의 축성을 강화하는 과감하고 창의적인 전략을 펼쳤다. 그런 식으로 적을 우회하여 그들의 보급로를 위협할 작정이었다. 처음에 안토니우스는 자신의 계획을 은폐하기 위해 습지의 키 큰 갈대를 이용했다. 그러나 곧 작전이 노출되었고 카시우스는 안토니우스의 계획을 좌절시키고자 성벽을 구축하기 시작했다. 10월 3일경에 안토니우스는 카시우스의 성벽을 공격하여 적진 속으로 침투함으로써 본격적인 전투를 개시했다. 한편 다른 전선에서는 브루투스가 승리를 거두어 옥타비아누스의 캠프를 점령했다. 옥타비아누스는 전투를 관망하다가 겁먹고 전장에서 달아난 상태였다. 나중에 비겁한 행위라며 비난을 받자, 당시 몸 상태가 안 좋았고 위험을 알리는 환시幻視를 보아서 너무 늦기 전에 간신히 몸을 피했다는 해명을 내놓았다. 몸이 아팠다는 것은 사실일지도 모른다. 당시 옥타비아누스는 건강 문제를 반복적으로 겪었다.

공화파에게는 불운하게도 카시우스는 그 혼란스러운 정황을 오판해 브루투스가 패배했다고 생각하고서 자살하고 말았다. 카시우스의 죽음은 팽팽하던 승부를 전략적 참사로 바꾸어놓고 말았다. 브루투스는 혼자서 작전을 펴기에는 군사적 경험이 부족했기 때문이다.

브루투스는 카시우스 병사들의 충성심을 믿지 않았고, 동방에서 온 동맹군들 중 한 세력이 배반하는 손실을 보았다. 중부 소아시아(오늘날의 튀르키예)의 갈라티아 왕국에서 온 한 장군이 안토니우스 편으로 달아나버린 것이다. 그 장군의 군주는 갈라티아의 늙은 왕 데이오타루스였는데, 이 왕은 전에 로마 내전 국면에서 두 번이나 편을 바꾸었던 인물이다. 그래서 우리는 이 왕이 필리피 야전 사령관에게 상황 봐가며 승자에게 붙으라고 지시하지 않았을까 의심한다.

브루투스는 주변의 말에 혹해서 치명적 실수를 저질렀다. 그는 해상의 보급로를 통해 아군 병사들을 먹일 식량을 충분히 조달하면서 적군 병사들을 굶어 죽게 만들 수 있었다. 하지만 최초의 전투가 벌어지고 3주가 지난 시점인 10월 23일, 브루투스는 무모한 공격에 나섰다가 패했다. 그 충격으로 그는 자살한다. 병에서 회복한 옥타비아누스는 브루투스의 머리를 베어서 로마로 보내 율리우스 카이사르의 동상 발치에 놓고 복수하라는 유혈 낭자한 명령을 내렸다.

안토니우스는 필리피 승전의 설계자였다. 그 승리는 완벽하고 결정적인 성공이었다. 옥타비아누스와 함께 제국을 분할할 때, 안토니우스가 더 좋은 부분을 차지하는 것은 당연했다. 그는 동방을 차지해 아테네에 본부를 두었고, 옥타비아누스는 로마에 자리 잡고 서방을 다스렸다. 서방이라고는 하지만 갈리아는 안토니우스의 수중에 남았다. 삼두 중 가장 힘이 없는 레피두스는 로마령 아프리카(오늘날의 튀니지)를 맡는 데 그쳤다.

겉으로 볼 때 가장 좋은 거래를 한 사람은 안토니우스로 보인다. 동방은 농업, 공예, 무역, 도시들이 번성하는 지역이어서 다른 곳과 비교가 안 되는 규모의 세금이 들어왔다. 그러나 동방 지역은 대부분 최근에 점령된 곳이어서 외교적·행정적 난제를 해결해야만 했다. 그렇지만 안토니우스는 보호 명목으로 현지 권력자들에게서 '선물'을 강탈할 좋은 기회를 잡을 수 있었다. 그리고 카이사르의 유업을 이어, 파르티아를 상대로 전쟁을 치르고 승리함으로써 군사적 영광과 정치적 권력을 획득할 필요도 있었다. 이런 복잡한 문제들 이외에, 앞에서 말했듯이 안토니우스는 서방에 속한 갈리아의 군사 기지를 적절히 유지해야 하는 책임도 떠안았다.

서방에 뿌리를 내린 옥타비아누스는 한정된 자금으로 통치해나가야 했다. 하지만 그는 이탈리아에 본부를 두고 있었기에 로마의 정치를 능숙하게 요리할 수 있었다. 게다가 그는 이탈리아 인력이라는 비교 불가능한 자산을 갖고 있었다. 로마 장군들은 이탈리아에서 군단병을 모집하는 것을 무엇보다도 중시했다. 옥타비아누스는 이탈리아를 장악했으니만큼 충분히 좋은 거래가 가능한 위치에 있었다. 군단병들에게 두둑한 보수와 값비싼 무기, 특히 선박을 제공하겠다고 하면서 그들을 동원할 수 있었다. 그렇지만 그는 먼저 이탈리아 국내 상황을 평정해야 했다. 동원 해제된 제대군인들이 정착할 땅을 불하해달라고 아우성을 쳤기 때문이다.

장차 벌어질 일들은 영리하기 그지없는 정치적 수완가의 재주를 시험할 것이었다. 옥타비아누스는 22세라는 젊은 나이에 그런 심각한 도전을 넘어서야 했다.

2

사령관과 여왕

기원전 42~40년, 에페수스-타르수스-알렉산드리아-페루시아

필리피 전투 이후 안토니우스는 남쪽의 아테네로 가서 기원전 42년에서 41년으로 이어진 겨울을 나고 봄이 오자 에게해를 건너 커다란 항구이자 종교적 중심지인 에페수스(오늘날의 튀르키예 서쪽의 도시)로 갔다. 그는 휘하에 두 개 군단을 거느리고 있었다. 그의 목표는 자신의 추종자를 그 지역의 권력 실세로 앉히고, 자금을 모으고, 자신이 염두에 둔 장래의 군사 작전에 대한 지지를 확보하는 것이었다. 카이사르는 암살당하기 전에 파르티아인들을 상대로 전쟁을 수행할 계획이었는데, 안토니우스는 그 계획을 이어받아 실천하고 싶어 했다. 파르티아에서 승리를 거둔다면 물질적 자원과 로마 정계를 지배할 권위를 확보할 수 있을 터였다. 그러나 전쟁을 치르자면 신중한 계획과 준비, 자금 조달 등이 필요했는데 거기에는 시간이 걸렸다.

안토니우스는 동방의 부유한 도시를 계속해서 순찰했다. 충성스러운 부하들을 현지의 권좌에 앉혔고 브루투스와 카시우스에게 협조했던 자들에게 과거 10년 치 세금을 2년 만에 모두 납부하라고 요구함

으로써 징벌을 가했다. 그는 계속 동쪽으로 나아가면서 소아시아 중부의 국정을 구미에 맞게 조정했다. 그중 한 왕국인 카파도키아에서는 왕실의 첩인 글라피라와 정분을 맺었다. 후대에 옥타비아누스가 쓴 시의 내용에 따르면 그랬다는 것이다.[1] 글라피라는 현지 왕에게 아들을 하나 낳아주었는데, 왕이 죽자 안토니우스는 그 아들을 왕으로 지명했다.

이처럼 가벼운 행동을 하면서도 안토니우스는 대중적 이미지에 신경을 썼다. 그가 에페수스에 입성했을 때 현지 주민들이 그를 디오니소스라고 부르며 환영하자, 나중에는 그 신의 이름에 합당한 평판을 이끌어내려고 노력했다. 디오니소스는 이전 몇백 년 동안 왕들과 정복자들이 좋아하던 신인데 거기에는 합당한 이유가 있었다. 오늘날 이 신은 음주와 연회의 신으로 간주되지만 그는 주신일 뿐만 아니라 해방과 정복의 신이기도 했다. 신화에 따르면 디오니소스는 아시아를 정복했고, 알렉산드로스 대왕은 이 신의 전철을 밟으며 페르시아 제국을 침략했다. 최근의 예를 들면, 기원전 120~63년에 폰투스 왕국을 다스렸고 로마의 적수였던 미트라다테스 6세 역시 스스로를 디오니소스로 여겼다. 대략 기원전 80~51년에 이집트 왕으로 재위한 프톨레마이오스 12세도 자신을 디오니소스로 생각했는데, 널리 알려진 그의 별명 아울레테스Auletes는 '피리 연주자'라는 뜻이다. 아마도 그가 축제에서 피리를 분 적이 있어서 그런 별칭이 생겨났을 것이다. 로마의 우군이었던 이 왕이 바로 클레오파트라의 아버지다.

디오니소스는 분명 동방의 신이다. 전통적으로 근엄한 태도를 숭상한 로마인들은 주신의 방탕한 의식과 무절제를 경멸했지만, 심지어 로마에도 이 신의 추종자들이 있었다. 예를 들어 그나이우스 폼페이우스('위대한 폼페이우스')는 기원전 79년에 아프리카에서 거둔 승리를 그리스 신화에 나오는, 디오니소스 신의 인도 정복에 비견했다.[2] 율리우스 카이사르도 로마의 테베레강 건너편에 있는 자신의 저택에 디오니소스 사당을 지은 것으로 추정된다. 안토니우스는 동방과의 연결고리를 강화하는 조치로서 자신을 헤라클레스에 비유하기도 했다. 이 반신半神은 종종 알렉산드로스 대왕과 동일시되는 존재였다.

타르수스

안토니우스는 카파도키아에서 남쪽으로 내려가 소아시아 쪽 지중해 해안으로 나아갔다. 그리고 시리아에서 흑해로 이어지는 도상에 위치한 고대 항구 도시인 타르수스에 사령부를 설치했다. 그가 클레오파트라를 불러들인 곳이 바로 이 도시다. 이집트는 부유한 나라여서 파르티아 원정에 필요한 돈과 물자를 제공할 수 있을 것으로 기대되었다. 게다가 안토니우스는 필리피 전투가 벌어졌을 때 클레오파트라가 브루투스와 카시우스의 편을 들어 이들을 지원했다는 소문이 있었던 터라 그 일과 관련하여 그녀를 문책할 생각이었다. 하지만 낭설일 뿐, 사실이 아니었다. 클레오파트라는 타르수스에 도착할 때 역사상 가장 특기할 만하게 입성했다.

그녀는 현지에 도착하자 바다를 항해해온 커다란 배에서 작은 보트로 옮겨 타고서 강 상류로 올라가 도시로 들어왔다. 프톨레마이오

스 왕조는 화려한 왕실 선박을 타고 여행하는 전통이 있었다. 셰익스
피어는 〈안토니우스와 클레오파트라〉에서 그녀의 입성을 완벽하게
묘사했다.

여왕이 탄 배는 닦아놓은 옥좌같이 물 위에서 찬란했죠.
고물은 얇게 펴늘인 황금 마루, 돛은 온통 자주색인데
어찌나 향훈을 풍기는지 바람조차 이 돛에 홀딱 반할 지경.
그뿐인가, 노는 은으로 만든 것이요, 노가 피리 소리에 맞추어 힘차게
물을 젓자 노가 밀어내는 물결이 금방 뒤쫓아왔습니다.
마치 그 밀어내는 노를 사랑하는 것처럼.
더구나 당사자인 여왕으로 말하면 말로는 도저히 표현하기 어려워요.
금실 은실 능직의 휘장 아래에 기대 누워, 인간의 상상력이
자연의 조화를 압도하는 격으로 아프로디테 여신을
무색하게 만들었지요. 좌우에는 보조개 지은 미소년들이
지켜 서서, 보시시 웃는 큐피드인 양 오색 부채를 부치고 있으니,
부채 바람으로 잠시 식었던 아름다운 볼이 또다시 달아오르며
밝게 빛났습니다.[3]

여기서 셰익스피어는 플루타르코스의 〈안토니우스의 생애〉에서
나오는 이야기를 그대로 답습했다. 플루타르코스는 클레오파트라를
아프로디테에 비교했고, 양옆에 서서 부채질을 하는 미소년들을 에
로테스(혹은 큐피드들)로 묘사했으며, 해신 혹은 세 은총의 여신 같은
차림새의 시녀들이 키와 밧줄을 붙들고 있었다고 썼다.[4]

클레오파트라는 그 만남이 말하자면 면접임을 잘 알았으므로, 그 것이 순전히 보여주기식 연극 같은 행사만은 아니었다. 플루타르코스에 의하면, 타르수스 시민들은 여왕의 보트가 도착하는 모습을 구경하기 위해 다들 포룸의 안토니우스 사령관석을 황급히 떠났다고 한다. 플루타르코스는 현지에서 떠돌던 소문을 이렇게 기록했다. "아프로디테가 아시아의 안녕을 위하여 디오니소스와 연회를 벌이러 왔다."[5]

클레오파트라는 자신을 사랑의 여신인 아프로디테(로마의 베누스)와 동일시했다. 또 자신을 이집트 최고의 여신이자 지중해 세계에서 인기 높은 대모신大母神인 이시스의 화신으로 여겼다. 이집트인 신하들은 그녀를 지상에 나타난 이시스라며 떠받들었다. 이집트 사람들은 오시리스 신이 디오니소스와 동격이며 이시스의 배우자라고 생각했다.

그녀는 타르수스에 화려하게 입성함으로써 안토니우스에게 이런 메시지를 전했다. '친애하는 장군이여, 프로파간다를 잘 펼쳐야 장군의 힘이 더욱 커집니다. 오시리스-디오니소스라는 내 배우자의 역할에 합류하세요. 그러면 우리 둘이서 위대한 과업을 성취할 수 있습니다.' 그녀는 안토니우스의 만찬 초청을 거부하는 대신 자신을 찾아오라고 그에게 요구했다.[6] 화려한 강상 보트를 중심 무대로 삼은 것도 두 연기자에게 적절한 연출 행위였다.

안토니우스는 과거에 이미 그녀를 만난 적이 있었다. 그가 기원전 55년에 이집트를 방문했을 때, 혹은 기원전 46~44년에 여왕이 로마를 찾았을 때 상면했을 것이다. 아무튼 안토니우스는 그때 깊은 인상을 받았다.

클레오파트라는 면접을 통과했다. 안토니우스는 겨울을 보내기 위해 클레오파트라를 따라 알렉산드리아로 갔다. 그들이 타르수스에서 출발하기 전, 유배되어 간신히 목숨을 부지하던 여왕의 골치 아픈 언니 아르시노에가 에페수스의 아르테미스 신전에서 살해되었다. 그일이 클레오파트라의 뜻에 따른 것이었는지, 아니면 안토니우스의 명령에 따른 것이었는지는 불확실하다.[7] 이렇게 하여 안토니우스와 클레오파트라는 연인이자 전략적 동반자가 되었다. 그 후 지중해 세계를 뒤흔들어놓은 두 사람의 관계는 한 여인의 전략적 천재성을 증언하는 것이기도 했다.

클레오파트라

클레오파트라는 말을 탈 줄 알았고 사냥도 할 줄 알았다.[8] 그녀는 왕좌의 위엄을 높이는 방법도 알았고, 밤중에 남루한 복장으로 도시의 빈민가를 방문하여 현장 조사를 할 줄도 알았다. 낚시 파티를 떠날 줄도 알았고, 전투 함대를 건조할 줄도 알았다. 그녀는 장군을 매혹하는가 하면 철학자를 어리둥절하게 만들 수도 있었고, 그럴 목적으로 적어도 일곱 가지 언어를 구사할 줄 알았다. 그녀는 화학자처럼 독약을 섞을 줄도 알았고, 노련한 정치가처럼 세금을 감면할 줄도 알았다. 그녀는 암사자처럼 자기 자녀들을 돌보았고 돌아가신 부왕 프톨레마이오스 12세에게 매우 헌신적이었다. 수백만 사람들이 볼 때 그녀는 사랑의 여신인가 하면 모성의 여신이었고, 복수자인가 하면 구원자였다. 그녀는 낮에는 한 애인과 왕궁에서 열리는 연회에 참석하는가 하면, 저녁때에는 다른 애인과 함께 나일강을 따라 내려가며 시원한 밤바람을 쐬이기도 했다. 그녀와 함께 한 시간을 보내노라면, 사나이 대장부는 도시와 왕국을 꿈꾸게 되었다. 장군들과 정치가들, 반역 노예들은 로마를 정복하지 못했지만 그녀는 로마 정복 일보 직전까지 갈 뻔했다. 클레오파트라의 동상은 그녀가 죽고 난 지 오랜 후에 이집트에 세워졌는데, 그 동상을 로마에서도 볼 수 있었다. 클레오파트라는 그녀를 두려워하는 사람마저 매혹했고, 심지어 오늘날에도 우리의 이목을 집중시킨다.

이제 28세인 그녀는 18세이던 기원전 51년부터 이집트를 다스려왔다. 그 도중에 1년 정도 남동생이자 공동 통치자인 프톨레마이오스 13세와 언니가 그녀를 잠시 추방한 적도 있었다. 그러나 추방된지 얼마 안 되어 곧 전세를 역전시켰다. 군대를 일으켜 남동생을 상대로 해전을 벌였는데 그는 그 전투에서 물에 빠져 숨졌다. 우리는 이미 앞에서 언니 아르시노에의 최후가 어떻게 되었는지 살펴보았다. 클레오파트라는 잠시 공동 통치했던 또 다른 남동생도 독살한 것으로 의심된다. 그 후 이 음모꾼 여왕은 자신의 갓난쟁이 아들과 공동 통치를 했는데, 실제로는 그녀의 단독 통치였다.

클레오파트라는 고대 세계에서 매우 유서 깊고 자존심 강한 가문 출신이었다. 프톨레마이오스 왕조는 알렉산드로스 대왕의 부장이었던 프톨레마이오스의 후예로, 지난 300년 동안 이집트를 통치해왔다. 이 왕실에서 강력한 여성이 다수 배출되었는데 그중에서도 클레오파트라가 가장 힘센 여걸이었다. 지난 300년 동안 이 가문은 최고의 왕을 배출했는가 하면 최악의 왕을 만들어냈다. 그들은 탐욕스러웠고, 잔인했고, 근친혼을 하는 쾌락주의자들이었다. 그들의 왕실은 막강한 권력을 보여주는 재물이 넘쳐났다. 프톨레마이오스 가문 왕 중에는 땅딸막한 신체를 가진 사람이 있었는가 하면, 술을 진탕 마시고 여색을 밝히고 환관을 가까이하는 왕도 있었다. 그러나 그런 동시에 그 왕들은 노련한 정치가, 신중한 행정가, 과감한 전략가이기도 했다. 그들은 건설자이자 이상가였다. 이 왕실은 고대 그리스 문화의 역사에서 굉장히 창의적인 시대를 주름잡았다. 이 왕실이 세운 수도는 마술 같은 분위기를 풍겼다. 그들이 세운 등대는 세계 7대 경이 중 하나이고, 그들이 건립한 도서관은 타의 추종을 불허하며, 그들이 누리던 쾌락은 모든 사람에게 질시를 받았다. 대리석으로 장식된, 다문화적이고 시끌벅적하고 화려한 알렉산드리아는 지중해 세계에서 가장 거대한 도시였고, 그 장엄함 측면에서(비록 인구수는 적을지라도) 촌스러운 로마를 완전히 압도했다.

로마인들은 제국의 수도를 건설하지 못한 상태에서 제국을 획득했다. 그들은 알렉산드리아에서 깊이 영향을 받아 그런 결점을 고쳐나갔으나, 클레오파트라 생시에는 화려한 도시로 만들지 못했다. 오늘날 로마에 가면 폐허 상태에서도 인상적인 대리석의 숲을 볼 수 있는데 기원전 41년에 그것들은 존재하지 않았다. 그러나 로마의 군사력과 외교력은 이미 절정에 도달해 있었다. 제국주의식 확장을 중시하는 정치 제도에 오만과 탐욕, 공포 등이 결합되자, 로마인은 새로운 정복을 계속 벌여야 한다는 유혹을 물리칠 수가 없었다.

로마가 비록 이집트를 독립국으로 남겨놓기는 했지만, 로마 사령관들은 100여 년 동안 이 나라의 재정 자원을 무자비하게 착취했고 그 나라 통치자들에게 사정없이 굴욕을 안겨주었다. 그러나 로마 원로원은 로마의 한 개인이 새로 얻은 부유한 고장을 정복하여 혼자서 명성을 차지하는 것을 못마땅하게 여겼다. 가령 카이사르가 갈리아를 정복했을 때, 그 공로가 마치 자기 혼자만의 것인 양 행동하는 태도를 곱게 보지 않았다. 그런데 당시 이집트는 지중해 세계에서 가장 부유한 나라였다. 원로원 의원들은 이집트를 명목상 독립국으로 남겨놓고 실제로는 로마의 은행 계좌 역할을 하도록 두는 쪽을 선호했다. 이런 상황은 과거에 이집트가 누린 장엄한 국가적 권위가 한참 추락했음을 의미했다.

클레오파트라는 누구인가

클레오파트라에 대해서는 편안한 마음으로 글을 쓸 수가 없다. 문헌 자료는 희박한 데다 산발적이고, 그나마 옥타비아누스가 아우구스투스 황제가 된 이후에 정립된 적대적 전승이 반영되어 있기 때문이다. 예술과 고고학적 증거는 풍부하고 흥미롭지만, 그 의도가 스핑크스처럼 수수께끼다. 다른 사람도 그렇겠지만 특히 클레오파트라의 경우, 진짜 이야기가 역사책 속에 스며들지 못했다.

예를 들어 클레오파트라는 어떻게 생겼는가? 셰익스피어는 안토니우스가 그 곁을 떠나지 못할 정도로 매혹적인 여자라고 상상했다.

"늘어나는 나이도 남존여비의 관습도 그녀의 다양하고 무한한 매력을 시들게 하지 못했다."[9]

우리가 그녀를 자세히 알 수 있다면 얼마나 좋겠는가. 하지만 분석할 만한 사료가 너무나 적다. 우리가 가진 것은 주화나 석상에 새겨진 그녀의 이미지뿐이다. 생전의 클레오파트라는 자신을 돋보이게 하기 위해 그런 이미지를 조심스럽게 관리했고, 반면에 그녀의 적들은 부정적 이미지를 만들어내려고 기를 썼다. 클레오파트라는 상대해야 하는 사람들이 누구인지에 따라, 혹은 그녀 자신의 의도에 따라 때로는 그리스인으로, 때로는 이집트인으로, 때로는 여성적 미인으로, 때로는 거의 남성적 여성으로 자신을 내세웠다. 만약 그녀가 성공을 거두었다면 우리는 그녀를 영국의 엘리자베스 1세 같은 훌륭한 전략가, 혹은 러시아의 예카테리나 여제 같은 제국 건설자 반열에 올려놓았을 것이다. 그렇지만 우리의 클레오파트라는 그 군왕의 장엄함을 찾아내려 하는 바로 그 순간에도 신비한 성적 매력을 발산한다.

노골적으로 적대적 의도를 드러내지 않는 문헌 사료들에서는 클레오파트라가 목소리, 외모, 성품 등을 적절히 활용하는 매우 매력적인 인물이었다고 기술한다.[10] 그러나 그녀가 뛰어난 미인인지 아니면 그저 보기 좋은 얼굴인지에 대해서는 의견이 일치하지 않는다. 체구가 아담했던 것만은 분명해 보인다. 한 남자가 그녀를 번쩍 들어 보트에서 내려 왕궁의 침실로 들어갈 수 있었으니 말이다. 또 그녀는 아이를 넷이나 낳을 정도로 튼튼하고 건강했다.

그 당시에 주조된 주화들은 지속적으로 유사한 이미지들을 보여준다. 클레오파트라는 이집트를 다스리는 21년 동안 동화와 은화를 주조했다. 통치 첫 10여 년 동안(기원전 51~38년)에 나온 주화들은 젊고 아름다운 여성의 옆모습을 보여준다. 광대뼈가 높고 코는 길고 오뚝하며, 턱은 앞으로 약간 튀어나와 있다. 목 부분은 드레스의 바깥으로 맨살이 드러나 있다. 이 시대에 나온 한 주화에서는 목걸이를 하고 있으며 드레스의 주름도 보인다.[11] 풍성한 모발은 뒤로 넘겨 뒷머리에 쪽을 찐 모습이다. 그 쪽은 '멜론 스타일'로 잘 손질되어 있고, 단단히 쪽진 머리카락은 멜론의 겉껍질처럼 여러 갈래로 나뉘어 있다. 그녀는 폭이 넓은 왕관을 썼는데, 고대 그리스 군주정에서 그러했듯이 왕족 신분을 보여주는 리본 형태다. 몇몇 주화에서는 이른바 아프로디테의 고리라고 부르는, 도톰한 목살이 올라와 있는데, 이는 프톨레마이오스 왕비들 초상화의 전통적 특징이다.[12] 이것은 클레오파트라의 실제 외모라기보다 그녀의 조상이 높은 신분임을 보여주기 위한 특징이다. 클레오파트라는 전반적으로 매력적인 모습이지만, 정말로 중요한 특징은 위풍당당함이다.[13] 무엇보다 그녀의 진정한 본분은 여왕이므로 주화의 뒷면에는 독수리가 새겨져 있다.[14] 독수리는 지난 여러 세기 동안 프톨레마이오스 왕조를 상징하는 동물이었다.

클레오파트라의 통치 후반기(기원전 37~30년)에 나온 주화들에서는 다른 이미지가 등장한다. 이 시기는 안토니우스와 함께한 시기여서 그런지 주화 뒷면에 그의 초상이 등장한다. 이 주화들은 여왕의 권력을 보여주기 위해 주조되었다. 전반기에 나온 주화들과 비교할 때 여기에서 클레오파트라는 당당하고, 경직되고, 더 나이 들어 보인다.[15] 그녀는 목도 두꺼워지고 어울리지 않게 목젖이 툭 튀어나와 있으며 남성용 겉옷을 입고 있다. 이 초상은 뒷면의 안토니우스 초상과 짝을 이룬다. 주화에 새겨진 글자는 그녀를 "여신 클레오파트라"라고 하여,[16] 그녀를 이집트와 시리아를 통치한 조상들과 결부시킨다. 안토니우스에게는 "개선장군으로 세 번 지명된 삼거두의 일원"이라는 문구가 부여되었다. 간단히 말해서, 이런 주화들은 권력을 보여주기 위해 제조되었다. 클레오파트라라는 남성 같은 여성과 안토니우스라는 거인이 권력을 행사한다는 사실을 과시하기 위한 것이지 두 사람의 얼굴을 정확하게 묘사한 초상화는 아니다.

그리스-로마 스타일로 제작된 여섯 점 정도의 조각과 부조는 전반기 주화들의 매력적이면서도 날카로운 모습의 클레오파트라를 보여준다. 학자들은 이중 한두 점만 실제의 클레오파트라 모습이라고 보며, 그 나머지에 대해서는 의견이 일치하지 않는다. 이탈리아 폼페이의 한 벽화에는 여왕과 한 아이가 묘사되어 있는데, 아마도 클레오파트라와 갓난아기 카이사리온을 묘사한 것으로 보인다. 이 벽화는 일반적으로 받아들여지는 그녀의 흉상을 바탕으로 제작되었을 가능성이 있다.

이집트 스타일로 제작된 왕실 여성의 조각이 약 여섯 점 있는데, 일부 학자들은 이것들을 클레오파트라의 조각상으로 여긴다. 이 조각상의 인물은 정교하게 공들인 가발을 쓰고 왕권과 신적 권위를 상징하는 코브라 머리띠를 착용하고 있다. 얼굴의 이목구비는 이집트 왕족의 일반적 이미지를 그대로 보여준다. 한 이집트 사원의 벽에 부착된 부조는 신들에게 제물을 바치는 클레오파트라와 카이사리온이 묘사되어 있다. 이처럼 양식화된 초상화들은 과거 파라오의 전통에 따라 그려진 것이어서 클레오파트라의 실제 모습에 대한 정보는 거의 드러나지 않는다.

그래서 우리는 클레오파트라가 자신의 이미지를 기막히게 잘 꾸미는 사람이 아니었을까 하는 인상을 받는다. 클레오파트라는 오늘날까지도 사람들이 자신의 모습을 다양하게 상상한다고 해도 그다지 개의치 않을 것 같다.

클레오파트라는 부계 쪽으로 부분적으로 마케도니아 후손이다. 하지만 클레오파트라의 할머니들에 대해서는 친가든 외가든 알려진 바가 없다. 친할머니가 낳은 자식들이 서자 취급을 받은 것으로 보아 할머니는 아마도 프톨레마이오스 왕조의 사람이 아니었던 듯하다. 이 할머니는 이집트인이나 마케도니아인 혹은 다른 나라 사람이었을 가능성이 있다. 클레오파트라의 외할머니와 외할아버지도 알려지지 않았다. 클레오파트라의 조상 중에는 적어도 페르시아계 여성이 한 사람 포함되어 있다. 또 클레오파트라의 어머니가 절반은 이집트인이라고 볼 근거가 충분히 있다.[17] 어머니는 이집트의 저명한 사제 가문 출신인데 프톨레마이오스 왕가로 시집왔다는 사실 말고는 알려진 내용이 없다. 바로 이런 이유로 클레오파트라는 프톨레마이오스 가문 출신 왕 중에서 유일하게 이집트어를 구사할 줄 아는 통치자였다. 이 모든 점을 종합하면, 비록 확실히 말할 수는 없지만, 클레오파트라가 여러 민족과 인종이 뒤섞인 인물이었으리라는 합리적 결론을 도출할 수 있다.

클레오파트라가 어느 민족의 후예인지와는 무관하게, 옥타비아누스의 프로파간다는 그녀를 몹시 완고하고 편협한 방식으로 다루었다. 그는 여왕을 언급하면서 그리스-로마인들이 동방으로 건너가서 보여준 타락의 양태를 고루 열거했다.[18] 환관, 황금 소파, 술주정, 광기, 유약함 같은 것들 말이다. 그는 클레오파트라가 안토니우스를 타락시켜 동방의 타락상들을 몸소 실천하도록 했다고 비난했다.[19] 가령 안토니우스가 보라색 겉옷을 입고, 선량한 로마인이 차고 다니는 장검을 무시하고 페르시아풍의 단검을 찼고, 심지어 모기장을 치고 잠을 자는 등 낯설고 야만적이고 유약한 관습을 그대로 따라했다고 비방했다. 옥타비아누스는 클레오파트라를 일방적으로 이집트인이라고 지칭하여 알렉산드로스 대왕의 마케도니아 부장 출신의 후예라는 사실을 편리하게도 무시해버렸다.[20]

클레오파트라는 엄청난 성차별적 편견에 시달렸다. 옥타비아누스와 그를 떠받드는 선전꾼들은 그녀가 안토니우스의 남자다운 기상을 모조리 빼앗아갔다고 비난했다. 구체적으로 언급하자면, 그를 노예로 만들었고,[21] 마술을 걸었으며,[22] 유약하게 만들었고,[23] 감각적 쾌락으로 그를 부패시켰으며,[24] 외국의 관습에 물들게 했고,[25] 조국과 친구들을 배신하게 만들었으며,[26] 전쟁이라는 남성의 세계에 공공연히 개입하여 안토니우스의 해군에 수치심을 안겼고,[27] 그의 병사들에게 직접 명령을 내렸으며,[28] 그를 세뇌시켜 로마 제국을 그녀에게 바치도록 했다는 것이다.[29]

그러나 이집트 사람들은 그녀를 위대한 여왕으로 평가했다. 우리도 완고한 편협성을 버리고 나면 그리스-로마 측 사료들도 클레오파트라가 유능한 행정가였고 용감하면서도 재주 많은 정치가였음을 인정한다는 사실을 알 수 있다. 이러한 전통은 중세 아랍 역사가들의 저작에서도 발견할 수 있다.[30] 그들은 그녀가 과학의 후원자로서 지식의 발전에 상당히 기여했다면서 그녀를 매우 긍정적으로 평가하고 존경했다. 그들은 여왕을 "덕성 높은 학자"라고 단언했고, 의학, 화장술, 측정술 등에 관심이 깊었을 뿐만 아니라 이 세 분야를 다룬 저서를 펴내기도 했다고 주장한다. 그리스 사료들은 클레오파트라가 의약과 독약에도 관심이 있었다고 주장한다. 그리스의 전승도 그녀가 학문과 문학을 사랑했다고 기록했다.[31]

클레오파트라가 모국어인 그리스어, 아랍어, 히브리어, 시리아어, 페르시아어 등 일곱 가지 언어를 구사했다고 하는데,[32] 얼마나 유창했는지는 알아낼 길이 없다. 거기에 라틴어는 언급되지 않지만 클레오파트라처럼 언어 재능이 뛰어난 사람은 라틴어도 습득했을 것으로 보아야 한다. 특히 그녀가 로마에서 보낸 시간과 로마인들과의 교제를 떠올려보면 더욱 그럴듯한 추정이라 할 것이다.

새로운 세계의 무질서 이해하기

이집트의 왕좌에 오른 자는 반드시 로마 정치를 잘 알아야 했다. 클레오파트라는 10대 시절에 아버지 프톨레마이오스 12세 아래에서 학습을 시작했다. 그는 비굴할 정도로 로마를 지원함으로써 왕좌를 유지했다. 이집트는 사실상 속국이 되었고 그 때문에 왕은 알렉산드리아에서 인기가 없어서 로마에서 3년간 유배 생활을 해야 했다. 클레오파트라는 아버지의 발치에서 정치를 배우고 나서 그 당시 세상에서 가장 강력한 권력자를 상대로 추가 학습을 했다. 그는 바로 그녀의 동맹이자 애인이었던 율리우스 카이사르다.

카이사르는 내전이 벌어지던 시기인 기원전 48년에 이집트로 왔다. 그 당시 이집트를 다스리던 왕은 클레오파트라의 남동생인 프톨레마이오스 13세였다. 그는 카이사르의 지원 요청을 거부했으나, 그가 왕좌에서 밀어낸 클레오파트라는 이집트 왕권을 되찾게 해준다는 조건으로 카이사르를 적극적으로 지원하겠다고 제안했다.

전하는 이야기에 따르면, 그녀는 침대보에 싸인 채 알렉산드리아의 왕궁으로 몰래 반입되어 카이사르의 목전에서 그 알몸을 드러냈다고 한다. 그런 등장이 강력한 인상을 남기기는 했겠지만, 카이사르는 그런 특이한 광경보다는 신중한 정치적 고려 때문에 프톨레마이오스 13세보다 클레오파트라를 더 선호했다. 그녀의 남동생은 알렉산드리아 대중에게 인기가 높았기에 그녀로서는 로마의 도움이 필요했다. 그녀는 로마에 돈을 내놓겠다고 제안했다. 또 이집트의 왕좌에 오르면 로마의 충실한 속국이 되겠다고 약속했다.

정복 장군과 여왕 사이에는 화학적 결합 이상의 것이 작용했다. 52세 장군과 21세 여왕의 나이 차이, 혹은 이집트 왕조가 알렉산드로스 대왕과 연결되어 있다는 사실만으로는 그들의 관계가 설명되지 않는다. 카이사르와 클레오파트라는 그 시대의 가장 뛰어난 개인들이다. 둘의 만남은 서로를 알아보는 진정한 두 마음의 결합이라는 아주 희귀한 현상이었다. 만난 지 한 달 만에 클레오파트라는 임신했다.

카이사르는 휘하에 둔 병사가 많지 않아서 알렉산드리아에서 펼쳐진 시가전에서 어려움을 겪었다. 카이사르는 그 자신의 군사적·정치적 수완, 유대와 아라비아 동맹들 덕분에 살아남아 마침내 전쟁에서 승리했다. 프톨레마이오스 13세는 전투 도중에 사망했고 클레오파트라는 단독으로 다시 왕좌에 올랐다.

카이사르와 클레오파트라가 함께 시간을 보낼 때면 신새벽까지 파티가 이어졌다. 둘은 클레오파트라의 화려한 보트를 타고서 나일강을 유람했는데, 400척이 넘는 배와 대규모 병력을 거느리고 이집트의 남쪽 경계 지대까지 강을 타고 내려갔다. 그러는 동안 강변의 장엄한 신전들과 다양한 동식물을 관람했다. 그 여행은 관광 겸 로맨스라는 목표도 있는 동시에 클레오파트라의 통치를 지원하는 군사 세력의 강성함을 보여주려는 의도도 있었다.

기원전 47년 여름, 카이사르가 이집트를 떠나 출발한 뒤에 클레오파트라는 카이사리온을 출산했다. 그 아이의 아버지가 카이사르인지는 증명할 수 없다. 그렇지만 생부일지 모른다고 생각할 만한 충분한 근거가 있다. 카이사르는 그 아이의 이름을 자신의 이름을 따라 짓도록 허락했다.[33] 또 클레오파트라의 로마 방문을 환영했고, 그녀를 테베레강 건너편의 저택에 묵게 했으며, 새로 건립한 베누스 신전에 그녀의 동상을 세웠다. 그 신전은 율리우스 포룸 혹은 카이사르 포룸이라 불리는 곳의 한가운데, 즉 로마 중심부에 세워진 건물이었다. 카이사르는 베누스를 율리우스 가계의 창시자로 여기며 조상으로 숭배했고, 그렇게 하여 자신이 개인적으로 신성과 연결되어 있다고 과시했다. 그런 베누스의 신전에 세운 클레오파트라의 동상은 아마도 갓난아기인 카이사리온을 안은 모습이었을 것으로 추정된다. 이는 클레오파트라를 아들 호루스를 안고 있는 이시스 여신이자 베누스로 제시하는 행위였다. 카이사르가 야심차게 건립한 신전에 카이사리온을 안은 클레오파트라 동상이 있다는 것은 그가 그 아이를 자신의 아들로 인정한다는 주장을 뒷받침한다.

카이사르는 여자를 임신시킬 능력이 없었으므로 카이사리온을 낳을 수 없다는 주장이 제기된 적도 있다. 이런 주장의 근거로는 카이사르가 기원전 76년경에 딸 율리아를 얻은 이후로 자식을 보지 못했다는 사실이 제시된다. 율리아는 기원전 54년에 출산하다가 사망했다. 하지만 이는 겉으로 알려진 사실만 강조하는 시각이다. 우리는 카이사르가 다른 여자들과 연애하여 낳은 서자들이 있는지 아닌지는 알지 못하니 말이다.[34]

카이사르의 가까운 동료였던 가이우스 오피우스는 카이사리온이 독재관의 아들이라는 사실을 부정하면서 카이사르 사후에 그런 취지의 팸플릿을 발간하기도 했다.[35] 그러나 오피우스는 옥타비아누스의 지지자였으므로 이 문제에 대한 진영의 입장을 충실히 따랐는지도 모른다. 로마인들은 옥타비아누스가 카이사르의 유일한 아들이라는 시각을 내세웠다. 플루타르코스는 오피우스의 글이 사료로서 신빙성이 있는지 의문을 드러냈다.[36] 고대의 다른 저술가들도 카이사르가 과연 아버지였는지 의심했으나, 그들 역시 공식적인 이야기를 그대로 따라 그런 입장을 취했는지도 모른다.[37]

안토니우스 자신은 로마의 원로원에 나아가, 가이우스 마티우스 오피우스(또 다른 카이사르의 친구)와 다른 친구들이 모두 아는 사실대로 카이사르가 그 아이의 아버지임을 확증했다.[38] 이러한 안토니우스의 언사는 객관적이지 않기에 강력한 증거는 되지 못하나 아주 그 럴듯한 말이기는 하다.

카이사르는 어린 정부에게 지식을 풍부하게 선사했다. 클레오파트라와 안토니우스가 내연 관계가 시작되었을 때, 그녀는 이미 로마의 사정을 환히 꿰고 있었다. 그녀는 그에게 법무관(사법적 권위를 지닌 로마의 고위 행정관)의 훈령에 들어갈 세부적인 내용을 가르쳐줄 수 있었고, 행군하는 군대의 캠프를 설치하는 방법까지 조언할 정도였다. 클레오파트라는 안토니우스에게 훌륭한 전략가 노릇을 했을 뿐만 아니라 굉장히 똑똑해서 지루함이 생겨날 틈이 없었다.

그녀의 재치를 보여주는 일화는 많이 있으나 여기서는 그중 뛰어난 것 두 가지만 소개한다. 클레오파트라는 어느 날 안토니우스와 함께 나일강에 낚시하러 갔다. 그는 운이 없어서 고기를 낚지 못했으나 그 사실을 인정하기 싫었다. 그래서 노예들에게 물속에 몰래 잠입하여 이미 잡은 고기를 낚시 갈고리에다 매달아놓으로고 시켰다. 클레오파트라는 그 사실을 다 꿰뚫어보았으나 못 본 체하고 한 가지 짓궂은 일을 계획했는데, 친구들을 불러와 자신의 장난을 목격하게 한 것이다. 안토니우스가 물속에 낚싯대를 드리우자, 그녀는 한 노예에게 물속으로 들어가 그 낚싯줄 끝에다 흑해산 염장 청어를 매달아놓게 했다. 안토니우스가 낚싯대를 들어 올리자 모든 사람이 그 광경에 웃음을 터트렸다. 하지만 그가 창피함을 느끼기도 전에 그에게 이렇게 말했다. "사령관님, 당신의 낚싯대는 파로스와 카노푸스(알렉산드리아 근처의 지명) 출신 어부에게 넘겨주세요. 당신의 스포츠는 도시와 영토, 대륙을 낚는 것입니다."[39] 이는 교묘한 아첨이었다. 클레오파트라는 하찮은 낚시질에는 자신이 우월하지만, 왕에게 어울리는 정복 사업은 애인이 더 잘한다고 은근히 추어준 것이다.

두 번째 일화는 왕궁의 연회장 이야기에서 나왔다. 안토니우스가 연회를 좋아한다는 것을 알고서 클레오파트라는 1000만 세스테르세스가 들어갈 정도로 굉장히 값비싼 만찬을 베풀어줄 수 있다고 그에게 장담했다.[40] 그 액수는 당시 가장 훌륭한 조각가가 대리석 조각상을 제작하는 데 들어가는 비용의 열 배나 되었다. 약속한 연회의 날이 되자, 클레오파트라는 평범한 만찬을 그에게 대접했고 당연히 그는 별로 깊은 인상을 받지 못했다. 그는 오히려 만찬이 너무 수수하다며 비웃었다. 그런 뒤, 그녀는 만찬의 두 번째 코스를 준비했다. 사전에 준비한 대로 그녀의 시종이 식초를 가득 채운 잔을 대령했다. 클레오파트라는 귀에 차고 있던 진주 귀고리를 하나 떼어냈다. 아주 값비싼 보석인 그 진주를 식초 잔에다 떨어뜨렸다. 그러자 진주는 곧 녹아버렸다. 그러더니 그 괴상한 칵테일을 가볍게 마셔버렸다. 그녀가 다른 귀고리도 그렇게 하려고 하자, 안토니우스의 부장이자 궁중의 재사인 자가 그녀를 말리면서 안토니우스가 졌다고 선언했다. 현대의 실험에 의하면, 식초(초산)가 진주를 녹이는 데에는 약 24시간이 걸리지만, 어쨌든 녹이기는 한다고 알려져 있다.[41] 따라서 클레오파트라는 즉석에서 승리를 거둘 수는 없었겠지만, 고대의 저술가들에 의하면 승리를 거둔 것이나 마찬가지였다.

호화로운 생활을 좋아한 안토니우스는 알렉산드리아에 머무르면서 그런 생활을 마음껏 즐겼다. 하지만 그가 악티움 전투 전에 거기서 많은 시간을 보냈다는 뜻은 아니다. 겨우 세 번 겨울을 났을 뿐이다(기원전 41~40년, 기원전 36~35년, 기원전 34~33년). 그렇지만 역사 사료들은 마치 그가 그 화려한 도시에서 긴 세월을 보낸 양 묘사한다. 아마도 아우구스투스의 편견이 작용한 탓일 것이다. 알렉산드리아는 로마인의 정신세계에서는 타락과 동의어이니 말이다. 아무튼 그 화려한 도시가 그에게 강력한 인상을 남겼으리라는 점은 그리 어렵지 않게 상상할 수 있다.

플루타르코스는 안토니우스가 그곳에서 시간을 낭비했다고 비난한다. 그는 독자들에게 가십을 제공하여 즐겁게 한다.[42] 알렉산드리아에서, 안토니우스와 풀비아 사이에서 태어난 아들의 주치의 노릇을 하던 친구에게서 플루타르코스의 할아버지가 들었다는 이야기인데, 연회에 구운 멧돼지 고기가 나오고 식탁에는 화려한 금잔과 은잔이 가득했다는 내용이다. 클레오파트라는 게임, 사냥, 술자리 등을 돌아가면서 개최하여 쉴 새 없이 안토니우스를 즐겁게 해주었고, 때로는 거친 옷을 걸치고 밤중에 둘이서 시내의 빈민가를 잠행하기도 했다. 알렉산드리아 사람들은 그 모든 이야기를 곧이곧대로 받아들이며 즐거워했다. 안토니우스가 로마인을 상대로 할 때는 몹시 근엄한 얼굴로 대결의 자세를 취했지만, 알렉산드리아 사람들을 대할 때는 마치 코미디언이 된 것처럼 희극적인 태도를 취했다고 생각했다.

안토니우스와 클레오파트라는 "'모방 불가능한 생활'을 하는 사람들의 모임"을 결성했다. 플루타르코스는 그들이 아주 값비싼 파티를 열어 서로를 즐겁게 해주면서 시간을 보냈다고 말한다. 그러나 모임이라는 단어는 종종 종교적 결사를 가리키므로 '모방 불가능한 생활'을 하는 사람들의 모임은 어쩌면 디오니소스를 숭배하는 사람들의 집단을 뜻할 수도 있다. 물론 알코올은 그 집회의 한 가지 요소였다.

기원전 34년 12월 28일로 날짜가 확인되는 한 기명은 안토니우스를 가리켜 '모방 불가능한 위대한 연인'이라고 지칭한다. 문자 그대로 해석하면 "아프로디테의 일에서 '위대하면서도 모방 불가능한 자'"이다. 클레오파트라는 아프로디테로 여겨졌으므로, 이 기명은 '모방 불가능한 생활'을 하는 사람들이 종교적 모임이었다는 사실의 증거를 제시한 셈이다.

페루시아

안토니우스와 클레오파트라가 동방의 쾌락을 누리고 있을 때, 옥타비아누스는 이탈리아에서 전쟁을 치르고 있었다.

그는 필리피 전투 이후 민감한 조치를 취했는데, 확실히 민심의 이반을 불러일으킬 만한 일이었다. 그는 제대군인에게 이탈리아 내 정착지를 제공하려면 기존 민간인들의 땅을 상당 부분 몰수해야만 했다. 그런 이들 중에는 안토니우스의 전사도 상당수 포함되었다. 땅을 빼앗기게 생긴 사람들은 항의했고, 삼과두가 아니라 그들 자신이 그런 중요한 결정을 내려야 한다고 생각했던 원로원 의원들도 반발했다. 그런 반대파의 우두머리가 기원전 41년에 집정관이 된 안토니우스의 동생 루키우스 안토니우스, 그리고 안토니우스의 아내 풀비아였다. 풀비아는 옥타비아누스에게 대항하여 군대를 일으켰다. 병력 동원은 보통 남자들의 일인데, 풀비아는 그런 일을 맡음으로써 상당한 영향력을 행사했다. 당시 동방에 머물던 안토니우스는 그 싸움에서 벗어나 있었다. 그는 제대군인에게 토지를 나누어 주는 조치에 반대할 이유가 없었다. 게다가 그는 루키우스와 풀비아가 모집한 경험 없는 신병들이 옥타비아누스의 노련한 군단병을 상대로 대적할 수 없다고 보았다.

이렇게 하여 벌어진 전쟁은 페루시아 전쟁으로 알려진다(기원전 41~40년). 이 명칭은 이탈리아 중부의 도시 페루시아(오늘날의 페루자)에서 유래했다. 이 도시는 부유한 농장이 많고 번창하는 곳이었는데 대다수 전투가 여기서 벌어졌다. 우리는 이 전쟁의 자세한 내막은 알지 못할 것이다. 관련 사료들은 풀비아를 강탈적이고 사나운 여자로 묘사한다. 이런 여성상은 전통적인 로마 부인의 그것과는 사뭇 다르다. 로마의 부인들은 남편에게 순종하는 가정적인 여성이었다. 역사적 기록은 이 전쟁에서 안토니우스가 수행한 역할은 거의 언급하지 않았다.

분명한 사실은 옥타비아누스가 반대파를 로마 밖으로 몰아냈고, 페루시아에서 풀비아와 루키우스 세력을 포위했다는 것이다. 이 전쟁에서 풀비아는 적들로부터 악의적인 칭찬을 받았다. 적들은 풀비아 진중에 투척한 발사물에 그녀의 이름을 적고서 그녀가 그 짓을 하기에 알맞은 신체 구조를 가진 음란한 여자라는 쪽지를 매달아서 돌려보낸 것이다. 풀비아는 갈리아에 주둔 중이던 안토니우스 휘하의 장군들에게 알프스를 넘어와 도와달라고 요청했으나, 아무런 반응도 얻어내지 못했다. 결과적으로 옥타비아누스의 군대가 승리했다. 관련 보고서가 진실하고 또 프로파간다가 아니라면, 옥타비아누스는 적의 지도자들을 상당수 학살하여 3월 15일에 신격화한 율리우스의 제단에 바쳤다. 옥타비아누스는 자비를 구하는 청을 "이제는 죽어야 할 때"라고 하면서 모조리 물리쳤다.[43] 만약 이게 사실이라면 그의 성품과는 어울리지 않는 조치다. 그는 애늙은이라는 별명을 갖고 있었고 아주 영리하고 신중했다. 그의 통상 모토는 "천천히 서둘러라"였다.[44]

옥타비아누스는 동생과 아내가 주동이 되어 일으킨 반란에 대하여 자신은 무관하다는 안토니우스의 주장을 아마도 의심했을 것이다. 그렇지만 옥타비아누스는 안토니우스와 화평 관계를 맺어야 했으므로 풀비아와 안토니우스의 어머니인 율리아가 도피하도록 내버려두었다. 루키우스는 해외로 내보내 히스파니아 속주를 통치하게 했다. 이런 유화적 조치를 취한 것은 새로운 위협이 부상했기 때문이다. 바로 그의 적수였던 그나이우스 폼페이우스의 유일한 생존 아들인 섹스투스 폼페이우스였다. 기원전 40년 후반부에 섹스투스가 로마에 가하는 해상 위협은 옥타비아누스와 안토니우스의 관계에 깊은 영향을 미친다.

3

세 건의 조약과 한 건의 결혼

기원전 40~36년, 시칠리아-브룬디시움-로마-미세눔-아테네-타렌툼

기원전 44년에서 40년에 이르는 4년 동안, 안토니우스와 옥타비아
누스는 카이사르의 유산을 두고 서로 힘을 겨루었다. 그들은 공개적
으로 서로를 모욕했고, 전쟁을 벌였으며, 유혈 낭자한 야전에서 칼
을 빼든 채 서로를 노려보았고, 로마 제국을 분할함으로써 평화를
수립했다. 거기에는 두 사람보다 덜 강력한 파트너인 제삼자도 가담
했다.

하지만 그 평화는 수천 명에 달하는 저명한 로마인에게 사법적 사
형에 선고하는 방식으로 수립되었다. 옥타비아누스는 이탈리아 내부
와 외부에서 두 번의 전쟁을 치러야 했다. 한 번은 안토니우스의 동
생인 루키우스와 안토니우스의 아내인 풀비아를 상대로 벌였고, 또
한 번은 섹스투스 폼페이우스를 상대로 치렀다. 그는 두 전쟁을 수행
하는 동안 안토니우스가 배후에서 모종의 영향력을 행사했을 것이라
고 의심했다.

부상하는 섹스투스 폼페이우스

섹스투스 폼페이우스는 형 그나이우스와 함께 강성한 군대를 조직했고, 그 부대는 기원전 45년에 히스파니아의 문다 전투에서 카이사르를 거의 물리칠 뻔했다. 그러나 전투에서 패배하고 형이 죽은 이후 섹스투스는 일시적으로 도피했다가 다시 군대를 조직하여 군사 지도자로서, 특히 해군 제독으로 다시 등장했다. 그는 사실 아무 데도 매이지 않은 독립 활동가였다. 어떤 때는 공화국으로부터 특별한 지휘권을 부여받는가 하면, 어떤 때는 징벌 고시로 추방되었다가 다시 사면을 받아 현직에 복귀했고, 또 어떤 때는 자신의 목숨을 지키기 위해 필사적으로 싸우기도 했다. 삼두 정치라는 폭력적 시대를 만나자 그는 군벌이라고 불릴 만한 세력을 형성했다. 하지만 옥타비아누스는 그를 해적이라고 비방했다.

섹스투스는 인상적인 전략을 다양하게 구사했다. 기원전 40년에 그는 약 250척의 함대를 구축하여 시칠리아 일대의 바다를 지배했다. 시칠리아섬을 근거지로 확보하여 징벌 고시를 받은 정치가, 완강한 공화파 인사, 옥타비아누스의 정적들, 도망 노예 등을 받아들였다. 그는 제해권을 잘 활용하여 로마의 식량 보급로를 마음대로 끊어버릴 수 있었다. 그는 그 섬에서 큰 인기를 누렸는데, 징벌 고시를 피해 찾아온 피난민들을 받아주었기 때문이기도 했고 옥타비아누스가 실책을 저질렀기 때문이기도 했다. 일반 여론과 관련해서 섹스투스는 도덕적으로 우위에 있었다. 그는 공화국을 다시 회복하겠다고 큰소리쳤지만 실은 기회주의자였다. 만약 그에게 삼두 정치의 한쪽 기둥이 제공되었다면 아마도 기쁜 마음으로 받아들였을 것이다.

섹스투스는 안토니우스에게 동맹을 적극적으로 요청했으나 안토니우스는 은근히 후원할지언정 공개적으로 지지를 표명하지는 않았다. 아테네의 사령부에서 근무하던 시절인 기원전 40년, 안토니우스는 오래된 공화파 인사인 가이우스 도미티우스 아헤노바르부스를 선택했다. 그리하여 그가 지휘하던 함대가 안토니우스의 편에 합류했다. 주화에 새겨진 이미지로 볼 때, 아헤노바르부스는 강건한 인물이었다.[1] 그의 옆얼굴은 갸름하고 남성적인 두상에 매부리코, 뒤로 벗겨지는 머리카락 선, 숱이 많은 곱슬머리에 단단한 목덜미를 보여준다. 가장 눈에 띄는 특징은 풍성한 턱수염인데 이것은 집안에서 내려오는 자랑거리였다. 아헤노바르부스의 문자 그대로의 의미는 '청동수염'인데 보통 '붉은 수염'을 뜻했다.

안토니우스와 아헤노바르부스는 배 200척을 거느리고 함께 이탈리아로 항해했다. 그들은 섹스투스가 보낸 배 70척도 받았다. 그들은 옥타비아누스를 상대로 전쟁을 벌이려던 것이었을까, 아니면 평화를 바랐던 것이었을까?

안토니우스는 옥타비아누스보다 더 강한 위치에 있었다. 그는 뛰어난 군사적 명성, 강력한 해군, 원로원의 지지, 섹스투스 폼페이우스의 열렬한 구애, 그리고 옥타비아누스 휘하의 최고위 장군이던 자신의 막역한 친구 퀸투스 살비디에누스 루푸스의 은밀한 지원 등을 한 몸에 받았다. 살비디에누스는 무명이었다가 출세한 인물이었다. 그는 페루시아 전쟁에서 반군을 지지한 한 핵심 도시를 파괴한 후 갈리아의 지휘권을 얻었다. 하지만 이제 어떤 알려지지 않은 이유 때문에 안토니우스 쪽으로 변절할 준비가 되어 있었다.

안토니우스는 이탈리아 남부의 항구 도시인 브룬디시움에 상륙하기를 원했다. 그 도시는 아드리아해에 면한 중요한 항구였고 그리스를 향한 항해에서 출발점이었다. 하지만 그 도시는 그와 그의 군대에 성문을 열어주지 않았다. 안토니우스는 옥타비아누스가 배후에서 조종한다고 판단해 곧바로 그 도시를 포위 공격했다. 해안 위쪽에 추가로 부대를 상륙시켰고 그 부대는 옥타비아누스 부대와 교전했다. 안토니우스의 병사들은 승리를 거두었다. 그 전투는 전면전으로 이어질 수도 있었으나 양측 병사들은 서로 물러섰다. 내전을 벌여봐야 약탈품도 영광도 없다는 것을 잘 알았기 때문이다.

게다가 주사위 놀이를 잘하기로 소문난 옥타비아누스는, 비유적으로 말해보자면, 최근에 두 번에 걸친 승리의 주사위 놀이를 펼쳤다.[2] 그는 처음에 풀비아의 딸 클로디아와 결혼했으나 그 결혼이 완성되지 않았다는(즉 성관계가 없었다는) 이유를 대며 결혼을 파기한 다음, 섹스투스의 처제와 다시 결혼했다. 이렇게 해서 두 사람 사이에 동맹의 가능성이 높아졌다. 그런 뒤 안토니우스 진영에 속한 갈리아 속주의 총독이 기원전 40년 여름에 사망하자 알프스를 넘어 총독 휘하의 열한 개 군단을 차지했다. 겉으로 내세운 명분은 안토니우스의 군대를 대신 맡아서 잘 관리해준다는 것이었다. 옥타비아누스는 이미 그전에 히스파니아 동부와 갈리아 남부(오늘날의 프랑스 프로방스 지방)를, 레피두스가 섹스투스와 협상을 벌이려 한다면서 레피두스의 손에서 빼앗아냈다. 그 결과 레피두스는 아프리카 북부의 로마 속주만 다스리게 되었고, 옥타비아누스는 로마의 서부 지역을 전부 관장하기에 이르렀다.

설사 안토니우스가 휘하 병사들에게 억지로 강요하거나 뇌물을 주어 옥타비아누스 군대와 싸우게 하려 했더라도, 이미 때는 너무 늦었다. 안토니우스의 군단병들은 옥타비아누스 휘하의 군단병들과 어울려 지냈고 양군은 평화를 요구했다. 기원전 40년 가을, 양측의 협상가들은 브룬디시움 조약을 체결하여 제국의 분할을 재조정했다. 안토니우스는 동방에서의 권위를 강화하여 파르티아 전쟁을 추진할 권한을 인정받았고, 옥타비아누스는 서방 전역을 다스리게 되었다. 안토니우스는 갈리아 상실을 감수해야 했다. 옥타비아누스는 일리리쿰(옛 유고슬라비아의 해안 지역)을 차지했으나 자유를 사랑하는 그 일대 주민들을 아직 정복하지 못한 상태였다. 두 지도자의 영토를 분할하는 기준선은 스코드라시(오늘날 알바니아 북부의 슈코더르)였다. 이렇게 두 지도자가 제국을 분할했기 때문에 안토니우스는 섹스투스에게 어느 정도 해상 활동의 권리를 인정해주기로 했던 양해 조항을 지킬 수 없게 되었다. 옥타비아누스는 섹스투스를 상대로 전쟁을 수행할 권한을 쟁취했으나, 합의의 가능성은 여전히 남아 있었다. 원칙적으로, 안토니우스는 이탈리아에서 군단병을 계속 모집할 수 있었지만, 실제로는 옥타비아누스가 그곳에서의 병사 모집을 통제하게 되었다.

그 조약은 옥타비아누스에게는 의미심장한 승리였으나, 전략적 측면에서 보자면 꼭 그런 것만도 아니었다. 앞에서 언급했지만, 동방은 제국의 판도 안에서 훨씬 부유한 지역이었기에 유리한 군사 기지 역할을 할 수 있었다. 만약 안토니우스가 파르티아를 상대로 승리를 거둔다면 안토니우스의 명성은 더 높아질 터였다. 옥타비아누스는 섹스투스 폼페이우스 문제를 해결해야만 비로소 이탈리아의 온전한 통치자가 될 수 있었다.

살비디에누스에게는 불리하게도, 그는 일종의 소모품에 지나지 않았다. 안토니우스는 옥타비아누스에게 그의 행동을 고해바쳤다. 원로원은 그를 공공의 적으로 선언했고, 뒤이어 그는 죽음에 이른다. 처형되었는지 자살이었는지는 불확실하다.

두 거두는 조약을 체결했으나, 뭐라고 할까, 서로 보험을 들기로 결정했다. 두 가문을 결속시키는 정략결혼을 하기로.

안토니우스와 옥타비아의 결혼

안토니우스가 옥타비아누스의 누나인 옥타비아와 결혼하기로, 옥타비아누스와 안토니우스는 브룬디시움에서 합의를 보았다. 신랑과 신부는 둘 다 최근에 혼자가 되었다. 풀비아는 그리스에서 유배 생활을 하다가 사망했고, 옥타비아의 남편 가이우스 클라우디우스 마르켈루스는 이탈리아에서 죽었다. 그 결혼은 두 경쟁자 모두에게 이점이 있었다. 안토니우스의 입장에서 볼 때, 그 결혼은 두 가문의 권력을 결합시킬 수 있는 아들이자 후계자를 낳을 기회였다. 옥타비아누스는 적진에 누나를 진입시킴으로써 정보를 빼낼 수 있을 뿐만 아니라, 누나로 하여금 안토니우스의 행동에 영향을 미치게 할 수 있었다. 정치적 분규를 봉합하기 위해 라이벌 가문의 딸에게 장가드는 것은 로마 귀족 사회의 표준 절차였다. 오늘날의 용어로 말한다면 '대부代父'였다. 다시 말해 친구들을 가까이 대하고 적들은 더 가까이 대하는 원칙이었다. 그러나 두 경쟁자가 과거에 서로를 비난하고 전쟁을 벌이고 죽이려 했다는 점을 고려할 때, 처남과 매부 사이가 되려 한 안토니우스와 옥타비아누스의 결정은 할리우드 액션이나 갱단의 포옹과 마찬가지로 그리 진정성 있다고 보기는 어렵다.

로마의 관습에 따르면 남자들이 양가의 결혼을 협상해야 했다. 아버지가 생존하지 않았으므로 옥타비아의 결혼에서는 옥타비아누스가 협상가로 나서야 했다. 또 로마의 법에 따르자면, 서로 결혼하려면 신랑과 신부가 합의해야 했다. 따라서 우리는 옥타비아누스가 누나에게 의사를 물어보았으리라고 확신할 수 있다. 그는 누나를 사랑하고 존경했을 뿐만 아니라, 그 정도의 지성과 독립심을 가진 여자라면 존경받아 마땅했기 때문이다.

역사가들은 그 결혼이 안토니우스의 아이디어이거나 옥타비아누스의 아이디어였을 것으로 추정한다. 하지만 옥타비아가 먼저 그 아이디어를 꺼냈을 수도 있다. 안토니우스가 홀아비가 되었다는 정보는 안토니우스나 옥타비아누스가 먼저 알았을 것이고 옥타비아는 나중에 알았을 것이다.[3] 그런데 어쩌면 그녀는 남편이 사망한 직후인 그해에 일찌감치 그 결혼을 생각했을 수도 있다. 옥타비아와 옥타비아누스는 안토니우스와 풀비아의 이혼 가능성을 논의했을 수도 있다. 그러나 풀비아가 사망하는 바람에 그런 번거로운 절차는 불필요해졌을 것이다. 옥타비아누스는 안토니우스를 만나기 위해 집을 나서기 전에 이미 누나의 동의를 받아냈을지도 모른다. 우리는 구체적 정황이 어떠했는지는 알지 못한다.

안토니우스가 겨울에 클레오파트라를 따라 이집트로 가서 지내며 두 사람이 연인이 되었다는 소식은 아마도 로마에도 전해졌을 것이다. 그 겨울에 클레오파트라는 임신했고 기원전 40년 가을 무렵에 쌍둥이를 출산했다. 알렉산드로스 헬리오스라는 아들과, 클레오파트라 셀레네라는 딸이었다. 설사 옥타비아와 그 남동생이 쌍둥이의 출산 사실을 알았다 하더라도 그것이 그들의 계획을 가로막지는 못했을 것이다. 결혼은 국가의 대사였기에 서로가 애정을 품고 있다고 해서 저절로 이루어지는 일이 아니었다.

옥타비아는 집안의 여자들이 정략결혼하는 것을 보며 나름의 규칙을 배웠다. 그녀의 어머니는 남편을 잃은 후 어린 자식들을 키우기 위해 새로 시작해야 했고 그 과정에서 생존 전략을 배웠다. 그녀는 또 증조할머니 아우렐리아 코타와 할머니 율리아를 통해 카이사르 가문의 유산을 파악했다. 카이사르의 아내 칼푸르니아에게서도 배웠다. 집정관의 딸인 칼푸르니아는 여느 남자 못지않게 로마 정치에 정통했고, 앞날의 난관을 예감하는 재주가 있었다. 그녀가 남편 카이사르에게 3월 15일 아침에 원로원에 등원하지 말라고 애원했다는 사실을 떠올려보라. 하지만 카이사르는 그런 경고를 무시했다가 변을 당했다. 그녀는 남편이 여러 정부를 거느리고 사생아를 낳아도 불평하지 않았다. 칼푸르니아의 사례는 옥타비아에게 여러 교훈을 남겼을 것이다.

안토니우스와 결혼할 당시에 옥타비아는 이미 정략결혼의 베테랑이었다. 아직 어린 처녀 시절인 기원전 55년경, 그녀는 로마 귀족 출신의 저명한 정치가인 마르켈루스와 결혼했다. 당시 그녀는 14세 정도였는데 로마 여인들은 12세에도 결혼이 허용된 사례가 있었다. 마르켈루스는 카이사르의 적수인 그나이우스 폼페이우스와 동맹을 맺었지만, 이는 경쟁자들의 연합을 보여주는 또 다른 예에 불과했다. 실제로 당시 폼페이우스는 카이사르의 딸 율리아와 결혼한 상태였다.

옥타비아가 마르켈루스와 결혼한 지 1년 정도 되었을 때, 율리아가 사망했다. 카이사르는 폼페이우스와의 정치적 동맹 관계를 계속 유지하기 위해 그에게 옥타비아를 주겠다고 했다. 만약 이 제안에 동의를 얻는다면 옥타비아를 마르켈루스와 이혼시킬 생각이었다. 옥타비아가 이런 조치를 어떻게 생각했는지는 전해지지 않는다. 그러나 폼페이우스가 거절했다. 그러니 마르켈루스로서는 카이사르를 좋게 생각할 수가 없었다. 기원전 50년, 집정관 자리에 오른 마르켈루스는 원로원 안에서 카이사르 반대파의 지도자 중 한 사람으로 부상했다. 내전이 시작되자 처음에 마르켈루스는 폼페이우스에게 합류하기 위해 로마에서 도피했으나 얼마 안 가서 망설이며 나폴리에 있는 별장에 계속 머물렀다. 그러다 몇 달 뒤 변절하여 편을 바꾸었다.

옥타비아가 남편의 이 같은 결정에 어떤 역할을 했는지는 알 수 없다. 그러나 마르켈루스는 카이사르를 지지하기로 결정한 뒤로는 기원전 44년에 독재관이 암살된 후에도 계속 카이사르파에 남았다.[4] 아마도 이런 과정에서 옥타비아누스의 측근이 되었을 것이다. 옥타비아는 마르켈루스에게 한 아들과 두 딸을 낳아주었지만, 가정주부로만 지내지는 않았다. 그녀는 카이사르 암살 사건 이후 혼란한 시절에 적어도 두 번 이상 정치 문제에 휩쓸렸다.

기원전 43년 여름, 옥타비아누스가 원로원에 최후통첩(울티마툼ultimatum)*을 보냈을 때, 옥타비아와 그녀의 어머니 아티아는 로마에 있었다.[5] 이 두 여인은 옥타비아누스와 휘하 군단이 그들을 해방시키기 위해 로마에 도착하기 전에 적들을 피해 베스타 신전에 숨어 있었다. 그 후에 아티아가 사망했다. 그전 여러 해 동안, 옥타비아누스는 어머니에게서 정치적 조언을 얻었는데[6] 어머니가 사망하자 이제 옥타비아가 어머니 역할을 대신했다. 그녀는 스물여섯 살이었고 옥타비아누스는 스무 살이었다. 그가 누나를 언제나 극진히 사랑했다는 이야기는 후대까지 전해진다.[7]

기원전 43년에 징벌 고시가 공표되자, 옥타비아는 두 건의 사건에 개입하여 중재를 했다.[8] 알려진 것만 두 건이고 아마도 더 있었을 것이다. 3년 뒤, 마르켈루스가 죽었다. 그 무렵 안토니우스와 옥타비아누스 사이에 전운이 감돌다가 브룬디시움 조약으로 일단 평화가 찾아왔다. 그 후속 조치가 이어졌고 그 정점에 옥타비아와 안토니우스의 결혼이 있었다.

문헌 사료들은 옥타비아가 전형적인 로마 부인이라고 서술한다. 덕성 높고, 예의 바르고, 겸손하고, 남편에게 순종적인 여인이라는 것이다. 하지만 그런 사료들은 미심쩍은 면도 있다. 그것들은 모두 남동생이 로마의 황제로 등극한 이후에 나온 것들이다. 그런 사료의 저술가들은 안토니우스에게 동정적인 일부 텍스트를 틀림없이 읽었

---

* 징벌 고시를 말한다. 수천 명에 달하는 로마의 귀족을 유배, 살해, 재산 몰수에 처하는 조치였는데, 원로원 의원 상당수가 여기에 해당하여 필사적으로 저항했다.

을 것이고, 심지어 안토니우스 자신이 쓴 기록도 읽었을 것이나, 황제의 방침을 충실히 따르는 쪽으로 글을 썼다. 그렇지만 옥타비아처럼, 로마 정계의 암초를 조심스럽게 피해 가며 인생을 영위해야 했던 여자들은 교활함, 용기, 권력에 대한 예민한 촉각 등이 없다면 살아남기 어려웠을 것이다.

공식적인 스토리는 모든 것이 원만하게 진행되었다고 말하지만, 진실이 조금씩 밖으로 흘러나왔다. 플루타르코스는 당시의 일반적 견해를 받아들였다. 많은 로마 시민이 옥타비아가 깡패 안토니우스에게 좋은 영향을 미쳐 로마에 구원과 조화를 가져올 것이고,[9] 안토니우스가 옥타비아를 사랑하게 되면 자연히 클레오파트라를 멀리할 것이라고 예상했다. 하지만 역사가 타키투스는 그 결합을 그리 좋은 시선으로 바라보지 않았다. 그는 몇 년 후 안토니우스가 패배한 후 옥타비아누스의 적들이 안토니우스를 속인 것은 모두 옥타비아누스의 위대한 술수였으며, 그의 누나는 미끼였다고 썼다. 그는 일부 인사들의 증언을 거론하면서 그들의 결혼이 "배신으로 점철된 관계"였다고 기록했다.[10]

주화의 초상화와 조각 작품 등으로 미루어볼 때 옥타비아는 확실히 예쁜 여자였다.[11] 그녀의 이미지는 위엄, 진지함, 아름다운 이목구비, 그리고 평온한 시선을 보여준다. 일부 주화에서는 그녀가 약간 비만한 모습으로 묘사되어 있는데 아마도 뚱뚱한 그녀의 남편과 조화를 이루기 위해 그렇게 했을 것이다. 옥타비아는 자연스럽고 매력적인 머리카락을 지녔다고 칭송받았으나,[12] 일 처리를 우연에 맡겨 두는 사람은 아니었다. 그녀의 이미지들을 보면 정성스럽게 다듬은

머리카락을 땋아 쪽을 지은 모양인데, 그런 머리 모양을 유지하려면 하녀 한두 명은 둘 정도로 여유가 있는 부인이어야 했다.

새 황금시대?

그 결혼이 화해와 평화를 의미했으므로 이탈리아의 일반 여론은 당연히 환영했다. 예를 들어 우연한 계기로 후대에까지 전해지는 유물의 사례를 들어보자면, 로마 남쪽 도시인 카시눔(오늘날의 카시노)의 시 당국은 기원전 40년 10월에 태평성대의 새로운 시대가 도래한 것을 축하하기 위하여, 결혼과 사회의 조화를 담당하는 여신인 콘코르디아의 조각상을 복원했다.[13]

안토니우스와 옥타비아누스는 저마다 기념주화를 발행했다. 두 사람 다 앞면에는 자신의 얼굴을 새기고 뒷면에는 상대방의 얼굴을 새겼다. 합의의 상징물인 카두케우스caduceus(전령의 막대기를 감고 있는 두 마리의 뱀으로, 협력을 상징한다), 혹은 서로 맞잡은 두 손을 새겨 넣기도 했다. 그러나 정말로 놀라운 것은 안토니우스가 발행한 금화다. 앞면에는 자신의 두상을, 뒷면에는 옥타비아의 두상을 새긴 것이다.[14] 그리스 동방에서는 살아 있는 사람의 두상을 주화에 새겨 넣는 것이 오래전부터 행해지던 관습이어서 그곳에서 제조한 주화들에서는 왕과 왕비가 자주 등장했으나, 로마에서는 새로운 방식이었다. 로마에서 주화에 살아 있는 자신의 초상을 집어넣은 최초의 인물은 율리우스 카이사르다. 그러자 다른 남자들도 그렇게 따라 했고 그 뒤에는 여성도 등장했다. 옥타비아는 여신이 아닌 사람으로서 로마 주화에 등장한 두 번째 여성이다. 만약 그 고증이 정확하다면, 처음 등장한 여성은 안토니우스의 전처인 풀비아다.[15] 옥타비아는 세계를 지배하는 도시 로마의 여성 얼굴로 등장한 셈이다.

그해 가을, 로마인들이 집단적으로 내쉬었을 법한 안도의 한숨을 가장 잘 전해주는 증거는 베르길리우스의 유명한 시인 〈네 번째 농경시〉다. 여기서 시인은 먼저 가이우스 아시니우스 폴리오에게 브룬디시움 조약을 협상한 공로에 감사를 표한다. 폴리오는 안토니우스파의 평화 추진자였을 뿐만 아니라 기원전 40년의 두 집정관 중 한 사람이었다. 이어 시인은 한 소년의 탄생으로 새로운 황금시대가 올 것이라고 선언한다. 베르길리우스는 루키나로도 알려진 출산의 여신 디아나에게 호소하며 이렇게 쓴다.

정숙한 루키나여, 한 아이의 탄생과 함께
쇠붙이는 사라지고 황금의 종족이 생겨나리니,
그대는 그 소년을 돌보리라. 그때에는
그대의 아폴론이 통치할 것이다. 그리고
오 폴리오여, 그대가 집정관으로 있는 동안에
이 영광스러운 시대가 시작될 것이다.[16]

그 후 여러 세기에 걸쳐 사람들은 이 시가 베르길리우스 시대로부터 40년 후에 태어날 예수 그리스도의 탄생을 예고했다고 해석했다. 하지만 사실 베르길리우스는 이탈리아에서 태어날 아이를 떠올렸다.

그가 그 아이의 이름을 밝히지는 않았지만, 안토니우스와 옥타비아 사이에서 태어날 아이에 대한 희망을 이 시에서 표현했다고 해석할 수 있다.[17]

안토니우스와 옥타비아누스는 결혼식을 올리기 위해 11월에 로마로 왔다. 통상적인 잔치에 더해, 두 사람은 작은 개선식을 거행할 권리를 원로원으로부터 부여받았다.[18] 이는 무혈 승리에 수여할 수 있는 최고의 영예였다. 로마인의 관점에서 브룬디시움은 일종의 승리였다. 로마인이 볼 때 평화는 거저 생기는 것이 아니었다. 힘든 노력 끝에 얻을 수 있었고, 보통 무력이 행사되어 승리하는 경우에만 생기는 결과였다. 따라서 그러한 업적은 축하할 만한 가치가 있었다.

작은 개선식은 중요한 군사적 성공을 기리는 큰 개선식처럼 웅장하지는 않았다. 이는 로마의 가치관에 부여된 선후 관계를 보여준다. 로마인은 아마도 이렇게 말할 것이다. "평화를 이룩한 사람들은 축복받아야 하지만 정복자들만큼은 아니다." 개선식에서 두 사람은 말을 타고 피리 소리에 맞추어 로마에 들어올 권리가 있었다. 특별한 진홍색 토가를 입을 수 있었고 머리에는 도금양 화관을 두를 수 있었다. 그곳에서 두 사람은 도시의 주요 신전인 카피톨리노 언덕의 유피테르 신전으로 올라가 희생 제물을 봉헌했다. (큰 개선식을 치르는 영웅은 전차를 타고 입성했고, 짙은 보라색으로 염색한 토가를 입고 월계수 화관을 머리에 둘렀으며, 나팔수들이 뒤따랐다.)

원로원은 그 결혼식을 위해 결혼의 규칙을 일부 바꾸는 데에도 동의했다. 원래 로마에서 과부 혹은 홀아비는 배우자가 사망한 후 10개월 동안 재혼하는 것이 금지되었다. 그런데 원로원에서 이 결혼의 경우 그 금지 조항을 해제했다. 옥타비아가 안토니우스와 결혼하기 전에 마르켈루스의 유복자를 임신하고 있었다는 사실도 그런 결정에 영향을 미쳤다. 10개월 금지의 원래 취지는 태어날 아이의 아버지가 누구인지 의심의 여지가 없게 하려는 것이었기 때문이다.

결혼식은 아마 이렇게 진행되었을 것이다. 당시 23세이던 옥타비아누스가 29세의 신부를 신랑에게 건네주었다. 신랑은 43세였다. 전형적인 로마식 결혼이라면, 옥타비아누스가 결혼식 비용을 부담하고, 귀족 전용 지구인 팔라티노 언덕에 있는 그의 저택에서 피로연을 개최했을 것이다. 피로연은 엄청나게 많은 하객이 참석한 대규모 연회였을 것이다.

옥타비아 정도의 높은 신분의 여성이라면 전통적인 신부 예복을 입었을 것이고, 오렌지색 편상화, 복잡한 매듭이 있는 허리띠를 두른 모직 상의를 입었을 것이다. 그리고 그 위에 오렌지색 베일을 둘렀을 것이다. 신랑은 허리띠의 복잡한 매듭을 풀어주어야 한다. 그녀가 결혼식 날에도 임신 중이었는지, 아니면 해산했는지는 분명하게 알 수 없다. 안토니우스는 대단한 성장을 하고 결혼식에 나섰을 것이다. 신부와 신랑의 양가는 꽃과 초록색 나뭇가지로 밝게 꾸몄을 것이고, 특히 신부의 집은 횃불을 켜서 주위를 환하게 밝혔을 것이다.

좋은 징조가 있는지 알아보기 위해 동물들의 내장을 갈라보았을 것이고, 신들에게 희생 제물을 바쳤을 것이다. 아마도 옥타비아누스가 옥타비아를 안토니우스에게 건네주었을 것이다. 그런 뒤에 이어진 의례는 기혼 부인이 신랑과 신부가 서로 손을 맞잡게 하는 것이었다.

결혼 계약은 사전에 협상되었지만, 결혼식 당일에 체결되었다. 그 계약서의 주된 내용은 지참금의 규모, 이혼할 경우 그 지참금의 처리 방법이었다.

선물을 교환한 후, 옥타비아는 즐겁게 횃불 행진을 하면서 그녀의 새로운 집으로 안내되어 갔다. 새집의 현관문 앞에서 남편은 그녀에게 불(횃불)과 물(항아리에 담긴 것)을 건네주었는데, 로마인들은 그 두 가지가 가정과 손님 환대의 핵심이라고 생각했다. 그러고 나서 결혼은 신방에서 완성되었을 것이다.

이튿날 신랑은 저녁 만찬과 주연을 열었는데, 이 연회에서 신부는 그 집안의 수호신들에게 최초로 봉헌 예물을 바쳤다. 그 후 여러 날에 걸쳐서 유사한 잔치가 이어졌을 것이다.

미세눔 조약과 그 여파

두 거두 사이의 유대 관계는 로마에서 널리 칭송되었다. 그러나 시민들은 섹스투스 폼페이우스가 도시의 식량 공급선에 압박을 가하자 새 처남과 매부를 공격하기 시작했다. 시내에서는 돌팔매질, 동상 뒤집기, 폭동 사태 등이 벌어졌다. 안토니우스와 옥타비아누스는 그런 민중의 요구 사항에 고개를 숙일 수밖에 없었다. 기원전 39년 여름, 두 사람은 나폴리 북쪽의 미세눔에서 섹스투스를 만나 화평을 맺었다.

그들은 계속해서 만찬을 거행하면서 합의안을 체결했다. 그렇지만 보안을 조금도 게을리하지 않았다. 그들 모두가 경호원을 대동했고 토가 아래에 단검을 감추고 있었다. 삼두는 부두에 설치한 텐트에서 연회를 개최했으나, 섹스투스는 자신의 기함에서 만찬 연회를 벌였다. 그는 자신에게 남아 있는 유일한 집이라고는 이 배뿐이라고 말했다. 자기 아버지의 로마 저택을 몰수한 안토니우스를 향한 은근한 비난이었다.

하지만 좀 더 놀라운 일이 있었다. 섹스투스의 한 부하 제독이 그를 옆으로 조용히 불러내 배에 올라온 두 거두를 살해하여 제국을 접수하라고 권했다. 섹스투스는 아마도 그 제안을 생각해보기는 했을 텐데, 잠시 뒤에 이렇게 대답했다. 자신에게 미리 물어보지 않고 그들을 살해했다면 모를까, 지금 와서 이렇게 물어보는 것은 시기적으로 너무 늦었다. 그런 불명예스러운 행동을 승인할 수 없다는 말이었다.[19] 만약 이 이야기가 사실이라면 섹스투스가 그렇게 행동한 것은 명예심이 아닌 교활함에서 기인했을 가능성이 높다. 그 자신이 잘 아는 악마들을 상대하는 것이 낫지, 그 둘을 죽여버린 후에 벌어질지도 모르는 대혼란이라는 악마를 상대하고 싶지는 않았던 것이다.

섹스투스는 삼두에게 권력을 공유하자는 합의안을 제시했다. 자기 본거지인 시칠리아와 인근 섬들, 그리스 남부의 펠로폰네소스반도의 북단인 아카이아에 대한 통치권을 보장해달라고 요구했고, 그 반대급부로 이탈리아 본토를 침공하거나 도망 노예들에게 자유를 부여하는 일 따위는 하지 않겠다는 내용이었다. 하지만 그 합의안을 단속할 힘이 그에겐 없었다. 섹스투스는 해상 통제권을 지닌 덕분에 시칠리아 주변 섬들의 군벌로 살아남을 수는 있었지만, 두 거두가 허용해야만 그렇게 할 수 있었다. 그리고 뒤에 드러나지만, 두 사람 중 특히 옥타비아누스는 그 약속을 지킬 생각이 없었다.

기원전 39년, 옥타비아누스는 꿈에 그리던 이상적인 여성을 만났다. 젊고 아름답고 똑똑한 그 여성은 로마 역사에서 가장 고귀한 두 가문인 리비우스 가문과 드루수스 가문이 결합하여 만들어낸 결과물이었다. 그녀의 이름은 리비아 드루실라이고 열아홉 살이었다. 그러나 문제가 있었다. 그녀는 유부녀이고 아이 어머니인 데다 둘째 아이를 임신하고 있었다. 거기에 더하여 그녀의 남편은 페루시아 전쟁 때 패자 편에 서서 싸웠다. 그 결과 리비아 부부는 어린아이들을 데리고 먼저 시칠리아로 도피했다가 나중에는 그리스까지 갔다. 그러나 그 때나 지금이나 용서는 멋진 일이었다. 이탈리아의 가장 강한 권력자와 가장 귀족적인 여자의 결합을 가능케 해준다면 얼마든지 용서가 가능했다. 옥타비아누스는 이미 스크리보니아와 결혼해서 그녀는 임신 중이었으나 그런 사실은 사소한 불편함에 그쳤다. 스크리보니아가 기원전 38년 1월 14일에 딸을 출산하자 옥타비아누스는 그녀와 이혼했다. 리비아도 그로부터 하루이틀 뒤에 이혼해, 리비아와 옥타비아누스는 1월 17일에 결혼했다. 스크리보니아는 섹스투스 폼페이우스의 처제였으므로 그 이혼은 모욕적 행위였고 어쩌면 새로이 전쟁을 일으킬 수도 있었다. 하지만 그런 전망은 오히려 옥타비아누스가 기다리던 일이었다.

옥타비아누스의 계획은 금전과 배신을 결합하는 것이었다. 그는 한편으로는 이탈리아의 두 항구에서 전함을 건조하라고 지시했다. 다른 한편으로는 섹스투스의 제독 중에 가장 뛰어난 사람을 꼬여내 그를 배신하게 만들었다. 그 제독은 전함과 군단, 지중해의 섬인 사르디니아와 코르시카의 통제권을 가지고 왔다. 그 제독은 그 전해에 기함을 방문한 옥타비아누스를 죽이자고 제안했던 바로 그자였다. 그 제독은 전투에서 패했고, 그 후 그의 함대는 폭풍우를 만나 난파했다. 그러나 그는 섹스투스의 나머지 제독을 살해했는데, 그것은 큰 업적이었다.

이제 옥타비아누스는 아그리파에게 도움을 청했다. 옥타비아누스 자신은 그리 훌륭한 장군이 아니었지만, 아그리파는 갈리아에서 최고 수준의 야전 사령관임을 스스로 증명했다. 옥타비아누스는 그를 소환하여 해전에서 승리를 거두어달라고 요청했다. 로마인들의 가슴 속에 불타오르던 야망을 고려할 때, 재주 많은 아그리파가 하급자 지위를 받아들였다는 점은 특기할 만하다. 그리고 그 시대가 기만과 배신이 판치는 삼두 시대였다는 점을 생각할 때 아그리파의 충성은 더욱 돋보인다. 하지만 아그리파는 그렇게 행동해야 할 나름의 이유가 있었다. 그는 고귀한 귀족의 피를 물려받지 못한 로마인이었으므로 로마의 최고 권력을 노리는 것은 생각하기 어려웠다. 아그리파는 귀족이 아니라 신인(호모 노부스homo novus) 출신이어서 그런 지위를 받아들인 것이다. 옥타비아누스는 유능한 장군에게 어느 정도 영예를 부여해야 할지 잘 가늠했다는 점에서 그 공로를 인정받을 만하다.

옥타비아누스는 자신의 한계를 잘 알았다는 점에서도 공로를 인정받을 만하다. 그 자신은 훌륭한 장군이 아니었으나 훌륭한 장군(실제로는 위대한 장군)을 수하에 둠으로써 그 문제를 해결했다. 옥타비아누스는 자존심이 없지는 않았으나 그로 인해 자신의 약점을 몰라보는 사람은 아니었다. 오히려 그 결과 자제심과 원숙한 성품을 드러내 보였다. 그렇지만 섹스투스급의 인물을 상대로 성공을 거두는 것은 그리 빨리 달성할 수 있는 일이 아니었다.

보라색 왕관의 도시

고대에 아테네는 보라색 일몰로 유명했기에 "보라색 왕관을 쓴" 도시라는 별명을 얻었다.[20] 안토니우스와 옥타비아가 가장 행복한 시기를 함께 보낸 곳은 이 사랑스러운 아테네였다.

안토니우스는 파르티아를 상대로 하는 대규모 군사 원정을 준비하고 있었다. 그래서 그는 기원전 39년 가을에 동쪽으로 갔고, 그때 아내도 함께 데리고 갔다.[21] 부부는 기원전 39년 8월 혹은 9월에 태어난 그들의 첫딸 안토니아도 함께 데리고 갔다. 그들이 무척 기다린 아이는 베르길리우스가 예언했던 아들은 아니었고, 로마 같은 남성 중심 사회에서 딸아이의 출생은 실망스러운 일이었다. 부부는 함께 아테네에서 겨울을 보냈다. 역사가 아피아누스는 안토니우스가 그당시 아내를 무척 사랑했다고 말한 뒤, 안토니우스가 "타고나기를 여자를 너무 좋아했다"라는 비아냥거림을 첨언하는 것도 잊지 않았다.[22] 안토니우스 부부는 그곳에서 둘째 딸 소(小) 안토니아를 낳은 것으로 보아 친밀한 관계를 유지했음이 틀림없다.

그리스인들은 노골적으로 로마인들에게 아첨했다. 아테네 사람들도 안토니우스를 디오니소스, 옥타비아를 지혜의 여신 아테나라고 숭배하면서 아첨했다. 부부는 은혜를 내려주는 신들이라는 높은 명예를 얻기도 했다. 그들은 디오니소스 신을 기리는 연간 축제인 디오니시아에도 참석했을 것이다. 디오니소스는 그리스 세계에서는 해방의 신으로 사랑받았고, 아테나는 아테네의 신성한 수호신이었다. 옥타비아가 아테네 체류를 즐기면서 긴장을 풀었을지, 아니면 근엄한 로마 부인처럼 그곳에서 살게 된 것을 대단치 않게 생각했을지 우리는 명확하게 알 수 없다. 안토니우스는 실질적인 이익을 위해 그런 감상적 아첨을 물리치면서, 아테네 사람들에게 디오니소스(안토니우스)가 아테나(옥타비아)와 결혼했으니 '지참금' 조로 돈을 내라며 상당한 세금을 물렸다.[23]

이윽고 안토니우스는 곧 전쟁과 외교 문제로 몹시 분주했다. 기원전 40년, 파르티아는 로마의 속주 시리아를 침공했다. 그 침공군의 지휘는 파르티아의 왕자와 변절한 로마 장군이 맡았다. 로마 장군은 폼페이우스 편에 붙었다가 카이사르가 암살된 이후 파르티아로 망명해 '해방자들(카이사르 암살자들)'을 지원해달라고 호소하고 다닌 인물이었다. 파르티아 침공군은 로마의 군대를 물리치고 소아시아에서 아라비아 국경에 이르는 지역에 자리 잡은 로마의 통치 기구를 전복시켰는데, 이는 장차 더 심각해질지도 모르는 참사였기에 안토니우스가 개입하기에 이르렀다.

그는 휘하에서 가장 높은 지위의 장군인 푸블리우스 벤티디우스 바수스에게 원정군을 조직하라고 맡겼다. 기원전 39년, 벤티디우스는 소아시아를 다시 정복해, 소아시아의 총독 노릇을 하던 변절한 로마 장군을 붙잡아다 목을 베었다. 이듬해에는 시리아에서 쇠사슬 갑옷을 입은 파르티아 기병대를 물리쳤다. 파르티아 군대의 사령관이었던 왕자는 전투 중에 사망했다. 이제 동방은 다시 확고하게 로마인의 손에 들어왔다. 사료들은 안토니우스가 벤티디우스를 질투했고 심지어 이 성공을 거둔 장군을 모욕했다고 기록했으나, 그 이야기는 정적들의 프로파간다였을 것이다.[24] 벤티디우스는 로마로 돌아와 개선식을 거행했다.[25] 그는 그 개선식을 부재중인 사령관 안토니우스와 함께 나누어 받았다. 당시 안토니우스는 여전히 동방에 남아 있었기 때문이다. 벤티디우스 이후 로마의 장군이 파르티아를 상대로 다시 승리를 거두기까지는 150년이 걸린다.[26]

타렌툼 조약

기원전 38년에 안토니우스는 이탈리아를 단기간 방문했으나 소기의 목적은 달성하지 못했다. 옥타비아누스와 만날 계획이었으나 그 만남은 성사되지 않았다. 그리하여 이듬해에 다시 로마를 방문하여 좀 더 실질적인 회담을 할 수 있었다.

두 사람은 서로 불신했음에도 만나야 할 이유가 여러 가지 있었다. 옥타비아누스가 이탈리아 남부와 시칠리아 인근 해역에서 섹스투스 폼페이우스를 상대로 진행 중인 전쟁은 제대로 진척되지 않았다. 그는 더 많은 전함과 금전이 필요했다. 안토니우스는 파르티아를 상대로 전쟁을 벌이려면 로마 군단병이 더 많이 필요했는데, 법적으로 이탈리아에서 모병할 수 있었으나 실제로는 옥타비아누스의 도움을 받아야 했다. 결정적으로 체제 문제가 있었다. 삼두 정치는 기원전 38년 말에 공식적으로 만료될 예정이었으므로 갱신할 필요가 있었다. 그러지 않고 두 사람이 삼두 정치를 갱신하지 않으면 그 뒤에 나타날 결과에 책임을 져야 했다.

옥타비아누스는 최측근 한 명을 아테네로 보내 안토니우스와 사전 협상을 하게 했다. 비록 심각한 문제들은 여전히 미해결 상태였지만, 그 협상은 잘 진행되어 안토니우스는 기원전 37년 봄에 이탈리아 남부의 도시 타렌툼으로 항해했다. 그는 배 300척을 거느리고 왔고 아내 옥타비아도 동행했다. 옥타비아는 협상팀의 핵심 요원이었으며 임신 3개월 차의 몸인데도 항해를 마다하지 않았다.

옥타비아누스는 타렌툼 근처까지 왔으나 안토니우스와의 만남은 차일피일 미루었다. 바로 그런 상황에서 안토니우스의 아내가 도움을 주러 나선 것이다! 한 사료에 따르면 옥타비아는 남동생과의 만남에 적극적으로 나서, 그가 안토니우스에게 품은 불만에 대해 조목조목 해명해주었다고 한다. 또 다른 사료에 따르면 그녀는 옥타비아누스의 최측근 두 사람을 먼저 설득한 뒤에 남동생을 만나 남편과 전쟁을 하지 말라고 호소했다. 전쟁의 결과가 어떻게 결판나든 그녀 자신이 비참하기는 매일반이라는 논리를 폈다. 그녀의 접근 방식은 성공을 거두었다. 그녀는 이렇게 하여 자신이 명석한 여성임을 증명했다. 또 안토니우스와 유리한 거래가 임박했다는 것을 옥타비아누스에게 분명히 알려주었다.

그리하여 옥타비아누스는 타렌툼의 교외에서 안토니우스를 비공식적으로 만나는 데 동의했다.[27] 두 사령관은 자그마한 보트를 타고 노를 저어 타라스강(오늘날의 타라강)으로 가서 양쪽 강둑에 자리 잡았다. 그런 뒤, 누가 먼저 배에서 내려 상대방의 강둑으로 올라가야 하는지를 두고 샅바 싸움을 벌였다. 아마도 옥타비아누스가 양보한 듯하다. 한 보고서에 따르면, 그는 누나를 만나고 싶다는 이유를 대면서 자신이 먼저 안토니우스의 진영에 올라가는 데 동의했다고 한다. 옥타비아누스 자신도 알다시피, 그런 조그마한 양보는 정적의 심기를 편안하게 해주는 좋은 방법이었다. 옥타비아누스는 안토니우스의 전차를 타고 그의 숙소까지 갔고, 거기서 보초 없이 하룻밤을 보냈다. 이튿날 안토니우스는 옥타비아누스의 진영을 답방했다.

그리하여 길고 지루한 협상이 시작되었다. 여름 내내 협상이 이어지다가 마침내 거래가 체결되었다. 안토니우스는 옥타비아누스에게 배 120척을 지원하고, 옥타비아누스는 안토니우스에게 군단병 2만 명을 제공한다는 조건이었다. 배는 현장에서 즉시 인도할 수 있었지만, 군단병은 나중에 건네주기로 했다. 한 사료에 따르면, 옥타비아가 두 사람에게 거래 조건을 좀 더 부드럽게 완화하라고 설득했다. 그리하여 안토니우스는 추가로 옥타비아누스에게 전함 10척을 내놓았고, 옥타비아누스는 정예 병사 1000명을 추가로 내놓기로 했다. 원래 이 병력은 옥타비아누스의 근위병으로 쓸 생각이었으나 안토니우스의 원정군으로 쓰게 해주겠다는 것이었다. 결론적으로, 옥타비아누스는 현장에서 배를 곧바로 확보했으나, 안토니우스는 미래의 약속이 실천되기를 기다리는 수밖에 없었다.

두 사람은 삼두 정치를 5년간 갱신하기로 동의했다. 거기에 더해, 옥타비아누스가 전처 스크리보니아에게서 얻은 딸 율리아를, 안토니우스가 풀비아에게서 얻은 맏아들과 결혼시키기로 합의했다. 이 소년의 이름은 마르쿠스 안토니우스로, 안틸루스라는 별명으로도 불렸다(이 별명은 아마도 안토니우스의 조상신으로 여겨지는 헤라클레스의 아들 안토에서 유래했을 것이다). 이 소년은 당시 여섯 살이었고 신붓감은 아직 갓난아기에 지나지 않았다.

옥타비아의 역할에 대해 회의적으로 보는 역사가들은 관련 사료가 그녀의 역할을 과장했다고 여긴다.[28] 그건 아마도 사실일 것이다. 그 둘은 옥타비아의 중재보다는 각자의 이해관계 때문에 그간의 의견 차이를 좁히고 자신이 맡은 군사 원정에 집중하기로 합의했을 것이다. 그러나 자신의 이익이 중요하다고 해도 능숙한 조정 과정이 없으면 언제나 효력이 나타나는 것은 아니며, 당시 로마에서는 옥타비아 같은 엘리트 여성이 그 같은 중개자 역할을 훌륭하게 해냈다. 옥타비아가 타렌툼 조약의 배후 설계자까지는 아닐지라도 공식 중개인 역할을 한 것은 분명한 사실이다.

안토니우스 혹은 그 추종자들은 타렌툼 조약이 체결되었을 때 청동 주화를 발행했다.[29] 이 주화의 뒷면에는 갤리선이나 해마海馬를 새겼다. 앞면에는 마주 본 안토니우스와 옥타비아누스를 새기거나, 안토니우스와 옥타비아누스 두 사람(전자는 앞쪽, 후자는 뒤쪽)이 옥타비아를 바라보는 모습이 새겨져 있다. 이 같은 주화들은 옥타비아가 두 사령관 사이에서 일종의 접착제 역할을 했다는 프로파간다의 좋은 증거물이라고 볼 수 있다.

로마 역사가 티투스 리비우스는, 남편과 친정아버지 사이의 싸움에 개입하여 중재한 에피소드*인 사비네 여인의 납치 건을 쓸 때, 옥타비아가 타렌툼에서 한 역할을 모델로 하여 기술했다는 이야기도 있다.[30] 이 에피소드는 리비우스의 방대한 저서인 《로마사》1권에 나오는데, 이 책은 타렌툼 조약이 체결되고 나서 10년 뒤인 기원전 27년에 발간되었다. 그렇다면 옥타비아의 역할에 대한 설명은 역시 공식적인 이야기를 그대로 답습한 게 아닌가 하는 생각이 든다. 왜냐하면 옥타비아가 정직한 중개인은 아니었기 때문이다. 그녀는 타렌툼 조약에서 딱 중간에 서서 일을 진행하기보다 남동생 쪽에 더 저울이 기울도록 했으니 말이다.

로마 세계는 옥타비아가 안토니우스와 옥타비아누스 사이에서 평화를 성사시켰다는 소식을 환영했지만 여기에는 진짜 스토리가 은폐되어 있다. 옥타비아가 안토니우스로 하여금 이탈리아에서 시선을 돌리게 했고 섹스투스 폼페이우스에 대한 지원을 포기하도록 유도했기 때문이다. 그녀는 이런 조치로 남동생의 일을 도와주었고, 이 점이 정말로 중요한 사항이다.

● 리비우스의 《로마사》1권 10~11장에 나오는 이야기. 사비네인들이 로마인과의 통혼을 거부하자, 로마인들은 사비네인들의 시장이 열린 기회를 틈타 사비네 여자들을 납치했고 여자를 잡아온 남자가 그 여자의 남편이 되었다. 로마의 로물루스 왕은 그렇게 억지로 데려왔으니 아내를 더 자상하게 대하고 남편의 의무를 성실히 수행해야 한다고 로마인들에게 당부했다. 여자를 납치한 남자들도 로물루스의 말에 힘을 보탰다. 그들은 달콤한 말을 속삭이면서 이런 납치 행위에 나선 것은 오로지 열정적인 사랑 때문이라고 맹세했다. 시간이 흐르면서 납치된 여자들은 분노가 누그러들었다. 그러나 그들이 운명을 순순히 받아들인 그 순간, 여자들의 부모들이 굉장히 심각한 소요를 일으키기 시작했다. 그들은 사람들의 동정심을 일으키기 위해 상복을 입고 마을을 돌아다니면서 눈물과 탄원으로 자신들의 슬픔을 적극적으로 드러냈다. 이런 시위 행위를 그들의 고향 마을에서만이 아니라 주위 다른 마을에까지 호소했고 결국 사비네인들은 로마로 쳐들어가기에 이르렀다. 이때 사비네 여자들이 남편과 친정아버지 사이에 끼어들어 전쟁이 아니라 평화를 이끌어냈다는 이야기다.

누나, 대사, 군인, 첩자, 협상가, 청원인, 해결사, 아내. 옥타비아는 두 강력한 실세 사이를 왕복하면서 이런 역할들을 수행했다. 그리고 때때로 그녀는 여신이 되기도 했다. 그리고 한번 어머니는 언제나 어머니였다.

타렌툼 조약 이후 안토니우스는 임신한 옥타비아와 어린 딸을 옥타비아누스에게 맡겼다. 모녀는 그를 따라 로마로 갔고 안토니우스는 시리아를 향해 항해를 떠났다. 몇 달 뒤인 기원전 35년 1월 31일, 옥타비아는 둘째 딸 안토니아를 낳았다. 안토니우스가 옥타비아를 로마의 친정으로 돌려보낸 것은 그리 이례적 조치는 아니었다. 오히려 그가 신혼 때 그녀를 아테네로 데려온 것이 이례적이었다. 로마 총독들은 해외에 근무하러 갈 때 보통 아내를 고국에 남겨두고 혼자 부임했다. 물론 삼두 중 한 명이라는 그의 지위가 예외적이기도 했지만, 옥타비아가 아테네에서 거주한 것은 로마의 표준적 삶의 방식에서 크게 동떨어진 일이었다.

그 후 몇 년에 걸쳐 옥타비아의 생활은 점점 더 상궤를 벗어난다. 그녀는 안토니우스의 아내라는 점 덕분에 점점 더 로마 정계의 중앙 무대로 가까이 다가갔다. 그리고 그녀가 맡았던 외교관 역할도 완전히 끝나지는 않았다.

4

옥타비아누스의 승리,
안토니우스의 패배와 복귀

기원전 36~34년, 시칠리아에서 파르티아 제국까지

기원전 30년대는 바다와 육지에서 새로운 전쟁이 벌어진 시기다. 로마 인근에서, 시칠리아 주변 바다에서, 그리고 파르티아 제국과 맞붙은, 아주 멀리 떨어진 경계지에서 전쟁이 벌어졌다. 아드리아해의 동쪽 해안에서도 전쟁이 있었다. 그러는 동안 안토니우스와 옥타비아누스의 지지자들은 점점 더 세게 상대방을 향해 프로파간다 대결을 벌였다. 안토니우스의 아내라는 옥타비아의 지위는 흔들린 반면, 클레오파트라는 자신의 입지를 더 강하게 굳혔다. 두 실세는 적수를 겨냥하여 새로운 무기를 제작했으나 그 무기는 자기 자신을 공격할 수도 있었다. 로마의 미래는 불안정한 상태에 머물러 있었다.

섹스투스 폼페이우스 물리치기

옥타비아누스와 아그리파가 볼 때, 기원전 36년은 경이로운 한 해였다. 섹스투스 폼페이우스의 함대를 맞닥뜨려 물리쳐야 하는 문제에 봉착하자, 아그리파는 로마인이 군사적 딜레마에 빠지면 곧잘 하는 작업을 했다. 바로 땅을 깊게 파는 굴착 작업이었다. 그의 공병대는 새로 건조될 함대를 위해 새 항구를 건설했다. 그들은 푸테올리(오늘날 나폴리 북쪽에 있는 포추올리) 외곽에서 운하를 파서 루크리누스 호수와 바다를 연결했다. 그렇게 해서 안전한 해군 기지를 조성했고, 적의 첩자들에게 발각되지 않은 채 배를 건조할 수 있었다. 그 해군 기지에는 포르투스 율리우스라는 이름이 지어졌다. 그들은 기원전 37년에 새 항구를 건설한 다음, 이듬해에 해군 함대를 구축할 수 있었다. 하지만 그들은 함정艦艇을 거의 무無에서 창조한 것이나 다름없었다. 그 이전에 이탈리아는 섹스투스를 공격할 만한 함대를 보유하지 못했으니 말이다.

로마인들은 원래 바다 여행이 서툰 육지 사람들이었는데, 경쟁 대국이며 해군 강국인 카르타고를 누르기 위하여 기원전 200년대에 로마를 해군 강국으로 만들었다. 그 후 100년에 걸쳐 그 해군력을 유지하면서 지중해 전역에 제국의 판도를 확대했으나, 어느 순간 그들은 해군력을 지키는 데 게을러지기 시작했다. 그러다가 기원전 60년대에 그나이우스 폼페이우스가 로마의 해군을 재건했으나, 인력은 상당 부분을 비非로마인에게 의존했다. 아버지의 해군력을 상당 부분 물려받은 섹스투스 역시 병력을 비로마인들로 충원했다. 그 외국인들은 주로 그리스인들이었는데, 오래된 해군 전통을 자랑하는 그리스인들은 먼바다를 항해할 수 있는 배를 건조해 바다에 띄워서 놀라운 작전 운용과 선박 조종술을 발휘하며 해전에 임했다.

이와 대조적으로 아그리파의 함대는 바다 경험이 별로 없거나 아예 없는 이탈리아인들로 구성되었다. 아그리파 자신도 해군 배경이 없기는 마찬가지였다. 그는 장군이 되기 전까지 군사 경력을 거의 지상에서만 쌓아왔다. 그의 새로운 함대는 섹스투스의 함대에 비해 더 무겁고, 둔탁하고, 기동성이 떨어졌다. 그렇지만 아그리파는 비록 세련함은 적장보다 떨어졌어도 근면함과 창의성으로 부족한 부분을 메웠다. 그는 부하 사병들에게 노 젓기를 훈련시켰다. 새로운 무기도 개발했는데, 적선이 아그리파의 공격으로부터 달아나지 못하게 작살을 발사하는 투척기였다. 작살이 일단 적선의 뱃전에 꽂히면 상대방의 갑판에 올라가 백병전을 벌일 수 있었다. 바다에서 배를 조종하고 충각을 이용하여 적선을 들이받는 작전을 펼칠 때, 아그리파의 새 해군은 섹스투스의 노련한 선장들과 경쟁 상대가 안 되었다. 하지만 아그리파의 병사들은 본질적으로 지상전이나 다름없는 전투를 바다에 나와서도 잘 수행했다. 로마의 표준 전함인 5단 노선quinquereme은 군단병 120명을 실을 수 있었다. 이 병사들은 일단 적선의 갑판 위로 올라가면 백병전을 벌여 적선을 장악할 수 있었다. 비록 피비린내 나는 싸움을 벌여야 했으나 그 작전은 통했다.

아그리파는 기원전 36년에 시칠리아 인근 바다에서 치른 두 번의 대규모 해전에서 승리를 거두었다. 이 두 번의 승전 사이 어느 시점에 섹스투스는 로마군 병사들을 시칠리아섬에 상륙시킨 옥타비아누스를 매복으로 거의 사로잡을 뻔했다. 옥타비아누스는 황급히 달아났고 그 후에 벌어진 해전에서 가까스로 목숨을 건져 도망칠 수 있었다. 한 사료에 의하면, 그 전투를 거치면서 옥타비아누스는 "심신이 완전히 붕괴되었다."[1] 그는 갑옷을 들고 따라다니는 시종 한 사람 이외에 나머지 수행원은 전혀 없는 상태로 상륙하는 불명예를 겪어야 했다. 그 장면을 한번 상상해보라! 옥타비아누스가 목숨을 건지기 위해 휘하 병사들을 내팽개치고 달아나는 모습은 고대 전투의 역사에서 그리 교훈적이지 못한 장면이었다.

하지만 섹스투스의 성공은 단발에 그치고 말았다. 아그리파는 곧 해상에서의 전세를 역전시켰고 기원전 36년 9월 3일에 나울로쿠스 해전에서 완벽한 승리를 거두었다. 섹스투스로서는 대참사나 다름없는 패배였다. 그가 이 전투에서 잃어버린 전함 수는 그전 300년 동안 지중해에서 벌어진 그 어떤 해전의 피해보다 규모가 컸다.[2] 그의 수병들은 상당수가 도망 노예였는데 그보다 더 나쁜 운명을 만났다. 옥타비아누스는 섹스투스의 함대에 있던 도망 노예 3만 명을 붙잡아서 원래 주인들에게 돌려주었다고 주장했다.[3]

비록 그 해전에서 패하긴 했으나, 섹스투스의 과감한 전략은 상대가 옥타비아누스보다 자질이 떨어지는 자였다면 성공을 거두었을지도 모른다. 섹스투스는 로마의 식량 보급선을 끊어내고 옥타비아누스의 무능을 만천하에 드러내면 상대방을 무릎 꿇릴 수 있을 것으로 생각했다. 다른 지도자였다면 타협하려 했을 수도 있고 함대를 건조하는 데 들어가는 높은 비용과 그 함대를 운영할 때의 위험을 생각하여 멈칫거릴 수도 있었을 것이다. 혹은 그런 엄청난 작전 지휘권을 부하 장군에게 넘겨주는 일을 하지 않으려 했을 것이다.

그러나 섹스투스가 상대한 옥타비아누스는 강철 같은 의지와 결단력을 지닌 지도자였다. 그는 엄청난 정치적 재능, 원칙을 무시하는 대담성, 천변만화하는 교활함 같은 자질을 갖추고 있었다. 이런 인물은 타협 따위는 별로 좋아하지 않는 법이다. 군사 지휘 측면에서 보자면 옥타비아누스는 최고 수준은 못 되었지만 매우 용감하고 좌절을 모르는 성격이었다. 교활함, 무자비함, 야심만만함, 이 모든 자질을 극단적 한계까지 밀고 나가는 능력 등, 여러 가지 특성 중에 무엇이 더 위대한지 구분하기 어려울 정도였다. 게다가 그는 매우 뛰어난 고문관들과 지휘관들을 거느렸다. 이 때문에 옥타비아누스의 강철같은 의지를 꺾어놓으려던 섹스투스의 엄청난 노력은 실패할 수밖에 없었다.

한 고대의 저술가는 옥타비아누스가 겪은 전쟁 중에 섹스투스를 상대로 한 것이 가장 어려웠다고 기록했다.[4] 하지만 그는 운이 좋았다. 비록 전쟁은 힘들었으나 그것이 옥타비아누스에게 훌륭한 군사 학교 노릇을 했으니 말이다. 종종 군인들은 실패에서 배운다. 말하자면 좋은 스승에게 안내를 받는 셈이다. 그리고 옥타비아누스는 뛰어난 학생이었다.

섹스투스 폼페이우스를 물리치자 옥타비아누스는 서부 지중해의 단독 지배자가 되었다. 당시에는 아무도 그 사실을 깨닫지 못했으나 아그리파가 굳건한 로마 제국의 해군을 창건한 것이다. 미세눔은 아그리파 함대가 기항할 수 있는 이탈리아 내 두 해군 기지 중 하나가 되었다.

그러한 해군의 등장은 이미 예견된 일이었다. 단기적 관점에서 볼 때 아그리파는 해전에서 승리할 수 있는 경험과 자신감을 얻어 그 선물을 옥타비아누스에게 바쳤다. 이러한 해군 발전의 중요성과 늦게 시작한 자가 그처럼 승리를 거둔 결과의 의외성은 아무리 강조해도 지나치지 않을 것이다. 옥타비아누스는 율리우스 카이사르의 상속자였고 카이사르는 해군력에는 별반 관심이 없었다. 그에게 맞서던 원로원 의원들, 특히 그나이우스 폼페이우스는 내전에서 해군력의 우위를 차지했다고는 하나 그 위력을 효과적으로 활용하지는 못했다. 지난 근 10년 동안 섹스투스 폼페이우스는 바다를 지배했고 심지어 스스로를 바다의 신 넵투누스와 동일시했다. 그러다가 해군력의 지휘권이 이제 새 카이사르, 즉 옥타비아누스가 자신의 이름으로 내세운 그 이름으로 넘어갔다. 이제 그가 바다를 지배했다.

내전의 종식

섹스투스 폼페이우스에게 승리를 거둔 후, 옥타비아누스는 로마 시민들에게 이제 내전 시대는 끝났다는 좋은 소식을 전했다. 이제 로마인이 로마인을 상대로 하는 싸움은 없을 것이었다.

하지만 사실과는 다른 선언이었다. 일단 옥타비아누스가 바다에서 승리를 거두자 안토니우스를 상대로 한 전쟁에서 이길 확률이 더 높아졌다. 또 섹스투스가 무대에서 사라졌으므로 더는 안토니우스의 협력이 필요하지 않았다. 안토니우스에 대해 말해보자면, 그는 동방에서 해결해야 할 일이 있어서 앞으로 오랫동안 바쁠 것이다. 그가 서방을 옥타비아누스에게 맡겨두는 것이 만족스러웠는지, 아니면 기꺼이 그렇게 하라고 동의했는지는 알 수 없다.

로마의 과거 역사를 살펴보면 정적들 사이의 평화적 공존은 불가능한 이야기였다. 마리우스와 술라, 카이사르와 폼페이우스, 안토니우스와 옥타비아누스를 보라. 이들의 관계에서 나타나는 양상은 뚜렷하다. 권력자들 간의 파트너 관계는 오래가지 못했다. 그들 사이의 합의는 언제나 일시적이었다. 권력자들 중 한 사람이 로마를 통째로 지배하거나 아니면 그렇게 하려고 하다가 사망했다. 공화정을 부활시킬 수도 있었을 원로원 의원 대다수가 사망했거나, 내전 중에 전사했거나, 징벌 고시 중에 살해되었거나, 그도 아니면 항복보다는 순교를 택해 자살했다.

한 가지 사실은 분명하다. 옥타비아누스는 승자 독식을 원했다. 경력 초창기부터 그는 율리우스 카이사르의 명예를 온전히 차지하는 것이 자신의 목표라고 말했고, 여러 해 동안 그가 보여준 행동은 그 말이 진심임을 보여주었다. 옥타비아누스는 안토니우스가 지난 세월 모든 로마 지도자가 차지하지 못했던(단, 카이사르는 예외) 보물을 차지하는 모습을 근심 어린 눈초리로 바라보았다. 그 보물이란 고대 지중해 세계의 가장 부유한 독립국인 이집트였다.

섹스투스 폼페이우스를 상대로 한 전쟁이 끝났는데도 옥타비아누스는 군대 해산을 거부했다. 안토니우스의 군단들이 파르티아를 향해 언제 진군할지 몰랐고, 동방의 조선소들이 정적에게 필요한 새 함선을 건조하고 있는 상황에서 군대 해산은 있을 수 없는 일이었다. 옥타비아는 로마에서 옥타비아누스 가까이 살았는데, 안토니우스가 클레오파트라와 연애를 하든 말든 기원전 36년 현재 여전히 안토니우스와의 혼인 관계를 유지했다. 옥타비아는 남동생에게 이렇게 말했을 수도 있다. 네가 내 남편에 대해 무슨 말을 하든 간에, 그는 로마의 동쪽 변경지에서 항구적인 정치적 안정을 조성하고자 노력하지 않는가? 그렇다면 젊은 카이사르는 그에 필적하는 일로 무엇을 하려고 하는가?

옥타비아누스는 로마 제국의 판도를 넓힐 필요가 있었으며, 그러자면 휘하 군대를 온전히 유지하면서 전투력을 향상시킬 필요가 있었다. 그는 아드리아해 건너편에서 그 문제의 해결책을 발견했다. 섹스투스를 상대로 승리한 데 이어, 일리리아 지방의 해안과 내륙의 강들을 정복하는 성공적인 원정전이 전개되었다. 기원전 35~33년에 벌어진 그 전쟁은 건실한 영토의 확장을 가져왔고 더 효과적인 프로파간다의 승리도 불러왔다.

옥타비아누스는 일리리아 지방 대부분을 점령함으로써 이제 이탈리아를 해상 침략자들로부터 온전히 보호할 수 있다고 자랑할 수 있었다. 그는 일리리아 공성전에 직접 참가해 그 전투 중에 얻은 상처를 사람들에게 보여줌으로써, 그동안 바라던 장군으로서의 명성을 한껏 높일 수 있었다. 약 15년 전, 로마 군단이 일리리아 원정에 나섰다가 빼앗긴 여러 군단의 깃발을 되찾음으로써 선전 효과를 한층 더 높일 수 있었다.[5] 그를 널리 알려주는 자들은 옥타비아누스를 알렉산드로스 대왕과 동급으로 추켜세울 만한 근거를 확보했다.[6] 그렇다 하더라도 그런 행위는 많은 사람의 눈살을 찌푸리게 했다. 아무튼 일리리아는 옥타비아누스의 병사들에게 군사적 경험, 자신감, 전리품을 가져다주었다. 그리하여 그들은 전보다 더 열심히 사령관을 위해 싸울 이유가 생겼다.

옥타비아누스는 일리리아 남부의 주민들을 보호한다는 명목으로 그 지역을 쳐들어갔을 때, 디라키움(오늘날의 알바니아 두러스), 아폴로니아, 리수스 같은 핵심 항구 도시를 손아귀에 넣었다. 그는 이 도시들을 점령함으로써 그 지역들을 안토니우스에게 배정했던 기원전 40년의 합의를 위반했다. 하지만 그 도시들을 얻어서 자신의 안보가 더 강화된다면 그까짓 합의 위반쯤이야 전혀 문제 되지 않았다. 이 도시들을 점령함으로써 옥타비아누스는 정적으로부터 이탈리아 본토를 침공할 수 있는 가장 유력한 출발점을 빼앗아버린 셈이었다.

이는 명백한 합의 위반이었지만 두 거두는 어느 쪽이든 기존의 조약을 지킬 생각이 없었다. 예컨대 안토니우스도 이탈리아와 히스파니아에 개입했고, 옥타비아누스도 소아시아의 도시 국가인 아프로디시아스의 국내 정치에 개입했다.

정보전

두 독재자가 좌지우지하는 정국이기는 했지만, 그래도 로마는 여전히 공화국의 흔적이 상당히 남아 있어서 여론을 중시했다. 안토니우스와 옥타비아누스는 정보전에서 승리하기 위해 적극적으로 홍보 활동을 벌였다.

옥타비아누스가 역사의 승자로 등장했기에 그의 행위는 재구성하기가 훨씬 쉽다. 옥타비아누스는 이탈리아를 통제했고 그 지역을 점령한 사람은 그곳의 법을 좌지우지할 수 있었으므로, 옥타비아누스가 이탈리아에서 압도적 홍보전을 펼쳤다는 사실을 보여주는 역사적 기록은 아마도 정확할 것이다. 반면에 안토니우스는 해상으로 2000킬로미터 이상 떨어진 저 먼 알렉산드리아에 있었다. 파르티아 원정에 나선다면 그보다 더 멀리 떨어지게 될 터였다.

안토니우스와 옥타비아누스는 프로파간다와 팸플릿을 통해 홍보전을 벌일 때 남들의 가르침 따위는 필요없다고 생각했다. 옥타비아누스가 3월 15일의 카이사르 암살 사건 직후 한 달 만에 정계에 처음 등장했을 때부터 내전이 종식되는 시점에 이르기까지, 두 정적과 지지자들 사이에서는 중상모략의 비난이 활발하게 오갔다. 그런 이유로 오늘날의 역사가들은 사실과 허구를 완벽하게 구분하기가 어렵다. 특히 궁극적 패자인 안토니우스의 경우에는 그렇게 하기가 더 어렵다. 재미있는 이야기일수록 신빙성이 떨어지는 법이다.

각 실력자는 홍보 참모를 두고 각종 사건에 대해 자신에게 유리한 해석을 내놓으며 상대방의 명성을 먹칠하려 들었다.[7] 원로원 의원, 웅변가, 장군, 역사가, 시인 등이 그런 참모 역할을 했다. 옥타비아누스 편에 선 사람들로는 키케로(기원전 44~43년)와 시인 퀸투스 호라티우스 플라쿠스(현재는 간단히 호라티우스로 알려져 있음) 등이 있었다. 전쟁에서 패배한 안토니우스 편에 선 사람들은 오늘날 그 이름이 잘 알려지지 않았다. 그러나 고전학자들은 폴리오와 카시우스의 이름은 알고 있다. 전자는 본명이 아시니우스 폴리오로, 장군이자 역사가인데 현재는 인멸된 로마 내전 시대의 역사서를 썼다고 알려져 있다. 후자는 본명이 가이우스 카시우스 파르멘시스로, 제독이자 카이사르 암살자이자 호라티우스에게 주목받을 정도로 뛰어난 재주를 보인 시인이었다. 또 본명이 마르쿠스 발레리우스 메살라 코르비누스인 메살라도 있었다. 이 사람은 시인, 회고록 저술가, 웅변가, 정치가, 장군 등으로 활약했다. 메살라는 처음에는 안토니우스 지지자였다가 나중에 편을 바꾸었고 이어 안토니우스를 공격하는 팸플릿을 썼다.

옥타비아누스가 섹스투스 폼페이우스를 상대로 한 전쟁은 안토니우스를 상대로 한 전쟁의 예행연습이었다. 옥타비아누스는 섹스투스를 가리켜 정치가가 아니라 해적이라고 비하했다. 반면에 섹스투스와 그 지지자들은 옥타비아누스와 리비아가 호화로운 연회(어쩌면 그들의 결혼식 피로연)에서 올림포스산의 열두 신을 조롱하는 무언극을 연출했다고 비난했다.[8] 도시는 섹스투스의 해상 봉쇄로 온갖 고통을 겪으며 굶주리고 있는데도 그랬다는 것이다. 어쩌면 이러한 비방성 공격은 안토니우스와 그 지지자들의 작품일지도 모른다. 연회에 초대되어 간 손님들은 각자 신 혹은 여신의 복장을 했고, 옥타비아누스의 경우 아폴론이 되어 간통하는 남자 역할을 했다. 이 사건을 묘사한 무명씨의 노래는 로마 시내에 널리 퍼졌다. 까다로운 라틴어와 모호한 언급 때문에 오늘날 이 노래를 제대로 해석하기는 어렵지만, 풍자적 분위기가 상당히 진하게 풍기는 것은 틀림없는 사실이다. 그로부터 150년이 지난 후에도 그 노래가 불렸으니 말이다. 그 사건이 벌어진 지 몇 년 후, 안토니우스는 옥타비아누스의 신성 모독 행위를 비난하는 편지를 써서 그것을 널리 알렸다. 그때는 이미 안토니우스와 옥타비아누스 사이의 싸움이 더 치열해진 시기였다. 안토니우스는 심지어 그 연회에 참석한 손님들의 이름을 하나하나 거명하기까지 했다.

이 같은 프로파간다 대결은 때로는 지저분했고 때로는 소란스러웠다. 안토니우스는 주사위 놀이를 좋아하는 옥타비아누스의 도박 기질을 맹렬하게 비난한 듯하다.[9] 옥타비아누스도 지지 않고 이집트 점술가의 예언에 따르면 안토니우스의 다이몬(혹은 영혼)은 옥타비아누스의 상대가 되지 못한다고 맞받아쳤다. 그래서 주사위 놀이든, 추첨이든, 투계나 달팽이 싸움이든 간에 안토니우스가 자신과 맞붙으면 지게 되어 있다고 주장했다.

양측은 정보를 무기화했으나, 지리 면에서 볼 때 로마에 있는 옥타비아누스가 훨씬 더 효과적으로 프로파간다를 펼쳐 양측의 갈등을 자신에게 유리하게 조종했다. 그는 그렇게 할 수밖에 없었다. 옥타비아누스는 오늘날에는 거인처럼 보일지 모르지만, 그 당시만 해도 질 것으로 예상되는 선수였다.[10] 동시대인들에게도 안토니우스와 클레오파트라는 그에게 강력하고 무서운 적수로 보였다. 옥타비아누스를 확실히 승리를 거둘 선수로 생각한다면, 이는 역사를 왜곡하는 시각이다. 옥타비아누스는 일관된 마스터플랜을 갖고 있지 않았다. 그 자신의 직접적인 관찰과 누나의 귀중한 정보 덕에 안토니우스를 속속들이 알아낸 옥타비아누스가 상대방의 행동을 어느 정도 미리 예측한 덕분에 성공을 거둘 수 있었다. 하지만 승리를 확신할 수는 없었다. 그는 클레오파트라가 매우 예리한 여성임을 알았고, 그녀가 안토니우스를 잘 인도하여 올바른 방향으로 나아가게 할지 모른다고 두려워했다.

옥타비아누스는 자신의 젊음을 부채에서 자산으로 바꾸어놓았다. 안토니우스는 나이 들었지만 로마의 기준으로 볼 때 나잇값을 하지 못하는 사람이었다. 옥타비아누스는 그 점을 파고들어 안토니우스가 음탕하고 무책임한 사람이라고 비방했다. 오히려 자신이야말로 좌중의 어른 같은 사람이라고 은근히 자랑했다. 그는 안토니우스를 가리켜 술과 여자에 빠진 남자, 그 때문에 외국 여왕의 노예가 되어 로마의 국익을 팔아넘긴 남자라고 매도했다. 한편 안토니우스는《그의 주취酒醉에 대하여》라는 팸플릿을 발간하여 스스로를 변명했다.[11] 우리는 이 책자의 구체적 내용은 알지 못하지만, 자신은 동방을 정복한 신인 디오니소스의 전철을 밟는 것일 뿐, 주신 디오니소스의 흉내를 내는 것은 결코 아니라고 설명했을 것이다.

옥타비아누스는 누나와 안토니우스의 결혼 생활에 문제가 생길 때마다 그것을 국가의 중대사로 여기며 침소봉대했다. 옥타비아누스는 안토니우스가 버젓한 아내를 놔두고 이집트 여왕과 간통을 벌인다고 비난했다. 반면에 안토니우스는 옥타비아누스의 성적 비행에 대한 소문을 일일이 조사해 출판함으로써 맞불을 놓았다.[12] 그런 행위의 예로 리비아와의 황급한 결혼, 리비아와의 연애에 항의했다는 사실만 가지고 아내 스크리보니아와 이혼한 점, 친구들을 여자 데려오는 뚜쟁이로 활용한 점, 남의 아내와 간통한 점 등이 열거되었다. 특히 맨 마지막 사건의 줄거리는 이러했다. 옥타비아누스가 만찬에 초대되어 온 한 집정관 부부의 아내를 남편이 빤히 보는 앞에서 유혹하여 연회장에서 침실로 데려가 급히 정사를 벌인 뒤에 그녀를 다시 데리고 연회장으로 내려왔는데, 그 여성의 머리카락이 흐트러져 있고 얼굴은 상기되어 있었다는 주장이었다. 안토니우스는 옥타비아누스가 아내 몰래 관계를 맺은 여성들의 이름을 거명하기까지 했다. 옥타비아누스의 친구들은 옥타비아누스의 여색 밝히기는 일종의 정치적 첩보전으로, 정적들의 아내를 통해 정보를 수집하기 위한 행위이므로 신중한 통치술의 일환이라고 해명했다.

한편 안토니우스는 자신에게 퍼부어진 공격에 노발대발했다. 그는 옥타비아누스가 위선자일 뿐만 아니라 자신의 행위를 과장하고 왜곡한다고 주장했다. 그는 자신과 클레오파트라의 관계를 구체적으로 언급했다. 아직은 서로 어느 정도 예의를 지키던 시절에 안토니우스는 옥타비아누스에게 보낸 편지에서 이렇게 말했다. "내가 여왕과 동침한다고 해서 그것이 당신에게 무슨 큰 문제가 된다는 것입니까?" 안토니우스는 계속 물었다. "그녀가 내 아내입니까?"[13] 달리 말하자면 안토니우스는 옥타비아누스의 행동에 빗대어 자신을 변명한 것이다. 요컨대 간통일 뿐, 중혼은 아니라는 말이었다.

동방의 화염

안토니우스가 볼 때, 자신의 진정한 임무는 카이사르가 미완으로 남겨둔 동방을 정복하는 것이었다. 그 지역은 로마의 경계선이 불분명했을 뿐 아니라 위협받고 있었다. 그 위업을 달성하려면 군대가 필요했고, 승리를 거둔다면 높은 군사적 영광을 얻을 터였다. 로마 정계에서 외국을 정복하여 국토를 넓히는 행위는 곧 권력의 주축이 되는 길이었다. 후대에 전해지는 사료에서 안토니우스의 원정 계획과 실제 행동을 구분하는 것은 까다로운 작업이다. 후대의 사료들은 모두 아우구스투스식 프로파간다에 의해 왜곡되었기 때문이다. 그래서 필자는 그런 사정을 염두에 두고 다음과 같은 역사적 사실을 재구성해 보았다.

앞에서 이미 말한 대로, 안토니우스가 직면한 전략 문제는 파르티아 제국을 상대로 승리를 거두는 것이었다. 그전 100년 가까이 로마는 넓은 땅을 정복한 덕분에 제국의 판도가 북쪽의 소아시아 서부에서 남쪽의 유대 지방까지 확대되었다. 그런 지역 중 일부는 제국에 병합되어 로마의 속주가 되었고 나머지 더 넓은 지역은 속국으로 남았는데, 속국이란 형식적으로는 독립적이지만 실제로는 로마에 복종하는 국가를 말한다. 사실 이집트도 이런 속국이었다.

로마 제국의 지평선에 짙은 먹구름 하나가 떠올랐으니, 파르티아였다. 파르티아 제국은 오늘날의 튀르키예 동부에서 이란 동부까지 뻗은 거대 제국으로 그 거리가 2000킬로미터가 넘었다. 이 나라는 인도 서쪽 지역에서는 로마와 맞설 수 있는 유일한 제국이었다. 로마와 파르티아는 오늘날의 이란 북서부에서 아라비아에 이르는 기다란 경계선을 사이에 두고 서로 노려보며 경계했다. 때때로 그들은 노려보기만 하는 것이 아니라 교전을 벌이기도 했다.

과거 기원전 53년에 로마 장군 마르쿠스 리키니우스 크라수스는 상대가 공격하지 않았는데도 파르티아 영토를 침공했다. 이때 기병대, 특히 마상 궁수와 무장 기병이 우수한 파르티아 군대가 로마군을 파괴하고 그 장군인 크라수스를 생포해 살해했다. 이에 율리우스 카이사르는 복수전을 계획했으나 기원전 44년에 암살되면서 원정 준비가 중단되었다. 카이사르가 파르티아 원정을 계획한 데에는 여러 가지 이유가 있었다. 먼저 크라수스는 그의 정치적 동맹이었다. 파르티아는 기원전 49~45년의 로마 내전 때 카이사르의 적수인 그나이우스 폼페이우스와 외교적 접촉을 꾸준히 유지했다. 로마의 명예가 실추되었으니 다시 영광을 회복해야 할 필요가 있었다. 카이사르가 파르티아를 어느 정도까지 정복하려 했는지는 알려지지 않았다. 파르티아 제국 전체를 정복하려 했는지, 아니면 그중 일부만 공략하려 했는지, 혹은 로마의 명예를 회복하는 데 필요한 만큼만 패배를 안겨주려 했는지 불분명하다. 여하튼 그가 사망한 후에 파르티아가 먼저 치고 나왔다.

기원전 40년, 파르티아는 로마의 동방 속주들 중 상당수 지역을 침략했고, 그 후 안토니우스가 조직한 로마군과 그 부장인 벤티디우스가 공격 작전을 벌여 그들을 결정적으로 물리쳤다. 그리하여 기원전 38년에 이르러 로마는 동부 속주들을 다시 통제할 수 있었다.

그런 뒤에 안토니우스는 일련의 중요한 정치적 행위를 벌였다. 그는 로마 제국의 동쪽 변경에 자리 잡은 속국들을 다스릴 왕들을 옹립했는데, 그 전제 조건은 유능함과 충성심 두 가지였다. 그는 폰투스에는 폴레모를, 갈라티아에는 아민타스를, 카파도키아에는 아르켈라우스를, 유대에는 헤롯을 왕으로 앉혔다. 헤롯은 기독교 및 유대교 전통에서 보면 악명 높은 왕이었으나, 사실 유능한 통치자였으며 로마에 충성을 바쳤다. 이 같은 속국의 왕들에게는 영토가 충분히 할양되었다. 아민타스의 경우, 그의 왕국에는 킬리키아가 상당 부분 포함되었는데, 이 지역은 오늘날 튀르키예 동부의 지중해 쪽 해안 지대에 해당한다. 킬리키아는 전에 로마의 속주였으나, 로마로서는 직접 통치하는 것보다는 현지 통치자가 다스리는 편이 훨씬 더 효율적이었다.

기존에 확보한 경계를 공고히 지키기 위해 안토니우스는 북동부 경계 지역 쪽으로 시선을 돌렸다. 그는 이 지역의 사령관으로 푸블리우스 카니디우스 크라수스를 선택했다. 이 장군은 안토니우스 휘하 장군들 중 자수성가하여 최고 지위에 오른 인물이었다. 카니디우스는 이 과정에서 집정관 자리를 꿰차 로마 귀족 계급으로 진입했다. 로마에서 귀족이라 하면 과거에 집정관이었던 사람이나 집정관의 후예를 가리킨다. 로마에 근거지를 두지 않은 가문 출신인 카니디우스로서는 명예로운 출세를 한 셈이다.

안토니우스는 카니디우스와 휘하 군대를 파견하여 아르메니아 변경 지역과 캅카스산맥 남부 일대를 장악하도록 했다. 아르메니아는 오늘날 튀르키예 동부 지역과 이란에 이르는 상당히 넓은 지역을 다스리는 독립국이었다. 로마 제국과 파르티아 제국의 중간 지점에 있던 아르메니아는 이중 게임을 펼치는 능력이 뛰어났다. 카니디우스 파견 당시에 아르메니아는 파르티아의 동맹이었으나, 카니디우스에게 패배하자 아르타바스데스 2세는 동맹을 바꾸어 로마 편에 붙었다.

안토니우스도 이제 군대를 움직였다. 사료들은 안토니우스가 파르티아 제국 전역을 정복하려 했다고 주장하나, 실제로는 그보다 약간 작은 규모의 정복전을 구상했을 것이다. 메디아 아트로파테네 왕국(오늘날의 이란 북서부 지역으로, 이란령 아제르바이잔으로 알려진 곳)은 파르티아 제국의 속국이었다. 안토니우스는 이 왕국을 정복하거나 로마의 동맹국으로 만들려는 생각이었다. 어느 경우든 이 일이 이루어지면 파르티아 제국의 북서부 경계 지역은 크게 위협받는 상황에 처할 터였다. 그렇게 되면 파르티아 제국이 로마 제국의 동부 지역을 침공할 가능성은 크게 떨어지거나 아예 없어질 터였다.

이 전쟁에서 승리를 거둔다면 로마 제국 동부 경계의 보안을 확보할 수 있고, 안토니우스는 위신과 부, 전쟁에 숙달된 군대를 얻는 기회가 될 것이었다. 훨씬 강력한 자세로 적수 옥타비아누스와도 맞서게 될 터였다. 또 파르티아인들에게 과거에 그들이 크라수스에게서 탈취한 로마 군단기를 돌려달라고 요구할 수도 있을 터였다. 아트로파테네를 공격하기 전, 안토니우스가 군단기를 돌려달라고 요구했으나 파르티아인들은 거부했었다.

안토니우스는 대규모 군사 작전 벌이기를 좋아했다. 기원전 37~36년에 클레오파트라와 함께 시리아의 수도 안티오크에서 겨울을 나던 중, 대규모 침공군에 병력을 추가하여 더욱더 완벽을 기했다. 그가 안티오크에서 행한 또 다른 중요한 일은 클레오파트라가 그에게 낳아준 쌍둥이 갓난아기를 처음으로 만난 것이었다. 아마 이때 쌍둥이는 각각 알렉산드로스 헬리오스와 클레오파트라 셀레네라는 이름을 얻었을 것이다. 이 두 이름은 의미심장했다. 알렉산드로스는 물론 고대 세계의 가장 위대한 정복자이며 이집트에 그리스-마케도니아 통치를 창건한 인물이다. 클레오파트라는 당대의 군주였을 뿐만 아니라 그보다 앞선 여러 뛰어난 여왕들을 가리키는 이름이기도 했다. 헬리오스는 그리스어로 태양신을 뜻하고, 셀레네는 달의 여신을 뜻한다. 고대 세계에서는 많은 이들이 태양을 그들이 동경하는 새로운 황금시대의 상징으로 여겼다.

봄에 클레오파트라는 안토니우스와 함께 유프라테스강 근처의 제우그마(오늘날의 튀르키에 가지안테프 근처)까지 갔다. 약 일주일간 여행해야 하는 거리였는데, 안토니우스는 거기에 병사들을 집결했다. 그는 9만~10만 명의 병력을 동원했고[14] 마차 300대로 수송해야 하는 공성 기계도 대기시켰다. 그 마차들이 늘어선 길이만 해도 무려 8킬로미터 정도 되었다.[15] 그것 말고도 길이 2미터가 넘는 파성추도 갖추었다. 안토니우스 공격 부대의 핵심은 16개 군단으로, 병력은 대략 8만 명이었다. 원칙적으로 군단병은 로마 시민, 즉 이탈리아 사람이어야 했다. 하지만 옥타비아누스가 이탈리아 안에서 병력을 모집하지 못하게 했기에 동방에서 모집한 병력으로 일부를 대체해야 했다. 이런 대체 병력 중 일부는 소아시아의 로마 속주에서 살던 이탈리아 정착자들이거나 그들의 후손이었다. 다른 대체 병력은 그리스인이거나 동방의 여러 지역 출신들, 가령 아랍인, 갈라티아인, 유대인, 마케도니아인, 시리아인 등이었다. 로마인들은 이탈리아 출신이가장 훌륭한 군단병 재목이라고 생각했다. 이는 민족 차별적 편견이다. 왜냐하면 그 후 수백 년 동안 사태가 오히려 역전되었으니 말이다. 제국 시대의 로마는 제국 전역에서 탁월한 군단병을 모집하는 데조금도 어려움을 느끼지 않았다. 오히려 이탈리아는 병력 모집 지역에서 제외되었다. 이탈리아 주민들은 전사 역할보다는 평시를 맞이하여 생업에 종사하기를 더 좋아했기 때문이다. 동방인들이 이탈리아인들보다 군인 자격이 열등하다고 볼 이유가 없었으나, 그들이 당연히 충성하리라 기대할 수는 없었다.

안토니우스는 원정을 직접 지휘했다. 로마군은 제우그마에서 북동쪽으로 장거리 행군에 나섰다. 아르메니아 왕 아르타바스데스가 도

중에 안토니우스의 군대에 합류했다.[16] 왕은 보병 7000명, 로마군에는 없는 핵심 전력인 무장 기병 6000명을 데리고 왔다. 과거 기원전 53년에 파르티아가 카르하이에서 크라수스의 로마군을 상대로 승리를 거둘 수 있었던 것도 바로 무장 기병 덕분이었다. 그러므로 아르메니아의 합류는 매우 중요한 전력 보강을 의미했다.

속도가 중요하다는 군사 원칙에 입각해 안토니우스와 그 대규모 군대는 아트로파테네의 수도인 프라스파(정확한 위치는 알려지지 않음)를 향해 빠르게 나아갔다. 그는 속도가 느린 공성 기계 수송 마차들은 행렬 뒤에 배치하고, 한 부장 휘하의 2개 군단에 경호 업무를 맡겼다. 안토니우스에게는 불행하게도, 파르티아 군대는 예상과 달리 기습전으로 나왔다. 파르티아군은 로마군 수송차를 배후에서 공격하여 물리치고, 로마군 장군과 휘하 병사 1만 명을 몰살시켰다. 게다가 동맹국 왕까지 포로로 사로잡았다. 아르타바스테스는 그 같은 사태 발전을 지켜보고 마음을 바꾸어 휘하 병력을 철수시켜 본국으로 돌아갔다. 이 일은 안토니우스에게 엄청난 타격을 입혔다.

그렇지만 프라스파 주위에 높은 둔덕을 쌓아 그 도시를 외부로부터 분리하는 것은 가능했다. 그런데도 파르티아군은 전면적 대치를 거부하고 산발적으로 로마군을 괴롭히는 작전으로 맞서면서 그 계획을 무산시켰다. 안토니우스는 적에게 상당한 타격을 가하기는 했지만 결국 공격 실패를 인정해야만 했다.

겨울이 다가오자 양측은 휴전에 합의했다. 파르티아인은 안토니우스에게 안전한 귀국을 약속했지만 계속해서 따라오며 로마군을 배후에서 괴롭혔다. 안토니우스의 군대가 비틀거리며 아르메니아까지 오는 데에는 4주가 걸렸다. 식량 부족, 적의 배후 공격, 병사들의 사기와 기강 저하 등으로 철수 조건은 열악한 편이었다. 그렇지만 안토니우스는 실패한 와중에 오히려 빛났다. 그는 대다수 병사를 온전하게 지키면서 철수하기 위해 할 수 있는 건 다 했다.

하지만 아우구스투스 측 자료에 의하면, 그 공격의 실패로 안토니우스는 병력의 4분의 1을 잃었다. 공격의 대실패로 미루어볼 때 이런 추계는 정확하다고 볼 수 있다. 이처럼 엄청난 손실을 입었음에도 여전히 병력의 상당 부분은 피해를 입지 않았다. 안토니우스는 이 어려운 철수 작전에서 뛰어난 리더십을 발휘하여 자신을 향한 병사들의 충성심을 유지했다. 모든 병사가 기지로 되돌아올 수 있게 해준 그 영웅적 노력을 자랑스럽게 여겼다.

안토니우스는 신임하는 부하 장군들에게 아르메니아에서 지중해로 로마군을 철수시키는 일을 맡긴 후, 황급히 해안 지대, 즉 오늘날의 레바논으로 갔다. 그는 필요한 군수품을 이집트에서 조달해달라고 이미 클레오파트라에게 전언을 보낸 터였다. 그녀는 그 요구에 부응하여 소함대를 이끌고 레바논 해안에 도착했다. 퇴각하는 로마군을 만나 클레오파트라의 군수품을 분배한 후, 안토니우스는 기원전 36~35년의 겨울을 보내기 위해 여왕과 함께 알렉산드리아로 돌아갔다.

안토니우스는 아마도 알렉산드리아에서 머무는 동안 아내에게서 전갈을 받았을 것이다. 기원전 36년 11월, 옥타비아는 아테네로 건너오기 위해 이탈리아에서 출발했다.[17] 그녀는 안토니우스를 위해 군단병 2000명, 금전, 동물, 보급품 등을 가지고 왔다. 플루타르코스는 옥타비아가 자발적으로 그 임무에 나섰으며, 옥타비아누스는 안토니우스가 그녀를 홀대하여 자신에게 유리한 프로파간다 거리를 안겨주리라 기대했다고 기록했다. 하지만 옥타비아가 자발적으로 나섰다기보다는 남매가 서로 아테네 현지에서 취해야 할 행동에 대해 의논했을 가능성이 더 크다. 옥타비아는 손쉽게 조종되는 여성이 아니었고 옥타비아누스도 무리하게 강요하여 누나의 호의를 잃을 정도로 무모하지는 않았다. 여하튼 그녀의 임무는 실패로 돌아갈 가능성이 컸다. 같은 해에 클레오파트라가 안토니우스와의 사이에서 셋째 아이를 낳았는데 그 이름은 프톨레마이오스 필라델푸스다. 그 아이의 이름은, 기원전 3세기 초에 프톨레마이오스 왕가의 국력을 최고조로 끌어올린 이집트 왕의 이름이다.

옥타비아는 자신의 결혼을 살려보려고 했을까? 물론 그런 생각도 있었겠지만, 안토니우스와 보낸 5년 세월이 앞날을 예시해준다고 볼 때, 우선 그들은 함께 보낸 시간이 너무 적었다. 더 중요한 사실은 이제 그녀가 사태를 명확하게 읽고 있다는 것이었다. 그녀의 남편과 남동생 사이의 권력 관계는 급격하게 바뀌었다. 옥타비아누스는 그에 걸맞게 행동하려는 것이었고, 옥타비아 또한 그런 남동생의 의중을 알아챘다.

옥타비아누스는 타렌툼에서 안토니우스에게 군단병 2만 명을 약속했으나 신속하게 내놓을 마음이 없었다. 옥타비아를 통해 마침내 병사를 내놓았을 때, 약속한 수의 10분의 1만 내놓았다. 그러면 약속을 위반하게 되니 안토니우스와 사이가 틀어질 위험이 있었지만, 이제 옥타비아누스는 그런 결과쯤은 그다지 개의치 않았다. 그는 나울로쿠스에서 승리를 거둔 반면, 안토니우스는 아트로파테네에서 패했기 때문이다.

옥타비아누스는 노련한 움직임을 보였다. 군단병을 아예 보내지 않는다면 안토니우스와의 전면적 결렬을 만천하에 선포하는 상황이 될 터였다. 하지만 그중 일부를 보냄으로써 안토니우스를 난처한 처지로 몰아넣었다. 보내준 보병들을 받아들이면 안토니우스 자신의 허약한 상황을 인정하는 꼴이 될 것이고, 거절한다면 절실한 병력 보충 기회를 잃게 될 터였다.

따라서 옥타비아누스는 누나를 통해 안토니우스에게 선물을 보낸다고 했지만, 실제로는 매부에게 모욕을 보인 셈이었다. 안토니우스는 퉁명스럽기 짝이 없는 반응을 보였다. 그는 병력이 필요했기에 그 선물과 모욕은 받아들였지만 아테네에 직접 가지는 않았다. 그는 아마도 알렉산드리아에서 옥타비아에게 편지를 보내 로마로 돌아가라고 말했을 것이다.[18] 그리하여 그녀는 기원전 35년 봄에 로마로 돌아왔다.

누나 옥타비아가 굴욕을 당했다고 느낀 옥타비아누스는 안토니우스와 이혼하라고 말했다.[19] 그녀는 거절했다. 혹은 플루타르코스는 그렇다고 기록했다. 이는 이 남매가 사전 모의한 사건인지도 모른다. 즉 옥타비아누스가 누나의 결혼을 깨지 않으면서도 안토니우스에게 모욕을 가하는 방법을 생각해냈을 것이라는 뜻이다. 옥타비아누스의 이기심이나 안토니우스의 퉁명스러운 행동은 이혼을 정당화할 만한 근거가 되지 못했다. 옥타비아누스는 적을 자유롭게 풀어두기보다는 가까이에 묶어두는 편이 더 낫다는 사실을 알았다.

그러나 옥타비아누스는 자신의 가문에 가해진 모욕을 앙갚음할 기회를 놓치지 않았다. 그래서 원로원에서 옥타비아에게 전대미문의 명예를 표결하여 수여하게 함으로써 누나의 존엄을 다시 한번 확인했다.[20] 로마의 성인 여성은 자신의 재산을 관리하는 데 남성 보호자가 필요했다. 그러나 기원전 35년, 옥타비아는 이 의무에서 해제되었는데 이는 아주 진귀한 특권이었다. 그녀는 이제 마음대로 자기 재산을 처분할 법적 권한이 있었다. 그녀에게 자신의 초상 조각을 세울 수 있는 특전도 주어졌다. 이러한 존엄은 그때로부터 100년 전인 로마 공화국 시절에 딱 한 여성에게만 부여되었다. 바로 그라쿠스 형제의 어머니인 코르넬리아였다. 그러나 일련의 조치 중에서 가장 이례적인 것은 옥타비아를 신성불가침의 존재로 선언한 것이다. 다시 말해, 그녀에게 부상을 입힌 자는 반역죄로 처벌을 받게 되었다. 보통 이런 특전은 호민관 열 사람에게만 부여되었다. 이 특전은 전에 율리우스 카이사르에게도 부여되었고 딱 1년 전에 옥타비아누스에게도 주어졌다.

옥타비아가 새로운 지위를 얻은 것은 안토니우스에게는 난처한 일이었다. 옥타비아누스는 이런 일련의 조치를 취함으로써 누나의 결혼 생활에 문제가 있음을 만천하에 드러냈다. 안토니우스의 정부는 여왕일지 몰라도, 그의 공식 아내는 이제 로마 공화국의 호민관과 동일한 지위를 얻었다. 그러니 이제 옥타비아에게 가한 모욕은 고위 행정관에 대한 모욕이 되고, 로마 공화국을 적대시하는 행위가 되는 셈이었다.[21] 옥타비아누스는 질투를 미리 막기 위해 자기 아내 리비아에게도 동일한 명예를 수여했다.[22] 그러나 그 조치의 핵심 대상은 옥타비아였다.

만약 율리우스 카이사르의 포룸에 리비아와 옥타비아의 조각상을 건립한다면 좋은 홍보 전략이 될 터였다. 이미 율리우스 카이사르, 옥타비아누스, 옥타비아의 조상신 베누스를 모시는 신전 외곽에는 클레오파트라의 황금 동상이 세워져 있었다. 옥타비아와 리비아의 대리석 조각상에서 두 여성이 전통적인 로마 부인의 복장을 한다면, 동방의 화려함을 자랑하는 클레오파트라의 황금 동상과 분명한 대비가 될 터였다.[23]

알렉산드리아에서 보낸 호시절

메디아 아트로파테네를 점령하려던 안토니우스의 시도는 실패했다. 그러나 그 여파로 운명의 별들이 그에게 유리한 쪽으로 움직였다. 두 승자, 즉 메디아 아트로파테네와 파르티아 사이에 분열이 발생하여 메디아 왕 아르타바스데스(같은 이름의 아르메니아 왕과 혼동하지 말 것)는 안토니우스와 동맹을 맺기에 이른다. 안토니우스는 자신의 어린 아들 알렉산드로스 헬리오스를 메디아 왕의 딸 이오타페와 혼인시켰다. 이렇듯 아트로파테네를 동맹으로 확보한 안토니우스는 휘하 군대를 이끌고 아르메니아 왕을 상대로 공격에 나설 수 있게 되었다.

안토니우스가 군대를 실제로 움직이기까지는 1년이 걸렸다. 그의 군대는 휴식을 취하면서 기력을 회복해야 했고 신병 모집으로 병력을 보충할 필요도 있었다. 게다가 안토니우스는 기원전 36년에 파르티아에서 패배한 후유증을 수습해야 했다. 뒤에서 좀 더 분명하게 밝혀지겠지만, 이 문제는 향후 상당한 영향을 미쳤다.

기원전 34년, 안토니우스는 휘하 군대를 이끌고 아르메니아 원정에 나설 준비가 완료되었다. 만약 아우구스투스 측 사료가 믿을 만하다면, 안토니우스는 기만술을 이용하여 아르메니아 왕 아르타바스데스를 사로잡았다. 다시 말해 전투를 하지 않고 승리를 거두었다는 뜻이다.[24] 아르메니아인들이 아르타바스데스의 아들을 왕위에 옹립하고 전투에 나서려 하자 안토니우스는 그 젊은이를 상대로 전투를 벌여 승리를 거두었고 그는 파르티아로 달아났다. 그런 뒤, 안토니우스는 아르메니아 왕과 왕가의 나머지 가족을 은제 쇠사슬로 묶어서 알렉산드리아로 압송하고 아르메니아를 로마의 새로운 속주로 선포했다.

기원전 34년 가을, 전투가 끝나자 안토니우스는 알렉산드리아로 돌아왔다. 그는 포로들을 전시물로 앞세우고 개선식을 벌이며 도시로 입성했다. 프톨레마이오스 왕가 사람들이든 로마인이든 행진의 대가들이었다. 로마의 승리 행진인 개선식은 널리 알려졌지만, 프톨레마이오스 왕조의 개선식인 디오니소스 행렬은 그리 잘 알려지지 않았다. 그러나 비록 유명하지는 않지만 수백 년을 존속해온 이런 행진은 화려한 전통을 갖고 있었다. 안토니우스가 로마의 개선식을 참람하게도 외국의 도시에서 거행했다고 비난하는 사료들은 안토니우스가 이집트 여왕의 노예가 되었다는 옥타비아누스의 프로파간다를 반영한 것이다. 안토니우스는 실제로는 동양과 서양의 전통을 잘 절충했다. 그는 자신이 로마인 사령관임을 과시하는 한편, 자신이 그렇게 했던 것처럼 자신의 자녀들도 알렉산드리아의 관습을 존중하는 동양의 왕자들임을 만천하에 밝혔다.

그 행진은 클레오파트라의 발밑에 와서 절정을 이루었다.[25] 안토니우스는 황금 쇠사슬에 묶인 아르메니아 왕족을, 은도금 평대 위에 마련된 도금 옥좌에 앉아 있는 클레오파트라에게 바쳤다. 그러나 자부심 강하고 원기 왕성한 포로들은 그녀 앞에서 무릎을 꿇거나 그녀를 여왕이라고 부르기를 거부했고, 그런 행위로 처벌을 받았다. 이처럼 옥타비아누스 쪽 사료들에는 반쪽짜리 진실이 상당히 많다.

옥타비아누스는 사실을 왜곡해야 할 이유가 여럿 있었다. 안토니우스가 알렉산드리아에 성공적으로 다시 입성한 것은 그에게 큰 위협이었다. 안토니우스는 변경지에서 또 다른 요새를 건설하고 있는 것이 아니었다. 그보다는 클레오파트라와 함께 어떤 거대한 것을 구축하려는 것이었다. 그 두 사람은 알렉산드리아를 제국의 두 번째 수도로 만들 수도 있었다. 콘스탄티노플 같은 도시가 들어서기 훨씬 이전에 그와 비슷한 도시를 건설할지도 몰랐다. 설사 옥타비아누스가 기원전 32년에 안토니우스를 상대로 전쟁을 선포하지 않았더라도 두 사람은 언젠가 대결을 벌일 수밖에 없었다. 만약 안토니우스가 이겨서 로마의 통치자가 되었더라면 그는 알렉산드리아를 잊지 않았을 것이다. 그와 클레오파트라는 이 위대한 도시에 헬레니즘의 재탄생을 후원했을 것이고 그 결과 과학과 문명의 발달을 여러 세기 앞당겼을 것이다. 그것은 그들이 영토를 온전히 지킬 수 있어야만 가능한 이야기였다. 전쟁은 아무것도 해결해주지 못한다고 말한 사람은 악티움 해전을 고려하지 않은 사람이다.

그리하여 옥타비아누스의 프로파간다 담당자들은 지속적으로 안토니우스를 중상모략했다. 여러 사료에 나타난 관련 이야기도 "반쪽짜리 진실"로 보인다.[26] 이 사료들은 행진의 끝부분 혹은 그 직후에 안토니우스가 동방의 영토를 공식적으로 클레오파트라와 그 자녀들에게 나누어 주어서 로마에 피해를 입혔다고 말한다. 역사가들은 이 사건을 가리켜 '알렉산드리아 기증'이라고 명명했다. 이에 대한 세부는 사료마다 다르지만, 이를 가장 잘 종합한 내용은 다음과 같다.

그 행사는 그 도시의 일부 시민들이 가장 아름다운 공공건물로 여기는 김나지움의 군중 앞에서 거행되었다.[27] 대규모 건축물인 김나지움은 그리스 시민들 생활의 중심이었다. 건물 밖에는 180미터 높이의 스타디움 위로 열주들이 도열했고, 내부에는 문화·교육·체육 행사를 할 수 있는 공간이 충분했으며, 식당도 완비되었다. 기증식은 아마도 공공 축제의 장에서 거행되었을 것으로 보인다.

안토니우스와 클레오파트라는 은 도금 연단에 마련된 도금 옥좌에 앉았고 그들의 자녀들과 카이사리온은 그보다 약간 아래쪽에 마련된 옥좌에 앉았다. 거기서 안토니우스는 클레오파트라를 최고의 여왕이라고 부르고 그녀의 아들들은 모두 왕중왕으로 불러야 한다고 선언했다. 이런 명칭은 동방에서는 흔한 것이었다. 클레오파트라는 이집트, 키프로스, '골짜기 시리아'(레바논 동부의 비옥한 베카 계곡)의 여왕으로 선언되었다. 카이사리온은 여왕과 함께 시리아를 공동 통치하기로 선언되었다. 안토니우스와 클레오파트라 사이에서 태어난 세 자녀 중 클레오파트라 셀레네는 키레나이카(리비아 동부) 땅을 하사받았다. 프톨레마이오스 필라델푸스는 페니키아(레바논 해안)와 시리아와 킬리키아를, 그리고 알렉산드로스 헬리오스는 아르메니아, 메디아, 파르티아(나중에 정복할 경우)를 하사받았다. 당시 여섯 살이던 알렉산드로스는 메디아 복장을, 겨우 두 살인 프톨레마이오스는 마케도니아 복장을 했다. 두 소년은 부모를 포옹했고 저마다 아르메니아 근위병과 마케도니아 근위병을 하사받았다.

클레오파트라의 시각에서 볼 때 그 선언은 기정사실을 다시 천명한 데 지나지 않았다. 그녀는 이미 오래전부터 이집트와 키프로스를 다스려왔고, 안토니우스는 해외에서 새로 획득한 부유하고 전략적인 영토를 그녀에게 많이 넘겨주었다. 이러한 영토 이외에도 그녀는 조상들이 건설한 프톨레마이스 아코(이스라엘의 아크레), 예리코의 오아시스, 광물이 풍부한 사해 남부 지역, 크레타섬의 두 전략적 항구 등도 소유했다. 그녀는 대추야자와 발삼이 많이 나는 예리코 주변의 땅을 헤롯 왕에게 임대했고, 사해 남부 지역에서 나는 역청으로도 높은 수익을 올렸다. 역청은 건축, 농업, 의료, 조선, 미라 제작 등에 널리 사용되는 원료였다. 이처럼 여러 지역을 지배한 덕분에 클레오파트라의 이집트는 크게 번영했고 해외 지역에도 그녀의 권력을 선전할 수 있었다. 키프로스, '골짜기 시리아', 킬리키아는 목재가 많이 나는 지역이었고, 페니키아는 오랜 해군 전통을 자랑하는 여러 항구를 거느려 안토니우스의 조선造船 계획에서 중요한 역할을 할 수 있는 곳이었다. 부유하고 비옥한 키레나이카에도 중요한 항구들이 있었다.

클레오파트라는 안토니우스 덕분에 일이 원만하게 진행되긴 했으나 자신이 원하는 모든 것을 얻어내지는 못했다. 그녀는 헤롯에게서 유대 지역 전체를 빼앗으려 했다. 그렇게 하면 리비아에서 동부 레바논에 이르는 광대한 지역을 다스리게 될 테고, 프톨레마이오스 제국이 예전에 누렸던 최고의 영화를 다시 회복할 수 있을 터였다. 하지만 안토니우스는 그렇게 하지 않고 헤롯을 계속 왕좌에 남겨놓았다. 그는 여왕의 침대와 호화로운 생활 방식을 공유했지만, 자신의 이익을 더 중시했다. 동맹을 포기하는 것은 그에게 이익이 되는 조치가 아니었다.

플루타르코스는 알렉산드리아에서 거행된 의식이 안토니우스가 로마를 증오했다는 사실을 보여준다고 말했다.[28] 하지만 그것은 옥타비아누스가 교묘하게 지어낸 프로파간다일 뿐이다. 사실은 전혀 그렇지 않았다. 진상은 이러했다. 안토니우스는 자신의 자녀와 율리우스 카이사르의 아들(카이사리온)을 동방의 동맹 왕국들의 왕좌에 앉힘으로써 로마의 통치를 강화한다고 생각했다. 이는 비로마인 통치자들과의 타협을 의미했지만, 지난 몇백 년 동안 유지된 로마의 정책이기도 했다. 킬리키아나 키프로스 같은 옛 로마 속주를 포기하면서까지 현지 통치자를 옹립한 것은 그런 방식이 로마 제국의 통치에 더 효율적이었기 때문이다. 만약 그러한 현지 통치자 우대 조치가 안토니우스의 영광을 더 높여주었다면 그것은 옥타비아누스의 문제일 뿐, 로마의 문제는 아니었다.

알렉산드리아는 훌륭한 군사 기지였다. 우선 대규모 항구가 있었다. 다민족 인구로 구성된 행정·경제·종교의 중심지여서 유익한 정보가 넘쳐났다. 쇠퇴하는 중이었지만 그래도 프톨레마이오스 왕조는 상당한 해군 지식과 기술 정보를 자랑했다. 이집트는 엄청난 액수의 금전을 로마에 제공해왔다. 지중해의 무역 중심지인 알렉산드리아는 풍요로운 농지를 갖고 있었고 규모 면에서 다른 도시에 조금도 뒤지지 않았다. 통치자는 이 도시의 풍부한 자산으로부터 엄청난 세금을 얻을 수 있었다.

로마의 장군들이 여러 속국의 통치자들과 우호적 관계를 유지하면서 그런 관계를 이용하여 자신의 권력과 로마 내 영향력을 높이는 것은 완전히 새로운 일이 아니었다. 실제로 이런 정치적 패턴이 몇백 년 동안 지속되었다. 근래에 들어 새로운 점이 있다면, 현지 여왕과 정분을 맺어 속국의 자녀들을 낳고 그다음에는 그들을 왕좌에 앉힌다는 것이었다. 이는 개인의 제국을 창건하는 것이나 마찬가지였다.

안토니우스와 클레오파트라가 정식으로 혼례를 치렀는지는 불분명하다. 파라오인 클레오파트라는 여신이므로 사제의 집전이 필요 없었다. 어떤 면에서 볼 때 클레오파트라와 안토니우스의 혼인 여부는 그리 중요한 문제가 아니었다. 그들의 관계는 남녀 간의 결혼이라기보다는 국가 간의 세력 연합이었기 때문이다. 이 커플은 바로 로마와 이집트 합병의 상징이었고, 이것이 옥타비아누스가 두려워하는 바였다. 안토니우스는 로마 원로원이 지난 30년 동안 막아내려고 했던 그 일을 해냈다. 바로 이집트의 부를 개인적으로 독차지해버린 것이다.

안토니우스와 옥타비아누스는 로마 제국의 미래를 두고 서로 다른 비전을 대표했다. 안토니우스는 로마 귀족과 헬레니즘 군주, 사령관과 신의 결합을 주장했다. 이는 절반은 로마인으로, 절반은 그리스인과 이집트인으로 이루어진 가족이었다. 안토니우스의 제국은 동방을 바라보며 로마뿐만 아니라 알렉산드리아에도 닻을 내린 제국이었다.

무엇보다도 안토니우스는 클레오파트라와 힘을 합했는데, 그 점이 어떤 사람을 흥분시켰는가 하면 어떤 사람들을 경악시켰다.

옥타비아누스는 서방을 바라보았다. 그는 안토니우스보다는 이탈리아에서 신임을 더 얻었지만 귀족의 계보를 따진다면 열등한 처지였다. 그는 이집트와 동방의 부에 접근할 수 없었으므로 경쟁자보다 자금이 훨씬 적었고 불운한 이탈리아 주민들에게서 세금을 짜내야 했다. 하지만 그는 노련한 정치적 수완을 발휘하여 아그리파라는 훌륭한 장군을 얻었다. 이 장군은 안토니우스가 무력으로 얻을 수 있었던 것을 옥타비아누스 역시 얻게 해주는 뛰어난 전략가였다. 일찍이 옥타비아누스는 카이사르에게서 문벌보다 재능이 뛰어난 사람들에게 높은 지위를 내려주어야 한다는 교훈을 배웠다.

일부 원로원 의원들은 자신들의 한 줌 귀족적 권력을 유지하는 방편으로 안토니우스를 선호했다. 그를 성실한 공화주의자로 보았다는 뜻은 아니고, 그가 멀리 떨어진 곳에 머물렀으므로 자신들에게 로마 정치의 유연성을 좀 더 부여하지 않을까 하고 생각했던 것이다. 옥타비아누스는 피와 쇠로 도시를 다스리겠다는 의도를 노골적으로 드러내면서 자신의 가문을 왕조로 탈바꿈시키겠다는 의지를 더욱 굳게 다졌다. 안토니우스와 옥타비아누스는 세상 사람들을 궁금하게 만들었다. 두 사람은 전쟁의 기술 못지않게 평화의 기술도 구사할 수 있을까? 그중 누가 더 전쟁으로 지친 세상을 다시 평화롭게 구축할 수 있을까?

기원전 34년 말에 이르러, 안토니우스가 북동부 변경에서 벌인 작업은 결실을 맺었다. 아르메니아는 이제 로마의 통치권으로 들어왔으니 그의 아들 알렉산드로스 헬리오스가 다스리는 왕국이 될 터였다. 메디아 아트로파테네도 로마의 동맹국이 되었다. 이제 어린 알렉산드로스는 미래의 어느 날 현왕인 미래의 장인으로부터 메디아 아트로파테네의 왕좌를 물려받을 수 있을 터였다. 파르티아 제국을 침략할 수 있는 앞길도 훤히 열렸다. 아르메니아는 이제 믿을 만한 기지가 될 테고, 메디아 아트로파테네는 안토니우스에게 부족한 기병대를 제공할 것이었다. 이 원정은 메소포타미아 혹은 그 일부 지역을 전리품으로 챙길 기회를 안겨줄 것이다. 만약 승리를 거둔다면 안토니우스로서는 평생 동안 벌인 일 중에 가장 큰 실적을 올리게 될 터였다. 그는 그런 업적에 다소 못 미치는 결과에도 만족할 수 있었다. 가령 무력시위와 외교술을 번갈아 사용함으로써 파르티아 왕에게서 크라수스가 잃어버린 군단기를 돌려받을 수도 있을 터였다. 어느 경우든 알렉산드리아에 근거지를 둔 안토니우스로서는 일단 파르티아 원정전에서 승리를 거둔다면 로마의 경쟁자를 상대로 우위에 설 수 있을 터였다.

하지만 안토니우스가 구상한 파르티아 원정 재시도는 성사되지 못했다. 기원전 33년에 그는 군대를 서쪽으로 옮겨야 했다. 옥타비아누스가 그에게 도전했기 때문이다. 그가 그런 도전을 벌인 것은 안토니우스가 허약해서가 아니라 장차 더 강해져서 도저히 공격할 수 없는 상대가 될지 모른다는 두려움 때문이었다. 옥타비아누스가 볼 때 지금이 아니면 다시 기회가 없었다. 그래서 전쟁이 터졌다.

5

전쟁의 발발

기원전 32년, 로마-에페수스-아테네

기원전 32년이 막 시작된 때, 안토니우스와 옥타비아누스는 형식적으로는 평화를 유지했으나 실제로는 둘 다 전쟁 준비를 했다. 삼두정치는 기원전 33년 12월 31일에 만료되었다. 이 정치 체제는 갱신되지 않았다.

기원전 32년 초반, 두 경쟁자 사이의 갈등은 먼저 로마 원로원에서 터져 나왔다. 그해의 두 집정관은 둘 다 안토니우스 지지자였다. 그중 한 사람인 가이우스 소시우스는 동방에서 안토니우스 밑에서 장군을 지냈고 두 주요 속주인 시리아와 킬리키아의 총독을 지낸 인물이었다. 소시우스는 2월 1일에 원로원에 나아가 옥타비아누스를 비난했다. 그때 옥타비아누스는 마침 로마에 있지 않았고, 몇 주 뒤 로마로 돌아와서 또 다른 원로원 회의를 소집했다. 그는 토가 밑에 단검을 감춘 무장 지지자들과 함께 원로원에 등청해, 두 집정관 사이에 놓인 연단에 떡하니 앉았다. 더는 삼두 체제가 존속하지 않는데도 자신이 실세 권력자임을 만당에 과시한 것이다. 그런 오만한 행동에 분노한 원로원 의원 300명 이상이 로마에서 도망해 에페수스의 안토니우스에게로 갔다. 그들 가운데 안토니우스를 좋아하거나 신임한 사람은 별로 없었다. 그래도 안토니우스는 유서 깊은 로마 귀족 출신이었고 의원들을 존중하는 태도로 대했다. 옥타비아누스는 이탈리아 부르주아 계급 출신의 벼락출세자로, 자신이 귀족 출신이라는 허황된 주장을 펼치면서 원로원에 폭력을 가하고 있었다. 나이도 사소한 문제가 아니었다. 로마인들은 일반적으로 청년을 다소 경시했다. 안토니우스는 당시 51세여서 인생의 전성기였다. 이에 비해 옥타비아누스는 31세로, 로마인들이 '아주 젊은 청년adulescentum'으로 여기는 나이였다.[1]

피신한 원로원 의원들은 에페수스에서 군부대 캠프를 발견했고 그곳에다 몸을 의탁했다.

기원전 32년 3월, 에페수스

소아시아에서 가장 오래되고 중시된 최대 항구인 에페수스에 배들이 몰려왔다. 노 젓는 소리가 잦아들고, 갑판장의 고함이 높아지고, 부두 쪽으로 던진 밧줄들이 땅에 떨어져 털썩, 하는 소리가 요란했다. 혹은 미풍을 받으며 미끄러지듯 소리 없이 입항하는 커다란 배를 볼 수도 있었다.

그때로부터 1000년 전인 트로이 전쟁 시절에도 이미 오래된 항구 도시였던 에페수스는 히타이트인, 리디아인, 페르시아 왕들, 알렉산드로스 대왕, 이집트의 프톨레마이오스 3세, 폰투스의 미트라다테스 6세, 유배 온 카르타고의 장군 한니발 등 수많은 항해자와 정복자를 목격했다. 그러나 에페수스에 일찍이 이렇게 많은 전함이 입항한 적은 없었다.

항구에는 전함 500척과 수송선 300척이 들어왔다. 전함 대부분은 5단 노선('5단')이었다. 5는 2층으로 된 배의 각 층에 앉는 노잡이 수를 말하는데, 위층에 3명, 아래층에 2명이 배치되었다. 거대한 목조 갤리선도 있었는데 이 배는 노잡이 300명, 해병 120명, 기타 필요한 선원을 수송할 수 있었다. 이 배들은 기술적으로 로마의 배들보다 앞섰다. 이 배들은 선수에 강화 목재를 사용한 덕분에 적선을 정면으로 들이받을 수 있었다. 이보다 더 큰 6단이나 10단 노선도 있었는데, 이 대규모 전함들은 방어가 강화된 항구의 장애물을 돌파할 때 쓰였다. 많은 배가 새로 건조된 것이어서 반짝반짝 빛났다. 그 배에 들어간 목재는 소아시아의 지중해 쪽 해변의 숲, 페니키아 혹은 레바논 양쪽의 삼림지, 길레아드(오늘날의 요르단), 키프로스, 코스섬의 '치료의 신'에게 바쳐진 신성한 숲 등에서 온 것이었다.

이 배들에 탑승한 병력이 얼추 20만 명이었으니 그들에게 필요한 식량을 조달하려면 제2의 도시가 필요할 지경이었다. 게다가 에페수스에는 보병과 기병 약 12만 명까지 집결해 현지에서 물자를 조달하는 데 더욱더 어려움이 컸다. 이렇게 하여 총 30만여 병력이 일시에 이 도시에 몰려든 것이다. 이는 몇몇 도시를 제외하고 고대 세계 도시들의 인구를 능가하는 규모였다. 에페수스도 원래 주민은 25만 명에 불과했다. 이처럼 일시에 몰려든 병력을 먹이기 위해서는 기적이라도 벌어져야 했다.

기적적인 일이 벌어지기에 적합한 곳으로는 에페수스만 한 곳도 없었다. 오래전부터 그리스 여신 아르테미스(로마 신화의 디아나)의 숭배지로 알려진 이 도시에는 세계 7대 경이 중 하나인 장엄한 아르테미스 신전이 있었다. 거대한 대리석 구조물인 이 신전은 127개의 열주로 둘러싸인 주랑식 현관을 자랑한다. 이 신전은 은행 역할도 겸했으나, 에페수스는 그 은행의 자원 없이도 보병과 수병을 먹일 수 있었다. 또 다른 여신 클레오파트라에게 도움을 요청할 수 있었던 덕분이다.

클레오파트라는 피와 살을 가진 인간이었지만, 신민들이 볼 때는 지상에 내려온 이시스 여신이었다. 이시스는 이집트 최고의 여신이자 지중해 세계에서 가장 인기 높은 여신이었다. 클레오파트라는 전함의 4분의 1, 보급품 일체, 은 약 90만 킬로그램을 제공했다고 한다.[2] 그녀는 수동적으로 구경만 하는 파트너가 아니었다. 그녀는 몸소 에페수스로 찾아와 함대의 운용에 적극적인 역할을 하고자 했다. 그리스의 군주가 군사 원정전에서 로마 장군을 따라나서는 것은 이례적인 일이 아니었으나, 여왕은 좀 색다른 존재였다. 특히 전선까지 동행하겠다고 하는 경우는 아주 이례적이었다.

클레오파트라는 자신의 왕국을 전쟁의 엔진으로 내놓음으로써 이미 안토니우스에게 쓸모 있는 사람임을 증명했다. 이집트의 프톨레마이오스 왕조는 지난 200년 동안 대규모 해군을 구축하지는 않았지만 해양 노하우를 충분히 축적해왔다. 알렉산드리아에는 대규모 지중해 항구가 있었을 뿐 아니라, 홍해를 오가거나 멀리 인도까지 항해한 배들을 보유하고 있었다. 클레오파트라는 함대에 재정 지원을 하고 수병들의 봉급을 댈 수 있는 자금도 넉넉했다. 그녀의 도움 덕분에 안토니우스는 적들보다 더 많은 돈을 쓰고 더 많은 배를 건조할 수 있었다.

클레오파트라가 크게 관심을 기울인 사안은 안토니우스와 둘의 세 자녀를 지원하는 것뿐만 아니라, 안토니우스가 옥타비아누스와의 타협을 위해 카이사리온을 희생시키는 일이 없어야 한다는 것이었다. 기원전 32년 봄, 군사 대결이 점점 더 확실해지자 그녀가 내세우는 대의는 더 강력해졌다. 그렇지만 정치는 살아 있는 생물과 같고 옥타비아누스는 교활하기 짝이 없었으므로 여왕은 조금도 경계를 늦출 수 없었다. 가장 안전한 방법은, 자신을 어디로 데려가든지 간에 안토니우스 곁에 꼭 붙어 있는 것이었다.

클레오파트라를 미워한 남자

에페수스로 피신 온 원로원 의원 중에는 기원전 32년의 두 집정관인 소시우스와 아헤노바르부스도 있었다. 아헤노바르부스는 클레오파트라가 안토니우스의 대의를 위해 크게 기여했는데도 그녀를 미워하고 두려워했다. 자신이 로마인이라는 사실을 자랑스럽게 여긴 아헤노바르부스는 그리스인을 경멸했다. 공화주의자인 그는 군주를 싫어했고 자존심이 강한 남자여서 힘이 센 여자를 경멸했다. 그는 여왕이 안토니우스에게 미치는 영향력을 두려워했다. 아헤노바르부스의 아들은 안토니우스의 장녀(전처의 소생)와 약혼한 사이였다. 그러나 정치가이기도 했던 그는 클레오파트라가 로마 사회에서는 독극물이나 다름없는 존재로 취급받는다는 사실을 잘 알았다. 로마에서 옥타비아누스는 그녀가 안토니우스를 유혹한 외국인 마녀라고 비난했다. 안토니우스의 여러 부하도 그런 식으로 생각했고 노골적으로 그렇게 말했다. 그들은 에페수스에서 아헤노바르부스에게 동조하여 그런 식으로 말하곤 했다.[3]

두 집정관이 에페수스로 피란을 오자, 안토니우스는 망명 원로원 의원을 잘 조직해 제2의 원로원을 구성하고서는 에페수스가 사실상 로마라고 주장했다. 로마의 안토니우스 지지자들은 그가 비록 로마에 없었지만, 공화주의자 안토니우스라는 이미지를 계속 살려나갔다. 그들은 안토니우스 부재중에 개선식을 거행하고 공공건물의 건립을 후원했다.[4] 로마에서는 안토니우스 지지자들이 그런대로 그의 예전 이미지를 유지할 수 있었다. 그들은 안토니우스가 로마 귀족이라면 누구나 집에 모시는 가내 신단神壇의 조상신들이 가르치는 로마의 이상에 충실한 사람이라고 선전할 수 있었다. 하지만 해외에서는 사정이 달랐다. 안토니우스의 그런 지지자들 중 동쪽으로 피신한 사람들이 클레오파트라와 그녀의 배우자 노릇을 하는 안토니우스라는 황당한 현실에 직면했을 때 몹시 충격받았다고 해서 그리 놀랄 일은 아니었다.

로마 공화국은 이미 사망했건만 아무도 그 사실을 아헤노바르부스에게 말해주지 않았다. 청년 시절 그는 아버지와 함께 카이사르에 대항하여 내전에 참여했다. 카이사르는 그 부자를 사면하여 풀어주었다. 고집 세고 고분고분하지 않고 신경질적인 데다 우울증이 있던 그 아버지는 1년 뒤 전투 중에 죽었다. 아들은 살아남았다. 아헤노바르부스는 카이사르 암살 음모에는 참여하지 않았으나 나중에 그 계획에 동조한 사람인데, 카이사르의 암살자 가운데 한 명으로 잘못 비난을 받았다. 그는 음모자들이 카이사르의 후계자를 상대로 벌인 싸움에서 해군 함대를 지휘했다. 암살자 무리는 지상전에서 패배했으나, 아헤노바르부스는 해상전에서 계속해서 승리했다.

기원전 40년, 그는 마침내 안토니우스와 화해했고 안토니우스는 그를 최고위 장군 겸 행정가로 임명했다. 하지만 클레오파트라와는 화해하지 못했다. 그녀는 아헤노바르부스를 자기편으로 만들려고 애썼으나 그는 고집스럽게 계속 반발했다. 안토니우스 지지자 중에서 클레오파트라를 여왕이라고 부르지 않는 유일한 사람이 그였다. 무례하게도 여왕이라는 호칭을 쏙 빼고 클레오파트라라고 불렀다. 그와 에페수스의 동료들은 안토니우스에게 그녀를 알렉산드리아로 돌려보내야 한다고 말했다. 그러면 로마 사회에서 안토니우스의 평판도 높아질 것이라고 했다. 그녀가 진중에 있지 않으면 옥타비아누스가 클레오파트라를 상대로 전쟁을 벌이는 것이 아니라 안토니우스를 상대로 내전을 벌인다는 점이 분명해진다는 주장이었다. 게다가 옥타비아누스는 다시는 내전을 벌이지 않겠다고 공개적으로 맹세까지 한 바 있었다.

아헤노바르부스와 그의 뜻에 동조하는 동료들은 안토니우스가 이탈리아로 침공하여 옥타비아누스를 물리치길 바랐다. 만약 클레오파트라가 그 침공 작전에 가담하지 않는다면 이탈리아인들은 그 같은 공격을 훨씬 수월하게 받아들일 터였다. 그들은 클레오파트라가 자신의 함대를 보존하고 이집트로 가는 해로를 보호하기 위해 이탈리아 본토 공격에 반대하리라 생각했다. 그들은 그녀가 돈과 전함, 병력, 안토니우스에 대한 영향력 등으로 상당한 발언권을 가지고 있음을 알았다. 클레오파트라가 여자이고 이집트인이고 여왕이라는 이유 때문이기도 했지만 그에 더해 이러한 이유로 그들은 그녀가 현장에서 사라져주기를 바랐다.

안토니우스는 여전히 로마 기성 사회의 한 인물이었기에 귀족 지지자들의 진언을 받아들여 클레오파트라에게 배를 타고 이집트로 돌아가 한동안 혼자 지내라고 명령했다. 하지만 그녀는 그 명령을 받아들이려 하지 않았다. 그녀는 싸우고 싶어 했고 안토니우스 곁을 떠나는 것을 두려워했다. 그녀는 옥타비아를 의식하지 않을 수 없었다. 만약 자신이 현장을 비우면 옥타비아가 그 자리에 치고 들어와 전에 그랬듯이 안토니우스와 옥타비아누스 사이에 평화 조약을 맺도록 중재할지도 몰랐다. 그러나 클레오파트라는 직접 나서서 안토니우스의 마음을 바꾸려 하지는 않았다. 그러는 대신 또 다른 주요 장군인 카니디우스에게 도움을 요청했다. 안토니우스의 참모로는 해전에서 아헤노바르부스가, 지상전에서는 카니디우스가 평판이 높았는데, 카니디우스는 그녀를 여왕이라고 불렀다.

카니디우스는 아마도 그 당시 핵심 지역인 아르메니아의 총독으로 재임했을 것으로 짐작된다. 그는 기원전 32년 초에 안토니우스의 명령에 따라 휘하 병력을 이끌고 에페수스로 왔다. 그는 현실적인 사람이었고 클레오파트라가 돈, 이집트 수병들, 대규모 국가를 다스려본 현장 경험 등을 갖춘 인물임을 알아보았다. 만약 그녀를 이집트로 돌려보낸다면 이 모든 것이 저절로 사라질 터였다. 그는 클레오파트라가 자기편이 되어 도와달라고 요청한 장군이었다.

카니디우스는 클레오파트라를 돌려보낸다면 이집트 병사들이 전투 의욕을 잃어버릴 것이라고 주장했다. 이는 결코 작은 문제가 아니었다. 다가오는 전쟁에 병력을 보낸 다른 동부 국가들의 병사도 덩달아 동요할 것으로 예상되었기 때문이다. 지중해 동부 지역에는 로마를 미워하는 민족이 많았다. 폰투스 왕 미트라다테스 6세가 죽은 지 30년도 채 되지 않은 때였다. 이 왕은 기원전 88~63년에 세 차례에 걸쳐 로마를 상대로 전쟁을 벌여 동부 지역의 로마 통치를 크게 뒤흔들어놓은 무서운 적수였다. 시리아와 유대의 주민들은 로마가 기원전 63년에 그 지역을 점령하기 전까지만 해도 자신들의 국가가 자유국이었다는 기억을 여전히 간직했다. 이집트는 반反로마 정서가 크게 불타올라 기원전 48년에 알렉산드리아에 진주한 카이사르를 상대로 전쟁을 벌인 적도 있었다. 그 외 동부의 여러 다른 지역 주민들은 카이사르의 암살자들*이 안토니우스와 옥타비아누스를 상대로 벌인 전쟁의 자금을 마련하기 위해 징수 명목으로 돈을 강탈한 사실에 분노했다.

동부 사람들이 볼 때 클레오파트라는 저항의 상징이었다. 그녀가 안토니우스를 잘 구슬려서 그녀 편으로 만든 것은 분명 그녀의 공로

• 카이사르 암살의 주동자는 마케도니아의 총독 브루투스와 시리아의 총독 카시우스 롱기누스였다.

였다. 안토니우스가 전쟁의 근육을 제공했다면, 클레오파트라는 전쟁의 심장이자 영혼이었다.

고대 세계, 특히 동부 지역에서 예언은 정치적 메시지를 전하는 인기 높은 수단이었다. 기원전 33년경에 그리스 지역에서 널리 퍼진 예언은 이러했다.[5] '여주인'이 "로마의 머리카락을 자를 것이다." 그리하여 로마가 지금까지 아시아에 가한 피해를 대신 복수해줄 것이다. 여주인은 로마인들을 패하게 만들어 평화와 화해의 황금시대, 태양의 시대를 가져옴으로써 정의를 구현할 것이다. 이 예언에서 그 여주인의 이름이 언급되지는 않았으나 클레오파트라를 가리킨다는 것은 쉽게 짐작할 수 있다. 따라서 클레오파트라가 안토니우스의 장군들을 분열시킨 것은 그리 놀라운 일이 아니다. 일부 장군들이 볼 때 그녀는 군대의 힘을 크게 키워주는 존재였지만, 다른 장군들이 볼 때는 위험한 혁명가였을 뿐만 아니라 적에게 프로파간다의 좋은 소재를 제공하는 인물이었다.

안토니우스는 그녀를 진중에 두는 위험을 감수하기로 마음먹었다. 그는 카니디우스 편을 들면서 여왕이 향후 계속 진중에 머물러도 좋다고 결론내렸다. 카니디우스는 클레오파트라 편을 들었다고 뇌물을 받아먹었다는 비난을 들었다. 우연히 후대에 전해지는 그리스어 파피루스 문서를 한번 생각해보자. 이 문서는 나일강 주변에 들어선 로마 공동묘지의 미라 관에 재사용되는 바람에 살아남았다. 여기에는 카니디우스에게 이집트에서 그가 소유한 땅은 세금을 면제해주고 그가 수행하는 수출입 업무에 대한 세금도 감면한다는 기원전 33년의 왕령이 기록되어 있다. 카니디우스의 수출입 업무는 그리스의 여러 섬에서 수입한 포도주를 이집트의 밀과 맞교환하는 것이었다. 이런 면세 조치는 임대가옥 입주자들, 동물, 선박에도 적용되었다. 어쩌면 이집트에 있는 땅도 그 전에 왕실에서 선물로 그에게 내려준 것이었는지도 모른다. 그 왕명의 서명자는 다른 사람의 이름으로 되어 있지만, 그리스어로 "이렇게 조치할 것"이라고 되어 있다. 그리스어로 쓴 부분은 클레오파트라의 친필일 가능성이 있다. 설사 아니라 하더라도 그녀가 그 왕명의 배후에 있다는 것은 확실하다. 여왕은 로마의 동맹자들을 얻기 위해 이집트의 부를 어떻게 활용해야 하는지 잘 알았던 것이다.

클레오파트라는 아헤노바르부스를 철저히 경계해야겠다고 생각했을 것이다. 에페수스에서 벌어진 정치적 권력 투쟁에서 실패했기에 그는 안보에 위협이 되는 인물이었고 언제든 옥타비아누스 편에 붙을 수 있었다. 게다가 그는 이미 여러 번 편을 바꾼 이력이 있었다.

결국 아헤노바르부스는 자기 주장을 너무 강하게 밀어붙이다가 반감을 불러일으켰고, 결과적으로 안토니우스에 대한 클레오파트라의 영향력은 더 커졌다. 과거에 여러 차례 치러진 전쟁에서 안토니우스는 언제나 자신이 주동하여 전투를 벌였다. 하지만 이번에는 클레오파트라와 동맹을 맺은 탓에 로마인 지지자들을 잃게 되었다. 그리고 그중 일부는 변절하여 옥타비아누스에게로 갔다. 플루타르코스는 이렇게 썼다. 그것은 운명이다.[6] 그 운명은 구체적으로 클레오파트라를 뜻한다.

사모스섬

기원전 32년 4월 무렵, 안토니우스와 클레오파트라와 그 참모들은 에페수스를 떠나 인근에 있는 사모스섬으로 항해했다. 안토니우스의 육군과 해군이 서쪽으로 이동하는 작전의 첫 단계였다. 휘하 병사 모두가 에게해를 건너는 데에는 6주가 걸렸고, 그보다 더 서쪽인 그리스 서해안에 도착해 그 일대를 점령하는 데에는 더 긴 시간이 걸렸다. 거기서 안토니우스 군대는 로마 제국의 동쪽 지역을 지키거나 아니면 이탈리아 본토를 침공할 수 있었다.

안토니우스는 동부 지역의 대규모 군대를 에페수스에 집결시켰다. 아드리아해에서 크리미아, 시리아에서 아르메니아에 이르는 지역의 왕, 군주, 도시, 국가에 자신의 깃발 아래 모이라고 지시했다. 이러한 사정을 플루타르코스는 굉장히 화려한 문장으로 서술한다. 이 역사가는 또 안토니우스가 모든 '디오니소스 예술가들'을 사모스로 오라고 명령했다고 기록한다. 예술가란 음악가, 배우, 무용수의 조합을 말한다. 그들은 에게해와 그 너머 지역의 그리스 도시에서 단단한 결속력을 과시하는 부유하고 강력한 집단이었다. 이들은 오늘날의 유명인사들 혹은 전문 스포츠팀과 비슷한 존재였다. 안토니우스는 나중에 이들에게 프리에네(에페수스의 남부 지역으로, 튀르키예의 에게 해안 쪽에 있음)라는 부유한 도시에 있는 땅을 하사했다. 어쨌든 그들은 그전에 먼저 사모스로 화려하게 집결했다. 플루타르코스에 따르면, 안토니우스와 클레오파트라는 그 섬에서 '즐거운 연회'를 벌였다.

이 때문에 온 세상은 신음과 탄식으로 들끓기 시작했다. 오직 사모스 섬에서만 밤낮없이 노랫소리가 흘러나왔다. 극장마다 사람들이 가득했으며, 광대들은 재주를 뽐내느라 여념이 없었다. 또 여러 도시에서 살진 소를 제물로 보내며 축하했고, 왕들은 성대한 잔치와 선물을 베푸느라 서로 다투었다. 그러자 사람들은 어디에서나 이렇게 묻기 시작했다. "전쟁 준비가 이처럼 성대한 축제로 시끌벅적하다면, 전쟁에서 승리를 거둔 정복자들은 대체 어떻게 그 승리를 축하할까?"[7]

플루타르코스는 여기서 이 사건에 대해 로마 제국이 내세운 공식 스토리를 그대로 전한다. 안토니우스와 클레오파트라는 경박하기 짝이 없게도 흥청망청하는 파티를 열었고, 군사적 재원을 마구 낭비했다는 식이다. 후대의 프로파간다는 안토니우스 커플을 이런 식으로 깎아내렸다.

그 행사를 객관적으로 묘사한다면 아마도 이러했을 것이다. 안토니우스와 클레오파트라는 지지자들의 사기를 진작하기 위해 멋진 단합 대회를 열었고, 전쟁 준비가 잠시 소강상태에 도달한 틈을 타서 지지자들에게 오락거리를 제공했다. 말하자면 일종의 USO(미군 위문 협회) 쇼, 과시용 퍼레이드, 출발하는 병사들을 위한 송별연 등을 겸한 행사였다. 스스로를 새 디오니소스라고 자부하던 안토니우스는 지지자들에게 디오니소스의 가호가 내릴 것이라고 과시했던 것이다.

안토니우스와 옥타비아의 이혼

5월 혹은 6월에 안토니우스와 클레오파트라는 군사 기지를 아테네로 옮겼다. 6년 전, 이 도시에 안토니우스와 그의 아내 옥타비아가 찾아온 적 있었다. 부부는 딸 하나를 낳고 행복하게 살았으나 그 시절은 이제 영원히 가버렸다. 안토니우스를 디오니소스, 옥타비아를 아테나에 비교하며 온갖 영예를 안겨준 옛 시절은 완전히 망각되었다. 이제 아테네 의회는 클레오파트라에게 신의 영예를 수여했다.[8] 안토니우스가 이끄는 아테네 시민들의 대표단이 그 소식을 전하기 위해 여왕의 궁을 찾아왔다. 그 시민들은 10년 전에 안토니우스가 시민권을 내려준 이들이었다. 인솔자 안토니우스가 그녀 앞에 서서 그 도시를 대신하여 연설을 했다.

하지만 안토니우스가 다시 아테네를 찾아왔을 때 그가 관심을 기울인 대상은 옥타비아였다.[9] 로마의 이혼법은 간단하면서도 투박했다. 배우자 어느 한쪽이 상대방에게 결혼이 끝났다고 선언하면 그것으로 이혼이 성립되었다. 배우자 어느 쪽이든 상대방에게 이혼을 선언하는 법적 절차는 간단했다. "당신의 물건을 직접 챙겨서 떠나시오"라고 말하면 되었다.[10] 안토니우스는 편지를 보내 옥타비아에게 그런 뜻을 전했다. 편지는 로마인들이 통상적으로 이혼 통지에 사용하는 수단이었다.

로마인의 관점에서 보면 안토니우스의 이혼 결정은 어리석은 행동으로 보였다. 누가 강요하지 않았고 스스로 저지른 우매한 조치였다. 안토니우스가 자신을 유혹한 외국 여성 때문에 조강지처인 로마인 부인을 버렸다는 옥타비아누스의 주장을 뒷받침하는 행동이었다. 그러나 동방의 관점에서 보면 그것은 합리적 조치였다. 카이사르 가문과의 인연을 끊어버림으로써 새로운 디오니소스는 동방 쪽 사람들에게 그들이 증오하는 로마인에게 맞서 싸우도록 유도한 것이었다. 그는 진정한 배우자인 이시스 여신과 연합함으로써 성스러운 전쟁을 개시하려 했던 것이다. 안토니우스 자신이 로마인이라는 사실은 문제가 되지 않았다. 그런 사실쯤은 프로파간다의 눈사태로 얼마든지 덮어버릴 수 있었다. 나중에 안토니우스가 이탈리아에 들어간다면 그때는 노선을 뒤집어 그 자신을 공화국의 충성스러운 아들이라고 홍보할 수 있을 터였다.

한편 아테네에서는 도시에서 가장 잘 보이고 성스러운 부지인 아크로폴리스에 남녀 신인 안토니우스와 클레오파트라의 동상이 세워졌다. 이 도시의 재담꾼은 안토니우스 동상의 발치에다 그리스어로 낙서를 해서 두 남녀를 비웃었다. "옥타비아는 안토니우스에게 아테나 같은 존재였다네." 이어 그 재담꾼은 라틴어로 이렇게 썼다. "당신의 물건을 챙겨서 떠나시오."

안토니우스가 자신과 절연했다는 소식을 들은 옥타비아는 행동에 나서야 했다. 그녀는 지난 5년 동안 로마의 부유한 동네에 있는 안토니우스의 집에서 살았다.[11] 그 집에서 그녀는 친구들과 동료들을 맞이했고 그들에게 각종 이권을 안겨주었다. 실권자인 남동생 덕분에 그들에게 관직을 얻게 해주거나 사업상 이득을 보게 해주었다. 이제 옥타비아와 그녀가 양육한 여섯 자녀는 그녀의 남동생 집으로 옮겨갔다. 그녀와 안토니우스 사이에서 태어난 두 딸, 전남편에게서 얻

은 한 아들과 두 딸, 그리고 안토니우스가 전처에게서 얻은 아들 중
한 명이었다. 다른 아들인 안틸루스는 아버지 안토니우스와 함께 있
었다.

이혼 소식이 전해지자 옥타비아는 번민의 눈물을 흘렸다고 한다.[12]
눈물은 오늘날에 비해 로마 사회에서 더 흔했고 더 잘 받아들여졌다.
남자든 여자든 일반 대중 앞에서 자주 울었다. 동정을 바라는 수사
적 호소인 미제라티오miseratio는 종종 눈물을 수반했는데, 그것은 그
렇게 해야 한다는 형식적 외양을 내보이기 위한 행위로, 마음에서 진
정으로 우러나오는 것이라고 보기는 어려웠다. 그보다는 옥타비아가
토로했다는 심정이 더 인상적이다. 그녀는 자신이 장차 벌어질 전쟁
의 한 가지 원인이었다는 사실로 번민했다.[13] 여기서 옥타비아가 다
가오는 전쟁을 슬퍼한 것이 아니라, 자신이 그런 전쟁의 원인인 양
비난받을 것을 슬퍼했다는 데 주목할 필요가 있다. 만약 이 기록이
그녀의 진짜 마음이었다면, 로마인들이 자신의 평판을 대단히 중요
시했다는 사실과 부합한다.

안토니우스의 이혼은 로마에서 옥타비아누스의 게임을 대신 놀아
준 꼴이 되었다. 이 결정은 안토니우스에게 너무나 불리한 악수여서
옥타비아누스가 그렇게 하도록 교묘하게 자극하여 유도한 것이 아닐
까 하는 생각마저 든다.[14] 어쩌면 옥타비아누스가 누나의 암묵적 동
의 아래 누나가 곧 안토니우스와 이혼하려 한다는 소문을 퍼뜨렸을
수도 있다. 그렇게 나오자 안토니우스는 아내에게 차인 자라는 굴욕
을 피하기 위해 먼저 행동에 나섰는지도 모른다. 안토니우스가 그렇
게 해준다면 옥타비아는 피해자 연기를 하기가 아주 수월해진다. 하

지만 안토니우스에게도 이점이 없지는 않았다. 그는 로마와 단절하고 복수자이며 구원자인 클레오파트라와 결합함으로써 동방의 추종자들을 상대로 엄청난 프로파간다를 펼칠 수 있었다. 어쩌면 안토니우스는 마음속으로 양수겸장을 노렸을 수도 있다. 동방에서는 옥타비아와 이혼했다고 널리 선전하는 한편, 로마에서는 그 이혼을 되도록 뒤로 미루려 했을 수도 있다. 물론 그것은 막연한 공상에 불과했고, 옥타비아누스는 이제 이 이혼을 서방에서 벌일 안토니우스 비방전에 대대적으로 활용할 수 있었다.

만약 옥타비아가 자신이 전쟁의 원인으로 여겨지는 상황을 진정으로 괴로워했다면, 그녀가 돌 같은 심장을 가지지 않는 한, 거기서 한 술 더 떠서 좀 더 사악한 생각을 했을 수도 있다. 어쩌면 그녀는 그런 식으로 여겨지지 않으면 더욱더 비참해했을 수도 있다. 무슨 이야기인가 하면, 옥타비아는 헬레네•와 마찬가지로 자신이 세상을 돌아가게 만든 장본인이라는 사실에 은밀한 즐거움을 느꼈을지도 모른다는 말이다. 이는 정말 사악한 생각이다.

결혼 생활 자체로만 보면 옥타비아와 안토니우스의 관계는 참사였다. 배신, 굴욕, 방치 등으로 점철되었다. 그러나 그 결혼은 그녀에게 모성, 정치적 권력, 유명인사의 지위, 여행, 저 기이한 신격화 등을 가져다주었다. 결국 좋지 않게 끝났지만, 이혼한 여성 중에 로마 세계를 두 번이나 내전으로부터 구해냈다는 말을 들을 수 있는 사람

• 호메로스의 《일리아스》의 등장인물. 스파르타 왕 메넬라오스의 아내. 트로이의 왕자인 파리스가 그녀를 트로이로 납치한 것이 트로이 전쟁의 원인이 되었다.

이 몇이나 되겠는가? 오랜 세월이 흐른 뒤 과거를 회고한다면, 그녀는 자신의 희생과 근면 덕분에 남동생이 온 세상의 통치자로 등극하게 되었으니 보람찬 인생이었다고 스스로 위로할 수 있을 것이다. 그녀의 선택은 분명 가족에 대한 충성심의 발로였고, 로마의 엄격한 기준을 적용한다 해도 역사서에 기록될 만한 가치가 있었다.

이혼 후 약 10년 동안 옥타비아는 역사 기록에 거의 등장하지 않는다. 오늘날의 관점에서 보자면 안타까운 일이지만 그리 놀라운 일도 아니다. 그녀는 이미 소임을 완수했기 때문이다. 남동생의 관점에서 보면 옥타비아의 결혼은 대성공이었다. 그 후 수십 년 동안 누나를 아주 자상하게 대했다는 것은 놀라운 일이 아니다. 그녀의 중재 덕분에 젊은 옥타비아누스가 섹스투스 폼페이우스를 상대하느라 바쁠 때 안토니우스를 이탈리아 밖에다 묶어놓을 수 있었다. 또 그녀의 주선으로 안토니우스에게서 전함 200척을 얻어낼 수 있었던 반면에 그 보답으로 막연한 약속 이외에 아무것도 내주지 않았고, 결국 그 약속도 깨뜨렸다. 거기에 더하여, 안토니우스의 모욕적 처사에 그녀가 내보인 적절한 행동과 의젓한 위엄 덕분에 옥타비아누스는 프로파간다의 좋은 소재를 얻었다. 옥타비아는 베르길리우스의 예언을 실현시킬 사내아이를 낳지 못한 것은 물론이고 안토니우스 가문의 후계자를 낳아주지 못했다. 그러나 그녀는 카이사르 가문을 위해서는 그 어떤 군사령관 못지않은 중요한 역할을 해냈다.

변절자들

기원전 32년 6월 혹은 7월에 옥타비아누스는 안토니우스의 고위 측근 가운데 변절해 로마로 온 두 장군을 환영하며 받아들였다. 그들은 루키우스 무나티우스 플란쿠스와 그의 조카 마르쿠스 티티우스였다. 안토니우스는 플란쿠스와 그 조카가 다소 의심스러운 사람임을 알았지만 두 사람을 깊이 신임했다. 이 두 사람은 탈주자를 의미하는 트란스푸가transfuga에 새로운 의미를 부여했다. 이 라틴어의 문자 그대로 뜻은 '반대쪽으로 달아난 사람'이다. 그러나 옥타비아누스는 이들을 가치 있는 정보원이자 프로파간다 자원으로 환영했다.

게다가 "도둑이 도둑을 알아본다"라는 원칙에 따라 옥타비아누스는 변절자들을 잘 알아보았다. 옥타비아누스 자신이 그런 행위를 많이 했다는 뜻이다. 공적 무대에 나온 뒤로 12년 동안, 그는 처음에는 율리우스 카이사르를 지지했다가 그다음에는 카이사르 암살을 승인한 원로원을 지지했다. 안토니우스를 상대로 전쟁을 벌였다가 그다음에는 그와 힘을 합해 원로원에 맞섰다. 키케로와 동맹을 맺었다가 나중에는 그가 처형되는 것을 못 본 체하고 방치했다. 섹스투스 폼페이우스와 화평을 맺었다가 그다음에는 죽기 살기로 싸웠다. 그런 만큼 옥타비아누스는 다른 사람들이 몇 번에 걸쳐 배신과 변절을 해도 용납했다. 그러나 플란쿠스의 경우, 몇 번 정도가 아니었다.

지난 12년 동안, 플란쿠스는 시시때때로 편을 바꾸었다. 전쟁에서 성공을 거둔 장군인 플란쿠스는 개선식을 거행한 적 있었고 두 번이나 군 지휘권을 지닌 사령관으로 임명되었다. 페루시아에서 옥타비아누스에게 맞서 군대를 출정시켰으나 실제로 전투는 하지 않았는데, 이탈리아 밖으로 달아난 후에는 동방의 안토니우스 편에 붙었다. 그 후 몇 년 동안 안토니우스와 아주 긴밀한 관계를 유지했으며, 한동안 안토니우스의 인장 반지와 통신문까지 맡았다.[15] 안토니우스는 그를 중요한 두 속주인 아시아(튀르키예 서부)와 시리아의 총독으로 임명했다. 플란쿠스는 클레오파트라와도 사이가 나쁜 편이 아니었다. 한 소문은 매우 흥미로운 이야기를 전한다. 너무나 노골적인 아첨꾼인 그는 한 연회에서 여왕을 즐겁게 해주려고 인어로 분장하고서 알몸으로 춤을 추었다고 한다. 온몸에 푸른색 물감을 칠하고, 머리에는 갈대를 꽂고, 엉덩이에는 생선 꼬리를 달고서 두 무릎으로 연회장 바닥을 기었다고 한다.[16]

플란쿠스의 조카 티티우스도 기원전 43년에 징벌 고시를 당하여 군사를 구해 함대에 싣고 바다로 나갔다. 역시 징벌 고시를 당한 티티우스의 아버지도 섹스투스 폼페이우스에게 합류했다. 티티우스는 섹스투스의 부하들에게 생포되었으나, 동료 전사인 그의 아버지를 봐서 살려주었다. 기원전 39년에 사면되자 티티우스는 이탈리아로 돌아왔다. 그는 동방으로 가 안토니우스의 재무관으로 일하면서 메디아 침공에 가담했다. 안토니우스는 티티우스에게 섹스투스를 상대하는 임무를 맡겼다. 당시 섹스투스는 기원전 36년에 시칠리아 인근의 바다에서 패해 소아시아로 달아난 상태였다. 티티우스는 예전에 섹스투스가 자신에게 베푼 관용에 오히려 처형으로 응대했다. 겉으로는 안토니우스의 명령이라는 구실을 내세웠으나 실은 플란쿠스의 뜻을 따랐던 듯하다. 안토니우스는 티티우스의 조치를 가상하게 여겨 그에게 수익성 높은 아시아 속주의 총독 자리를 하사했다.

그렇다면 왜 플란쿠스와 티티우스는 변절하여 옥타비아누스에게 갔을까? 안티니우스에게 적대적인 사료에 따르면, 플란쿠스는 공금을 훔치다가 안토니우스의 신임을 잃었다고 한다.[17] 그러나 로마 관리들은 자기도 한몫 챙길 수 있는 한, 약간의 공금 횡령은 묵인하면서 눈감아주는 경향이 있었다. 그들의 변절에 대한 좀 더 그럴듯한 설명은 안토니우스와 옥타비아의 이혼이다.[18] 이탈리아 본국의 동향을 주시하던 사람들은 안토니우스의 그런 조치에 우려를 금할 수 없었다. 안토니우스는 이탈리아 사람들을 옥타비아누스 중심으로 단결시키는 조치를 취함으로써 승리를 발로 걷어찬 듯이 보였다. 플란쿠스와 티티우스는 클레오파트라가 진중에 그대로 남아 원정에 참여하는 대신 에페수스에서 이집트로 돌아가기를 원했다.[19] 아헤노바르부스는 클레오파트라의 움직임과는 무관하게 안토니우스를 지지하기로 마음먹었으나 플란쿠스는 더는 거래하지 않기로 결심했다. 적대적 사료는 배신이 플란쿠스의 고질병이라고 했는데,[20] 어쩌면 그 말이 맞는지도 모른다.

플란쿠스와 티티우스를 조사하고 심문한 결과, 옥타비아누스와 그 측근들은 안토니우스와 그의 군사 작전에 대한 귀중한 정보를 얻었다. 그 정보는 프로파간다 전쟁에서 아주 흥미로운 건수를 제공했다. 무엇인가 하면, 안토니우스가 로마 베스타 신전의 신녀들에게 자신의 유언장을 맡겨놓았다는 것이었다. 어쩌면 옥타비아누스는 그 사실을 이미 알고 있었는지도 모른다. 하지만 두 변절자의 도착을 기회로 삼아 신녀들에게서 그 유언장을 불법으로 빼앗았을 것이다.

옥타비아누스는 원로원 회의에서 매우 극적인 장면을 연출하면서 그 유언장의 내용을 공개했다.[21] 그 내용은 다음과 같았다. 카이사리온을 율리우스 카이사르의 진정한 아들로 인정했다. 그리고 안토니우스가 자신과 클레오파트라 사이에서 태어난 자녀들을 후계자로 지명했다. 그리고 마지막으로, 사후에 자신의 시신을 알렉산드리아에서 클레오파트라 옆에다 묻어달라고 명했다. 설사 안토니우스가 로마에서 죽더라도 그의 시신은 이집트로 운구되어야 한다는 뜻이었다. 옥타비아누스는 유언장을 낭독하면서 안토니우스가 로마 제국의 수도를 동방으로 옮기려 한다는 뉘앙스를 풍겼다.

옥타비아누스가 안토니우스의 유언장을 낭독했지만, 그것을 의심하는 사람들도 있었다. 안토니우스가 베스타 신전의 신녀들에게 유언장을 맡기는 것은 가능한 이야기다. 그러나 그런 충격적인 내용을 문서로 남겨서, 그것도 로마에 보관했다는 것은 믿기 어려운 이야기다. 언제든지 탈취되어 적들에게 이용될 수 있었으니 말이다. 어쩌면 이 모든 내용을 옥타비아누스가 조작했을 수 있다. 플란쿠스가 그런 사실을 '폭로한' 덕분에 유언장을 발견할 수도 있었다는 그럴듯한 구실을 대면서 말이다. 그러나 명확한 사실은 안토니우스가 이미 카이사리온을 카이사르의 아들로 인정했다는 점이다.

2월에 원로원 의원 수백 명이 로마에서 에페수스로 망명했지만, 여전히 로마에 남아 옥타비아누스의 행동을 비판하는 의원도 있었다.[22] 그건 중요하지 않았다. 그 유언장은 안토니우스가 외국 여왕에게 사로잡힌 몸임을 보여주는 구체적 증거였다. 로마에 남아 있던 원로원 의원들은 안토니우스에게서 임페리움imperium(해외 주둔 로마군의 지휘권)을 박탈하는 데 동의했다. 이듬해인 기원전 31년에 안토니우스가 맡기로 한 집정관 임명도 취소되었다. 하지만 그를 공공의 적으로 규정하지는 않았는데, 로마에 남아 있는 그의 지지자들을 자극하지 않으려는 뜻이었다. 그 대신에 원로원은 지지자들의 변절을 유도하고 권면하면서 그들이 옥타비아누스 편으로 넘어오면 적극적으로 환영했다.[23]

안토니우스에 대한 공개적 비난은 일대 장관이었다. 옥타비아누스는 연극적 행동을 좋아했다.[24] 그는 아마도 그리스 극작가 에우리피데스의 희곡 〈히폴리투스〉*에서 한 통의 편지가 일으킨 파문을 염두에 두었을 것이다. 기원전 428년에 나온 이 그리스 희곡에는 극중 여주인공 파에드라가 왕자인 의붓아들 히폴리투스가 자신을 겁탈하려 했다고 거짓 고발하는 장면이 있는데 그 고발의 수단이 편지였다. 이 같은 연극의 조연으로 가이우스 칼비시우스 사비누스가 동원되었다. 사비누스는 3월 15일 카이사르 암살 사건 때 카이사르의 목숨을 살려보려고 애쓴 사람인데, 옥타비아누스의 극적 연기에 일조하면서 원로원 의원들을 상대로 안토니우스를 비판하는 연설을 했다. 예전에 고상했던 안토니우스가 이젠 타락하여 한 화려한 연회에서 갑자기 자리에서 일어서더니 무릎을 꿇고 클레오파트라의 발등을 쓰다듬었다는 내용이었다.[25]

이 모든 것은 홍보 효과를 노린 프로파간다전이었다. 옥타비아누

---

* 테세우스의 아들 히폴리투스를 계모인 파에드라가 사모하다가 마침내 그런 기이한 열정을 의붓들에게 고백하는데, 아들이 비도덕적이라며 거부하자 앙심을 품은 파에드라가 오히려 겁탈을 당할 뻔했다고 뒤집어씌우는 내용.

스의 정치 경력을 익히 보아온 사람들은 그런 조치에 전혀 놀라지 않았다. 그는 정보마저도 무기화하는 사람이었기 때문이다.

전쟁을 선포하다

클레오파트라를 상대로 전쟁을 선포하기로 표결한 후, 원로원 의원들은 전통에 입각한 공식 의례를 거행했다.[26] 그 의례에는 한두 가지 창의적 변화가 있었다. 다시 한번 옥타비아누스는 어떻게 연극적 행동을 해야 하는지 잘 알았다.

원로원 의원들은 전투용 겉옷을 입고 벨로나 신전으로 갔다. '전쟁의 여신'을 모신 사당인 그 신전은 로마의 성벽 외곽에 있었다. 그곳에서 옥타비아누스는 전쟁과 외교의 법률과 의식을 감독하는 신관(페티알리스fetialis)의 한 사람으로서 공식적인 역할을 수행했다.[27] 이 신관들은 전쟁을 선포하기 전에 로마의 주신인 유피테르 앞에서 전쟁의 대의가 공정하다고 공식적으로 선언해야 한다. 이번에도 그런 선언이 있었고, 그런 뒤 옥타비아누스가 적의 영토를 상징하는 신전 근처 땅뙈기에 창을 던져서 내리꽂았다. 그 행위의 상징성은 명확했다. 옥타비아누스의 적은 동료 로마인이 아니라 외국인이며, 그의 전쟁 대의는 정당하다는 것이다.

그런데 여기서 한 가지 불분명한 것은 그 창던지기 행위다. 이는 로마의 과거 전통에서 유래한 오래된 의식인가 아니면 그리스에서 들어온 문화 행사인가? 만약 전자라면 옥타비아누스는 문화유산에 대한 로마인의 사랑을 적극적으로 활용한 셈이다. 만약 후자라면, 고대사에서 가장 유명한 창 던지기 행사를 모방한 셈이다. 일찍이 알렉산드로스 대왕은 헬레스폰트 해협을 건너 아시아 땅에 발을 들이자마자 그 땅에다 창을 내리꽂으며 페르시아 제국 침공을 개시했다. 대왕은 페르시아의 영토는 '창을 던져서 얻어야 하는' 땅임을 잘 알았다. 로마의 과거를 되살리는 전통주의 행위가 되었든, 세계 최고 정복자의 외투로 자신의 몸을 감싸는 행위가 되었든, 창 던지기는 옥타비아누스의 목적에 어울리는 연극적 행위였다.

그리하여 마침내 결정되었다. 안토니우스와의 전쟁이. 하지만 클레오파트라를 친다는 간접적 경로로 전쟁을 벌이게 되었다. 이제 허울뿐인 기관인 원로원이 공식적으로 옥타비아누스의 그 결정을 승인했다. 그들은 아마 다가오는 전쟁에서 옥타비아누스가 국가를 대신하여 최고 사령관의 권위를 갖는 것에 대해서도 투표로 결정했을 것이다. 옥타비아누스는 이탈리아 및 서부 속주의 모든 주민이 자신에게 충성 맹세를 해야 한다고 요구했다. 생애 후반에 이르러 그는 이 순간을 아주 자랑스럽게 회고했다.

"이탈리아의 모든 주민이 자발적으로 내게 충성 맹세를 했고 내가 전쟁 지도자로 나서기를 원했다. … 히스파니아, 갈리아, 아프리카, 시칠리아, 사르디니아 속주의 주민들도 마찬가지로 충성 맹세를 바쳤다."[28]

안토니우스가 아니라 클레오파트라에게 집중하는 전쟁은 로마에 여러 가지 이점을 안겨주었다. 안토니우스에게 전쟁을 선언하지 않음으로써 새로운 내전은 벌이지 않겠다는 약속을 지키는 셈이 되었다. 홍보전의 관점에서 보자면 이집트 여왕은 거의 완벽한 적이었다. 여자, 외국인, 그리스인, 이집트인, 군주인 여왕은 로마의 편견이 완벽하게 표적으로 삼을 수 있는 좋은 텃밭이었다.

하지만 옥타비아누스가 동방의 적에게 그와 비슷한 프로파간다를 벌일 빌미를 준 것도 사실이다. 안토니우스는 로마인인데 동방 쪽 사람들은 한 로마인이 다른 로마인을 공격하는 것에는 별로 관심이 없었다. 그러나 클레오파트라는 그들 중 한 사람이었다. 그녀에 대한 공격은 이시스 여신에 대한 공격이었을 뿐만 아니라 동방 전체에 대한 공격이었다.

옥타비아누스를 이런 곤경에 몰아넣은 데에는 안토니우스와 클레오파트라의 공도 어느 정도 있었다. 그들은 카이사리온의 적통을 주장함으로써 상대방의 행동을 강제했다. 이는 안토니우스가 아닌 클레오파트라를 옥타비아누스의 실질적 위협 세력으로 만드는 태도였다. 그들은 이런 정보를 교묘하게 흘려 자신들의 정치적 기반을 강화하는 방식으로 옥타비아누스에게 그런 행동을 하도록 압박했다.

옥타비아누스는 안토니우스가 누나를 그렇게 홀대한 처사에 분통을 터트렸을 수도 있다. 심지어 모욕을 느꼈을 수도 있다. 그러나 개인적 감정 탓에 전쟁을 선언한 것은 아니었다. 로마, 이집트, 카이사르, 이 세 가지가 전쟁의 원인이었다. 로마 정계의 논리는 두 왕조 사이의 결정적 대결을 요구했다. 이집트는 폼페이우스와 카이사르가 각자 손아귀에 넣었던 보물 상자였으나, 두 사람 모두 원로원의 반대로 오래 간직할 수 없었다. 안토니우스는 그 궤짝을 거의 차지할 기세였고, 그런 재정적 힘을 바탕으로 옥타비아누스보다 전쟁에 더 많은 것을 쏟아부을 능력이 있었다. 두 실력자 모두 카이사르를 아버지로 인정했으나, 그중 한 명만 진정한 후계자가 될 수 있었다.

카이사리온이라는 존재는 자신이 율리우스 카이사르의 아들이라는 옥타비아누스의 주장을 위협했다. 그 소년이 살아 있어서 장차 어른이 된다면 옥타비아누스가 자신을 율리우스 카이사르의 아들이자 총사령관이자 하느님의 아들이라고 허세를 부릴 가능성은 그만큼 줄어들었다. 만약 카이사리온이 카이사르의 피와 살을 얻은 친자식으로 인정된다면, 옥타비아누스는 가이우스 옥타비우스 신세로 되돌아가야 했다. 그러면 옥타비아누스는 이탈리아의 시골 부자 가문의 별볼 일 없는 아들이고, 위대한 카이사르와의 관계는 그의 어머니의 어머니가 카이사르의 누나였다는 희미한 인연밖에 없는 셈이다. 옥타비아누스는 안토니우스가 동방의 영토를 배분한 조치에는 반대하지 않았다. 실제로 악티움 전투 이후, 그는 안토니우스가 임명한 속국의 왕들을 그 자리에 그대로 두었다.

안토니우스와의 전쟁이 불가피하다고 본 옥타비아누스의 판단을 비난할 수는 없다. 새로 건조된 안토니우스의 함대, 카이사리온의 공식적 인정, 왕조를 향한 야망, 클레오파트라의 재정적 지원 등을 고려할 때 전쟁은 불가피했다. 그러나 옥타비아누스가 선제 공격을 했다는 사실은 그대로 남는다. 그는 안토니우스가 파르티아와 전쟁을 치르기 위해 동방에 나간 시점에 전쟁을 도발했다. 어떤 사람들은 옥타비아누스의 행동이 비애국적이라고 비난할지도 모른다. 그러나 그는 최후의 목표를 얻기 위해 그렇게 행동하기를 원했다. 그가 원한 것은 로마 제국 전체의 통치권이었다.

— 2부 —

작전과 공격

기원전 32년 가을~31년 4월

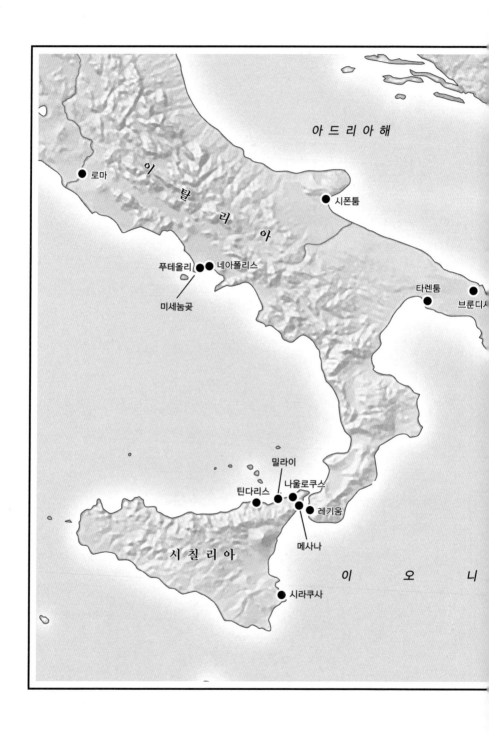

아 드 리 아 해

로마

이
탈
리
아

시폰툼

푸테올리 ●● 네아폴리스

미세눔곶

타렌툼

브룬디시

밀라이

틴다리스 나울로쿠스

레기움

메사나

시 칠 리 아

이 오 니

시라쿠사

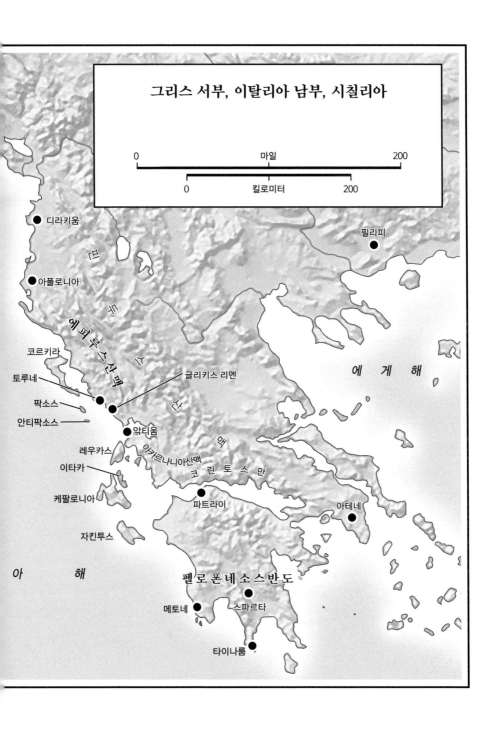

그리스 서부, 이탈리아 남부, 시칠리아

마일

킬로미터

디라키움

필리피

아폴로니아

에 피 루 스 산 맥

코르키라

글리키스 리멘

에 게 해

토루네

팍소스

안티팍소스

악티움

레우카스

아카르나니아산맥

이타카

코 린 토 스 만

케팔로니아

파트라이

아테네

자킨투스

아 해

펠 로 폰 네 소 스 반 도

메토네

스파르타

타이나룸

6

침략자들

기원전 32년 가을, 그리스 서부

안토니우스와 클레오파트라는 기원전 32년에 두 가지 다른 전략을 추구했다. 하나는 지상전이고 다른 하나는 해전이었다. 지상전 전략은 이오니아해를 건너 이탈리아를 침공하는 것이었고, 해군 전략은 이집트로 가는 해로를 방어하기 위해 그리스 서부 해안에 기지를 건설하는 것이었다. 다른 조건들이 동일하다면, 지상전 전략이 뛰어난 장군인 안토니우스는 지상전을 더 선호했던 반면, 클레오파트라는 해전을 더 좋아했다. 그렇게 하면 이집트 본국으로 가는 해로를 방어할 수 있을 뿐만 아니라 함선을 다수 제공한 그녀의 공로가 돋보일 수 있었기 때문이다.

그러나 모든 다른 조건이 동일하지는 않았다. 사령관과 여왕은 대규모 해군, 바다에서 쌓아 올린 자랑스러운 프톨레마이오스의 전통, 아헤노바르부스 같은 노련한 제독 등을 갖추고 있었으나, 마르쿠스 아그리파가 거느린, 노련하면서도 연전연승 중인 적 함대를 상대해야 했다. 아그리파는 당대 최고 제독인 섹스투스 폼페이우스를 정복한 뒤 곧바로 일리리아 지방으로 건너가 육지와 바다와 강을 잇는 성공적인 작전을 수행한 바 있었다. 따라서 아그리파는 이제 바다의 왕자라고 주장하고 나서도 조금도 손색이 없는 인물이었다. 만약 그가 공격을 감행한다면 명민하고 날카롭고 단호한 군대만이 그를 상대로 성공적인 방어전을 수행할 수 있을 터였다. 하지만 이탈리아 침공 작전은 안토니우스와 클레오파트라에게 전쟁의 주도권을 안겨줄 테고 안토니우스의 탁월한 지상전 수행 능력과도 부합할 터였다. 그렇지만 이오니아해를 건너가는 것이 문제였다. 당연히 적은 그 길을 가로막고서 해전을 벌일 것이었다. 이탈리아 남부에는 항구가 별로 없었고 그나마 가장 좋은 항구 도시인 브룬디시움과 타렌툼에는 엄청난 방어 시설이 갖추어져 있었다. 게다가 아그리파와 옥타비아누스가 안토니우스와 클레오파트라를 이탈리아 남부에서 물리치는 동시에 해군 함대 상당수를 이집트로 보내 공격을 감행한다면 어떻게 해야 하는가?

그러나 조심스러운 전략을 펼쳐야 할 이유가 충분히 있었다. 안토니우스와 클레오파트라는 그리스에서 기다리며 이탈리아를 침공할 것처럼 위협하면서 옥타비아누스와 그의 가혹한 세금 징수를 빌미로 현지의 반발을 부추길 수 있었다. 그러면 옥타비아누스는 먼저 공격에 나서야 할 것이었다. 안토니우스는 미리 철저하게 경계와 준비 작업을 해놓고 옥타비아누스가 바다를 건너와 상륙하려는 것을 저지할 수 있을 터였다. 설사 아그리파와 옥타비아누스가 힘겹게 바다를 건너와 해안에 상륙하여 그리스 서부에 진지를 구축한다 하더라도 그들은 여전히 식량과 식수 문제를 해결해야 했다. 만약 안토니우스와 클레오파트라가 해상 작전을 통해 이런 생필품의 접근을 막아버린다면 적은 지상전을 벌여야 할 것이었다. 지상전은 안토니우스가 옥타비아누스와 아그리파를 상대로 벌이고 싶어 했던 전투 방식이었다. 만약 이렇게 된다면 여왕의 이집트 함대가 해상 작전을 잘 수행하여 국면을 유리하게 이끌었다고 여왕을 치켜세울 수 있었다. 그러나 거의 완벽에 가깝게 조련된 훌륭한 군대만이 이런 전략을 계획대로 수행할 수 있는데, 안토니우스와 클레오파트라의 해군은 대체로 보아 실전 경험이 별로 없었다.

또 리더십 문제도 있었다. 에페수스로 건너온 클레오파트라는 자신이 안토니우스의 마음을 바꿀 수 있는 능력의 소유자임을 증명했다. 그렇다면 도대체 누가 결정권자냐고 묻지 않을 수 없었다.

작전은 어느 쪽을 선택해야 할까? 그리스 서부에서 방어전을 펼칠 것인가, 아니면 이탈리아를 향해 공격을 펼칠 것인가?

그리스 서부 해안

오늘날의 독자들은 가고 싶은 곳이 있으면 직선거리를 택해서 여행할 수 있다. 그러나 고대 세계에서는 빙 둘러 가는 경우가 많았다. 현대의 지도를 보고 있으면 전근대의 교통망 상황을 착각하기가 쉽다. 고대 세계를 그 당시의 유명한 도시들, 가령 로마, 아테네, 에페수스, 알렉산드리아 등으로만 판단한다면, 우리는 그리스의 서부가 사람들이 잘 안 다니는 길이라고 생각하기 쉽다. 그러나 실제로 그리스 서부 지방의 섬들과 항구들은 이탈리아와 그리스를 이어주는 주요 항로이자 그 너머 지중해 동부로 나아가는 길목이기도 했다.

그리스 서부 해안은 지중해에서 가장 중요한 전략적 해로 가운데 하나였다. 해상 교통수단, 특히 해군의 교통수단(즉 전함)은 그 해로를 잘 알았고 거기에는 그럴 만한 이유가 충분했다. 갤리선을 수단으로 삼아 벌이는 해전은 먼저 바다 근처의 육지를 통제할 수 있어야 했다. 전함이 너무 가벼워서 군수품을 한 번에 많이 실어 나르지 못했기 때문이다. 익숙한 지형지물을 활용하기 어려운 상황일 땐 항해하기가 몹시 어려웠다. 지중해처럼 온순하고 조류가 없는 바다일지라도 탁 트인 바다는 때때로 거칠어졌고, 때로는 함대를 파괴할 만큼 큰 폭풍우가 불기도 했다. 따라서 해군 지휘관들은 인근의 해변을 통제하고 그 항구에서 접근할 수 있는 시장을 확보해놓아야만 했다. 이처럼 내륙과 섬의 기지를 확보한 해로를 통제하는 것이 승리의 첩경이었다. 그 결과 해군은 곧 수륙 양면의 군대가 되었다.

때때로 고대의 선원들은 시칠리아와 펠로폰네소스반도 서부 해안 사이의 탁 트인 바다를 항해했다.[1] 이 해로로 항해하는 것은 바위에 부딪혀 좌초하거나 보이지 않는 얕은 바다에 좌초하는 위험을 최소화했다. 이는 상선의 상인들이 바다의 기상 악조건을 최대한 피하고자 할 때 그리고 빠르고 취약한 해적선을 피하고자 할 때 좋은 방법이었다. 그러나 항해자들은 해안 루트를 더 좋아했고, 그중에서도 오늘날의 그리스와 알바니아의 서부 해안을 따라 항해하는 것을 선호했다.

이탈리아 동부 해안은 고대 선원들이 접근하기에는 위험하고 부적절했다. 심지어 오늘날에도 그쪽에는 항구가 없고, 폭풍우를 만나면 피신처가 될 만한 섬도 없으며, 항해자들에게 도움이 될 만한 지형지물도 없고, 좋은 정박지조차 없는 실정이다. 더욱이 그 지역에서 늘 부는 바람은 해안 쪽으로 부는 바람이어서 배가 좌초하거나 난파할 위험이 늘 있었다. 그보다 더 좋은 선택안이 있었다. 아드리아해와 이오니아해의 동쪽 해안은 항구, 섬, 지형지물, 좋은 정박지 등이 많은 데다 순풍이 불었다. 이 해역은 이탈리아의 동부 해안이 갖추지 못한 것들이 다 갖춰져 있었다.

고대 지중해의 해양 신화와 역사가 그리스 서부 해안에서 등장한 것은 결코 우연이 아니었다. 고대의 전설에서 가장 유명한 선원인 오디세우스(일명 율리시스) 역시 이 해역의 이타카섬에서 살았다. 아테네와 스파르타 사이에 벌어진 펠로폰네소스 전쟁도 이 해안의 또 다른 섬에서 발생한 기원전 433년의 해전으로 촉발되었다. 그 섬의 이름은 코르키라인데 오늘날의 코르푸 혹은 케르키라다. 그리스 서부 해안은 근대 초창기에 베네치아와 오스만 제국 사이에서 해전이 벌어진 곳이기도 하다. 이 해역은 1800년대 초반의 나폴레옹 전쟁 때도 전략적 요충지였는데, 처음에는 프랑스가, 나중에는 영국이 지배했다. 이 해역은 19세기 중반에 그리스 영토의 일부로 편입되었다가 2차 세계 대전 중에는 이탈리아와 독일이 지배했고, 종전 후에는 다시 그리스 영토로 돌아갔다.

고대 세계에 이 해역을 지배하는 자는 그리스뿐만 아니라 이탈리아의 운명까지 손아귀에 집어넣은 것이나 마찬가지였다. 그리고 기원전 32년 가을, 그 해역은 안토니우스가 단단히 장악했다. 그는 휘하 부대를 잘 배치했다. 그 부대는 북쪽 코르키라섬에서 남쪽 펠로폰 네소스반도의 남단에 이르기까지 이오니아해의 동쪽 해안 약 450킬로미터 길이의 바다를 지배했다. 이 해로를 따라 설치된 주요 기지로는 코르키라, 암브라키아(아르타)만의 입구에 있는 악티움, 레우카스섬, 코린토스만 입구 안쪽의 파트라이(오늘날의 파트라스), 자킨투스섬, 메토네 등이었다.

그나이우스 폼페이우스는 기원전 48년에 카이사르를 상대로 벌인 전쟁에서 그리스에 주둔했을 때 디라키움 항을 근거지로 삼았는데, 그곳은 이탈리아에서 가까운 주요 항구이자 비아 에그타니아의 출발점이었다. 이 고대 로마 도로는 동쪽으로 뻗어나가 비잔티움(후일의 콘스탄티노플이고 오늘날의 이스탄불)까지 이어졌다. 디라키움은 악티움에서 북쪽 해상으로 약 370킬로미터 떨어진 곳으로, 배로는 사흘 반이 걸렸다. 왜 안토니우스와 클레오파트라는 이런 중요한 곳을 점령하지 않았을까? 우선 그렇게 할 기회가 없었던 듯하다. 일부 사료에 의하면, 옥타비아누스가 일리리아 전쟁 때 안토니우스와의 협약을 파기하면서 디라키움과 그 일대의 항구들을 선점했다고 한다. 설사 디라키움을 차지할 수 있었다 할지라도 안토니우스와 클레오파트라는 그보다 더 남쪽에 있는 해안 기지를 선호했을 것이다. 그렇게 해야 이집트에서 오는 해상 보급로가 단축되었고, 옥타비아누스가 이탈리아에서 그들을 공격하려면 바닷길을 더 멀리 헤치고 와야 했기 때문이다. 게다가 남쪽의 기지는 적의 함대가 그리스를 우회하여 이집트를 직접 공격하려 할 때 중간에 개입해서 함대를 가로채기가 훨씬 쉬웠다.

안토니우스와 클레오파트라는 기원전 32~31년의 겨울을 파트라이에서 보냈다. 그곳은 약 100년 전 로마가 코린토스를 점령한 이후로 펠로폰네소스에서 가장 중요한 도시가 되었다. 안토니우스 함대의 주요 기지는 악티움에 있었는데 파트라이에서 200여 킬로미터 거리였고 순풍이 불면 하루 반이면 항해해서 도착할 수 있었다.

안토니우스는 이 같은 핵심 항구와 기지를 점령함으로써 이탈리아 동부 해안에 직접 상륙하지 않고서도, 그 일대를 실제로 지배하던 옥타비아누스에게 도전을 걸 수 있었다. 그리스 서부 해안을 통제하는 함대를 바다에 띄움으로서 이탈리아가 동쪽으로 나오는 길목을 막겠다고 위협한 셈이다.

클레오파트라와 강력한 이집트 함대가 안토니우스 함대의 일부를 구성한다는 사실은 옥타비아누스에게 더 심각한 위협이었다. 기원전 200년대 중반에서 100년대 중반에 이르기까지 근 한 세기 동안 프톨레마이오스 왕조는 펠로폰네소스 동부 지역의 해군 기지를 지배해왔다. 그런데 이제 그리스 서부 해안에, 그것도 로마에서 훨씬 가까운 해역에 새롭게 단장한 프톨레마이오스 해군이 등장한 것이다.

옥타비아누스는 이탈리아에 머물면서 방어전을 펼칠 수도 있었다. 그러나 로마인들은 장군들이 공격에 나서기를 바랐다. 게다가 옥타비아누스는 적을 상대로 선전 포고를 한 상태이므로 전쟁 수행의 의무를 어깨에 짊어진 셈이었다. 그는 그리스 쪽은 무시하고 이집트에 공격 함대를 직접 보냄으로써 안토니우스와 클레오파트라를 급히 귀국하도록 만들 수도 있었다. 하지만 그렇게 하자면 아주 먼 거리를 항해해야 하는데 동방에는 지원해줄 만한 동맹 세력이 없었다.

이런 점들이 안토니우스와 클레오파트라를 도와주는 요소였으나 거기에 상응하는 부작용도 있었다. 이집트와 시리아에서 군수품을 가져와 휘하 병사들에게 주는 데 어마어마하게 품이 들었다. 그들이 서부 그리스에(혹은 그 어디든) 오래 머무를수록 휘하 병사들이 허약해져서 탈주할 위험성이 그만큼 더 높아졌다. 마지막으로, 안토니우스와 클레오파트라가 서쪽을 오래 바라볼수록, 동부에서 벌어지는 전략적 도전을 더 빨리 해소해야만 했다. 그런 도전들은 옥타비아누스의 대리인들이 일부러 부추긴 것이기도 했다. 이렇게 볼 때, 안토니우스가 서둘러 이탈리아를 침공해야 할 이유는 여러 가지였다.

이탈리아 침공 작전

이탈리아는 그리 멀리 떨어져 있지 않았다. 코르키라섬의 북단에 마련된 안토니우스의 기지에서 해상으로 겨우 280킬로미터 떨어져 있었고, 브룬디시움까지는 이오니아해를 건너 이틀만 항해하면 되는 거리였다.[2] 브룬디시움은 그리스 서부 해안에서 가장 가까운 항구이자 옥타비아누스의 아드리아해 쪽 주요 해항이었다. 하지만 그 항해는 간단히 시도할 수 있는 일이 아니었다.

이탈리아반도에는 엄청나게 많은 방어 시설이 들어서 있었다. 이탈리아 남부의 두 주요 항구인 브룬디시움과 타렌툼은 엄청나게 경계가 강화되었는데 안토니우스 자신이 개인적 체험을 통해 그런 사정을 잘 알았다. 기원전 49년 후반, 그는 카이사르와 함께 브룬디시움을 공격했는데, 이때 폼페이우스가 이들을 물리쳤다. 안토니우스는 그 당시 한참을 기다렸다가 휘하 병사를 전함에 탑승시켜서 안전한 곳으로 함께 항해에 나설 수 있었다. 카이사르는 배가 부족해 기원전 48년에 휘하 병력 중 일부만 데리고 먼저 출발했다. 그러고 나면 안토니우스가 나머지 병력을 인솔하여 곧바로 쫓아오리라 예상했다. 그러나 안토니우스는 브룬디시움에서 발이 묶이고 말았다.[3] 한편 안토니우스는 소형 배에다 병력을 태워 적선을 괴롭히는 동시에 해안에 기병대를 배치하여 적이 해안으로 나오지 못하게 하는 작전을 펴서 카이사르에게 칭찬을 받았다. 다른 한편으로 안토니우스는 카이사르의 비난을 들었는데, 너무 조심하는 바람에 과감한 작전을 펼치지 못하고 봉쇄를 돌파하느라 다소 늦게 나머지 병력을 데리고 아드리아해를 건너왔기 때문이다.

브룬디시움은 기원전 40년과 38년, 이렇게 두 번 안토니우스에게 성문을 닫아걸었다.[4] 첫 번째 경우, 안토니우스는 그 도시를 포위 공격하면서 자기를 격퇴하기 위해 옥타비아누스가 파견한 군대를 물리쳤다. 또 이탈리아 해안에 군대를 파견하여 다른 요충지를 점령하게 했는데, 브룬디시움에서 북쪽으로 약 300킬로미터 떨어진 시폰툼 항구가 그런 요충지에 포함되었다. 옥타비아누스는 이 도시를 되찾기 위해 아그리파 휘하의 베테랑 부대를 파견했으나, 그들은 과거의 오랜 동료 안토니우스를 상대로 싸우기를 거부했다. 그렇게 하여 상황은 정치적 타협 쪽으로 급속히 기울었다. 두 번째 경우인 기원전 38년에 브룬디시움이 안토니우스의 함대를 거부하자 타렌툼이 받아주었다. 그런데 사실은 옥타비아누스가 타렌툼 사람들에게, 거기서 둘이 만나 평화 회담을 할 테니 받아주라고 해서 그렇게 된 것이었다.

그런가 하면 정치적 요소가 있었다. 옥타비아누스가 성공적으로 중상비방 전략을 펼쳤기 때문에, 이집트 여왕이 함께 공격한다는 사실은 말할 것도 없고, 이집트 배가 상당한 비중을 차지하는 전함이 이탈리아로 쳐들어가는 것은 정치적으로 전혀 도움이 안 되는 행동이었다. 바로 이런 이유로 아헤노바르부스를 비롯한 장군들이 에페수스에서 여왕에게 이집트로 돌아가라고 강력히 권고했던 것이다.

사정이 그렇다 하더라도 안토니우스는 공격을 염두에 두었다. 방어 자세를 취하면서 적이 쳐들어오기만을 기다리는 것은 위험했기 때문이다. 그의 함대는 작은 만과 출입로가 많은 기다란 해안선에 드문드문 퍼져 있었으므로 적이 그 방어선을 뚫고 들어올 구멍이 많았다. 안토니우스의 군대는 기습전을 펼칠 수 없었고 대중적 지지도 없었다. 현지 주민들은 대규모 외국 육군과 해군이 자신들의 고향에 주둔하는 것을 좋게 바라보지 않았다. 게다가 안토니우스 군대는 적의 공격을 기다리기만 하는 바람에 적에게 전쟁의 주도권을 넘겨주는 꼴이 되었다. 이런 방침은 병사들의 사기를 떨어뜨렸다. 클레오파트라에 대해서 말해보자면, 그녀가 안토니우스의 군대를 따라 이탈리아에 들어온다면, 현지 주민들은 떨떠름할 것이었다. 과거의 다른 점령군들은 그것보다 더 심한 짓을 했는데도 현지 주민들이 받아들인 적이 있긴 했지만 말이다.

안토니우스는 이탈리아로 쳐들어간다면 어떻게 전쟁을 승리로 이끌 생각이었을까? 그 자신의 입으로 그 스토리를 직접 말해줄 수 없는 데다 옥타비아누스가 입맛에 맞게 역사 기록을 왜곡했기 때문에

우리는 근거에 바탕을 두고 추측해야 한다.

안토니우스는 승리를 위해 세 가지 작전을 계획했을 것이다. 재정적 승리, 정치적 승리, 군사적 승리가 바로 그것들이다. 재정적 측면에서, 그는 옥타비아누스가 휘하 육군과 해군을 운영할 자금을 마련하기 위해 이탈리아 내 주민들에게 무겁게 과세하도록 압박했다. 옥타비아누스는 군자금을 마련하기 위해 이탈리아 내 자유민들에게 소득의 4분의 1을 세금으로 바치게 했고, 해방 노예 출신의 자유민들에게는 재산의 8분의 1을 세금으로 내게 했다. 사료들은 이 징세 조치가 아주 인기가 없었다고 보고한다.[5] 과도한 납세를 강요당하자 해방 노예 출신 자유민들이 반란을 일으켰고, 이들이 로마에서 살인 사건과 공공건물의 방화를 저질렀다는 비난이 나돌았다. 옥타비아누스가 반란자들을 진압하기 위해 군대를 투입하자 그제야 자유민들은 입을 다물고 세금을 냈다. 이처럼 안토니우스는 옥타비아누스를 압박하는 데 그치지 않고 이탈리아에 돈을 보내 옛 친구들을 돕거나 새 친구들을 영입했다.[6] 그는 기원전 32년 가을까지 이 같은 자금을 보냈다. 기원전 33~32년에 그가 현지 주민들의 지원을 추가로 얻기 위해 이탈리아에서 고유의 주화를 주조했다는 증거가 있다. 이렇게 해서 우리는 안토니우스 전략의 두 번째 부분인 정치 문제에 시선을 돌리게 된다.

안토니우스는 옥타비아누스의 이탈리아 내 정치적 기반을 허물어뜨리려 했다. 돈이 그렇게 하는 첫째 방법이었고, 프로파간다가 둘째, 그리고 안토니우스가 전쟁에서 이길 것이라고 예상하게 만드는 것이 셋째였다. 안토니우스의 풍부한 자원이 그런 인식을 조성하는

데 크게 도움이 될 터였다. 그의 함대는 엄청나게 많은 선박을 보유했을 뿐 아니라 이집트의 재정 능력은 막대하다고 소문이 나 있었으므로, 안토니우스가 결국 승리를 거둘 것이라는 인상을 주기에 충분했다. 그의 군대가 이탈리아 가까이에 있다는 사실도, 날씨가 좋아져 항해가 가능해지면 안토니우스가 이탈리아를 침공하리라는 예상을 부추겼다.

옥타비아누스가 보인 반응은 그가 안토니우스의 전략을 두려워했음을 보여준다. 옥타비아누스는 전반적으로 경계 태세를 강화했고 특히 병사들에게 돈을 나누어 주는 특단의 조치를 취했다.[7] 이탈리아를 떠나 최전선으로 가야 하는 때가 되자 그는 아주 독특한 출발 방식을 선택했다. 기원전 32년 봄, 안토니우스와 대결하기 위해 브룬디시움에서 항해를 시작할 때, 옥타비아누스는 원로원 의원 전원과 기사 계급 사람들 일부를 함께 데려갔다.[8] 그중 어떤 이들은 그의 지지자였고 어떤 이들은 사실 인질이었다. 로마 역사에서 일찍이 그런 사례는 없었다. 원로원은 언제나 장군들을 해외에 파견했고, 대다수 의원은 로마에 그대로 머물렀다. 옥타비아누스는 평소 늘 그랬듯이 부하들의 일처리를 못 미더워했다. 충실한 지지자인 가이우스 마이케나스에게 군대를 내주어 이탈리아에 남아 국내 상황을 철저히 단속하라고 지시했는데도 안토니우스 지지자들이 배후에서 반란을 일으킬까 두려워했다.

안토니우스는 재정적·정치적 프로파간다를 통해 적의 힘을 약화시켰기에 군사 작전에서 옥타비아누스를 물리침으로써 최종 승리를 거둘 수 있으리라 기대했을지도 모른다. 여러 사료가 그가 이탈리아 침공을 계획했다고 언급한다. 리비우스는 기원후 1세기 초반, 아우구스투스 통치 후반기에 활동한 역사가인데, 그가 작성한 요약(텍스트 원문은 인멸되었음)●에는 다음과 같은 문장이 나온다. "안토니우스는 로마와 이탈리아를 상대로 전쟁을 벌일 계획이었고 지상군으로도 쓰일 수 있는 대규모 해군을 모집했다."[9] 티베리우스 황제(기원후 14~37년)의 통치기에 집필 활동을 한 마르쿠스 벨레이우스 파테르쿨루스는 안토니우스가 조국을 상대로 전쟁을 치르기로 결심했다고 기록했고,[10] 기원후 100년경에 활동한 플루타르코스는 안토니우스가 옥타비아누스가 미처 준비하기 전에 그에게 싸움을 걸지 않은 실수를 저질렀다고 기록했다.[11] 플루타르코스는 명시적으로 언급하지 않았지만, 안토니우스가 옥타비아누스에게 전쟁을 강제할 유일한 방법은 이탈리아 침공이었을 것이다. 그리고 3세기 초에 활동한 카시우스 디오는 안토니우스가 갑작스럽게 이탈리아 침공에 나섰다고 주장한다.[12] 그러나 안토니우스의 대규모 함대를 '갑작스럽게' 움직이기란 쉬운 일이 아니었을 것이다. 하지만 적에게 자신의 진짜 목표를 감추기 위해 디라키움 같은 곳으로 양동 작전을 펼쳤을 수도 있다.

여기서 고대 사료들 사이에 합의된 사항을 강조할 필요가 있는데, 그 이유는 여러 현대 사학자들이 그런 합의된 사항을 거부하기 때문이다. 안토니우스가 조국을 침공하려 했다고 주장하는 것은 옥타비

● 리비우스는 로마의 건국에서 아우구스투스 시대에 이르는 로마 역사 142권을 저술했는데, 그 중 전해지는 것은 1~10권, 21~45권 총 35권이다. 제45권 이후의 각 권에 대하여 리비우스는 내용을 간략하게 요약해놓았는데 이를 페리오카이(periochae)라고 한다. 본문은 인멸되었지만 페리오카이는 후대에 전해졌다.

아누스가 펼친 프로파간다의 목적에 부합한다. 클레오파트라 자신도 장래 언젠가 로마의 종교적 중심지인 카피톨리노 언덕에서 정의의 재판이 열릴 것이라고 자주 말했다고 한다.[13] 만약 로마 침공이 순전히 옥타비아누스가 지어낸 이야기였다면, 그것은 일부 이탈리아 사람들을 벌벌 떨게 만들 만큼 멋진 생각이었다.

어쩌면 안토니우스는 이탈리아 국내에 공포심을 조성하기 위해 곧 침공할 것이라는 소문만 퍼뜨리고 실제로는 침공 작전을 진지하게 생각하지 않았는지도 모른다. 그가 침공을 망설일 만한 이유가 있었는데, 특히 해상에서 아그리파와 해전을 벌여야 한다는 전망이 큰 요인이었을 것이다. 만약 아그리파가 탁 트인 바다에서 전면적으로 안토니우스와 맞설 생각이라면, 선수船首를 보강한 안토니우스의 대형 함선들이 승리를 거둘 가능성이 있었다. 그러나 영리하고 노련한 아그리파가 그런 해전에 응할 것 같지는 않았다. 베테랑 해군과 바다에 대한 지식이 풍부한 아그리파는 안토니우스에게 불리한 조건에서 해전을 벌일 방법을 찾아낼 터였다. 비록 대규모 부대를 거느렸다고는 하나 안토니우스는 해전에 익숙한 장군이 아니었다. 그의 병사들도 대체로 경험이 부족했다. 클레오파트라의 배들은 이집트의 홍해-인도 무역선 출신의 장교와 선원으로 구성된 대규모 인력을 갖추긴 했으나 그들의 전문 지식은 상업에 관련된 것이었지 해전에 관련된 것은 아니었다. 고대 전투에서 경험 많은 병사를 거느리는 것은 이점이 큰 요소였다. 신참 선원들은 실수를 저지를 가능성이 높았기 때문이다. 심지어 최초 접전의 강한 스트레스 앞에서 공포로 어찌할 바를 모를 수도 있었다.

침공의 구체적 계획

만약 안토니우스가 침공하기로 결정했다면 어떤 경로를 통해 이탈리아 항구에 들어갔을까? 이상적인 세상이었다면 그의 정치적·군사적 압력이 이탈리아 내에 우군을 충분히 확보하게 해주어 브룬디시움이나 타렌툼의 성문을 열게 했을 것이다. 만약 이런 지원이 없다면 군사적 승리를 이루기가 불가능하지는 않더라도 몹시 해내기 어려울 터였다.

안토니우스 함선들의 성격을 살펴보면 자세한 내막을 짐작할 수 있다.[14] 고고학적 자료(아우구스투스의 악티움 승전 기념물의 충각 구멍 크기 측정)와 역사적 자료(프톨레마이오스 함대와의 비교 검토)를 종합해보면, 안토니우스의 해군력 증강 전략을 대략 파악할 수 있다. 앞에서 언급한 대로, 로마 함대의 전형적 함선은 5단 노선이다. 이 배를 그럴듯하게 재구성해보면 2층으로 되어 있는데, 상층에는 노마다 노잡이가 세 명씩 배치되고, 하층에는 노잡이가 두 명씩 배치된다. 5단 노선은 보통 노잡이 300명과 해군 병사 120명이 승선한다. 이보다 규모가 작은 3단 노선(갤리선) 같은 배도 있었는데, 여기에는 각각의 배마다 노잡이 180명이 3층에 걸쳐 배치되고, 노마다 노잡이 한 명씩 배정된다. 렘보이lemboi라는 배도 있었다. 이 배는 크기가 작아서 속도가 빨랐는데, 배의 크기에 따라 한 층 혹은 두 층으로 구성되고 총 50명의 노잡이가 탑승했다. 마지막으로, 6단 노선이나 10단 노선 같은 대형 배도 소수 있었다.[15]

이런 함선들 중 5단 노선이 가장 보편적이었고 해전의 여러 단계에서 적절히 활용되었다. 5단 노선은 선수 쪽에 크고 무겁고 강화된 충각이 달려 있어서 개전 초기에 적선과 충돌할 때 정면으로 들이받을 수 있었다. 이 배는 적에게 접근하여 적선의 갑판에 올라가는 작전에도 활용되었는데, 이 경우 먼저 쇠뇌로 발사 무기를 많이 날려서 적의 기세를 반드시 제압해야 했다. 5단 노선은 기원전 마지막 몇백 년 동안 지중해 해전의 대표적 전함이었다. 동물의 털이나 근육으로 꼬아 만든 강력한 스프링으로 추진력을 얻어서 발사 무기를 날려 보내는 무기인 쇠뇌는 엄청난 화력을 퍼부을 수 있었는데, 당시에 사용된 로마의 쇠뇌는 무거운 돌이나 굵은 화살을 발사했다.

6단 노선에서 10단 노선에 이르는 대형 선박은 전투에서 잘 사용되지 않았다. 크고 느려서 적의 공격 목표가 되기 십상이었기 때문이다. 이런 대형 함선의 주된 목적은 방어가 강화된 항구를 공격하는 것이었다. 철망이나 일렬로 늘어선 보트 같은 항구의 장애물들을 돌파하고, 그 과정에서 작은 배들을 분쇄하고, 도시 성벽의 기초를 들이받아 파괴하는 식이었다. 이런 대형 선박에서 잘 엄호된 갑판은 수병들에게 피신처가 되었고, 그 배에 실린 탑은 쇠뇌를 설치하여 적에게 화력을 퍼붓는 거치대가 되었다. 안토니우스는 이런 대형 선박을 공격에 활용할 계획이었다.

증거 자료에 따르면, 안토니우스의 함대는 10단 노선 4~5척, 9단 노선 4척, 8단 노선 5척, 6단 노선 8척 등 총 27척 또는 28척의 대형 선박을 보유했는데, 이는 안토니우스가 보유한 전체 함선 500척 중에 5퍼센트를 약간 넘는 수준이었다. 물론 이보다 더 많았을 수도 있지만 한참 많은 정도는 아니었을 것이다. 대형 함선들은 건조하고 유지하는 데 비용이 많이 들어갔을 뿐만 아니라 적의 공격으로부터도 취약하기에 여러 소형 선박으로 둘러싸여 보호받아야 했다. 그러므로 안토니우스 함대의 선박 중 대다수는 5단 노선이었을 것으로 짐작된다.[16]

옥타비아누스는 이 같은 대형 선박의 수를 부풀려 말하면서, 자신이 보유한 대형 선박을 완전히 압도할 정도로 많다고 선전했다. 그러나 안토니우스의 함대가 주로 괴물 같은 대형 선박들로 구성되었다는 주장은 사실이 아니다.

고대의 관찰자가 볼 때, 안토니우스 함대의 규모와 성격은 분명한 메시지를 전달했다. 곧 침공하겠다는 것이었고 목표는 이탈리아였다. 어쩌면 그가 허세를 부렸을 수도 있고, 과연 이탈리아 항구의 단단한 성벽을 상대로 함대를 진수할 의향이 있었는지 의심해볼 수도 있다. 하지만 그가 위협의 메시지를 보냈던 것은 분명하다.

고대의 관찰자는 안토니우스의 함대에서 또 다른 메시지를 읽었을 수도 있다. 그 함대는 전혀 로마 함대답지 않게 보였다는 것이다. 로마 제독들은 해상에서의 공성전을 피하고 적선들을 상대로 교전하기를 더 좋아했다.[17] 기원전 3세기의 영광스러운 해전을 더 좋아했기 때문에 그렇다. 일찍이 알렉산드로스 대왕의 후계자들인 프톨레마이오스 왕조와 그 경쟁자들이 지중해 동부 해역을 제패하기 위해 해전을 벌일 때에는 이 같은 함선 대 함선의 전투를 선호했다. 이런 함대들의 선원은 전부 그리스인이었는데, 결국 로마인들에게 굴복하고 말았다. 하지만 이제 안토니우스 휘하에서 그들은 갑자기 예기치 못한 부흥을 맞이한 듯이 보였다.

고대의 관찰자들은 당연히 그런 전술적 차이는 클레오파트라의 영향력 탓이라고 말했을 것이다. 여왕은 알렉산드리아의 조선소에서 오래 잠들어 있던 해군의 전통을 되살린 인물이었다. 그 조선소들은 함대를 구축하는 데 필요한 일꾼과 기사를 대대적으로 제공했을 것이다. 특히 공성전을 수행하는 데 필요한 대형 선박도 이 사람들의 손으로 건조되었다.

클레오파트라는 프톨레마이오스 왕조의 오랜 야망을 몸소 구현한 인물이었다. 더 중요한 사실은 오로지 그녀만이 이런 함대의 뒷돈을 댈 재정적 여력이 있었다는 점이다. 그 기능이 무엇이든 간에, 대형 선박에는 많은 예산이 필요했다. 고대의 전쟁에서 해군은 예산이 가장 많이 들어가는 군사 분야였고, 특히 해군이 공성전을 계획할 때 그 비용은 엄청나게 늘었다. 사실 그런 해군이 존재한다는 사실 자체가 재정적 측면은 물론이고 군사적 측면에서 큰 부담이었다.

만약 일이 계획대로 풀려나갔다면 안토니우스는 해협을 통과해 이탈리아로 항해했을 것이다. 공격 목표가 브룬디시움이든 타렌툼이든, 그는 적의 오판을 유도하기 위해 진짜 공격 목표가 아닌 항구에도 소규모 함대를 파견했을 것이다. 또 양동 작전의 일환으로, 앞에서 말한 것처럼, 적을 속이기 위해 디라키움에도 함대를 보내려 했을 것이다.

안토니우스는 이 두 항구를 우회하면서도 그중 한 항구를 공격하는 척하면서 실은 주력 부대를 이끌고 로마로 쳐들어가려고 생각했을 수도 있다. 하지만 그렇게 한다면 보급 기지가 없었을 테고 그러면 적들은 마음놓고 그 두 항구를 이용하면서 해상에 떠 있는 안토니우스의 함대를 실컷 공격하려 했을 것이다. 그렇게 되면 항구를 점령했을 때 얻을 체면을 희생시키는 꼴이 될 것이었다. 따라서 항구를 공격하는 편이 가장 합리적인 작전이었을 것이다.

안토니우스는 브룬디시움과 그 방어 시설을 속속들이 알고 있었다. 반면에 타렌툼은 그처럼 소상히 알지는 못했지만, 5년 전에 함대와 함께 타렌툼을 방문하여 그 도시와 방어 시설들을 살펴볼 기회가 있었다. 이러한 예비지식은 그가 어떤 공격을 감행하든 큰 도움이 될 수 있었다.

가장 좋은 것은, 성내의 배신자들이 그 도시를 안토니우스에게 고스란히 넘겨주는 것이었다. 만약 그렇지 않으면 그는 복잡한 수륙 양면의 공격 작전을 펼쳐야 했을 것이었다. 그리고 군단 병사들을 도시에서 약간 떨어진 안전한 곳에 상륙시켜서 도시까지 행군시켜야 했을 것이었다. 5단 노선은 가벼워서 해안에 충분히 접안할 수 있었으니 말이다. 그리고 나서 그 배들에서 공성기와 역축을 내린 뒤에 지상에서 공성전을 벌이며 필요할 때 지상에서 교전할 채비를 갖추려 했을 것이다. 한편 해군의 공성전 부대는 항구를 공격하려 했을 것이다.[18] 함대가 다가가기만 해도 성내에서는 공포 분위기가 쫙 퍼졌을 것이었다. 안토니우스 이전 시대의 한 역사가는 방어 중인 도시에 곧 해군 공격이 들이닥치는 상황을 이렇게 묘사했다. "군인과 노인과 여성 들은 성벽을 따라 열을 이루어 서 있었고 함대의 엄청난 규모와 햇빛을 받아 반짝거리는 갑옷의 반사광을 보고서 극심한 공포에 사로잡혔다. … 그들은 그 전투의 결과가 어떻게 결말이 날지 몹시 불안해했다."[19]

공성전 부대는 8단 노선과 10단 노선 같은 대형 선박을 비롯해 덩치 큰 배들을 호위하는 그보다 크기가 작은 소형 배로 편성되었을 것이다. 대형 선박들은 항구로 들어가는 입구를 가로막는 장애물을 통과한 다음에는 성벽을 향해 쇠뇌를 발사했을 것이다. 또 다른 배들은 충각으로 들이받기, 무거운 돌이나 굵은 화살 날리기, 적선에 접근하여 적 갑판에 올라타기 같은 여러 작전을 구사했을 것이다. 또 해안에 해병 용사들을 상륙시켜 공성용 사다리를 이용하여 성벽을 기어올라가게 했을 것이다.

이런 전투가 전개되면 끔찍하기 그지없는 상황이 펼쳐졌을 것이다. 고함, 나팔 소리, 노의 리듬에 맞추어 지르는 전투 함성, 쇠뇌에서 무기가 발사되는 소리, 배와 배가 부딪는 소리, 죽어가는 병사들의 비명 등이 시끄럽기 짝이 없는 불협화음을 만들어냈을 것이다. 운이 좋다면 안토니우스는 며칠 사이에 혹은 몇 주 만에 승리를 거둘 수도 있을 것이었다. 그러나 몇 달이 걸리는 장기 공성전은 불가능했으므로 그런 사태를 피하기 위해 도시 성벽을 따라 여기저기에서 국지적 성공을 거둘 필요가 있었다. 그렇게 해야 이탈리아 안에 있는 그의 지지자들에게 옥타비아누스를 배신하고 어서 이 공성전에 동참하라고 권유할 수 있을 터였다. 만약 항구 도시의 공성전에서 승리를 거둔다면 안토니우스는 로마로 진군할 수 있을 것이었다. 그렇게 된다면 많은 이탈리아인들이 그가 클레오파트라와 함께 이탈리아를 쳐들어온 사실을 그리 개의치 않을 것이었다.

하지만 수륙 양면 작전은 대단히 위험한 군사 작전이었다. 안토니우스는 그런 모험을 걸 의사가 있었을까? 아마도 그랬으리라고 보아야 한다. 위인들이 으레 그렇듯이, 안토니우스는 쩨쩨하기보다는 통 크게 생각하기를 좋아했다. 겸손하지도 않았다. 그리고 사실 공성전에 관한 한 안토니우스는 아직 끝을 맺지 못한 건이 하나 있었다. 기원전 52년, 카이사르의 부장이었을 때 그는 갈리아의 알레시아 전투에 참여했다. 이 대규모 교전은 성공적인 공성전의 모범이 되는 전투였다. 그러나 안토니우스가 주도적으로 벌인 공성전들은 성공하지 못했다. 먼저 기원전 43년에 무티나에서도 실패했고 기원전 36년에 프라스파에서도 실패했다. 그리고 브룬디시움은 그를 두 번이나 밀어냈기에 그 항구 도시는 해결해야 할 과제로 남아 있었다. 이탈리아를 침공하는 것은 그런 실패를 만회할 좋은 기회였다.

그렇다면 왜 안토니우스와 클레오파트라는 이탈리아를 침공하지 않는가? 수륙 양면 작전은 장기간 준비해야만 가능했다. 안토니우스가 휘하 병력을 진지에 모두 배치했을 때, 때는 이미 기원전 32년 가을이었다. 시기적으로 너무 늦어서 해군 작전을 대대적으로 펼칠 수가 없었다. 그러니 바다를 건너가는 것은 이듬해 봄 5월 초쯤이 안전할 터였다. 그래서 안토니우스는 침공을 연기했을 것이다. 한 사료는 안토니우스가 늦가을에 침공 가능성을 타진해보았으나 적의 정찰선들이 코르키라섬 근처까지 온 모습을 보고 겁을 먹었다고 주장한다.[20] 옥타비아누스와 그 휘하의 함대가 전부 건너왔을 것으로 생각했다는 뜻이다. 이 같은 주장은 안토니우스를 겁쟁이로 보이게 하려고 후대에 날조된 이야기로 보인다.

플루타르코스는 세월이 어느 정도 흐른 후에 생기는 지혜와 통찰력을 발휘하여 안토니우스가 작전을 지연한 것이 결정적 패착이었다고 비난했는데,[21] 이런 지적은 나름의 일리가 있다. 과거에 안토니우스는 굉장히 공격적인 지휘관이었으나, 아무리 호전적인 전사라 할지라도 모든 게 걸린 위중한 상황이라면 조심스러워지는 법이다. 더욱이 경험은 때때로 가혹한 선생이다. 기원전 36년에 메디아 아트로파테네를 침공했을 때, 안토니우스는 선발대를 데리고 빠르게 앞으로 나아가면서 공성 장비들을 뒤따라오게 했는데, 결과적으로 적의 공격을 받아 장비가 모조리 파괴되었다. 4년이 흐른 시점인 그때, 그는 무리하게 진군하기보다는 기다리면서 기회를 엿보는 편이 좋겠다고 결론내렸을 수도 있다. 이제 51세인 안토니우스는 충동적인 기질이 많이 누그러졌을 것이다. 조심스러운 장군이라면 방어적 태세로 전환해야 하는 이유를 얼마든지 찾아낼 수 있었을 것이다. 나쁜 날씨, 브룬디시움이나 타렌툼 내부 호응 세력의 부족, 이탈리아의 신성한 땅을 외국인이 쳐들어오려 한다는 옥타비아누스 프로파간다전의 성공, 이미 허약한 보급선을 더 확대하는 데 따르는 위험, 코르키라 섬 주위를 순찰하는 적의 정찰선들, 클레오파트라와 이집트 군대의 열성 부족 등이 안토니우스가 안고 있던 문제였다. 이런 문제들은 개별적으로 혹은 전체적으로 이탈리아 침공을 연기할 이유가 될 수 있었다. 어쩌면 안토니우스는 옥타비아누스가 그리스를 전면적으로 침공하기보다는 한걸음 뒤로 물러서면서 협상을 제안할지 모른다고 생각했을 수도 있다.

클레오파트라가 침공 연기에 어느 정도 영향력을 미쳤는지는 가늠하기가 쉽지 않다. 하지만 상당한 영향력을 행사했을 것으로 보인다. 그녀가 제공한 배들, 동방에서 이시스 여신으로서 이름 높은 그녀의 프로파간다 가치, 많든 적든 간에 안토니우스에게 미치는 개인적 영향력은 모두 중요한 요소였다. 가장 중요한 사실은 여왕이 돈줄을 쥐고 있었다는 점이다. 만약 그녀가 침공의 모험을 걸지 않는 쪽을 선택했다면, 그녀와 그녀의 재정적 능력이 상당한 영향을 미쳤을 것이다.

이탈리아를 침공하지 않을 때의 대안은 그리스 서부에서 방어적 태세를 취하는 것이었다. 그것이 기원전 31년 겨울에 안토니우스와 고위 장교들이 선택한 결정이다. 그들은 아그리파의 공격을 기다리기로 했다. 하지만 아그리파는 안토니우스 측이 예상하는 시간에 그 장소를 공격하지는 않을 것이다. 그는 자주 인용되는 군사 격언의 진리를 그들에게 가르쳐줄 것이다. "결정권은 적의 손에 있다."

7

해군 왕관

기원전 31년 3월, 이탈리아

그는 해군 왕관을 썼다.[1] 바다를 건너가 안토니우스와 대적하기 전에
도 마르쿠스 아그리파는 이미 로마에서 훈장을 가장 많이 받은 해군
장교였다. 아그리파는 섹스투스 폼페이우스를 물리친 뒤, 동부 아드
리아 해안의 해적을 소탕하는 원정전을 벌였다. 이때 해적의 내륙 근
거지까지 쳐들어갔고 신속하게 움직이는 해적선을 모조리 몰수했다.
그는 무無에서 시작하여 로마 해군을 다시 구축했고, 해군 병사들을
훈련시켰으며, 경험이 많지 않은 로마 함대가 노련한 선원으로 구성
된 적의 해군을 상대로 승리할 전략을 수립했다. 요컨대 그는 이미
위대한 제독이었다.

　기원전 36년, 폼페이우스를 상대로 승리를 거두고 로마로 돌아온
옥타비아누스는 아그리파에게 굉장히 파격적인 군사 훈장을 수여했
다. 바로 해군 왕관이었는데, 함선의 선수를 닮은 듯한 장식이 새겨
진 황금 관이었다. 원로원은 아그리파에게 개선식 당일에 그 왕관을
쓰도록 승인했다. 그의 얼굴이 새겨진 주화나 조각상은 그 왕관을 쓴

아그리파의 모습을 보여준다. 아그리파 이전에 해군 왕관이라는 영예를 얻은 사람은 딱 한 명뿐이었고 금으로 만든 것도 아니었다. 황금 왕관을 받은 사람은 아그리파가 처음이었다.

시인 베르길리우스는 "사내다운 이마를 꼭 조이는 해군 왕관"을 쓴 아그리파를 노래했다.[2] 주화들에 새겨진 아그리파의 옆모습을 보면 그 왕관은 갤리선의 삼면 충각(혹은 삼지창 모양) 축소형과 커브형 기둥이 아그리파의 이마 바로 위에서 앞으로 튀어나온 모양이다.[3] 이런 왕관을 쓰는 것이 그리 편하지는 않았을 텐데, 아그리파는 그런 무거운 관을 쓰는 데 전혀 어려움을 느끼지 않는 듯한 모습이다. 곱슬곱슬한 머리카락, 고전적인 옆모습, 두툼한 근육을 자랑하는 목 등 아그리파의 두상은 생기가 흘러넘친다. 장차 다가올 전쟁은 군사적 전략과 계교만이 아니라 용기가 필요한 과제였다.

오늘날 아그리파가 전격적으로 메토네를 점령한 군사적 승리가 별로 높이 평가되지 못하는 것은 옥타비아누스가 만년에 적극적으로 벌인 프로파간다 때문이다. 사실 기원전 31년 3월에 메토네에 자리 잡은 적의 핵심 보급 기지를 점령한 것은 최고급의 군사 업적이다. 그 과감하면서도 모험을 두려워하지 않는 작전은 조지 워싱턴의 델라웨어강 도강 작전이나 일본의 진주만 기습 공격에 비견될 만한 것이다. 나중에 아우구스투스라는 존칭으로 황제 자리에 오른 옥타비아누스는 안토니우스의 패배가 필연적인 일이었다고 단정하고 싶어 했다. 그의 발언에 따르면, 안토니우스는 클레오파트라와 사랑에 빠진 거세된 노예여서 심각한 위협이 될 수 없는 인물이었으니 말이다. 그러나 사실은 그와 달라서 안토니우스는 그에게 아주 심각하게 위협력인 존재였다. 그래서 행동에 나설 수밖에 없었던 옥타비아누스는 선제 공격이라는 아그리파의 위험한 작전 계획을 승인했고, 그 계획은 성공했다.

메토네 항은 안토니우스와 클레오파트라가 군수품을 조달하는 데 필요한 핵심 기지였다. 이집트에서 그리스 서부에까지 뻗은 기다란 일련의 군사 기지 가운데 가장 중요한 연결 고리였다. 펠로폰네소스반도의 남서쪽 끝자락에 위치한 메토네는 뛰어난 항구 바로 근처의 바위투성이 반도에 있었다. 인근의 섬 세 개가 천연 방파제가 되어 그 항구를 거친 바다로부터 보호해주었다. 메토네는 이집트와 시리아에서 크레타와 펠로폰네소스를 거쳐 파트라이와 악티움으로 가는 항로상에 있었다. 그리스에 주둔한 안토니우스의 부대는 현지에서 물자를 조달하여 지내기는 불가능했으며 이집트에서 각종 군수 물자를 수송해 와야 했다.

메토네는 두 가지 군사적 목적에 부응했다. 첫째, 안전한 항구를 제공했다. 고대의 선박들은 해안의 기항지에 자주 들러야 했는데 그런 목적에 알맞은 항구였다. 둘째, 그 전략적 위치 덕분에 메토네는 펠로폰네소스반도로 들어오는 보급선을 보호할 수 있었다. 따라서 안토니우스가 병사들을 충분히 입히고 먹이려면 이 항구를 장악하는 것이 매우 중요했다. 후대에 베네치아가 메토네를 장악했을 때, 베네치아 사람들은 그곳을 "공화국의 두 눈 중 하나"라고 말했다(나머지 한 눈은 근처의 해변 요새인 코로네).[4]

옥타비아누스와 아그리파는 안토니우스의 이탈리아 침공을 저지할 군사 작전을 세웠다. 그들은 적이 악티움에서 강력한 방어를 취한 것은 그 기반의 취약성을 보여준다는 점을 잘 알았다. 안토니우스의 군대는 남쪽과 동쪽으로 1500여 킬로미터나 뻗은 군수 물자 보급로에 의존했는데, 그 보급로는 해로였다.[5] 그들은 그리스 북서부 코르키라섬의 북단에 있는 진지에서 시리아와 이집트의 항구에 이르기까지 바닷길을 이용해야 했다. 그 해로에 있는 기지들이 그 보급망을 보호했으나, 기지들은 방어 시설과 인력을 갖추었다고는 해도 하나하나 뜯어보면 취약했다. 보호해야 할 기지가 너무 많아서 각 기지에 배치할 병력과 선박이 제한적일 수밖에 없었다. 예리한 적장이라면 이러한 약점을 파고들었을 것이고, 아그리파는 실제로 예리한 적장이었다. 만약 그가 적의 보급선을 끊어버린다면 적을 굶겨 죽일 수 있었다.

안토니우스와 클레오파트라는 상대보다 대형 함선을 많이 보유했고 자금도 풍부했다. 그래서 옥타비아누스와 아그리파는 전형적인 경쟁자 전략을 구사했다. 그들은 해전 전문이어서 어떠한 전략적 반격이 가장 효율적인지 잘 알았다. 그들은 간접적 대응 방식의 공격을 펼쳐 승리의 확률을 높임으로써 최종 결전에 대비하기로 했다.

아그리파는 안토니우스의 배후를 공격함으로써 고대 중국의 전략가 손자의 병법을 자기도 모르는 사이에 따랐다. 그는 적을 직접 공격하는 대신 적의 전략을 공격했다. 이렇듯 아그리파는 전략적 지형을 잘 알아보는 탁월한 본능적 감각을 지니고 있었다.

안토니우스의 보급로를 공격한 아그리파는 후대 전략가 푸블리우스 플라비우스 베게티우스 레나투스의 조언을 몸소 실천한 셈이었다. 몇백 년 뒤의 인물인 레나투스는 영향력 높은 군사 전략서의 저자인데 로마의 장군들을 향해 이렇게 조언했다. "훌륭한 전략은 칼보다는 배고픔으로 적을 압박하는 것이다."[6] 실제로 로마의 사령관들은 이미 기원전 3세기에 카르타고를 상대로 이런 작전을 구사한 적이 있었다.[7] 아그리파와 옥타비아누스는 몇 년 전에도 섹스투스 폼페이우스를 상대로 최종 승리를 거두기 위해 이런 작전을 썼다. 그리스 역사가 아피아누스에 의하면, "먼저 군사 물자를 제공하는 도시들을 점령함으로써" 섹스투스 폼페이우스의 식량 보급로를 끊어버렸다.[8] 이런 전략은 매우 효과적이어서, 섹스투스는 싸우거나 굶어 죽거나 둘 중 하나를 선택해야 했다. 그래서 그는 모든 것을 걸고 나울로쿠스 전투에 나섰고, 그 한 번의 전투에서 아그리파는 섹스투스의 함대를 전멸시켰다.

옥타비아누스와 아그리파는 안토니우스와 클레오파트라를 상대로 이와 유사한 작전을 수립했는데 단지 그 규모가 섹스투스 때보다는 훨씬 더 컸다. 이들은 이렇듯 적의 허점을 꿰뚫어보았는데, 왜 안토니우스와 클레오파트라는 그렇게 하지 못했을까?

역사는 잘못된 생각에 맹목적으로 매달리다가 일을 그르친 장군의 사례로 가득하다. 페르시아 함대는 살라미스 해협에서 그리스인의 함정 속으로 제 발로 빠져들지 않았던가? 아우구스투스의 로마 군단들은 토이토부르크 숲에서 아르미니우스의 매복에 걸려들지 않았던가? 미국의 전함들과 비행기들은 진주만에서 일본의 공습 앞에 무기력하게 노출되지 않았던가? 안토니우스와 클레오파트라가 적들이 섹스투스 폼페이우스와 일리리아인들을 상대로 거둔 승리를 제대로 평가하지 못한 데에는 나름의 이유가 있었을 것이다. 그들은 보급선을 아주 많이 확보했고, 그들 곁에는 일찍이 카이사르 암살 사건에 가담했던 뛰어난 제독 아헤노바르부스도 있었다. 이 제독은 특히 이오니아해에서 싸운 경력이 있는, 노련한 군인이었다.

셰익스피어는 클레오파트라를 가리켜 '무한한 다양성'을 지닌 사람이라고 했다.[9] 하지만 이 말은 아그리파에게도 적용될 수 있다. 그는 처음에는 육군 장군이었다가 나중에 해군 제독으로 변신한 희귀한 사례다. 게다가 그는 정복자이면서도 로마시의 식수 담당관(아이딜레aedile)을 지냈고, 나중에는 도시 계획가, 건축가, 대사로서도 경력을 쌓았으며, 로마의 초대 황제인 아우구스투스의 최측근이자 사위였다. 아그리파는 융통성 있고 명민하고 실용적이었다. 그는 이제 직접 대결해서는 물리칠 수 없는 안토니우스와 클레오파트라를 대적하자 간접적인 접근 방식을 채택했다. 메토네 공격을 결정함으로써 대담하고도 창의적인 작전을 몸소 실천에 옮긴 것이다.

펠로폰네소스반도의 서남단 구석에 있는 메토네는 연안 항로로 브룬디시움에서 700여 킬로미터 떨어진 곳이다.[10] 안토니우스는 메토네가 한참 남쪽에 떨어져 있으니 안전하다고 생각했을지 모른다. 그래서 그는 그리스 북부에서 공격해 들어올 것이라고 예상했을 것이다. 가령 이탈리아에서 건너오기 쉬운 코르키라섬 쪽으로 올 것이라고 내다보았을 것이다. 하지만 정말로 그렇게 보았다면, 안토니우스가 상대방을 과소평가한 것이었다.

옥타비아누스는 아그리파의 과감한 작전을 승인했다. 그는 제독의 예리한 판단력을 신임했지만, 역시 최종 결정권자는 옥타비아누스다. 명확하고 의심의 여지가 없는 지휘 계통은 성공적 파트너십의 필수 요건이다.

메토네를 점령하기 위해 아그리파는 적에게 들키지 않고 병력을 이동시켜야 했다. 방어 시설이 강화된 도시를 우회하고 그 과정에서 필요한 정보를 수집해야 했다. 우리는 아그리파의 메토네 공격을 자세히 재구성하고 싶지만, 사료가 너무 부족하다. 그나마 얼마 안 되는 사료가 단서를 제공하고, 중요한 정보는 그와 유사하면서 기록이 풍부한 다른 작업에서 얻을 수 있다.

아그리파는 안토니우스의 마음이 어떻게 작동하는지 알아보았다. 아그리파와 옥타비아누스는 과거에 안토니우스와 함께 일한 적이 있었다. 플란쿠스와 티티우스처럼 고위층 변절자들도 안토니우스의 작전 계획과 군대 배치에 관련된 내부 정보를 많이 가지고 왔다. 또 가장 중요한 정보는 옥타비아가 옥타비아누스에게 제공해준 날카로운 심리 분석이었다.

그 결과 예리하면서도 과감한 지휘관인 아그리파는 안토니우스의 심리 상태를 충분히 파악한 상태에서 기동 작전을 벌였고, 안토니우스의 방향 감각을 흔들어 곤혹스럽게 하고 결국 그를 누를 수 있었다. 아그리파는 먼저 기만 작전을 펼치면서 작전을 시작했을 가능성이 높다.

우리는 아그리파가 어느 해로를 통해 메토네로 갔는지 알지 못하지만, 어느 쪽이었든 간에 적이 탐지하지 못했던 것이 확실하다. 그는 아마도 브룬디시움에서 출발했을 텐데, 출발 지점이 되는 항구 해군 기지의 출입을 철저히 통제함으로써 그곳의 군사적 보안을 철통같이 지켰을 것이다. 브룬디시움에서 출발했을 경우, 아그리파는 해안을 따라 항해하면서 이탈리아 동남단인 살렌티눔곶(오늘날의 산타마리아디레우카곶)까지 짧은 거리를 이동했을 것이다. 그곳에서 메토네까지 거리는 약 600킬로미터다. 거기서 아그리파의 전함들은 적선이 순찰할지 모르는 이오니아해와 가능한 한 거리를 두면서 남동쪽으로 갔을 것이다.

적에게 간파되지 않는 더 좋은 해로는 시칠리아에서 펠로폰네소스까지 탁 트인 바다의 해로를 선택하는 것이다.[11] 바다에서 여러 날을 버틸 수 있는 충분한 보급품만 가져갈 수 있다면 이 바닷길 항해도 가능하다. 시칠리아의 남동단과 메토네는 대략 같은 위도에 있어서 밤하늘의 별들을 해도海圖 삼아 쉽게 갈 수 있었다. 이 바닷길은 이탈리아 남단에서 메토네에 이르는 해로와 거의 같은 거리다.[12] 그렇지만 처음에는 이탈리아에서 크게 우회해야 하고 그다음에는 탁 트인 바다를 항해해야 하는데, 날씨가 나쁘면 위험한 일이 벌어질 수도 있었다. 특히 상선보다 덜 튼튼한 전함은 풍랑이나 폭풍우에 취약했다. 따라서 이 해로는 선택했을 것 같지 않다.

만약 아그리파의 함대가 이오니아해에서 멀리 떨어진 해역을 항해했다면, GPS가 없는 것은 물론이요, 나침반이나 육분의가 없는 상태에서 어떻게 바다에서 길을 잃지 않고 목적지까지 도달할 수 있었을까? 고대의 항해사들은 산이나 다른 지형지물을 이용할 수 있었다.[13] 특히 그리스의 높은 산들은 항구에서 멀리 떨어진 배에서도 잘 보였다. 그들은 또 바람의 방향이나 육지에서 불어오는 바람(이건 육지가 가까이 있다는 뜻이다)을 눈여겨보았고, 해류의 움직임과 구름의 형태(종종 육지의 하늘에서 형성된다)도 살폈으며, 새들(육지에 둥지를 틀고 바다에서 먹이를 구하는 바닷새들과 정해진 하늘길을 날아가는 철새들)이 날아가는 하늘길도 유심히 관찰했다. 그들은 과거의 항해사들이 출판하여 남겨놓은 매뉴얼(페리플리Peripli)도 참조했다. 해안에 접근할 때에는 측연선測鉛線을 이용하여 수심을 측정했고, 더욱 중요하게는, 태양과 별을 보면서 항해의 방향을 잡았다. 항해는 경험이 무엇보다도 중요했다. 아그리파는 (어떤 해로였든) 틀림없이 예전에 그 해로를 항해해보았거나 아니면 그 해로를 잘 알았거나, 혹은 위기 상황에서도 침착한 태도를 유지하는 경험 많은 전문 선원들을 고용했을 것이다.

메토네를 점령하는 데 병력이 얼마나 필요했을까? 기원전 200년, 로마 함대는 아테네에서 그리 멀지 않은 에우보이아의 칼키스에 위치한 마케도니아 요새를 점령했다.[14] 로마 함대는 로마 3단 노선 20척, 동맹국 4단 노선 4척, 갑판 없는 아테네 배 3척으로 구성되었고 선원은 대략 2000명이었다. 이 해병들은 방어가 허술한 도시의 성벽을 돌파하여 적장을 살해할 수는 있었지만, 연달아 아테네를 점령할 만한 주둔군을 둘 정도로 충분한 병력은 아니었다. 그래서 로마인들은 신속한 무력 점령 직후에 철수했다.

아그리파는 메토네를 점령한 후에 주둔군을 두어 유지할 생각이었으므로 아마도 그보다는 더 많은 병력을 데려갔을 것이다. 오랫동안 학자들은 아그리파가 빠르고, 가볍고, 기동성이 좋은 배들만 진수시켰을 것이라고 추측했다.[15] 그러나 탁 트인 바다를 3단 노선보다 더 가벼운 배로 항해하는 것은 너무 위험한 일이었다. 바다의 기상 조건이 좋지 않은 계절인 3월에 공격을 감행했으므로, 그는 좀 더 무거운 배를 가져가야 했을 것이다.[16] 그러나 소형 선박으로 항해하는 것 말

고 가볍게 항해할 수 있는 다른 방법도 있었다.[17]

기원전 171년 겨울, 나폴리에서 펠로폰네소스반도 서쪽 케팔로니아섬까지 5단 노선 40척으로 구성된 로마 함대가 항해에 나선 적이 있었다.[18] 그로부터 130년 뒤에 아그리파는 최소한 5단 노선 40척으로 항해에 나섰다. 로마의 5단 노선에는 보통 병사가 120명이 탑승하는데, 그 배가 40척이었으니 병력을 4800명 동원한 셈이고 이는 작지 않은 규모다. 식료품을 공급하는 상선이 뒤따라와 원정대의 항해 속도가 느려지지 않도록 병사들은 각자 식량과 식수를 휴대했다. 어쩌면 소수의 가볍고 빠른 배들도 가져가서 적의 해안을 오르내리는 정찰선으로 사용했을 수도 있다. 그리고 적에게 발각되는 것을 피하기 위해 함대의 선박과 돛과 삭구, 선원들의 제복을 푸른색으로 염색했을 수도 있다.[19]

기원전 171년 겨울, 5단 노선 40척으로 구성된 로마 함대는 나폴리에서 케팔로니아까지 닷새 만에 주파했다.[20] 만약 아그리파의 함대가 순풍을 만나 평균 4노트의 속도로 항해했다면(이 속도는 빠른 편이지만 전례가 없는 것은 아니다),[21] 아마도 사흘 반 만에 메토네에 도착했을 것이다. 시칠리아 바다에서 3월에 주로 불어오는 바람은 북서풍이었으므로 아그리파의 동남 방향 항해를 뒤에서 밀어주었을 것이다.

아그리파의 전략이 완전히 새롭지는 않았다. 로마인들은 전에도 적의 보급선을 공격한 경험이 있었다. 하지만 과감하면서도 야심 찬 그의 전략은 굉장히 창의적으로 사고할 줄 아는 아그리파와 옥타비아누스의 능력을 잘 보여준다. 두 사람은 수륙 양면 작전에는 꼼꼼한 계획이 필수임을 잘 알았기에 그렇게 실행했다. 다행히도 노련한 군사 전략가인 아그리파는 강소强小 부대를 조직해 옥타비아누스의 대의를 철저히 지지하고 감투 정신이 뛰어난, 노련한 군단병으로 부대를 채웠다.

성공적인 군사 작전은 탁월한 작전뿐만 아니라 민첩성과 기동성이 반드시 밑받침되어야 한다. 어떤 작전도 현실과의 접점이 없으면 성공을 거두지 못한다. 경험, 훈련, 리더십 덕분에 아그리파의 부대는 상황에 따라 작전을 바꿀 수도 있었다. 하지만 여기에 더하여 좋은 정보를 손에 넣는 것도 작전 성공의 필수 요소다.

아그리파는 공격에 나서기 전에 메토네에 대한 사전 정보를 최대한 확보할 필요가 있었다. 여러 정보원이 그렇게 되도록 도와주었다. 안토니우스의 캠프에서 도망쳐 나온 변절자들[22]과 아카이아(그리스) 지역을 잘 아는 로마인들, 즉 그 지역의 옛 총독부터 비천한 노예들에 이르기까지 다양한 로마인들이 메토네의 현지 사정에 대한 정보를 넉넉히 제공했다. 아그리파의 병사 중 일부는 메토네를 방문한 경험도 있었을 것이다. 그 도시는 로마 제국의 중심부에 있었고 주요 해운 루트의 한 지점이었으니 말이다. 옥타비아누스처럼 신분이 높은 사람은 그리스 서부 해안의 '동맹 세력'을 거느리게 마련이다. 자유민이었던 이들은 상호 의무의 그물망에 의해 그와 연결되어 있었다. 그리스를 잘 아는 옥타비아도 유익한 정보를 제공했을 것이다. 아그리파는 안토니우스와 클레오파트라를 싫어하는 사람들, 그리고 중간에 서서 보험용 베팅을 하고자 하는 사람들로부터 소중한 정보를 얻어냈다. 첩자도 있었다. 한 보고서는 옥타비아누스가 안토니우스가 보낸 첩자를 붙잡았다고 보고하는데,[23] 옥타비아누스 역시 안토니우스 쪽에 첩자를 파견했을 것이다. 가장 중요한 정보원은 아그리파의 함대를 메토네 주위의 해안 수역으로 인도할 항해사들이었다.

행운이 따른다면 이런 정보원 중 하나가 아헤노바르부스 그리고 안토니우스의 다른 노련한 제독들의 움직임을 보고해줄 수도 있었을 것이다. 그러면 아그리파는 그런 정보에 근거해 적의 제독들이 인근 항로에 있다는 사실을 미리 알아내어 그들을 피해 갈 수 있었을 것이다. 어쩌면 아그리파는 휘하 항해사들이 아무리 조심한다고 해도 함대의 이동을 안토니우스에게 완전히 감출 수 없음을 알았을지도 모른다. 신중한 지휘관은 자신의 공격 목표에 대하여 적을 기만하는 전술을 추가로 구사했을 것이다. 가령 첩자를 적 내부로 파견해 가짜 정보를 흘리게 했을 수도 있다.

메토네에서는 놀라운 상황이 기다리고 있었다.

8

아프리카 왕

기원전 31년 3월, 그리스 메토네

메토네 함락은 마르쿠스 아그리파의 해군 왕관을 장식하는 여러 가지 보석 중 하나로 간주되어왔다. 그러나 그 전투에서 패한 사람은 전혀 주목받지 못했다. 그는 혁혁한 전공을 한 건 올린 노련한 장군이었으나 그에 못지않게 패전도 많이 겪은 군인이었다. 메토네 함락은 굉장히 중요한 사건이니 그 패자도 좀 더 면밀하게 들여다볼 필요가 있다.

그는 보구드라는 무어인으로, 아프리카 왕이었다.[1]

무어인들은 그 당시 마우레타니아에서 살았다. 이 지역은 오늘날의 모로코와 알제리 서부에 해당하는 곳으로, 로마인들이 소중하게 여기는 알록달록한 색깔의 대리석이 많이 났다. 역사적으로 볼 때 무어인은 여러 종족이 뒤섞인 집단이었기에 그들 중에는 검은 피부인 사람도 있고 좀 더 밝은 색 피부를 가진 사람도 있고, 사하라 이남의 아프리카인도 있고, 지중해 연안 지대의 후손도 있었다. 우리는 보구드에 대하여 이 이상은 알지 못한다.

기원전 49년, 그와 그의 형제 혹은 사촌인 보쿠스는 율리우스 카이사르와 로마 원로원에 의해 현지 왕으로서 인정되어 각각 보구드 2세와 보쿠스 2세라는 칭호를 받았다. 보구드는 마우레타니아 서부를, 보쿠스는 마우레타니아 동부를 통치했다.

전하는 보고서가 사실이라면, 카이사르는 그들에게 왕의 칭호를 내려주고 그에 대한 대가를 요구했다. 그는 보구드의 아내 혹은 여러 아내들(마우레타니아는 일부다처제다) 중 한 사람인 에우노이와 성관계를 가졌다.[2] 율리우스 카이사르는 정치가의 아내들이나 외국 왕비들과 염문을 뿌리고 다녔으므로, 이 이야기는 사실일 가능성이 높다. 카이사르는 그에 대한 보답으로 그 남편과 아내 들에게 선물을 듬뿍 내려주었다고 한다.

그러나 카이사르가 보구드에게 요구하여 받은 것 가운데 가장 중요한 것은 군사적·정치적 지원이다. 보구드가 치른 가장 큰 전투는 원거리인 히스파니아의 문다에서 카이사르를 위해 벌인 전쟁이다.[3] 기원전 45년 3월 17일, 폼페이우스의 두 아들은 카이사르에게 맞서서 온종일 계속된 아주 힘든 전투를 벌였다. 그러다가 폼페이우스 진영에 기병대가 공격을 펼치기 시작하자 승부의 전기가 찾아왔다. 기병대 공격이 폼페이우스 진지에 공포의 연쇄 작용을 일으켰고 마침내 적 병사들은 겁을 먹고 도망치기 시작했다. 이 핵심적인 기병대 공격을 이끈 사람이 바로 보구드다.

보구드는 무어인 병사로 구성된 기병대를 지휘했다. 무어인들은 가볍게 무장을 하고 신속하게 내달리며 적을 마구 학살하는 기병 전사로 명성이 높았다.[4] 보구드의 기병대 공격은 카이사르가 승리를 거두는 데 도움을 주었으나, 그 결과가 손쉽게 얻어진 것은 아니었다. 그 전투가 끝난 후 로마 독재관은 전에는 승리를 위해서 싸웠으나 이번 전투는 목숨을 건지기 위해 싸웠다고 실토했다고 한다.[5]

율리우스 카이사르 암살 사건 이후에 보구드는 안토니우스 편에 섰고, 보쿠스는 옥타비아누스 편에 섰다. 보구드는 안토니우스를 돕기 위해 히스파니아로 건너갔다. 그가 안토니우스의 지시에 따라 그렇게 했는지 아니면 자발적 의지였는지는 알려지지 않았다. 보구드는 히스파니아에서 열심히 싸웠으나, 본국에서 옥타비아누스와 보쿠스가 배후에서 사주한 반란이 벌어지자 급히 귀국해야 했다. 그러나 보구드는 그 반란을 진압하지 못했고, 옥타비아누스는 보쿠스를 보구드 왕국의 새로운 왕으로 승인했다. 기원전 38년, 보구드는 고국을 떠나 망명길에 올라 동방의 안토니우스를 찾아갔다. 그리고 기원전 31년에 메토네의 통치자로 임명되었다.

강력한 수비대가 성벽을 단단하게 방어한다면 메토네는 좀처럼 함락시키기 어려운 도시였다.[6] 예를 들어 기원전 413년에 150척 이상의 전함으로 구성된 아테네와 동맹국의 연합 함대는 이 도시를 점령할 수 없었다. 성벽이 허약하고 수비대가 없었음에도 소수의 강인한 스파르타 병사들이 주둔한 덕분에 지킬 수 있었다. 몇 세기 뒤, 이 도시에 방어 시설이 단단히 갖추어지자 일리리아 침략군은 이 도시를 공격할 생각조차 하지 못했다. 그래서 일리리아 부대는 도시 주민들을 밖으로 꾀어내기 위해 무역 상인인 양 위장했다. 그런 위장술이 성공하여 도시는 점령되었고 주민들은 노예로 팔려갔다. 기원후 1500년에 술탄이 직접 지휘한 오스만 제국의 함대는 메토네를 28일

이나 포위 공격한 끝에 겨우 함락할 수 있었다.[7]

메토네의 강력한 군사적 지위를 생각해볼 때 안토니우스가 그 도시를 아그리파에게 잃은 것은 의아한 일이다. 한 사료에 따르면, 안토니우스는 메토네에 강력한 수비대를 파견했다.[8] 만약 이 기술이 사실이라면, 아마 아그리파의 병력이 훨씬 커서 압도당했을 것이다. 그 사료의 제목은 로마 역사가 오로시우스가 기원후 400년경에 집필한 《야만인들에게 대항하여 싸운 역사》인데, 아우구스투스에게 편향된 이전 사료들을 참고해 집필했을 것이다. 그 선대의 사료들은 아우구스투스 황제 자신이 집필한 《회고록》이나 그 책자에 바탕을 둔 조금 후대의 사료였을 것이다. 이 사료들은 아그리파의 업적을 돋보이게 하려고 현지 수비대의 병력 규모를 과장했을 가능성이 있다. 어쩌면 수비대 수는 많았을지 몰라도 전투력 측면에서는 열등했을 것이라는 근거도 있다.

안토니우스는 메토네에 로마인을 사령관으로 임명하고 그 책임자에게 로마 군단병을 제공했어야 마땅했다. 하지만 그는 동맹국 인사를 선택했는데, 더구나 배후에서 병력을 지원해줄 왕국도 갖지 못한 사람이었다. 노련한 군인이기는 했으나 그보다는 안토니우스에게 충성을 바쳤다는 이유 하나만으로 보구드가 그 자리에 임명되었다. 보구드로서는 갈 데가 없는 사람이었으므로 그런 자리도 감지덕지했다.

현대의 군대는 경험이 가장 부족한 병사들을 행군 대열의 맨 뒤쪽에 배치하는 것으로 악명 높다. 미국 남북전쟁에서 북군 장군 율리시스 S. 그랜트와 윌리엄 T. 셔먼은 신병을 행군 대열의 맨 뒤에 배치하여 군 경험을 쌓게 했다. 그러나 그들은 베테랑 남군 게릴라 부대에 취약했다. 그보다 100년 뒤에 베트남전쟁에 참전한 미군은 그런 후방 부대 병사들을 가리켜 REMF(rear-echelon mother fuckers: 후방 부대의 놈팽이들)라고 했다. 오늘날은 그런 병사들을 가리켜 FOB(forward operating base)라고 부른다. 전방을 바라보며 복무하는 부대라는 뜻인데, 이 안에서는 모든 것이 안전하고 그들은 '부대의 가시철망' 너머로 일절 나가지 않는다.

고대의 군대도 이와 별반 다르지 않았을 것이다. 지금이나 그때나 영광을 차지할 수 있는 곳에 있으려 하는 야심 찬 전사들은 최전선에서 싸웠다. 그러니 후방 지역의 사령관인 보구드가 탁월한 군단병을 다수 거느렸을 것 같지는 않다. 그의 병사들은 대부분 가볍게 무장한 경보병이었을 것이다. 반면에 아그리파는 군단병을 데리고 있었는데, 중화기와 갑옷으로 무장한 군단병은 경보병보다 훈련을 잘 받았고 군기도 더 셌다. 그들은 지상에서든 배 위의 갑판에서든 경보병을 손쉽게 제압할 수 있었다.

메토네를 방어하는 병력이 지금까지 언급한 것보다 더 강했다 할지라도, 그 도시는 또 다른 약점을 안고 있었다. 보구드의 경보병 부대원의 일부는 노잡이라는 이중 역할을 해야 했다. 또 보구드는 수하에 많은 함선을 거느렸을 것 같지도 않다. 안토니우스에게는 방어해야 할 곳이 너무 많았다. 또 우리는 이 당시 메토네 성벽의 상태가 어땠는지도 알지 못한다. 이 시대의 요새를 보호하기 위해 사용된 다양한 방어 장치, 가령 항구에 세운 장애물, 침입자들을 물리치기 위한 함정으로 마련된, 못 박힌 문, 해변에 박아놓은 쇠못, 상륙 지점에 설치한 임시 방어물 등이 있었는지 알지 못한다.⁹ 우리는 경계 태세가 얼마나 철저했는지도 알 수가 없다.

안토니우스와 보구드는 이 모든 요소에 꼼꼼히 신경 썼어야 마땅했다. 안토니우스는 다른 지휘관들과 마찬가지로 해상의 보급선이 매우 취약하다는 사실을 잘 알았다. 그는 기원전 42년에 필리피에서 옥타비아누스와 함께 현지 사령관으로 복무했는데, 당시 군대의 보급 물자를 싣고 오던 수송선들이 적 해군의 공격을 받아 파괴되고 말았다.¹⁰ 안토니우스는 파르티아 원정전 당시에 로마군 보급선이 적의 공격을 받아 궤멸한 사실도 기억했을 것이다. 그렇지만 한정된 자원을 가지고 드넓은 지역의 여러 기지를 방어해야 하는 사령관으로서는 아무리 조심하더라도 실수가 있게 마련이었고, 위험을 무릅쓰기도 해야 했다.

안토니우스 캠프로 망명한 수백 명의 원로원 의원과 또 다른 정보통들은 아그리파 제독이 섹스투스를 상대로 거둔 자세한 승전보를 포함하여 유용한 정보를 들고 왔을 것이다. 따라서 아그리파가 엄청나게 무서운 적수라는 것을 분명하게 파악했을 텐데, 안토니우스는 충분히 대비하지 못했다. 게다가 보구드는 자신이 아주 먼 남쪽에 떨어져 있으니 안전하다고 생각했을지 모른다. 만약 그런 생각을 품었다면 그는 적수를 과소평가한 것이다.

아그리파는 기습 공격의 가능성을 높이기 위해 다양한 조치를 취했을 것이다. 후대 사람인 위대한 제독 호레이쇼 넬슨은 "타이밍이 가장 중요하다"라고 말했는데,¹¹ 메토네 전투에서도 가장 중요한 요소였을 것이다. 일반적으로 생각되는 것처럼, 아그리파가 항해 계절의 시작인 3월 초로 타이밍을 맞추었다면 상대방은 그의 공격을 더더욱더 예상하지 못했을 것이다. 아그리파는 그 공격을 초승달의 시기와 맞추었을 수도 있다. 초승달이 뜰 때는 야간에도 어렴풋이 달빛이 있어서 항해가 가능하며, 적에게 아주 가까이 접근할 때까지 잘 발견되지 않았다.

아그리파는 아마도 밤중에 전함을 이동시켰을 가능성이 높다. 그는 펠로폰네소스반도에 접근해 밤중에 상륙했을 것이다. 암석과 사주가 많은 해안에서 야간 상륙은 위험한 일이었을 뿐 아니라 어두워서 정확한 상륙 지점에 도달했는지 분간하기도 어려웠다. 그렇지만 야간에 해안을 따라 항해하는 작전은 이미 여러 차례 그 효과가 증명되었고,[12] 달빛이 충분히 밝아서 아그리파의 함대는 그 같은 모험을 감행했을 것이다.

그럼에도 방어 시설이 강화된 도시를 기습 공격으로 함락시키기는 쉬운 일이 아니었다. 고대의 성공적인 공성 작전들을 보면 방어 요새의 틈새나 빈곳, 기타 취약점을 잘 파악하여 그곳을 집중적으로 공격했다.[13] 예를 들어 절반쯤 허물어진 성벽, 방어 병사들의 실수로 성벽에서 비어 있는 곳, 부주의하게도 열어놓은 채 방치한 성문 따위를 공격했다. 혹은 쇠뇌, 암석 투척기, 파성추, 지하 굴착기 등을 잘 활용했다. 야간이나 새벽 직전에 감행되는 기습전은 되도록 은밀하게 진행되어야 했다. 기원전 200년경에 출간된, 공성전을 다룬 책의 저자인 비잔티움의 필로는 축성술과 방어술을 다룬 글에서 다음과 같이 조언했다. 주민 대다수가 성 밖에 나온 시점(가령 축제 중이거나 추수 중이거나 포도 따는 계절), 혹은 적이 술에 취한 시점을 택해 공격하라.[14]

밤중이나 비바람이 불 때 공성 사다리를 휴대하고 성벽에 은밀하게 접근하라. 지휘관은 성벽 꼭대기에 제일 먼저 올라간 병사들에게 포상해야 한다. 성안에 있는 주민들이 아직 두려워할 때 도시를 기습 공격하려면 사다리를 성벽에서 가장 취약한 부분에 설치하는 것이 유리하며, 특수 등반 장비를 사용하는 것도 좋다.[15] 가령 양쪽에 갈고리가 달려서 성벽 위나 그 너머로 던졌을 때 쉽게 성벽 꼭대기에 달라붙는 장비, 성벽의 틈새나 이음새 부분에 집어넣을 잘 단련되고 날카로운 쇠못, 고리 달린 밧줄에 단단히 고정된 쇠갈고리 등을 활용하라.

   방어 시설이 강화된 도시를 상대로 수륙 양면 작전을 펼치는 것은 지상전보다 훨씬 더 어렵다. 아그리파는 개인적 체험으로 그 사실을 잘 알았다. 기원전 36년에 두 번에 걸쳐 그는 개별적인 공격으로 시칠리아의 전략적 요충지인 틴다리스를 점령했다. 바다로 쭉 뻗은 곳에 위치한 틴다리스 요새는 해전을 치르기에 꼭 알맞은 곳이었고, 고대 사료들에 의하면 당시 보급 물자도 충분했다고 한다. 첫 번째 공격에서 아그리파는 성안의 우호적인 거주자들 덕분에 도시 안으로 들어갈 수 있었으나 방어 중인 수비대가 맹렬하게 항전하여 그를 쫓아냈다. 그러나 얼마 지나지 않아 아그리파는 되돌아와서 마침내 틴다리스를 점령했는데, 이 작전의 자세한 내용은 후대에 알려지지 않았다.[16] 또 다른 사례는 기원전 35년에 일리리아 전쟁 때 일이다. 이때 아그리파와 옥타비아누스는 두 강이 합류하는 지점에 있는 시스키아(오늘날의 크로아티아 시사크)를 점령했다.[17] 그들은 대규모 해군을 구축한 뒤, 육지와 강 양쪽에서 그 도시를 공격했다. 시의 방어자들은 거세게 저항하다가 결국 항복했다.

메토네는 성벽을 갖춘 도시였다.[18] 오늘날 그곳에는 베네치아 공국과 오스만 튀르크 제국 시대에 걸쳐 조성된 대규모 요새가 있는데, 바다 쪽으로 300미터 정도 돌출된 평평한 지형에 통째로 걸쳐 있다. 이 요새가 그 전략적 위치에 생겨난 최초의 요새는 아니다. 문헌 사료에 따르면, 이미 기원전 5세기에 그곳에 요새가 들어섰다. 헬레니즘 시대에 흙벽이 세워졌고, 또 기원후 2세기에 베네치아 요새의 일환으로 로마의 성벽이 세워졌다는 보고가 있으나 지금까지 체계적인 발굴 작업이 이루어지지는 않았다. 고대에 이 요새의 동쪽 방면에는 낚싯바늘 모양의 방파제가 설치되어 있었는데, 기원후 175년 이후에 조성되었을 것으로 추정한다. 그리스의 지리학자·역사가인 파우사니아스의 기록에 이 요새가 언급되어 있지 않으므로 이렇게 추정한다. 이 역사가는 그 시점 직전에 이 일대를 방문했다. 우리는 기원전 31년 당시에 요새나 항구의 크기가 어느 정도였는지 알지 못한다. 그러나 그때나 지금이나 곳의 동쪽 방면에 천연 항구가 있다는 점은 확실하다. 메토네는 이 곳 위에 세워졌고, 항구로부터 북동쪽으로 해변이 길게 뻗어 있었다.

아그리파의 메토네 점령은 로마인의 기억 속에서 오래 반추되었지만, 자세한 동시대 기록은 후대에 전해지지 않았다. 악티움 해전 이전에 아그리파가 어떤 전투 활동을 벌였는지는 그다지 알려지지 않았으나 메토네 점령은 네 가지 고대 사료에서 언급되었다.[19] 먼저 고대의 지리학자이자 옥타비아누스의 동시대인인 스트라보가 언급했다. 기원후 200년경에 활동한 역사가 카시우스 디오, 기원후 300년경에 활동한 페니키아 철학자인 티레의 포르피리오스, 기원후 400년대 초에 활동한 오로시우스도 있다. 이런 사료들이 존재한다는 것은 메토네 전투가 아우구스투스 시대의 역사 기록에서 중요하게 다루어졌다는 뜻이고, 아마도 아우구스투스의 《회고록》에도 언급되었을 것이다.

우리는 아그리파가 가능한 여러 가지 방법 중 하나를 취해 메토네를 점령했을 것으로 짐작한다. 아마 서쪽에서 바다를 건너온 뒤, 식수를 보급하고 병사들에게 짧은 휴식을 제공하기 위해 펠로폰네소스 반도의 해안에 정박했을 것이다. 그러고선 곧장 메토네로 항해했을 것이다. 그는 자신의 기습 공격이 적에게 엄청난 충격을 안겨서, 비록 훤한 대낮에 쳐들어가는 불리한 상황이지만 그것을 충분히 극복할 수 있다고 보았다. 몇백 년 전에 아테네의 한 장군은 시라쿠사를 점령하는 가장 좋은 방법은 최대한 빨리 그 도시로 항해해 가는 것이라고 말했다.[20] 그는 충격과 공포가 적을 마비시킬 것이라고 말했다. 이 장군의 계획은 채택되지 않았으므로 우리는 그것이 과연 성공했을지 여부는 알 수 없다. 그러나 아그리파는 메토네에서 이와 비슷한 공격 계획을 수립했다. 고대의 사료들은 메토네 점령을 가리켜 '바다로부터의 공격ex epiplou'이라고 표현했는데,[21] 아마도 낮 동안에 과감하면서도 직접적인 공격을 실시해 성공을 거두었음을 뜻하는 것이리라. 스트라보가 이 표현을 썼는데, 그의 책은 메토네 공격을 언급한 가장 이른 시점의 현존 사료다.

그보다 더 복잡한 작전도 물론 가능하다. 아그리파는 메토네로 직접 항해하지 않고 메토네에서 30여 킬로미터 떨어진 곳에 있는 오이누사이 제도의 한 섬인 사피엔차로 갔을 수도 있다.[22] 이 경우에도 야간에 움직였을 것이다. 실제로 기원전 36년에 밀라이 전투의 서곡으로서, 아그리파는 휘하 함대를 야간에 히에라섬(오늘날의 불카노, 에올리에 제도 혹은 리파리 제도의 한 섬)에서 이동시켰다.[23] 이처럼 야간 이동을 실시함으로써 시칠리아 북부 해안 근처의 적들을 기습할 수 있었다. 또한 로마가 기원전 200년에 야간 항해를 펼쳐 그리스 도시 칼키스를 공격하여 성공한 사례도 꼽을 수 있다.[24] 사피엔차는 배를 숨겨놓기에 좋은 장소였다. 이는 후대(근대의 초기)에 들어와 해적들이 이섬에 둥지를 많이 틀었다는 사실로 증명된다. 그 섬에는 헬레니즘 시대부터 이미 사람들이 살고 있었다. 아그리파는 이른 새벽에 사피엔차에서 메토네를 향해 나아갔을 텐데, 이때 현지 항해사의 도움을 받았을 것이다.

이 시기는 아마도 상현달이 뜬 조용한 3월의 밤이었을 것이다. 구체적으로 3월 14일이었거나 아니면 달이 다 이지러진 3월 29일이었을 것이다.[25] 메토네 사람들은 그곳에서 상당히 떨어진 이탈리아 남부 항구에서 공격 부대가 쳐들어올 것이라고 예상하지 못했을 것이다. 그래서 현지의 경계가 느슨했을 것이다. 아그리파는 적병이 녹아떨어져서 아무런 대비도 하지 못하는 이른 새벽에 타이밍을 맞추어서 공격을 펼쳤을 것이다. 과거에 로마인들은 일부러 그 시각에 칼키스를 공격한 바 있다.[26] 아그리파는 적의 탈주병들에게서 도시의 주민이 많지 않다는 정보를 얻어내, 한 해병 부대가 도시를 공격하게 했다. 그들은 사다리를 걸치고 성벽을 기어 올라가 성탑을 장악하고서 잠이 든 경계병을 모두 죽이고 계속 밀고 들어갔다. 그러는 사이 또 다른 부대가 보구드의 함선을 공격했다. 적이 경계경보를 울렸을 때는 이미 늦은 상황이었다. 게다가 적의 경보병은 아그리파 군단병의 상대가 되지 못했다. 곧 군단병들이 성문 앞에 도착하여 그 문을 파괴하고 나머지 병사들을 성문 안으로 들였다. 뒤이어 혼란과 학살이 벌어졌고 아그리파의 병사들은 보구드를 살해할 때까지 계속 살육을 벌였다.

별로 가능성이 없는 일이지만, 보구드가 적의 공격에 단단히 대비해 해변에 강력한 방어 시설을 설치하여 아그리파가 직접 공격할 수 없었을 경우를 상상해보자. 그 경우, 아그리파는 메토네에서 조금 떨어진 곳에 상륙하여 병사들을 지상으로 이동시켰을 것이다. 보구드의 판단을 흐려놓기 위해 부대를 나누었을 수도 있다. 한 부대는 바다에서 공격하고, 다른 부대는 메토네에서 약간 떨어진 곳에서 상륙한 다음에 공격에 나섰을 수도 있다. 기원전 259년에 한 로마 장군은 바로 이 전략을 구사해 사르디니아의 도시들을 점령했다.[27] 그 장군은 야간에 몰래 병사들을 상륙시킨 후, 적군 병사들이 자신의 함선에 시선을 고정하게 해놓고 도시들을 공격했다. 하지만 이는 고대의 해군이 수행하기에는 까다로운 작전이었다.

사료들은 아그리파가 보구드를 죽였다고 기록했지만, 전투 중에 벌어진 일인지 아니면 전투 후에 처형했는지는 밝히지 않았다. 어느 경우든 무어인은 고국으로부터 멀리 떨어진 곳에서 죽음을 맞았다.

메토네 점령의 파급 효과는 멀리까지 퍼져나갔다.[28] 1587년, 영국 엘리자베스 여왕 시대의 선장 프랜시스 드레이크는 스페인 보급선들을 공격하여 영국으로 항해해 오는 아르마다(대함대)의 속도를 지연시킨 바 있다.[29] 마찬가지로 아그리파는 이 점령을 통해 적을 몹시 불편하게 만들었다.

메토네는 안토니우스의 후방 골칫거리들 중 하나였을 뿐이다. 아그리파는 이제 그 도시와 멋진 항구를 군사 기지로 이용하여 적의 보급선들을 공격할 수 있었다. 그가 이탈리아에서 데려온 배들뿐만 아니라 이제 보구드에게서 탈취한 배도 그의 휘하에 들어왔다. 전쟁의 결과에 따라 병사들이 편을 바꾸던 시대에 그는 보구드의 병력도 그대로 인수하여 자기 부하로 삼았을 것이다. 어쩌면 이탈리아에 승전 보고서를 보내고 추가 공격에 필요한 군사를 받았을 수도 있다.

그 후 몇 달에 걸쳐, 아그리파는 파트라이에 설치된 안토니우스의 기지를 점령했고(안토니우스가 그곳을 떠난 뒤에), 이어서 코린토스를 공격했다. 아그리파는 매우 조직적인 방식으로 움직이면서 안토니우스가 대체 해로를 찾아 이집트로 가는 남쪽 해로를 빼앗긴 손실을 벌충하지 못하게 했다. 안토니우스가 떠올릴 만한 대체로는 코린토스만 양쪽의 육로를 이용하는 것이었다. 먼저 보급품을 코린토스 지협에서 하역한 뒤, 만을 이용하여 지협 반대쪽에서 다시 적재하여 휘하 군대에 보급하는 방식이었을 것이다. 아그리파는 이 같은 해로를 재구축하려는 안토니우스의 시도를 사전에 봉쇄하려 했거나 아니면 그가 그렇게 나올 것으로 예상하고 움직였을 것이다. 결과적으로 안토니우스가 이 대안을 세우지 못하도록 선제적으로 행동했던 셈이다.

안토니우스는 아그리파의 그 같은 움직임에 대응하기 위해 다른 기지들에 있던 전함들을 빼내 와야 했다. 사실 아그리파의 재빠른 다면적 기동전은 안토니우스를 의심과 불확실성의 도가니에 빠뜨렸다.

한 사료는 다음과 같은 기록을 남겼다. "아그리파는 메토네를 점령한 이후 해안에 상륙하러 온 상선들의 움직임을 추적했고, 그리스의 여러 지역에도 기습 공격을 펼쳤다. 이런 일들이 안토니우스를 몹시 심란하게 만들었다."[30]

아그리파의 공격은 무작위적 공격으로 간주될 수도 있었다.[31] 겉보기에는 아무런 형태도 없는 것 같았지만 실제로는 철저하게 조직되고 조정되어 온 사방에서 나타난 것처럼 보이는 공격 형태였다. 아그리파는 굉장히 빠르면서도 예측할 수 없게 움직였다. 반면에 안토니우스의 지휘관들은 느리게 움직이면서 그다지 성공을 거두지 못했다. 그 결과 안토니우스 부대는 적의 움직임에 효과적으로 대응할 능력이 점점 떨어졌다.

안토니우스는 병사들을 먹이기 위해 그리스에 곡물세를 부과해야 했다. 그러나 그리스의 척박한 땅에서는 농산물이 많이 나지 않았기에 비옥한 나일강 계곡의 풍성한 농산물을 수송해 오지 못할 경우에 발생할 손실을 대체할 수가 없었다. 플루타르코스의 〈안토니우스의 생애〉에 나오는 다음 기사는 아마도 악티움 전투 중 이 시기를 다룬 대목일 것이다.

내가 증조부인 니카르쿠스에게서 여러 번 들은 이야기다. 당시 우리 도시의 시민들은 안토니우스에게 끌려가, 저마다 일정한 양의 밀을 짊어지고 채찍을 맞으면서 안티키라 항구까지 갔다. 그리고 두 번째로 곡식을 짊어지고 떠나려 할 때 안토니우스가 전쟁에서 패했다는 소식이 들려왔다. 이렇게 해서 시민들은 다행히 살아날 수 있었다. 그리고

시민들은 병사들이 버리고 간 곡식을 나누어 가질 수 있었다.[32]

안토니우스가 신임하던 동료 퀸투스 델리우스가 포도주 품질에 대해 불평하여 클레오파트라를 기분 나쁘게 만든 일이 일어난 것은 아마도 메토네를 상실한 이후일 것이다. 로마에선 옥타비아누스의 측근들이 신선한 고급 이탈리아 포도주를 마시는데 이곳에선 쉬어버린 포도주를 마셔야 한다고 불평했다고 한다.[33]

불평의 사례는 또 있었다. 메토네에서 펠로폰네소스의 핵심 도시인 스파르타까지는 하루가 걸리는 거리였다. 그 도시의 유지인 가이우스 율리우스 에우리클레스는 자신의 아버지를 안토니우스가 해적이라는 죄목으로 처형한 데에 원한을 품었다. 바로 이 무렵에 에우리클레스는 변절하여 옥타비아누스 편에 붙었다. 스파르타 사람들은 주화에 사용하는 저명인사의 약칭 ATR을 AGR로 바꾸어 그 같은 변심을 보여주었다.[34] ATR은 안토니우스의 장군인 루키우스 셈프로니우스 아트라티누스의 이름 중 아트라티누스Atratinus의 첫 세 글자를 따온 것이고, AGR은 아그리파Agrippa의 앞 세 글자를 따온 것이다. 아트라티누스마저 마침내 옥타비아누스 쪽으로 변절했다.

악티움 해전이 벌어지고 약 50년 후에 글을 쓴 벨레이우스 파테르쿨루스는 이렇게 말했다. "옥타비아누스의 승리는 전투가 벌어지기 오래전부터 확실했다."[35] 이 말은 과장이다. 다작으로 유명한 영국 저술가 마이클 그랜트의 말이 좀 더 정확하다. "메토네 점령으로 전쟁은 이미 절반은 지고 들어간 셈이었다."[36] 승리를 가져다준 계기가 메토네 함락만은 아니었다. 그 후 아그리파는 그 도시를 전진 기지로 삼아 계속 소소한 승리를 거두었는데, 안토니우스가 그처럼 피를 흘리는 사태를 지혈하지 못한 것도 중대한 요인이었다.

안토니우스는 메토네를 재탈환하지 못했다. 만약 일부 사료들이 말하는 대로 그 성채가 단단한 방어 시설을 갖추었다는 것이 사실이라면, 아그리파가 그 요새를 필사적으로 차지하기 위해 꼼꼼하게 준비한 반면에 보구드는 그렇지 못했다는 것이 함락의 원인이었을 것이다. 그곳을 점령하고 나자 아그리파는 경계를 더욱더 강화하여 안전하게 지켰을 것이다. 이렇게 되자 안토니우스는 다른 기지들을 지키기 위해, 별 효력은 없을지라도 병력 자원을 더 분산해야 했을 것이다. 더 긴급한 문제는, 이제 그가 직면해야 할 최대의 도전이 멀리 떨어져 있지 않다는 점이었다. 그 후 시간이 흘러 기원전 31년 봄이 되어 항해 조건이 전반적으로 안전해지자 옥타비아누스는 나머지 함대를 이끌고 바다를 건너 아드리아해의 동쪽 해안으로 왔다. 이제 대대적인 전투가 본격적으로 벌어질 기세였다.

9

국자 위에 앉기

기원전 31년 4월, 그리스 서부

기원전 32년 10월에서 이듬해 4월까지 약 6개월 동안 파트라이는 온 세상의 중심 혹은 동쪽 절반 세계의 중심이었다. 안토니우스와 클레오파트라가 거기에 있는 동안, 파트라이는 재정·음모·정보전의 중심이자 축제와 종교적 의례의 축이었다.

그곳은 알렉산드리아와는 확연히 다른 곳이었다. 이오니아해에서 코린토스만으로 들어가는 입구에 있는 파트라이는 선원들의 도시, 상인과 은행가의 도시였다. 로마의 고위 관리들도 이탈리아에서 들고 나는 길에 이곳을 통과했다. 안토니우스와 클레오파트라, 엄청난 수행단이 함께 도착하기 전까지는 그런 중간 기착지였다.

육군과 해군은 대부분 다른 곳에 주둔시켰다. 좀 더 북쪽, 암브라키아만 입구에 있는 악티움은 함대의 주축이 되는 기지였으나 안토니우스의 배들은 그리스 서부 해안 곳곳에 널리 흩어져 있었고, 남쪽으로 펠로폰네소스반도를 돌아 동쪽으로 크레타, 리비아, 이집트까지 아울렀다. 그의 군단병들은 그리스 여러 지역에서 진지를 꾸리고 있었다. 그러나 군부대 진지는 여왕과 배우자가 머무를 곳이 못 되었기에 그들은 파트라이에서 겨울을 났다.

아카이아산맥의 산기슭에 자리 잡은 파트라이는 그 앞에 작은 만을 거느리고 있었고, 그 만 너머 북쪽으로는 아카르나니아산맥이 눈에 훤히 들어왔다. 이 도시의 기후는 전형적인 지중해성이어서 여름에는 무덥고 건조하고 겨울에는 온화하고 습윤했다. 안토니우스는 겨울날 바다 쪽을 내다보며 앞으로 벌어질 전투를 숙고했을 것이다. 또 비 오는 저녁이면, 촛불이 휘황찬란하게 밝혀지고 목탄 난로의 열기로 내부가 따뜻해진 넓은 연회실의 전용 안락의자, 클레오파트라 옆에 앉아서 행복했던 날을 회상했을 것이다.

월동 진지에서도 군사 작전은 무척 분주했다. 업무는 늘 촉박했고, 안토니우스는 병사들의 봉급 지불이라는 중요한 업무는 직접 결재했다. 그는 그 도시에 머무르는 동안에 수백만 개의 주화를 주조했다. 거의 다 데나리우스 은화(소액 단위)였고 금화도 소수 있었다. 은화는 한쪽 면에는 전투에 임하기 위해 노를 바깥으로 쭉 편 갤리선이 새겨졌고, 다른 면에는 독수리의 좌우에 세워진 두 군단 깃발이 새겨졌다. 군단 깃발은 기다란 장대인데 그 끝에 군단의 상징인 깃발이나 상징물을 매달았다. 장대의 맨 윗부분에는 독수리가 새겨졌다. 이 깃발과 독수리가 군단을 상징했다. 병사들은 이 상징을 위해 싸웠고, 또 죽었다. 갤리선의 측면에는 안토니우스가 삼두이면서 복점관이라는 내용이 담긴 글자가 새겨져 있었다. 반대편에는 숫자로 군단 이름을 표시했다. 가령 'LEG III'은 제3군단이라는 뜻이다. 카이사르도 과거에 복점관이었다. 아마도 안토니우스는 위대한 인물과 같은 직책을 공유했다는 사실에서 그 영광을 빌리고자 했을 것이다. 그러나 그는 카이사르의 막대한 재산은 빌려올 수가 없었다. 이집트의 막강한 부를 확보했음에도 안토니우스는 수많은 병사들과 선원들의 봉급을 챙겨주려면 주화의 가치를 평가 절하하여 더 많은 주화를 만들지 않을 수 없었다. 그래서 그는 은 함유량을 줄이는 대신 구리를 섞어 넣은 은화를 주조했는데, 당연히 병사들은 이에 불만이 컸다.

주화에 새겨진 이미지에는 안토니우스의 육군과 해군의 막강한 힘을 널리 선전하려는 의도도 있었고, 은의 순도 하락에 따른 불만을 다른 곳으로 돌리려는 뜻도 있었다. 그러나 안토니우스는 파트라이에서 그런 은화만 주조하지는 않았다. 그는 자신이 기원전 31년의 집정관임을 선언한 다른 주화도 주조했다. 이 관직은 옥타비아누스가 이미 원로원을 움직여 그에게서 박탈한 상태였는데, 그는 한쪽에는 자신의 이미지를, 다른 한쪽에는 클레오파트라의 이미지를 새겼다. 여왕의 얼굴은 파트라이에서 발행한 다른 주화에도 새겨졌다. 그 도시는 여왕의 얼굴과 '여왕 클레오파트라'라는 글자를 새긴 주화를 주조함으로써 이 왕실 방문객을 환영했다. 이 주화의 다른 면에는 이시스 여신의 왕관이 새겨졌다.

복점관 안토니우스와 이시스 여신 클레오파트라는 종교적 상징으로 주화를 장식했다. 이는 그들이 신의 도움을 받고 있다는 것을 사람들에게 널리 알리려는 의도였다. 새 이시스와 새 디오니소스는 파트라이에 있는 동안 그렇게 신의 도움을 더 분명하게 밝혔고 이시스를 기념하는 의식에 친히 참석해 집전했다.

그들은 무엇을 하든 계속 서쪽을 주시했다. 그곳에 대리인들을 보내 뇌물을 뿌리고, 첩보를 수집하고, 옥타비아누스에게 골칫거리를 안기도록 사주했다. 물론 그들은 로마의 소식을 전하기 위해 겨울 바다를 용감하게 헤치고 찾아온 궁정 신하들도 심문했다.

정보전에서 징조는 훌륭한 무기였다.[1] 우리에게 전해진 것은 옥타비아누스에게 유리한 내용뿐이지만 그 당시에는 안토니우스에게 유리한 징조도 분명히 있었을 것이다. 역사적 기록들은 여러 가지 이적을 보고한다. 안토니우스의 조각상에서 피가 흐르거나 땀이 나왔다. 바람과 폭풍우가 불어와 안토니우스의 수호신인 헤라클레스와 디오니소스의 동상에 피해를 입혔다. 안토니우스가 제대군인들을 위해 정착촌을 조성한 이탈리아 도시에서 지진이 발생했다. 제비들이 클레오파트라의 기함 안토니아스호에 둥지를 틀었는데 다른 제비들이 들이닥쳐서 기존의 부모 새들을 쫓아내고 그 새끼들을 죽였다. 제비는 이시스 여신을 상징하는가 하면 죽음을 상징하기도 했다. 이렇듯 안토니우스에게 불길한 징조가 다수 나타났을 뿐만 아니라, 좀 더 폭넓게 로마인의 죽음을 보여주는 표징도 있었다. 가령 올빼미가 신전 안으로 날아들었다든지, 폭풍우가 다양한 조각상과 기념물을 파괴했다든지, 대가리가 둘 달렸고 길이 25미터가 넘는 뱀이 이탈리아 중부에 나타난 것 등이 그런 사례. 옥타비아누스의 지지자들은 심지어 어린아이들 사이의 모의 전투조차 널리 선전했다. 로마의 두 어린이 팀, 즉 '카이사르 팀'과 '안토니우스 팀'이 이틀간 경기를 벌였는데 카이사르 팀이 이겼다는 것이다. 이처럼 사소한 이야기를 바탕으로, 안토니우스는 주사위 놀이에서 투계 놀이에 이르기까지 경기하는 족족 옥타비아누스에게 져서 이탈리아에서 도망친 것이라고 비난했다.[2] 이러한 비난은 안토니우스의 정신이 옥타비아누스의 그것을 당해내지 못한다는 이집트 예언자의 말을 증명해주는 듯했다.

쓰레기 같은 제안도 정보전이 벌어지는 상황에서는 나름의 의미가 있었다.[3] 옥타비아누스는 자신의 휘하 병력을 하루 동안 말을 타고 달려야 나오는 거리(약 80킬로미터)를 철수시킨 뒤에 안토니우스가 아무런 저지도 받지 않고 이탈리아 항구들에 상륙할 수 있게 해주겠다고 제안했다. 그러자 이번에는 안토니우스가 옥타비아누스에게 일대일 대결을 제안했다. 그게 어렵다면, 그리스에 휘하 군단을 상륙시켜 그리스 중부 파르살루스까지 행군해 오라고 옥타비아누스에게 제안했다. 그러면서 카이사르가 기원전 48년 폼페이우스를 물리친 바로 그 전장에서 전면전을 치러 승부를 결정하자고 했다. 과거에 파르살루스 전투에서 중요한 역할을 했던 사람은 안토니우스였다. 그는 카이사르 부대의 좌익을 맡아서 열정적으로 참전한 반면에 당시 14세였던 옥타비아누스는 로마에서 안락하게 지냈다. 두 번째 파르살루스 제안은 전혀 현실적이지 못했다. 그리스 서부에서 파르살루스까지는 빠른 길을 잡아서 간다고 해도 1주일 이상 걸리고, 느린 길로 가면 그보다 훨씬 더 걸리기 때문이다. 하지만 두 사람 모두 진심으로 그런 제안을 했던 것은 아니다.

안토니우스가 기원전 31년에 이탈리아를 침공할 계획이었다 하더라도, 아그리파가 메토네를 공격한 3월에 그 계획은 그다지 진전되지 못했을 것이다. 게다가 방어 전략은 그리 경멸할 만한 일이 아니다. 만약 안토니우스의 군대가 예기치 못한 상황에 단단히 대비했더라면 수비 전략은 통할 수도 있었다. 그러나 3월 이후의 사태가 분명하게 보여주듯이, 안토니우스 부대는 그런 준비를 하지 않았다.

안토니우스와 휘하 부대는 아그리파의 메토네 승전에 반격할 시간이 충분히 있었다. 그렇지만 곧 북부에서 천둥소리가 들려왔다. 옥타비아누스와 휘하 함대가 아드리아해를 건너왔다는 소식이었다.

옥타비아누스가 도착하다

기원전 31년 봄, 옥타비아누스는 전쟁을 준비했다. 그는 이탈리아와 동방을 오가는 여행에 최적의 항구인 브룬디시움에 병력을 집결시키고 육군과 함대를 대기시켰다. 하지만 그가 그곳에 체류한 것은 군사적 목적보다는 정치적 목적이 더 강했다. 그는 가장 저명한 기사들과 원로원 의원들 모두에게 그 항구 도시에 집결하라고 명령했다. 그들은 그와 함께 전장에 나설 것이었고, 그들 자신의 보급품은 물론이고 규정된 수의 하인도 대동할 수 있었다. 하인 이야기는 함께 데려갈 정부를 완곡하게 뜻하는 것처럼 보이는데, 아마도 사실일 것이다. 군사적 관점에서 보자면 이런 고위 인사들의 집결은 골칫거리만 가져오는 결정이었다. 그러나 옥타비아누스는 군사 전략가처럼 생각하는 사람이 아니었다.

이처럼 원로원 의원들을 전장에 데려가는 것은 전례 없는 일이었다. 비슷한 사례를 들자면, 윈스턴 처칠이 1944년 노르망디 침공 당일에 모든 하원 의원에게 그 작전에 동참하라고 지시한 것과 별반 다를 바 없다. 그러나 처칠은 옥타비아누스와는 달리, 그가 자리를 비웠을 때 런던에서 그를 쫓아내려는 쿠데타가 발생할 가능성은 전혀 없었다. 반면에 옥타비아누스는 그 때문에 원로원 의원과 저명한 로마 기사 계급의 인사를 인질로 현장에 데려간 것이다.

이탈리아 국내에 불만의 목소리를 남겨놓고 떠나지 않기 위해, 옥타비아누스는 이 같은 고위 인사 징발을 이탈리아의 국론이 하나로 통일됐다는 구체적 징표라고 널리 선전했다. 그는 안토니우스의 유서가 '발견된' 이래 반복적으로 자주 퍼뜨린 메시지를 다시 한번 꺼내 들었다. 바로 이탈리아의 통일된 국론이 자신을 밀어준다는 내용이었다. 그것이 브룬디시움에 그토록 많은 저명인사가 집결한 깊은 뜻이라고 노골적으로 선전했다. 그러나 그 누구보다도 옥타비아누스 자신이 이탈리아의 국론이 깊이 분열되어 있음을 잘 알았다.

그리스에서 아그리파의 좋은 소식이 도착하고 나서 얼마 지나지 않아, 옥타비아누스는 휘하 함대의 주력 부대와 함께 항해에 나섰다. 시점은 대략 기원전 31년 4월이었다.

옥타비아누스는 전함 230척과 숫자 미상의 수송선을 거느리고 있었다. 만약 모든 일이 순조롭게 풀린다면 그는 아드리아해를 건너 아그리파와 휘하 함대와 합류할 터였다. 항구에 머물던 아그리파 함대는 그가 남겨놓은 전함들(혹은 전투 끝에 살아남은 선박들)과 안토니우스 진영에서 탈취한 선박들로 구성되어 있었다. 옥타비아누스 함대가 아그리파 함대와 힘을 합한다면 함대의 전체 선박 수는 400척 이상이 될 것이었다.

그러는 사이 안토니우스는 대다수 함대를 암브라키아만의 악티움에 대기시켰다. 그는 약 1년 전에 전함 500척을 이끌고 에페수스를 출발했다. 멀리 떨어진 기지들에 분견대를 파견하여 규모가 다소 줄어들긴 했지만, 그래도 안토니우스 옆에는 강력한 함대가 남아 있었다. 하지만 탈주와 질병으로 발생하는 병력 손실도 대비해야 했다. 그 결과 기원전 31년 봄, 악티움에 있던 안토니우스의 함대 수는 500척에 훨씬 못 미쳤다.

8만에서 10만 명에 이르는 안토니우스의 병력에 비해 옥타비아누스의 병력은 규모가 작았지만 모자란 숫자는 전투력으로 보충했다. 옥타비아누스 쪽은 주로 경보병으로 참전하는 동맹군의 수는 더 적었으나, 중무장한 군단병 수는 동맹군의 군단병 규모와 거의 비슷했다. 그는 최대한 병력을 충원하여 1개 군단당 4000~5000명으로 편성된 16개 군단을 거느렸다. 안토니우스는 19개 군단을 거느렸으나 최대한 충원된 규모가 아니었으므로, 양측은 대략 7만 명 혹은 7만 5000명을 동원하여 참전한 셈이었다. 안토니우스는 그 외에 2만 내지 2만 5000명으로 편성된 경보병 동맹군 부대도 휘하에 두었다. 양측의 기병은 1만 2000명 규모였고, 베테랑 병사도 많았다. 안토니우스의 베테랑 병사들은 브루투스와 카시우스 진압 작전 및 파르티아 원정전에 참여했던 노병이었다. 옥타비아누스의 베테랑 병사들은 페루시아 전투, 일리리아 전투, 섹스투스 폼페이우스 섬멸 작전 등에 참가했던 이들이었다. 그러나 옥타비아누스는 과거에 치러진 여러 전투에서 안토니우스에 비해 병력 손실이 상대적으로 적었으므로 안토니우스보다 베테랑 병사를 더 많이 거느렸다고 보아야 한다.

안토니우스는 메디아 원정전에서 병력 손실을 크게 보았다. 그에게 적대적이지만 타당성 있는 역사적 사료들에 따르면, 그는 25퍼센트의 병력 손실을 보았다. 그렇지만 기원전 31년에 그는 기원전 36년과 마찬가지로 많은 군사를 확보하고 있었으므로 결손 병력을 그동안 보충했을 것으로 보아야 한다. 신병을 모집했을 수도 있고 마케도니아에 주둔한 3개 군단을 강제로 빼앗았을 수도 있다. 이런 군단들 외에 안토니우스의 병사들은 이탈리아 사람이 별로 없었다. 하지만 그들 중 일부는 동방에 건너와 살던 이탈리아 식민 개척자들 혹은 그들의 아들들이었을 것이다.

안토니우스의 동맹군은 다양한 그룹으로 구성되어 있었는데 특히 기병대가 강했다. 하지만 동맹군 지도자들은 저마다 나름의 속셈을 가지고 참가했다. 그들 중 충성심을 믿어볼 만한 사람은 없었다. 동맹군을 하나의 통합 부대로 만드는 것도 쉬운 일이 아니었다. 그들이 안토니우스의 병력 규모를 키워준 것은 맞지만, 동시에 골칫거리이기도 했다.

소아시아에서 트라케(대체로 말해 오늘날의 불가리아)에 이르는 지역에서 온 여섯 왕과 부족 통치자들은 휘하 부대를 이끌고 악티움에 왔는데, 제법 많은 수가 기병대를 데리고 왔다. 그들은 하나같이 안토니우스가 속국의 왕으로 선택한 자들이었다. 그들 중에서 장차 다가올 사건에서 가장 중요한 역할을 할 인물은 소아시아 중부인 갈라티아의 왕 아민타스다. 그는 필리피 전투에서 처음에는 브루투스와 카시우스 편에 섰으나 최종 전투 직전에 안토니우스 편에 섰다. 안토니우스는 그 공로를 인정하여 그에게 왕국을 내려주었고 덤으로 왕국의 영토도 넓혀주었다. 아민타스는 악티움에 갈라티아 기병 2000명을 데리고 왔는데 그들은 기마전이 뛰어나다는 명성을 얻은 부대였다.

다른 네 왕은 친히 전쟁에 나서지는 않았지만 군대를 보내주었다. 그들 중 두 왕은 앞으로 치러질 전투에서 중요한 역할을 한다.

한 왕인 말쿠스는 아라비아반도의 북서부 지역인 나바테아족의 군주였다. 나바테아는 귀한 향료가 생산되는 아라비아 남부 지역과의 수익성 높은 무역을 통제하는 부유한 고장이었다. 변경 지역의 통치자들이 으레 그렇듯이, 말쿠스의 충성심은 상황에 따라 바뀌는 경향이 있었다. 그는 처음에는 율리우스 카이사르를 지지했다가 나중에는 파르티아를 지지했다. 안토니우스는 말쿠스의 땅을 부분적으로 클레오파트라에게 떼어주고 연간 은 200탈렌트(1만 5000파운드 이상의 가치)를 내고 그 땅을 클레오파트라에게서 임차하도록 강요했다. 그러나 임차료 내기를 자꾸 뒤로 미루자 안토니우스는 유대의 왕 헤롯에게 말쿠스를 공격하라고 명령했다. 헤롯은 그 명령을 기꺼이 받아들였을 것이다. 말쿠스에게 원한을 품고 있던 그는 그 명령을 즉각 이행했다. 몇 년 전 파르티아의 공격을 피해 도망할 때 말쿠스가 도움을 거절하여 원한을 품고 있었던 것이다. 이런 과거사 때문에 말쿠스는 안토니우스의 호의를 얻고자 악티움에 파병했을 것이다.

그런데 헤롯은 클레오파트라와 원수지간이었다. 그녀는 헤롯의 왕국을 탐냈으나 안토니우스가 말을 들어주지 않았다. 헤롯도 안토니우스가 클레오파트라에게 여리고 주변에서 발견되는 귀중한 치료제인 발삼나무 숲의 소유권을 준 것에 불만을 품었다. 게다가 헤롯은 연간 은 200탈렌트의 임차료를 지불해야 했다. 그러니 헤롯이 악티움 전투에 직접 나타나지 않고 지원 부대만 보낸 것은 헤롯이나 클레오파트라나 서로에게 조금도 섭섭하지 않은 일이었다.

옥타비아누스는 아드리아해의 동쪽 해안에 상륙했을 때 아그리파에게서 또 다른 선물을 받았다. 그의 충실한 친구는 코르키라섬 인근에서 안토니우스의 함대를 물리친 뒤 항해를 계속해 그리스 인근 해역에서 적선을 공격했다. 그 덕에 옥타비아누스는 안전하게 아드리아해를 건너갈 완벽한 기회가 생겼다. 그는 먼저 그리스 본토, 코르키라 반대편 산맥의 기슭에 상륙했다. 거기서 기병대를 하선시켰다. 아그리파는 이미 코르키라섬을 점령했으므로 옥타비아누스는 그 섬에서 적의 공격을 받을 염려는 하지 않아도 되었다.[4] 이어 옥타비아누스와 휘하 함대는 본토의 해안을 따라 남쪽으로 대략 이틀간 항해하여 글리키스 리멘Glykys Limen('신선한 항구', 오늘날 파나리)이라는 곳에 도착했다. 그곳은 아케론강의 하구에 자리 잡은 곳이었다. 옥타비아누스의 육군은 현대의 그리스 북서부 지역에 해당하는 토루네를 점령했다. 토루네(아마도 오늘날의 파르가)는 악티움에서 북쪽으로 55킬로미터 정도 떨어진 곳인데, 지상으로 이틀 동안 행군하면 도착할 수 있는 거리였다. 안토니우스와 클레오파트라의 주력 함대는 악티움만에 계류되어 있었다. 그곳은 파트라이에서 해상으로 200여 킬로미터, 노잡이를 총동원하여 전속력으로 달리면 하루 반 정도 걸렸다.

안토니우스와 클레오파트라의 함대는 수동적으로 대응했다. 그들은 옥타비아누스에게 도전을 걸지도 못했고 그가 캠프를 설치하는 것을 방해하지도 못했다. 고대 역사가 카시우스 디오는 이렇게 주장했다. 안토니우스와 클레오파트라의 해군 함대는 자신감이 넘친 나머지 옥타비아누스의 협상 요청을 받아들이지 않았거나, 너무 겁을 먹어서 싸우자는 도전을 받아들이지 못했거나, 둘 중 하나다. 어쩌면 안토니우스와 클레오파트라의 해군 함대는 중과부적이어서 안토니우스와 휘하 부대가 도착하기를 기다렸거나, 좀 더 구체적인 작전 지시가 내려오기를 기다렸는지도 모른다.

메토네 참패 이후 안토니우스는 즉각 강력한 반격에 나섰어야 마땅했다. 그는 반격을 준비해놓았다가 적을 격퇴해야만 했다. 공격에 나서야 할 곳으로는 특히 북부가 중요했다. 옥타비아누스가 브룬디시움에서 항해에 나설 경우, 이쪽으로 접근하여 상륙할 것이 확실했기 때문이다. 그러나 그는 아무 대책 없이 잠만 자는 것처럼 보였다.

옥타비아누스의 상륙이나 캠프 설치를 전혀 방해하지 않음으로써 안토니우스는 대내외에 나쁜 인상을 남겼다. 그는 암묵적으로 바다의 통제권을 적에게 넘겨준 것처럼 보였다. 아마도 그는 아드리아해를 건넌 기원전 48년의 쓰라린 경험 때문에 그런 수동적인 심리 상태가 되었을 것이다. 당시에는 폼페이우스의 함대가 안토니우스의 항해를 어렵게 만들었는데, 함선 수에서 엄청난 우위를 점했음에도 그를 제지하지 못했다. 안토니우스는 옥타비아누스의 항해를 저지하려는 시도가 부질없다고 생각했을 수도 있다. 그가 지상전을 더 선호했다는 건 분명한 사실이다. 안토니우스는 옥타비아누스의 휘하 부대가 가까이 다가올수록 더 좋다고 생각했을지도 모른다. 하지만 그게 안토니우스의 전략이었다면, 그는 로마의 지휘관(그리고 나머지 대다수 지휘관들)에게 기대되는 공격 정신은 보여주지 못한 셈이었다.

안토니우스와 클레오파트라와 그들의 참모는 이제 북행을 서둘러야 했다. 그러나 이집트 여왕은 평온한 마음을 유지하면서 농담을 하며 날카로운 재치를 보여주었다.

"뭐가 그리 겁나요?" 그녀가 말했다. "카이사르[즉 옥타비아누스]가 국자 위에 앉아 있는데."⁶ 이 농담에는 여러 가지 의미가 있었다. 국자ladle 위에 앉아 있는 남자는 우스꽝스럽게 보인다. 국자는 창이나 검의 대용이 될 수 없으므로 그런 남자는 상무 정신이 결핍되어 보인다. 그러나 더 중요하게는, 국자가 '페니스'를 뜻하는 음란한 은어라는 사실이다.⁷ 여기서 클레오파트라는 옥타비아누스가 키나이두스cinaedus였다고 비난한 것이다. 이 라틴어 단어는 남성 동성 간 섹스에서 수동적 역할을 하는 남성을 가리킨다. 달리 말해 클레오파트라는 옥타비아누스가 '국자' 위에 자주 앉은 수동적인 남자이므로 그리 염려할 상대가 못 된다고 말한 것이다. 그리스인과 로마인이 볼 때, 성인 남자라면 그런 역할은 결코 받아들일 수 없는 것이었다. 클레오파트라의 이 같은 발언이 나오기 전에 안토니우스가 이미 옥타비아누스는 율리우스 카이사르의 수동적 동성 상대였다고 비난한 바 있다.⁸ 클레오파트라는 과거에 카이사르와 내연 관계였으므로 그런 이야기를 퍼트린 장본인이 아니었을까 하는 생각도 든다. (국자의 이중적 의미는 기원전 5세기의 그리스 희곡으로까지 소급되므로, 클레오파트라의 농담은 그녀가 상당한 고전 지식을 갖추었다는 사실도 보여준다.)

전장의 지형

앞에서 이미 말했듯이, 악티움은 에피루스산맥의 산기슭에 자리 잡고 있다. 에피루스는 전쟁이 자주 일어나는 고장이었다. 그곳은 세계를 정복한 알렉산드로스 대왕을 낳은 여인 올림피아스의 고장이다. 그로부터 한 세대 뒤에 에피루스는 전사-왕warrior-king 피로스가 통치한다. 그는 일대일 전투에서 적장을 죽였고, 이탈리아 제국을 정복하기 위해 아드리아해를 건너왔으나 격퇴되었다. 그러고 나서 그리스로 돌아왔는데, 마침 도시에 소요 사태가 발생한 와중에 한 성난 부인이 테라스에서 떨어뜨린 지붕의 타일을 머리에 맞고 사망했다. 사제들의 주장에 따르면, 에피루스는 아케론강을 통해 지하 세계로 들어가는 입구이기도 했다.

그러나 이번에는 전쟁의 신들이 에피루스의 고원 지대에서 싸움을 벌이지는 않았다. 전투는 해안 근처에서 벌어질 예정이었다. 해안 지대는 낮고 모래가 많았으며 물결치는 듯한 언덕으로 둘러싸여 있었다. 해안으로 들어가는 입구는 너비 700미터가 채 되지 않을 만큼 좁아서 부주의한 여행자들로부터 만의 존재를 충분히 가려줄 수 있었다. 길이 대략 40킬로미터에 너비 10여 킬로미터의 암브라키아만은 완벽한 장소였다. 안토니우스와 클레오파트라는 그곳에 주력 함대를 대기시켰다. 옥타비아누스와 아그리파는 그 만에서 그리 멀지 않은 곳에 휘하 함대를 집결시켰다.

전투의 역사에서 종종 그러하듯이, 악티움 해전도 그 천연 지리가 스토리의 절반을 말해준다. 악티움이라는 명칭은 대체로 말해서 암브라키아만의 입구에서 이오니아해에 이르는 비좁은 해협을 가리킨다. 좀 더 정확하게 말해서, 악티움은 활짝 벌렸으되 거의 맞닿을 듯한 두 팔 같은, 암브라키아만 입구의 두 곶 중에서 남쪽 곶을 가리킨다. 악티움 주위에는 좋은 항구가 많아서 외국 함대에 좋은 피난처를 제공했다. 그런데 악티움은 아폴론 신전과 그 신전에서 벌어지는 연례 축제가 가장 유명하다.

양군의 캠프

안토니우스와 클레오파트라는 남쪽 곶, 즉 악티움 북단에 캠프를 설치했다. 그들의 캠프는 대규모여서 근 50년이 지난 후에 그곳을 방문한 사람까지도 그 유해를 볼 수가 있었다.[9] 오늘날은 그 자리에 '클레오파트라 마리나'라는 더 흥미로운 기념 시설이 들어서 있다. 암브라키아만 입구의 양쪽에는 조망탑이 세워져 있어서 돌이나 굵은 화살 같은 무기를 연속적으로 발사하여 적선이 만 안쪽으로 들어오는 것을 막을 수 있었고, 필요하다면 해협에 파견한 배들이 나머지 적선을 차단할 수 있었다.

로마의 군사 캠프는 근엄하고 남성적이어서 그 질서와 군기가 엄정했다. 하지만 안토니우스 부대의 로마군 캠프는 사정이 달랐다. 군기가 없지는 않았으나, 다양한 복장과 장비를 갖춘 동맹군이 많이 가담하여 좀 더 다채로웠다는 말이다. 그리고 많은 시종을 거느리고 호화로운 생활 방식을 요구하는 클레오파트라가 있었다. 그녀는 로마 군단병의 곡식 위주 식사로는 살아갈 수가 없는 사람이었다. 사령관과 여왕은 청어, 즙이 많은 새우, 암브리키아만에서 나는 맛좋은 생선, 로우로스강 습지에서 잡아 온 오리 등 현지의 특산 요리로 식사를 했을 것이다.

이런 진수성찬은 캠프의 일반적 식단과는 크게 대조를 이루었을 것이다. 특히 시간이 흘러갈수록 캠프 상황이 나빠졌기 때문에 더욱 더 위화감을 조성했을 것이다. 악티움에는 전략적 이점들이 분명 있었음에도 그곳은 그리 매력적인 장소가 아니었다. 평평하고, 모래가 많고, 대체로 비어 있는 땅이었다. 나무와 신선한 물이 결핍된 데다 좁고 갇힌 지역이어서 대규모 군대에서 나오는 쓰레기를 처리하는 것도 곤란한 문제였다. 인근 습지에서는 모기가 득실댔다. 만약 안토니우스 군대가 여름 무더위 석 달 동안에 그곳에 계속 있어야 한다면 이런 악조건이 큰 영향을 미칠 터였다.

반면에 옥타비아누스는 오늘날 미칼리치라고 알려진 땅에다 캠프를 설치했다. 그는 암브라키아만 입구를 장악하고 싶어 했지만, 그곳은 안토니우스의 손에 철저히 장악되어 있었다. 만의 입구에서 북쪽으로 5킬로미터 남짓 떨어진 미칼리치는 최고봉이 150미터가 넘는 산봉우리들로 둘러싸여 있었다.[10] 옥타비아누스의 사령부(프라이시디움praesidium)는 해발 약 90여 미터 지점인 승전 기념물 근처에 있었을 것이다.[11] 사령관의 텐트를 제외한 나머지 캠프는 미칼리치의 산등성이를 따라 아래로 내려가면서 현대의 니코폴리스(스미르토울라Smyrtoula)까지 뻗었을 것이다. 그 정도 되는 고지는 쉽게 방어할 수 있다는 점 이외에도 여러 다른 이점이 있었다. 고지에서는 파노라마 같은 전망을 얻을 수 있는데, 망원경이 아직 발명되지 않은 시대에 이는 적지 않은 혜택이었다. 그 언덕에 서면 발아래로 암브라키아만과 인근의 이오니아해를 내려다볼 수 있었다. 그뿐만 아니라 저 멀리 남쪽 레우카스 제도의 험준한 봉우리들, 북서쪽의 팍소스와 안티팍소스, 그 남쪽의 아카르나니아산맥 그리고 북쪽의 안개를 뚫고 솟아오른 에피루스산맥을 볼 수가 있었다. 이런 전망에 더하여 언덕에서 불어오는 시원한 산들바람은 저지대에 창궐하여 말라리아를 불러오는 모기 떼로부터 병사들을 지켜주었다.

미칼리치의 불리한 점을 말해보자면, 바다 쪽의 잘 보호된 항구로 접근하기가 어렵다는 것이었다. 옥타비아누스는 일부 함대를 미칼리치에서 북쪽으로 약 40킬로미터 떨어진 글리키스 리멘('신선한 항구')에 정박해놓았다. 미칼리치에서 가장 가까운 항구는 그리 이상적인 장소가 아니었다. 그곳은 서쪽으로 1킬로미터 남짓 떨어진 고마로스 항구였는데, 서쪽에서 강한 바람이 불어오면 꼼짝없이 그 바람을 맞아야 했다. 아그리파가 그곳에 정박한 배들에 작은 보호 장치라도 제공하기 위해 석조 방파제를 만들었을 수 있다. 현대에 세워진 석축이 고대의 유적지를 가려서 잘 보이지는 않는다.[12] 옥타비아누스는 항구와 캠프를 연결하기 위해 긴 벽을 설치했는데, 이는 로마군의 공병대가 탁월하게 해내는 일이었다. 그 벽들 덕분에 보급품이 안전하게 옥타비아누스의 캠프에 전달될 수 있었다.

신선한 식수를 얻는 일은 큰 골칫거리였다. 지표면을 탐사해본 결과, 오늘날 미칼리치와 인근 산등성이, 그리고 그 아래쪽 평원에 샘물이 있음이 드러났다.[13] 기원전 31년에도 똑같은 상황이었다고 가정할 때, 그런 샘물이 유용했더라도 옥타비아누스의 대군에게 모두 돌아가기에는 충분치 않았을 것이다. 안토니우스는 이런 사실을 알았기 때문에 옥타비아누스가 캠프의 바깥 지역에서 식수를 얻지 못하게 방해했다. 미칼리치에서 약 3킬로미터 떨어진 곳에 로우로스강이라는 신선한 식수 공급원이 있었다. 그 강은 암브라키아만의 북쪽 끝에 있는 습지로 흘러들었다. 그곳은 적의 공격에 취약했다.

안토니우스는 옥타비아누스가 미칼리치의 고원에 캠프를 치는 것을 막지 못했다. 휘하 군단들이 아직 악티움에 도착하지 않은 상태여서 옥타비아누스의 움직임을 저지할 형편이 아니었기 때문이다. 어쩌면 그는 상대방이 함정을 파놓았을지도 모른다고 결론내렸을 수도 있다. 인근에 좋은 항구가 없는 데다 식수원이 차단될 위험도 있었으므로, 미칼리치는 옥타비아누스의 최후 진지인 것처럼 보였을지도 모른다. 그렇다면 안토니우스가 반드시 해야 할 일은 적군이 식수에 접근하지 못하게 하는 것이었다.

기원전 32년 3월과 4월은 안토니우스에게 불길한 달이었다. 그는 옥타비아누스의 도해를 막지 못했고, 그 군대가 남진하는 것도 방해하지 못했으며, 악티움 북쪽의 고지인 미칼리치를 점령하는 것도 저지하지 못했다. 그것은 리더십의 실패였으나 충분히 만회할 수도 있는 실수였다.

안토니우스의 반격

로마의 군사 원칙은 공격을 강조했다. 옥타비아누스는 공격적인 태도를 먼저 취했고, 휘하 함대를 먼저 움직였다. 그는 아침 동틀 때 암브라키아만의 입구를 향해 접근했다. 하지만 이번에는 안토니우스도 준비가 되어 있었다.[14] 아직 휘하 군단이 모두 도착하지는 않았기에 그는 임기응변에 나섰다. 만 입구에 전함들을 도열시켰고, 선수를 다가오는 적 쪽으로 둔 채 노를 모두 들어 올려 곧장 진수하여 공격할 듯한 태세를 취하게 했다. 그러자 옥타비아누스가 공격을 멈추었는데, 그가 그 책략에 기만당했는지, 아니면 만 입구 양쪽의 발사 무기에 의해 제지되었는지는 알 수 없다.

옥타비아누스는 안토니우스의 수송선들을 상대로 싸움을 거는 수밖에 없었다. 그러는 사이 옥타비아누스는 지상의 보병들에게 전투 대열을 갖추고 싸울 태세를 취하라고 명령했다. 하지만 안토니우스는 해협을 건너와 싸우기를 거부했다. 안토니우스는 현명하게도 휘하 군단이 모두 갖추어질 때까지 전면전을 감행하는 것은 위험하다고 판단했다. 그는 한동안 소규모 부대를 내보내 적병을 상대로 소규모 접전을 벌이는 것으로 만족해야 했다.

그리고 3주 뒤에 상황이 역전되었다. 군단이 모두 도착하자 안토니우스는 암브라키아만으로 들어가는 비좁은 입구인 악티움 해협을 건너 북쪽 해안으로 갔다. 그는 남쪽 반도의 주력 캠프에 더하여 그곳에다 두 번째 캠프를 설치했다. 이 캠프는 미칼리치에 있는 옥타비아누스 캠프에서 남쪽으로 3킬로미터 떨어져 있었다.[15] 안토니우스는 전선을 구축하고서 교전을 요구했다. 그러나 이번에는 옥타비아누스가 거절했다. 이는 전략적 이점을 확보하기 위한 샅바 싸움이었다.

안토니우스가 기원전 42년에 카이사르 암살자들의 군대를 물리친 필리피 전투의 재판再版을 희망했다면, 그건 충분히 이해할 만한 일이었다. 옥타비아누스도 당시 필리피 전투에 참가한 경험이 있었으니 말이다. 적장 브루투스는 지연 작전을 펼치면서 안토니우스와 옥타비아누스를 아사시키는 편이 더 좋았는데도 그러지 못하고 무모하게 공격했다가 패배했다.

만약 안토니우스가 옥타비아누스와 아그리파를 자극하여 미칼리치의 높은 언덕에 있는 캠프에서 내려오게 할 수 있었다면 좋은 결과를 기대할 수도 있었을 것이다. 그러나 옥타비아누스는 브루투스의 실수를 반복할 생각이 없었다. 차라리 안토니우스를 기다리게 하여 그의 군대가 기아와 질병으로 사기가 떨어지게 하는 편이 더 좋은 방법이었다.

하지만 옥타비아누스도 바다에서 승리를 거두지 못했더라면 그런 느긋한 지연 전략을 펴지는 못했을 것이다. 다행스럽게도 아그리파는 그에게 다시 한번 승리를 안겨주었다. 제독은 악티움 남쪽에 있는 레우카스섬에서 안토니우스의 부대를 물리침으로써 결정적 성공을 거두었다. 그는 "안토니우스와 그의 함대가 보는 앞에서" 그런 승리를 올렸다.[16] 안토니우스와 그의 전함들은 바다에서 중과부적의 열세였을 것이다. 이 승리 덕분에 옥타비아누스는 보급품을 쉽게 조달할 수 있었을 뿐만 아니라 안토니우스의 함대를 더 강력하게 봉쇄할 수 있었다. 옥타비아누스는 전함이 폭풍우의 위협에 고스란히 노출되는 고마로스 항을 그리 믿음직스러워하지 않았다. 그러는 사이, 남쪽에서 올라와 악티움으로 들어오려는 안토니우스의 보급선들은 아그리파의 함대를 피하기 위해 케팔로니아섬을 빙 도는 더 먼 우회로를 선택해야 했다. 게다가 그 섬은 바다와 바람으로부터 전혀 보호되지 않았다.

레우카스 승전 직후, 아그리파는 파트라이 근처에서 안토니우스의 소함대를 물리쳤다. 그 소함대는 전에 섹스투스 폼페이우스 밑에서 해군 장교로 근무했던 퀸투스 나시디우스가 지휘했다.[17] 나시디우스는 과거 기원전 35년에 나울로쿠스에서 패배한 후 섹스투스와 함께 소아시아로 도망친 자였다. 그때 사태가 가망 없음을 깨닫자 섹스투스의 장인 등 다른 저명인사들과 함께 안토니우스에게 귀순했다. 이제 그는 또다시 나울로쿠스의 승자인 아그리파 편에 섰다. 아그리파는 최근까지만 해도 안토니우스와 클레오파트라의 사령부였던 파트라이를 장악했다. 이 일은 두 사람의 체면을 손상시키는 큰 타격이었다. 또 악티움으로 가는 수송선의 중간 기착지를 빼앗김으로써 두 사람의 군수 물자 조달 능력은 더 악화되었다.

상대방을 자극하여 전면적 지상전을 유도하려는 안토니우스의 전략은 실패했다. 그의 또 다른 전략인 적의 캠프를 포위하여 굶게 만드는 아사 작전도 엄청난 곤경에 봉착했다. 옥타비아누스는 해로를 통해 얼마든지 보급품을 조달할 수 있었기 때문이다. 그렇지만 옥타비아누스로 하여금 싸움에 나서게 만들 또 다른 방법이 남아 있었다.

안토니우스는 옥타비아누스의 식수원을 봉쇄할 수 있었다. 그래서 안토니우스는 미칼리치 언덕 아래쪽의 샘물 주위에 누벽을 설치하게 했다. 그리고 기병대를 파견하여 적이 로우로스강에 접근하는 것을 차단했다. 오리, 왜가리, 펠리컨, 기타 다양한 새가 서식하던 습지는 갑자기 기병들 사이에 피 튀기는 전장으로 변했다. 관련 사료들은 이 수원 봉쇄 작전이 결국 실패로 돌아갔다는 사실만 기록했으나, 작전 초기에는 상당한 성공을 거두었을 것이다. 당시의 주화들은 이 작전 전개의 어떤 시점에 안토니우스를 사령관으로 받들어 모셨다는 사실을 보여준다.[18] 이것들은 멋진 은화인데, 앞면에는 안토니우스의 두상이 새겨져 있고 뒷면에는 날개 달린 승리의 여신이 새겨져 있다. 여신은 한 손에는 리본(혹은 경기의 승리자에게 어울리는 머리끈) 달린 화관을 들었고 다른 한 손에는 종려나무 가지를 들고 있다. 설사 안토니우스가 미칼리치 근처에서 옥타비아누스를 상대로 성공을 거두었더라도 그 승리는 일시적이었다. 적을 완전히 차단하려면 그는 8킬로미터에 걸쳐 전선을 구축해야 했는데 이는 쉬운 일이 아니었다. 아마도 시간이 흐르면서 이 전선 근처에서 여러 차례 교전이 있었을 것이다. 그러나 옥타비아누스의 기병대가 연속해서 성공을 거두자 파플라고니아(오늘날의 튀르키예 북서부)의 데이오타루스 필라델푸스 왕이 안토니우스를 배신하고 옥타비아누스 편에 붙었다.[19] 이 무렵, 트라케의 왕 로이메탈케스도 옥타비아누스 편으로 넘어갔다.[20]

파플라고니아와 마찬가지로 트라케도 기병대로 유명한 고장이었다. 기병대는 로우로스강으로의 접근을 통제하는 데 핵심 전력이었기에 두 왕의 배신은 안토니우스의 희망에 엄청난 타격을 입혔다. 두왕이 우연히 편을 바꾸었다거나 전쟁이 옥타비아누스 쪽으로 유리하게 전개되고 있다고 스스로 판단해서 변절했다고 생각하면 안 된다. 그들은 옥타비아누스와 여러 차례 협상을 벌인 끝에 그렇게 변절했다. 물론 그들 사이에 어떤 메시지의 교환이 있었을 것이다. 게다가 옥타비아누스는 안토니우스의 캠프에 비밀 첩자들을 심어놓았다. 어쩌면 옥타비아누스는 안토니우스의 동맹들이 악티움에 도착하기 전에 미리 은밀하게 접촉하여 의사를 타진했는지도 모른다.

게다가 옥타비아누스는 과거에 반란을 배후에서 사주하는 데 능숙했던 사람이다. 그가 권력자로 부상하는 과정에서 이 같은 수법을 써먹은 것은 기원전 44년 후반기다. 그때 그는 아직 스무 살도 안 되었는데 그런 권모술수를 썼다. 그 캠프에 스며들어 있던 옥타비아누스의 첩자들은 안토니우스의 캠프 안에 불만이 가득하다는 소문을 듣고 안토니우스의 부대 중 2개 군단을 회유하여 카이사르의 젊은 후계자 편에 붙게 했던 것이다.[21] 당연히 첩자들은 병사들에게 높은 봉급 인상을 약속했다. 그 작전은 성공했고 옥타비아누스에게 개인 군대를 제공했다. 카이사르 사망 직후의 혼란스러운 시기에 2개 군단은 매우 유익한 정권 장악의 도구가 되었다. 이제 30대 초반의 노련한 장군이 된 옥타비아누스는 안토니우스에게서 다시 한번 군대를 빼내 오는 일을 그리 어렵지 않게 여겼을 것이다.

산책하러 나간 안토니우스가 적에게 거의 사로잡힐 뻔했다는 일화가 있는데,[22] 이것이 프로파간다가 아니라 사실이라면 안토니우스는 또 다른 위기의 순간을 맞이한 셈이다. 북쪽 곶에서는 기다랗게 늘어선 두 벽이 안토니우스의 캠프를 항구와 연결해주었다. 그는 소규모 근위병만 거느리고 이 벽을 따라 자주 산책하러 나갔다. 한 노예가 이 사실을 주목하고서 옥타비아누스에게 밀고했고, 옥타비아누스는 즉시 매복하여 그를 생포하라는 지시를 내렸다. 매복 중이던 병사들은 안토니우스를 거의 사로잡을 뻔했다. 그러나 너무 일찍 공격에 나서는 바람에 안토니우스가 황급히 달아남으로써 위기를 모면했다. 하지만 사령관이 적을 피해 달아난 것은 영 체면에 어울리지 않는 일이었다. 옥타비아누스의 매복 부대는 안토니우스 앞에서 걸어오던 병사를 사로잡는 데 만족해야 했다.

안토니우스의 군대를 다른 곳으로 돌리기 위해 옥타비아누스는 그리스와 마케도니아 쪽으로 일부 병력을 파견했으나, 그것은 일시적 유인책에 지나지 않았다. 안토니우스는 나중에 미칼리치 근처에서 또다시 적의 식수원을 차단하려 했다. 이번에는 그가 직접 공격을 주도했으나 또 다른 배신자가 나옴으로써 실패했다. 갈라티아의 왕 아민타스가 옥타비아누스 편에 붙은 것이다. 아민타스는 배신에 이골이 난 왕이었다. 필리피에서 브루투스와 카시우스를 배신했던 그가 이번에는 안토니우스를 배신했다.

아민타스가 악티움에서 안토니우스를 배신한 것은 중요한 사건이다. 아민타스는 기병 2000명을 데려왔기 때문이다. 그 기병 대원들은 켈트족이었고 우수한 기병대로 명성이 높았다. 로마에서 시인 호라티우스는 그 갈리아(켈트) 기병 전사들이 옥타비아누스의 캠프로 귀순하면서 '카이사르'라고 외쳤다고 썼다.[23] 시인은 또 그 기병대원들이 여자와 내시에게 굽실거리는 안토니우스를 혐오했다고 말했다.

사람들은 승자 편에 붙고 싶어서 배신을 자행한다. 기원전 32년의 봄과 여름에 승자는 옥타비아누스가 될 듯이 보였다. 그는 정치적 지원, 금전, 승리의 약속을 내놓을 수 있었다. 그와 아그리파가 승리를 거둘 때마다, 자신의 왕위 보전이 최고 관심사인 현지 왕들과 통치자들은 승자를 선호하는 쪽으로 저울추가 기울었다. 게다가 클레오파트라 문제가 있었다. 동방의 왕들은 안토니우스의 지원으로 그녀의 왕국과 권력이 커지는 것을 지켜보기 위해 안토니우스에게 줄을 선 것은 아니었다. 그들의 질투, 불만, 공포는 옥타비아누스의 첩자들이 활약할 널찍한 공간을 제공했다.

　기원전 32년 여름에 이르러, 옥타비아누스와 아그리파는 리더십과 팀워크의 모범을 보였다. 이와는 대조적으로 안토니우스는 실망스러운 태도를 보였다. 그는 적이 자신의 보급선을 끊는 것을 막지 못했고, 주요 항구 맞은편에 강력한 기지를 건설하는 것도 방치했으며, 자신의 소규모 함대를 상대로 전략적 성공을 거두는 것도 저지하지 못했다. 안토니우스는 지상전에서 승리를 거둔 것처럼 보였으나 이는 일시적 승리였을 뿐이다. 그리고 안토니우스의 동맹 세력은 변절함으로써 동맹 관계에 커다란 금이 가고 있음을 드러냈다.

　안토니우스는 비좁은 해협을 건너 악티움의 주요 캠프로 돌아오면서 어떻게 해야 이 전쟁에서 이길 수 있을지 의문이 들기 시작했다.

마르쿠스 안토니우스. 기원전 40년에 발행된 이 황금 주화에는 안토니우스의 초상이 새겨져 있고, 개선장군이자 삼두의 일원이라는 그의 관직이 기록되어 있다.

옥타비아누스. 기원전 29~27년에 발행된 이 데나리우스 은화는 젊은 옥타비아누스의 옆얼굴을 보여준다. 뒷면에는 개선문과 그 위에 놓인 사두마차가 새겨져 있는데, 옥타비아누스는 사두마차 위에 서 있다. 개선문에는 '개선장군 옥타비아누스'라는 기명이 새겨져 있다.

4

클레오파트라. 대다수 학자들이 이 대리석 흉상을 클레오파트라의 흉상으로 인정한다. 머리카락은 세심하게 단장되어 있다. 넓은 왕관, 즉 왕의 신분을 나타내는 리본도 머리에 두르고 있다.

5

클레오파트라(왼쪽)와 안토니우스(오른쪽) 주화. 기원전 37~31년에 지중해 동부 지역에서 안토니우스에 의해 발행된 이 테트라드라크몬 은화는 강력한 두 통치자를 보여준다. 클레오파트라는 원숙한 군주다운 모습이고, 안토니우스는 당당한 풍모를 보여준다.

6

기원전 39년에 안토니우스는 새 아내 옥타비아의 초상을 새겨 넣은 이 금화를 발행했다. 옥타비아는 당시 안토니우스의 동맹이었고 나중에 라이벌이 되는 옥타비아누스의 누나다.

7

이집트 덴데라에 있는 하토르 신전 벽의 돌을새김 조각. 왼쪽이 클레오파트라이고 오른쪽이 율리우스 카이사르의 아들이라고 말해지는 카이사리온이다. 이집트 백성들을 의식한 조각이라 모자는 그리스식이 아닌 이집트식 복장으로 묘사되어 있다. 그리스식 복장은 그리스인과 로마인을 상대로 할 때 착용했다.

8

이집트에서 발견된 이 청동 소조각상은 몇몇 사람에 의해 안토니우스와 클레오파트라의 맏아들인 알렉산드로스 헬리오스로 판정되었다. 그는 바지를 입었고 피라미드풍의 모자를 썼는데 그리스와 로마에서는 낯선 복장이다. 하지만 그가 왕자로 선언된 아르메니아에서는 흔한 복장이었다.

9

안토니우스가 휘하의 제3군단을 기념하기 위해 기원전 32~31년 발행한 이 데나리우스 은화에는 전함이 새겨져 있고, 안토니우스가 복점관이자 삼두의 일원이라고 쓰어 있다.

메토네의 요새. 이 베네치아-오스만풍의 요새는 고대 성채의 자리 위에 세워졌다. 이 요새에서 바라보면 멀리 사피엔차섬이 보인다.

니코폴리스 바로 위에 있는 미칼리치(옥타비아누스의 사령부)에서 남쪽 악티움곶을 내려다본 모습. 미칼리치에는 나중에 승전 기념물이 세워졌다.

12

로마의 전함. 이탈리아의 프라이네스테(오늘날의 팔레스트리나)에 있는 포르투나 신전에서 나온 이 갤리선 부조는 악티움 해전에 투입된 배에서 발견될 법한 무장 병력과 투석탑을 보여준다. 이 전함의 연대는 기원전 1세기 후반에서 기원후 1세기 후반 사이일 것으로 추정된다.

13

안토니우스가 자기 배를 스스로 찌른 후에 연인 클레오파트라의 품에 안겨 죽어가는 장면. 바르톨로메오 피넬리가 19세기 초에 종이에 찍은 동판화다.

14

니코폴리스 위쪽 언덕에 세워진 승전 기념물의 일부분. 로마에서 거행된 악티움 개선식을 묘사한 돌을새김 조각으로, 토가를 입고 승리의 월계관을 쓴 이 고관들은 원로원 의원으로 보이며 옥타비아누스 개선식 마차 뒤에서 걸어갔을 것이다.

옥타비아누스의 승전 기념물 포디움(기둥을 떠받치는 낮은 토대) 벽에 마련된 빈 충각 소켓(보관처)의 현재 모습. 과거 안토니우스의 거대한 함선들 앞부분에 달려 있던 청동 충각을 이 소켓에 보관했다.

16

옥타비아누스 승전 기념물의 포디움을 재구성한 그림으로, 기다란 보관벽에 부착되어 일렬로 늘어선 전함 충각이 묘사되어 있다.

17

18

기원전 20~19년에 발행된 아우구스투스의 아우레우스 금화. 뒷면에는 미덕의 황금 방패를 월계수 가지가 둘러싸고 있고 SPQR(로마 원로원과 민중)이라는 철자를 네 귀퉁이에, 그리고 카이사르 아우구스투스라는 이름을 위아래에 새겨 넣었다. 아우구스투스의 월계관과 방패는 원로원에서 그에게 수여한 것이다.

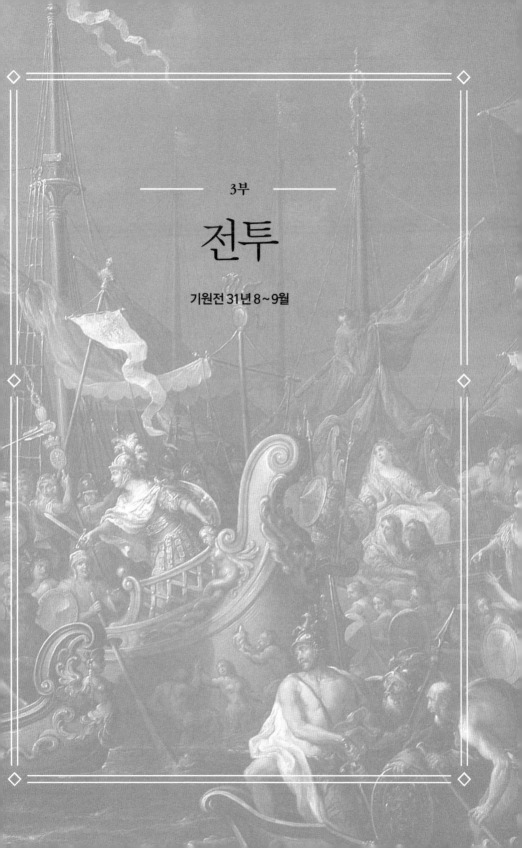

3부

전투

기원전 31년 8~9월

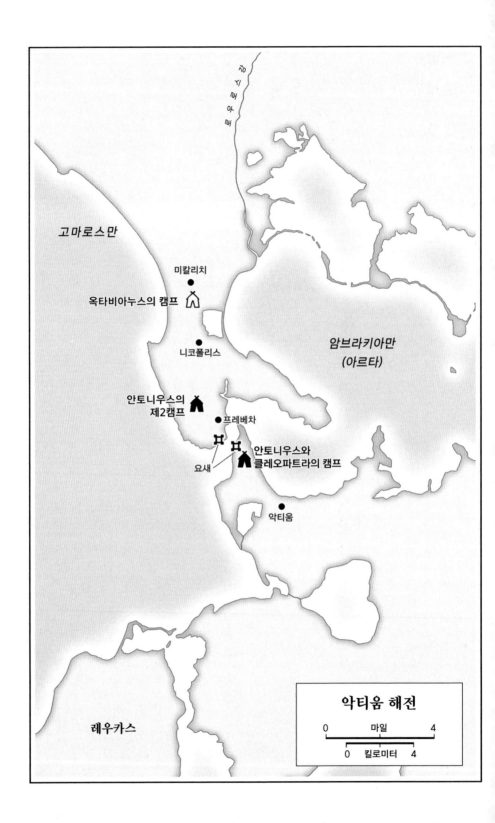

고마로스만

미칼리치

옥타비아누스의 캠프

니코폴리스

암브라키아만
(아르타)

안토니우스의
제2캠프

프레베차

요새

안토니우스와
클레오파트라의 캠프

악티움

레우카스

악티움 해전

0   마일   4

0   킬로미터   4

10

아폴론의 복수

기원전 31년 8월, 악티움

병사들이 죽어가고 있었다. 캠프 주위의 여기저기서 어떤 병사들은 말라리아로, 어떤 병사들은 이질로 쓰러졌다.[1] 많은 병사가 배가 고프고 목이 말랐는데 그로 인해 저항력이 약해졌고, 여름의 무더위가 그런 악조건을 더 악화했다. 그 광경은 《일리아스》의 첫 장면과 흡사했다. 이 위대한 서사시에서 호메로스는 아폴론이 그리스 캠프를 전염병으로 응징한 상황을 서술했다. 그리스인들이 신의 예언자를 홀대해서였다.

> 함대가 보이자 그는 화살을 날려 보냈다.
> 그 깃털 달린 운명은 아래쪽으로 날아갔다.
> 처음에 그는 노새와 개를 공격했고
> 다음에는 병사들을 향해 날카로운 화살을 겨누었다.
> 아흐레 동안 신의 화살은 온 진중을 날아다녔다.
> 시체를 태우는 수많은 장작더미가 쉴 새 없이 타올랐다.[2]

하지만 죽어가는 것은 트로이에 주둔한 그리스 군대가 아니었다. 악티움에 진주한 로마 군대, 특히 안토니우스의 군대였다.

역사적으로 볼 때 전투에서 죽은 병사보다 질병으로 죽은 병사가 더 많다. 악티움의 안토니우스 병력이 좋은 사례다. 우리는 정확한 데이터를 가지고 있지는 않으나, 그때가 얼마나 심각한 위기 상황이었는지를 보여주는 지표는 갖고 있다. 안토니우스는 기원전 32년 3월에 에페수스에 전함 500척을 집결시켰다. 악티움에서 실제 전투에 돌입한다면, 그는 보유한 전함의 절반 정도에만 인력을 배치할 수 있었을 것이다. 보급선이 아주 길어서 어떤 배들은 다른 곳에 나가 있었고, 어떤 배들은 적의 공격을 받아 침몰했다. 고대의 사료들은 일관되게 그의 전함은 인력이 부족했다고 기록한다. 또 배의 노잡이로 투입할 건장한 장정을 모집하기 위해 안토니우스의 부하들이 그리스 전역에 파견되어 병력 모집에 혈안이 되어 있었다.[3] 안토니우스는 그리스에 주민이 남아 있는 한, 노잡이가 부족하지는 않을 것이라고 말했다고 한다.[4] 그 무렵 안토니우스의 부하들은 그리스 중부에서 자유민들을 매질하여 곡식 자루를 코린토스만의 바다로 수송하도록 강요했다.[5] 곡식을 악티움에 있는 안토니우스의 부대로 보내기 위해서였다.

어쩌면 안토니우스는 《일리아스》를 머릿속에 떠올렸는지도 모른다. 그는 교육받은 사람이었고, 귀족 계급의 로마인이 그러하듯이 그리스 문학을 공부했다. 따라서 그는 아폴론이 트로이의 그리스 군대에게 전염병을 퍼뜨렸다는 서술도 기억했을 것이다. 아폴론이 옥타비아누스의 수호신이라는 사실도 잊을 리 만무했다. 반면에 안토니우스는 디오니소스와 헤라클레스를 선호했다. 안토니우스처럼 행동을 중시하는 사람은 이런 점을 깊이 생각하지 않았을 수도 있지만, 안토니우스 캠프의 다른 사람들은 그런 고사를 떠올렸을 것이고 그 것이 병사들의 사기를 꺾어놓았다.

옥타비아누스의 전략은 주효했다. 그는 지상전을 회피하는 한편, 아그리파가 해상에서 계속 승리를 거두도록 격려했다. 아그리파는 적의 기지들을 함락시키거나 적의 소규모 함대를 파괴했다. 이렇게 하여 옥타비아누스의 군대는 적의 목을 서서히 졸랐다. 그렇게 일단 바다를 장악하고 나자, 옥타비아누스는 적의 캠프에 곡식 등의 물자 가 반입되는 것을 봉쇄할 수 있었다. 게다가 그의 병사들은 좀 더 위 생 상태가 좋은 고지대의 캠프에 주둔하고 있었다. 안토니우스의 군 대와 달리 식량 조달이 원활했고, 식수원을 차단하려는 안토니우스 의 작전도 물리칠 수 있었다. 이렇게 전황이 나빠지자 환멸을 느낀 안토니우스의 동맹들은 옥타비아누스 쪽으로 탈주했다.

안토니우스는 신들의 분노를 어떻게 멈출 수 있을지 생각해보았을 것이다. 그러나 전쟁의 현실이 너무나 가혹하여 기도만으로 병사들 을 구제할 수 없다는 것도 잘 알았다. 그 결과 아킬레우스가 《일리아 스》에서 도달한 것과 똑같은 결론에 이르렀다. 이제는 철수해야 할 시간이라는 것이었다. 아킬레우스는 작전 회의에서 동료 장군들에게 이렇게 요청했다.

이 치명적인 트로이 해안을 떠나는 게 좋겠습니다.
우리가 전에 건너왔던 바다를 거쳐서 귀국해야겠습니다.
전염병이 전투에서 살아남은 병사들을 죽이고 있으니

이제 전쟁에서 생존한 자들을 구제해야 할 때입니다.[6]

인용된 시의 '트로이 해안'을 '그리스 해안'으로 바꾸어놓으면, 악티움에 주둔한 안토니우스 군대의 상황을 그대로 묘사한 것이 된다. 이제 그 해안을 떠남으로써 남아 있는 병사들만이라도 구해야 할 시간이었다.

그 시간은 온 세상을 뒤흔든 6개월이었다. 2월 말에 안토니우스의 군대는 겨울잠에서 벗어나 이탈리아를 침공하거나 아니면 그리스에서 지상전을 벌이거나 둘 중 하나를 수행할 준비가 되어 있었다. 그런데 메토네를 빼앗겼고, 그리스 서부 일대에서 소규모 전투들이 벌어졌고, 아그리파가 안토니우스의 소규모 함대를 상대로 계속해서 승리를 거두었고, 옥타비아누스가 아드리아해를 성공적으로 건너와 아그리파와 합류했다. 이 두 사람을 악티움 북쪽의 고지대 캠프에서 몰아내려는 공격 작전은 거듭 실패로 돌아갔다. 그러는 과정에서 안토니우스의 육군과 해군은 점점 사기가 떨어졌고 핵심 동맹들이 적의 편으로 넘어갔다. 8월에 이르러 상황은 분명해졌다. 옥타비아누스와 아그리파, 그중에서도 아그리파는 위대한 마르쿠스 안토니우스보다 더 훌륭한 장군이었다. 안토니우스는 공격하는 자에서 공격당하는 자로 추락했다.[7]

아그리파는 바다에서 신출귀몰하는 재주를 발휘했다. 옥타비아누스는 그 덕분에 안토니우스의 거듭되는 공격에도 불구하고 고지대의 캠프를 그대로 유지할 수 있었다. 마치 최후의 모욕을 가하려는 듯이, 마지막 몇 달 동안의 어느 시점(정확히 언제인지는 알 수 없다)에 아그리파는 과감하게 코린토스만으로 진입하여 왕관의 보석에 해당하는 코린토스를 잠시 점령했다.[8] 안토니우스의 군대가 곧 그 도시를 수복했지만, 그런 일시적 실함은 그의 체면에 큰 손상을 가했다.

필리피 전투의 영웅이 어떻게 이토록 영락할 수 있을까? 우선 옥타비아누스와 아그리파는 지난 10년 동안 전쟁의 기술을 철저히 터득했다. 아그리파는 갈리아와 라인 강변에서 복무하면서 전투의 기술을 익혔고 페루시아 전투에 가담하여 옥타비아누스의 승리에 기여했다. 또 정교한 설계와 치밀한 작전 이행으로 섹스투스 폼페이우스를 물리치는 데 큰 공을 세웠다. 그리하여 아그리파와 옥타비아누스는 힘을 합해 일리리아의 로마 경계선을 내륙 쪽으로 크게 확대했다. 이런 전역에 참가하는 동안 두 사람은 로마 원로원에 월계수 가지로 장식된 승전보를 계속 보냈고, 그 문서만으로도 문서 보관소 하나를 만들 수 있을 정도였다. 반면에 안토니우스는 취약한 보급선에 의존한 나머지 그 자신의 처지를 취약하게 만들었다. 그 보급선에는 연결 고리가 너무 많아서 각각의 고리를 효율적으로 관리하기가 어려웠다.

안토니우스는 지상전을 펼쳐 신속한 승리를 거두고 싶어 했다. 하지만 오래 끄는 소모전에 말려들고 말았고, 적이 해상을 장악하는 바람에 그런 형태의 전투가 불가피했다.

관대함과 준엄함

도미티우스 아헤노바르부스는 이제 신물이 났다.[9] 1년 전, 에페수스에서 그는 클레오파트라에 대한 불만을 공개적으로 드러냈다. 이제 그의 마음속에서 여왕에 대한 또 다른 불만이 생겨났다. 관련 사료들은 구체적으로 기록하지 않았으나 그를 탈주하게 만들 만큼 불쾌한 어떤 것이었다. 그러나 결코 쉬운 결정은 아니었다. 과거에 옥타비아누스는 아헤노바르부스가 아무 관련이 없었는데도 율리우스 카이사르의 암살과 관련이 있다며 그를 사형시키려 했기 때문이다. 그 후 기원전 32년 당시 집정관이던 아헤노바르부스는 옥타비아누스를 용납하지 못하고 로마를 떠나 안토니우스에게로 갔던 것이다. 이제 아헤노바르부스는 옥타비아누스가 안토니우스 군대의 탈주를 권장한다고 판단하고, 예전의 적이 이번에는 자신을 관대하게 대해줄 것이라 믿고 탈주를 감행했다.

아헤노바르부스는 몸에서 열이 나는데도 탈주를 결행했다. 그는 노가 20여 개 달린 작은 갤리선을 타고 악티움 해협 바로 맞은편의 해안에서 하선하여 언덕을 올라가 적의 캠프로 들어갔다.

아헤노바르부스는 탈주 과정에서 들키지 않았을 가능성이 높다. 하지만 그의 부재는 곧 눈에 띄었다. 그는 안토니우스 휘하의 가장 유능한 제독이었기에 아무리 좋게 말한다 해도 안토니우스는 그의 탈주를 아주 불쾌하게 여겼다. 그렇지만 그는 호의의 제스처를 보여주기로 결심하고 남아 있던 아헤노바르부스의 짐, 그에게 충성하던 자들과 하인들까지 함께 보내주었다. 클레오파트라는 그런 조치를 못마땅하게 여겼으나 안토니우스는 카이사르의 선례를 따른 것이다.• 과거에 카이사르는 휘하의 제2인자가 적 캠프로 건너가자 그런 조치를 취했다.[10] 안토니우스가 그런 관대한 마음을 보여준 것은 옥타비아누스가 아닌 자신이 카이사르의 진정한 후계자임을 보여주려는 의도였다. 또한 경멸의 의미도 한 자락 깔고 있어서 이렇게 말하려는 의도도 있었을 것이다. 아헤노바르부스, 당신은 내게 그리 소중한 존재가 아니니 당신이 탈주했다고 해서 화를 낼 이유는 전혀 없소.

그러나 그의 배신은 안토니우스에게 큰 피해를 입혔다. 비록 아헤노바르부스가 병이 들어서 옥타비아누스에게 합류한 후로 아무것도 한 일이 없었다 할지라도 말이다. 우선 그는 적진에 상당한 작전 관련 정보를 넘겨주었을 수 있고, 설혹 그렇지 않다 하더라도 안토니우스로 하여금 그렇게 했으리라고 우려하게 만들었다. 게다가 그는 안토니우스의 캠프 내에서 일이 돌아가는 상황을 너무나 못마땅하게 생각한다는 것을 대내외에 천명함으로써 추가 탈주를 유도할 수 있었다. 실제로 그 이후에 많은 인사가 옥타비아누스 캠프로 도망했다.

안토니우스는 그런 탈주 행렬을 멈추기 위해 고문을 하기 시작했다. 그는 충성심이 의심스러운 두 고위직 인사를 고문하여 죽였다. 한 명은 시리아 왕인 이암블리쿠스이고, 다른 한 명은 로마 원로원 의원인 퀸투스 포스투미우스였다.[11] 하지만 고문은 아무 소용이 없었다. 한 사료에 따르면, 안토니우스에게서 옥타비아누스에게로 탈주하는 사건은 날마다 벌어졌지만 그 반대의 경우는 단 한 건도 없었

• 카이사르의 부하로서 가장 깊이 신임받던 인물로 라비에누스라는 자가 있었는데 이 사람마저 카이사르를 버리고 폼페이우스를 따라갔다. 그런데도 카이사르는 라비에누스의 재산을 전부 정리해서 그에게 보내주었다.

다.[12] 물론 이 말은 과장이겠지만 그리 틀린 이야기도 아니었다. 누가 언제 탈주했는지 그 연대는 불분명하지만, 다른 탈주자들로는 마르쿠스 루키니우스 크라수스와 마르쿠스 유니우스 실라누스가 있었다.[13] 전자는 섹스투스 폼페이우스의 추종자였다가 안토니우스에게 합류한 인물이었다. 후자는 클레오파트라 지지자들과 다툰 끝에 탈주에 나섰다. 이들 이외에도 다른 고위직 탈주자들도 있었다.

집정관(정치적으로 최고위직)까지 지낸 고위 인사로는 세 사람만이 안토니우스의 곁을 지켰다. 카니디우스, 가이우스 소시우스, 루키우스 겔리우스 푸블리콜라였다. 푸블리콜라는 이 시대의 다른 많은 인물이 그러하듯이 훌륭한 장편 소설 주인공 감이다. 그는 처음엔 브루투스를 섬기다가 이어 안토니우스 쪽에 붙었다. 이런 통상적인 정치적 배신 말고도 그에게는 가정사도 있었다. 유서 깊은 귀족 가문에서 태어난 푸블리콜라는 저명한 인물의 양자로 들어갔는데 이 양아버지는 로마의 귀족이 아니었다.[14] 소문에 의하면, 푸블리콜라는 양아버지의 둘째 아내와 간통을 저질렀다.

푸블리콜라의 형제인 마르쿠스 발레리우스 메살라 코르비누스는 원래 안토니우스를 섬겼으나, 기원전 35년에 이르러 옥타비아누스 편으로 돌아섰다.[15] 기원전 31년에는 옥타비아누스와 함께 공동 집정관을 역임했고 악티움 전투에서는 집정관 동료에게 협력했다. 그래서 두 형제는 악티움 해협을 사이에 두고서 마주 보며 싸우는 처지가 되었다.

실패한 탈출 작전

병사가 부족한 안토니우스는 델리우스와 아민타스를 마케도니아와 트라케로 보내 용병을 모집해 오라고 지시했다.[16] 안토니우스는 이들의 충성심을 의심해 자신이 직접 따라가기로 결정했다. 그의 의심은 결국 옳았던 것으로 판명되었지만, 아마도 악티움에서 잠시 벗어나고 싶은 마음도 있었을 것이다. 그러다 보면 자신의 뒤를 따라온 옥타비아누스를 함정에 빠뜨릴 수 있을지 모른다고 내심 생각했을 것이다. 하지만 일은 안토니우스의 생각대로 돌아가지 않았다. 용병도 데려오지 못했고 옥타비아누스를 함정에 빠뜨리지도 못했다.

그래서 이제 안토니우스가 움직일 수 있는 공간은 바다밖에 없었다. 그래서 그는 바다 쪽으로 움직였지만, 해상에서의 반격 작전을 몸소 지휘하지는 않았다. 어쩌면 최후의 일전을 위해 힘을 비축했는지도 모른다. 아니면, 그보다 좀 더 현실적인 판단인데, 자기 자신이 제독감은 아님을 알았기 때문이었을 수도 있다. 그는 바다를 잘 아는 사람에게 해군을 맡기고 싶어 했다. 그는 자신의 운명을 가이우스 소시우스의 손에 맡겼다. 아헤노바르부스가 해전에서는 좀 더 노련한 제독이었지만 그는 이제 안토니우스 곁에 없었다. 소시우스는 안토니우스와 마찬가지로 지상전에서 성공을 거둔 장군으로 잘 알려졌으나 해군의 일을 잘 알았을 뿐 아니라 충성스러운 장군이었다.

소시우스는 안토니우스 곁에서 경력을 쌓은 인물이었다. 그는 먼저 기원전 39년에 안토니우스의 재무관으로 일했다. 이어 안토니우스는 소시우스를 시리아와 킬리키아의 총독으로 임명했다. 소시우스로 하여금 무력으로 파르티아의 저항을 제압하면서 헤롯을 유대의 왕좌에 올려놓게 할 속셈이었던 것이다. 이 임무를 잘 수행한 데 대한 보상으로 소시우스는 기원전 34년에 로마에서 개선식을 거행하도록 허용되었다. 소시우스도 로마에서 아폴론 신전의 복원을 시행하여 안토니우스에게 봉사했다. 그 일을 보고 로마 시민들이 소시우스의 후원자인 안토니우스가 여전히 로마 시민들에게 신경 쓴다는 사실을 짐작할 수 있었다. 기원전 32년, 소시우스는 집정관에 올랐고 그 자리에서 옥타비아누스를 공격했는데, 옥타비아누스가 반격하자 로마를 떠나 에페수스의 안토니우스에게로 왔다.

소시우스는 자킨투스섬을 다스린 경력 덕분에 해군 업무를 잘 알게 되었다. 이 섬은 펠로폰네소스반도의 북서쪽 해안에서 약간 떨어진 전략적 요충지였다. 그의 이름은 기원전 39~32년에 이 섬에서 주조된 주화에서 나타난다.[17] 이 주화에는 안토니우스와 독수리가 새겨져 있다. 독수리는 프톨레마이오스 왕조의 상징이므로 클레오파트라의 상징이기도 하다. 천연 항구가 많은 자킨투스섬은 해군 기지로서 아주 적합한 곳이었고, 이 주화들은 그가 이 섬을 다스렸음을 암시한다.

그리하여 안토니우스는 소시우스를 선택하여 해상 봉쇄를 돌파하려 했다. 때는 한여름인 8월 초였다. 소시우스는 해상 전문가여서 공격 시점을 잘 잡았다. 짙은 안개를 기다렸다가 새벽이 오기 전에 해협으로 출항했다. 그의 목표물은 해협 바로 앞에 정박한 적장 루키우스 타리우스 루푸스 휘하의 소규모 함선들이었다. 비천한 가문 출신인 타리우스는 장래가 유망한 사람으로, 이 무렵에 벌써 원로원 의원으로 진출했을 것이다. 하지만 그날은 타리우스의 날이 아니었다. 소시우스는 불시에 그의 함대를 공격했고 적이 패주하자 그 뒤를 쫓았다. 그러나 그때 갑자기 아그리파가 더 월등한 함대와 병력을 이끌고 해상에 나타났다. 타리우스는 성공적으로 도망쳤고, 소시우스에게는 일이 그렇게 된 것이 오히려 다행이었다. 그는 전사한 아마누스의 왕 타르콘디모투스를 비롯해 상당한 병력 손실을 보았다.

결과적으로, 이 전투는 아그리파와 옥타비아누스가 거둔 중요한 승리였고, 소시우스와 안토니우스에게는 비참한 패배였다. 지상과 해상에서 전개된 두 번의 탈출 작전은 실패했다. 바로 이 무렵 안토니우스는 휘하 군단들을 남쪽 곶으로 이동시킬 결심을 했던 듯하다.[18] 병력 이동 작전은 야간에 수행되었다. 안토니우스는 미칼리치의 옥타비아누스 캠프를 계속 압박하고 싶은 마음이 있었으나, 이제는 그렇게 할 수가 없었다.

안토니우스의 전략적 실패

기원전 31년 여름, 악티움의 상황은 평소와 사뭇 달랐다. 안토니우스는 전략적으로 우수한 항구를 확보하고 벌써 여러 달 동안 그리스 서부 해안에 자리 잡았다는 이점을 안고 원정을 시작했다. 옥타비아누스는 최근에야 그곳에 도착했고 그나마 확보한 항구도 매우 빈약했다. 그러나 몇 달 후 옥타비아누스는 우위에 섰고 안토니우스는 살아남기 위해 몸부림을 쳐야 했다.

사태가 이 지경까지 이르게 한 진짜 책임자는 안토니우스다. 그는 해전을 수행할 준비가 되어 있지 않았다. 그가 볼 때 해군은 수송 수단 혹은 이탈리아를 침공할 때 필요한 공성 무기 정도에 지나지 않는 듯했다. 왜 안토니우스는 이처럼 준비가 부족했을까? 기원전 48년, 파르살루스 전투는 카이사르 측의 승리로 끝났는데, 안토니우스가 맡은 부대는 해상 전략을 쓰지 않고 승리를 거두었고 다른 부대는 해군 자원을 효과적으로 이용하지 못했다. 기원전 42년의 필리피 전투에서도 같은 이야기가 성립된다. 그래서 안토니우스는 이탈리아든 그리스든 옥타비아누스를 지상전으로 끌어들일 수 있으리라는 안일한 생각을 했을 수도 있다.

게다가 안토니우스는 휘하 병사들에게 올바른 방향을 제시하지 못했다. 그는 최고 사령관으로서 휘하 제독들의 사기를 올리기 위해 과감하면서도 진취적인 모습을 보였어야 마땅했다. 메토네에서 패배한 직후에 그리스 서부 해안에 늘어선 취약한 지점들의 수비를 보강했어야 했다. 파트라이, 코르키라, 레우카스를 지키려고 애썼어야 했고, 비록 일시적이긴 했으나 코린토스가 적의 수중에 떨어지는 모욕을 예방했어야 했다.

옥타비아누스는 바다의 통제권을 장악하자마자 공격에 나서 안토니우스를 수세로 몰아넣었다. 악티움 전쟁 당시, 수비보다는 공격에 나서는 편이 훨씬 유리했다. 적에게 적절히 반격하는 작전을 구사하지 않으면 수비전만으로는 전쟁에서 승리를 거두기가 대단히 어려웠다. 수비하는 군대는 초토화 작전을 써서 공격하는 부대가 식량을 조달하기 어렵게 만들거나, 공격 부대가 불리한 조건에서 싸우도록 유인해야 한다. 혹은 제2의 전선을 구축하여 매복 작전을 펴거나 적을 함정으로 유인하거나, 기술적 혁신 방안을 전개하거나, 전술적 패배를 도덕적·전략적 승리로 전환하거나, 새로운 동맹과 자원을 지속적으로 개발해야 한다. 안토니우스는 옥타비아누스가 식수원을 확보하지 못하도록 방해했고, 지상에서 전면전에 나서도록 유인하려 했고, 새로운 동맹을 확보하려 했으나, 이 모든 시도가 실패했다.

그렇다면 안토니우스는 악티움에서 철수하는, 고통스럽지만 불가피한 결단을 내렸어야 마땅했다. 예를 들어 5월에 그가 이렇게 철수 작전에 과감히 돌입했더라면 그는 휘하 부대를 그리스 중부로 이동시켜 적이 도착하기를 기다릴 수 있었을 것이다. 이는 기원전 48년에 디라키움 전투에서 패배한 직후에 카이사르가 내린 조치였다. 아니면 안토니우스는 휘하 육군과 해군을 방어 가능한 에게해의 일정한 지점으로 전부 이동시켜서 아테네, 크레타, 키레네(오늘날의 리비아)로 이어지는 방어선을 구축할 수도 있었을 것이다. 이렇게 하면 장군의 체면과 그리스 서부의 영토를 잃고 부하들의 탈주에 속도가 더 붙었겠지만, 우선 살아남아 훗날을 도모할 수 있었을 것이다. 그러나 8월은 시기적으로 너무 늦었다.

승리를 거두는 장군의 자질로는 훌륭한 판단, 과감성, 민첩성, 용감하면서도 결단 있는 리더십 등을 들 수 있다. 기원전 32년 봄과 여름에 안토니우스는 이런 자질이 부족했다. 왜? 아마도 최초의 결정적 해전을 치러야 한다는 두려움이 있었을 것이다. 아헤노바르부스와 소시우스 같은 노련한 제독들이 옆에 있다 해도 육상전과 해전을 잘 통합하기란 쉬운 일이 아니었다. 어쩌면 안토니우스는 전성기를 지났을 수도 있다. 어쩌면 그는 과감하고 경험 많고 재주가 뛰어난 아그리파에게 위압감을 느꼈을 수도 있다. 전쟁 초기만 하더라도 아그리파의 해군 경력과 휘하의 베테랑 군대만을 가지고 안토니우스 측의 우세한 물자와 재정 상황에 맞설 수 있겠느냐는 의문이 있었다. 하지만 더는 의문스러운 일이 아니었다.

그리고 리더십 문제가 있었다. 악티움 이전 지난 10년 동안 옥타비아누스는 전략을 결정하는 판단력이 계속 향상되었다. 그는 이탈리아 내에서 안토니우스의 정치적 도전을 물리쳤고 악티움에서 안토니우스의 동맹을 하나씩 이탈시켰다. 게다가 해군 전술에 능통한 전략가 아그리파가 측근으로 있었다.

안토니우스의 과거 경력을 살펴보면 그는 좋은 장군이기는 했으나 위대한 장군은 아니었다. 기원전 48년, 카이사르의 군단을 이탈리아에서 아드리아해를 건너 그리스 쪽으로 이동시켰을 때, 그는 용기와 지성을 과시했다. 브룬디시움에 캠프를 설치했을 때는 장군에 걸맞은 기질을 보여주었다. 그때 군대의 식수원을 차단하려는 적의 봉쇄 작전을 돌파했다. 그 뒤 이탈리아에서 휘하 전함들과 함께 아드리아해를 건너 그리스 동쪽 해안에 도착한 후에는 적의 매복 작전을 우회하여 카이사르와 합류했다. 그 직후 카이사르의 군대가 디라키움에서 포위당하자, 적의 예봉이 카이사르 전선을 돌파하려는 때에 과감하게 용기를 발휘하여 방어선을 지켜냈다. 몇 달 뒤, 그는 그리스 중부 파르살루스 전투에서 카이사르 군단의 좌익 부대를 지휘했다. 그가 이 역할을 잘 수행하긴 했으나 승리에 결정적으로 기여하지는 않앗고, 당시 최고 사령관은 카이사르였다. 그러나 그 후 기원전 42년 필리피에서 벌어진 두 전투에서는 카이사르 암살자들의 군대를 소탕한 공로를 인정받았다. 그것은 엄청난 성공이었다.

그러나 필리피에서의 승전은 안토니우스의 군사적 전략 못지않게 적장 카시우스의 자살과 브루투스의 조급함 탓이 컸다. 안토니우스의 군사적 기록을 살펴보면 두 가지 중대한 실패가 도드라진다. 하나는 기원전 43년 이탈리아 북부 무티나 공성전이고, 다른 하나는 기원전 36년 메디아 아트로파테네(이란 북서부)의 프라스파 공성전이다. 이 두 전투에서 안토니우스는 공격으로 실적을 올리기보다는 공성전에서 실패하고 침착하게 철수 작전을 벌인 것으로 기억된다. 종합해서 말하면, 안토니우스는 용기, 성실성, 역경 속에서의 침착성을 보여주었지만 그 자신이 직접 승리를 기획하여 성사시킨 경우는 거의 없었다.

안토니우스가 악티움에서 저지른 전략적 실패는 오로지 안토니우스 탓만은 아니었다. 전쟁사는 잘못 구상된 전략과 빈약한 군수 지원 계획으로 잘못 수행된 원정으로 가득하다. 이런 실패는 베테랑 장군들이 수행한 전쟁에서도 찾아볼 수 있다. 현지의 지리와 상황을 충분히 고려하지 않은 과감하면서도 야심만만한 작전 계획도 놀라울 정도로 흔하다. 가령 미국 독립 전쟁의 경우, 1777년 뉴욕주 새러토가에서 영국군 사령관 존 버고인과 헨리 클린턴의 실패한 작전을 보라. 두 장군은 그 이전에 각각 프랑스를 상대로 치른 7년 전쟁과 미국 독립 전쟁 초기에 뛰어난 전공을 올렸으나, 새러토가에서 벌어진 핵심적인 전투에서는 실패했다.

군사적 측면에서 심리적 측면으로 시선을 돌려보면, 먼저 안토니우스에게 적대적인 사료들의 설명이 눈에 들어온다. 안토니우스는 클레오파트라 때문에 남자다움을 완전히 거세당했다는 내용이다. 여왕이 그를 좌지우지했고, 휘하 군대를 그리스 서부 해안에 계속 묶어두려는 작전을 거듭 주장했다는 것이다. 클레오파트라가 그렇게 주장한 이유는 안토니우스 군대를 그곳에 묶어두어야만 이집트를 겨냥한 남서쪽 공격을 가장 잘 막아낼 수 있었기 때문이었다. 또 여왕의 휘하 부대가 지상전에 참가하여 승전의 영광을 일부 차지할 수 있었기 때문이었다. 적대적 사료들에 나타난 더 악의적인 비난은 안토니우스가 주취와 자기망상에 빠져서 정신을 못 차린다는 것이었다.

설사 독자가 이런 선정적인 역사적 해석을 받아들이지 않는다 하더라도 클레오파트라의 존재가 안토니우스 군대의 기강과 사기에 해로웠고 특히 지휘관급 인사들에게 아주 유해했다는 것은 충분히 알아볼 수 있을 것이다. 심지어 1년 전 에페수스에서 여왕의 충실한 지지자였던 카니디우스 크라수스마저 클레오파트라는 전쟁의 무대에서 빠져야 한다고 주장했다.[19] 여왕의 일신에 대한 공격이 아니라, 여왕과 휘하 함대와 이집트의 돈을 가능한 때에 안전한 곳으로 옮겨야한다는 주장이었다. 어쨌든 안토니우스 군대 지휘부 안에는 아헤노바르부스의 탈주 이후에도 클레오파트라를 달가워하지 않는 장군들이 분명 있었다.

작전 회의

8월 말이 되자 안토니우스는 악티움을 떠나는 것 말고는 선택 방안이 없었다. 유일한 문제는 언제 떠날 것이냐였다. 그는 작전 회의를 소집했다.[20] 회의는 캠프 정중앙에 있던 최고 사령관의 텐트(프라이토리움 praetorium)에서 개최될 예정이었다. 그 텐트를 중심으로 병사들의 텐트가 끝없이 동심원을 이루었다. 최고 사령관의 텐트는 보통 염소 가죽과 송아지 가죽을 사용했고, 크기는 약 400제곱미터, 4면 중 한 쪽 면이 60미터에 달했다. 카이사르는 기원전 48년 파르살루스의 폼페이우스 캠프 내에 있던 장교들의 텐트는 바닥에 신선한 잔디가 깔리고 은제 식기류를 사용하는 최고급 호화판이었다고 주장한 바 있다.[21] 따라서 안토니우스의 텐트가 그런 식으로 화려하게 치장되어 있었다고 해도 그리 놀라운 일은 아니었을 것이다.

안토니우스는 작전 회의를 주재했다. 우리는 회의에 참석한 사람들의 면면을 재구성해볼 수 있다. 군단 사령관 카니디우스 크라수스, 최고위 해군 제독 소시우스와 푸블리콜라, 다른 두 고위 장교 마르쿠스 인스테이우스와 마르쿠스 옥타비우스 등이다. 전에 호민관을 지낸 인스테이우스는 무티나 공성전 때 안토니우스를 보좌한 충성파였다. 옥타비우스는 옥타비아누스의 먼 친척일 것으로 짐작되는데 기원전 49~46년에 벌어진 내전에서 카이사르에게 대항하여 아드리아해와 북아프리카 해안에서 싸운 인물이다.

그리고 퀸투스 델리우스가 있었다. 그는 동방에서 외교관이자 장군으로서 중요한 자리를 맡으면서 안토니우스를 보좌했다. 특히 파르티아 전투에서 안토니우스 곁을 지켰다. 기원전 41년, 안토니우스는 델리우스를 이집트의 클레오파트라에게 파견하여 타르수스에 주둔하고 있던 자신에게 데려오는 임무를 맡았다. 그다음 해에도 델리우스에게 또 다른 중요한 업무를 맡겼다. 헤롯 왕을 도와 왕의 정적들을 제거하는 일이었다. 이어 기원전 36년에 메디아 원정이 시작되자 그를 클레오파트라에게 보내 당시 시리아에 있던 사령부로 데려오게 했다. 그렇지만 델리우스를 완전히 신임하기는 어려웠다. 안토니우스에게 합류하기 전에 그가 다른 두 사령관을 배신한 경험이 있었기 때문이다. 그래서 당시의 또 다른 공직 인사가 델리우스를 가리켜 "내전 시기에 말을 갈아탄 자"라는 별명을 붙였는데,[22] 델리우스가 여러 번 '말'을 갈아탔기에 한 말이었다. 별로 믿을 만한 이야기는 아니지만, 소문에 따르면 델리우스가 클레오파트라에게 외설적인 편지를 써 보냈다고 하는데, 몇몇 사람들은 이를 근거로 두 사람이 연인 관계였다고 추측했다.[23]

안토니우스는 아마도 작전 회의에 몇몇 수석 켄투리온centurion(백인대장)을 참석시켰을 것이다. 카이사르도 전에 이렇게 한 적이 있었다. 켄투리온은 현대의 보병 중대장에 해당하는데, 로마군 내에서 유일한 직업 군인이었다. 또 동맹군 사령관들도 참석했을 텐데, 그들은 클레오파트라의 승인을 받은 자들로 한정되었다. 고대 역사에서 작전 회의에 최초로 참석한 여성 군주가 클레오파트라는 아니었다. 가령 카리아의 여왕 아르테미시아 1세는 기원전 480년 살라미스 전투 직전에 페르시아 왕 크세르크세스 1세의 작전 회의에 참석했다. 그렇지만 역시 그리 흔한 일은 아니었다.

다른 지휘관들은 작전 회의에 참석하지 않아서 오히려 도드라졌다. 그들 중 일부는 탈주했고, 일부는 전투 중에 사망했고, 한 사람은 안토니우스에 의해 처형되었다. 이렇게 빠진 사람들이 모두 참석했던 작전 회의도 분명 있었을 것이다. 일부 참모가 사라진 점, 그리고 그 이유가 이미 어두운 그날의 작전 회의 분위기를 더 어둡게 했다.

카니디우스는 마케도니아나 트라케로 철수하여 그곳에서 지상전을 벌이자고 제안했다. 그는 현지 게타이족의 왕 디코메스가 도움을 줄 것이라는 이야기도 했다.[24] 디코메스에 대해서는 알려진 사실이 없다. 게타이족은 히스테르강(다뉴브강)과 흑해 사이의 지역에 사는 부유하고 호전적인 부족으로, 그 영토는 오늘날의 불가리아와 루마니아에 해당한다. 한 사료에 따르면, 게타이족 내부의 분열이 너무 심해서 안토니우스를 도와줄 수가 없었다고 한다. 그래도 아직 희망은 남아 있었다. 카니디우스는 아그리파처럼 노련한 제독을 상대하는 해전을 회피하는 것은 수치스러운 일이 아니라고 말했다고 한다. 그는 병력을 전함에 분산 배치하기보다는 군단들 휘하의 대규모 병력을 하나로 뭉쳐서 사용하는 방안을 강구해야 한다고 안토니우스에게 건의했다.[25]

하지만 그런 작전은 이미 너무 늦었다. 디코메스 방안은 실행할 가능성이 별로 높지 않은 이야기였고, 옥타비아누스가 안토니우스를 상대로 지상에서 전면전을 벌이는 데 동의할 것 같지도 않았다. 그는 지상전은 의도적으로 피한 터였다. 게다가 설령 옥타비아누스가 갑자기 지상전에 동의한다 하더라도 안토니우스의 군대는 이미 피폐한 상태였다. 병사들은 허기진 데다 질병에 시달리고 있었는데 충원이 잘 안 되었고, 게다가 사기가 크게 떨어진 상태였다. 옥타비아누스가 지상전을 거부한다 하더라도 안토니우스의 병사들은 이집트로 돌아갈 방법을 강구해야 했는데, 해군의 도움 없이는 거의 불가능한 일이었다. 그리고 더 분명한 사실은, 지상으로 철수하는 것은 함대를 완전히 포기한다는 뜻이었다.

육군도 해군도 좋은 상태가 아니어서 도저히 승리를 기약할 수 없었다. 그나마 해군은 전망이 나은 편이었다. 적군은 해상에서 이들의 출발을 막으려 들겠지만 일부 함대는 적의 봉쇄를 뚫고 도주할 수 있을 터였다. 안토니우스의 함대가 옥타비아누스의 함대를 물리칠 수도 있었다. 전투에서는 기이한 일들이 벌어지기도 하니까. 반면에 육군은 전멸할 위험성이 있었다. 탈출에 성공한 안토니우스의 함선들은 적선보다 더 기동성이 좋을 것이고, 또 식량 보급선에 훨씬 빠르게 도착할 수 있을 터였다. 안토니우스는 여전히 펠로폰네소스 남부의 타이나룸곶에 해군 기지를 보유하고 있었다. 그 기지는 악티움에서 항해하면 사흘 걸리는 거리에 있었는데, 전함들이 야간에 기항하는 곳이었다.

아마도 안토니우스는 휘하 함선들에 가장 건강하고 용맹한 병사들을 승선시키려 했을 것이다. 그 병사들은 최선의 전투 식량을 배급받을 것이었다.

안토니우스 캠프에 내린 햇빛은 군단병들의 전투모 위에서 반짝거렸다. 바다는 전함의 청동 앞부리를 둔탁한 청동-갈색-초록색으로 뒤섞어놓았다. 전략적 관점에서 보자면, 진짜 햇빛은 여왕이 이집트에서 가지고 온 금과 은 궤짝 위에서 반짝거렸다. 거기엔 금은보화가 상당량 있었을 것이고 다른 돈도 함께 섞여 있었을 것이다. 가령 동맹군들이 가져온 선물이라든지 안토니우스가 동방에서 징수했으나 로마로 보내지 않은 세금 같은 것들 말이다.

모든 사람이 그 돈을 원했다. 여왕과 안토니우스는 그 돈이 필요했다. 앞으로 전쟁을 계속 수행하려면 병력을 증강해야 해서 용병을 고용하려면 무엇보다 돈이 필요했다. 옥타비아누스는 육군과 해군을 유지하는 데 들어가는 군사비를 조달하기 위해 이탈리아 주민들을 가혹하게 쥐어짜는 바람에 사실상 그들의 등을 부러뜨려 놓았다. 그역시 적들 못지않게 클레오파트라의 돈을 차지하고 싶어 했다.

안토니우스와 클레오파트라는 악티움에서 탈출을 시도하면서 해군 전함에 엄청난 보물을 실었는데, 일찍이 그런 선례는 찾아보기가 어렵다. 그들은 그 보물을 지상으로 수송하는 방안을 선택할 수도 있었으나 바다가 그보다는 덜 위험했다. 바다 여행에도 위험이 따르긴 했으나 그 시기가 여름이어서 지중해가 비교적 잔잔했다. 육군의 위태로운 상태를 고려할 때 해군이 논리적 선택이었다.

여러 사료는 전투 계획을 수립한 지휘관을 설득해 어떤 계획을 마침내 채택하게 만든 사람은 클레오파트라였다고 주장한다.[26] 그녀의 제안은 이러했다. 몇몇 전략적 요충지에다 수비대를 주둔시켜 옥타비아누스로 하여금 그 요충지를 봉쇄하는 데 필요한 병력을 지상에 남겨두도록 유도한다. 그런 뒤 나머지 함대는 그녀와 안토니우스를 싣고서 이집트로 출발한다. 이런 최종안을 제안한 사람이 정말로 클레오파트라라면, 그녀가 분석 능력, 설득력, 영향력이 아주 뛰어났다는 증거가 된다. 또 안토니우스 부대가 그녀의 보물을 중시했다는 증거이기도 하다. 고대 지중해 지역에서 여성이 작전 회의에 참석하는 것도 드문 일인데, 그녀가 자신의 제안을 관철시켰다는 것은 더더욱 놀라운 일이다.

클레오파트라는 안토니우스에게 따로 다른 결정을 요청했을 수도 있다.[27] 그녀는 아마도 이렇게 말했을 것이다. 육군을 구제하기에는 이미 시기적으로 늦었다. 그러니 지상에 군단을 방기하는 것은 옥타비아누스에게 횡재를 안겨주는 것이 아니라 독배를 안겨주는 것이다. 지상에 남겨진 군대의 항복을 받아내기 위해 그는 땅과 돈이라는 달콤한 항복 조건을 제시해야 할 터인데, 그는 그 어떤 것도 갖고 있지 않다. 그가 돈을 마련하기 위해 이탈리아 주민들에게 또다시 세금을 부과하면 그의 적수들이 다시 들고일어날 수도 있다.

바다에서 전개될 상황을 예측하자면, 안토니우스와 클레오파트라는 운이 좋으면 적선이 들이닥치기 전에 휘하 함대를 안전한 곳으로 이동시킬 수 있을지도 모른다.[28] 그렇지만 일단 해전에 대비해야 했다.

여러 사료는 당연히 안토니우스와 클레오파트라의 이런 동기를 폄훼했다. 플루타르코스에 의하면, 안토니우스는 클레오파트라에게 붙어 있는 부속물에 불과했고, 해전에서 승리를 거두려 한 것은 오로지 그녀의 비위를 맞추기 위해서였다.[29] 카시우스 디오는 클레오파트라는 겁먹은 여자에 불과했고 나쁜 징조에 쉽게 굴복했다고 썼다.[30] 그러나 이는 사실이 아니고 또 그녀는 이기적으로 자신의 탈출만 생각하지는 않았다.[31] 적대적 시각의 역사가들이 그렇게 주장했을 뿐이다. 안토니우스와 클레오파트라는 냉엄한 현실을 직시했다. 지상전은 이제 더는 선택지가 아니었다. 악티움에서 탈출하는 방법은 딱 하나뿐이었다. 바로 해로를 이용하는 것이었다.

작전의 실행

우리는 안토니우스가 악티움 전투를 대비하여 세운 계획의 정확한 면면은 결코 알지 못할 것이다. 남아 있는 사료가 너무 적은 데다 몹시 적대적이기 때문이다. 우리가 할 수 있는 최선은 그럴듯하게 조합해 재구성해보는 것이다. 여러 세대에 걸친 학자들이 이런 작업을 해왔기 때문에 이런 조합이 가능해졌다. 약 100년 전, 학자들 사이에 열띤 논쟁이 벌어졌다. 안토니우스는 적의 함대를 파괴하고 승리할 가능성이 있었는가? 아니면 그가 할 수 있는 최선은 적 함대의 전열을 돌파하여 최대한 많은 전함을 이집트로 안전하게 대피시켜서 후일을 도모하는 것이었는가? 그때 이후 학자들 사이에서는 후자 쪽으로 의견 합치가 이루어졌다. 물론 신들의 가호를 입어 안토니우스가 임기응변으로 승리를 거두었을 가능성도 남겨놓았다. 요약하면, 악티움에서 안토니우스의 작전 계획은 탈출하는 것이었다. 적이 실수하거나, 혹은 날씨가 도와주어 탈출하던 중에 적에게서 승리를 거둘 수 있다면, 안토니우스는 그런 행운을 십분 활용했을 것이다.

안토니우스는 옥타비아누스의 함대가 자기 앞길을 막아서는 일 없이 악티움을 탈출할 수 있을 것으로 기대하지 않았다. 그는 적을 기습 공격할 계획도 세우지 않았다. 적의 첩자들이 캠프 내에 이미 침투했고 해협 건너편에서 캠프의 동정을 주시하는 상황에서 기습전은 원천적으로 불가능했다. 그렇지만 적이 자신의 작전이 무엇일지 궁금하게 만들 수는 있었다.

하지만 그 희망마저 고위급 인사인 델리우스가 마지막으로 탈주하는 바람에 산산조각 났다.[32] 이 베테랑 배신자는 옥타비아누스에게 안토니우스의 자세한 계획을 갖다 바침으로써 일찍이 지금까지 저지른 배신행위 중에서 가장 최종적이고 가장 수익성 높은 배신을 저질렀다. 그러자 옥타비아누스도 작전 회의를 소집했다.

참석자는 아그리파, 또 다른 제독 루키우스 아룬티우스와 마르쿠스 루리우스였다. 아룬티우스에게는 내전 시기에 흔히 발견되는 이야기가 있었다. 그는 로마 인근 도시 출신이었고 그의 집안은 부유했으나 원로원 의원을 배출하지는 못했다. 기원전 43년, 삼두가 그에게 사형을 선고하자 시칠리아의 섹스투스 폼페이우스를 찾아가 목숨을 건졌다. 기원전 39년의 사면령 이후에는 이탈리아로 돌아와 옥타비아누스 곁에서 싸웠다. 루리우스는 사르디니아 총독으로 근무하던 기원전 40년에 섹스투스 휘하의 한 제독에게 패하여 그 섬을 잃고 말았다. 그런 만큼 루리우스는 이번 악티움 전투에서 명예를 회복하고자 벼르고 있었다.

육군 사령관인 티투스 스타틸리우스 타우루스도 작전 회의에 참석했다. 그는 저명한 지휘관이었고 군사 경력으로 볼 때 아그리파에 버금갈 정도로 명성이 높았다. 아룬티우스와 마찬가지로 그는 이탈리아 남부 비非원로원 의원 가문 출신이었다. 그는 옥타비아누스 밑에서 근무하면서 명성을 얻었다. 섹스투스 폼페이우스를 상대로 한 전쟁에서 제독으로 일했고, 그런 뒤에는 로마령 아프리카(오늘날의 튀니지)를 평정하여 개선식이 수여되었으며, 그다음에는 일리리아 전쟁에 참여했다.

안토니우스 진영에서 넘어온 고위직 변절자들도 그 회의에 참석했는데, 갈라티아의 아민타스와 델리우스가 그들이었다.

옥타비아누스의 함대가 탈출하려는 적을 제지해야 한다는 데에는 이론의 여지가 없었다. 단지 하나 남은 것은 전략 문제였다. 전략 회의에서 혹은 그 직후, 안토니우스가 함선을 준비하는 상황을 보아가며 옥타비아누스와 아그리파는 작전을 논의했다.[33]

여러 사료에 따르면, 옥타비아누스는 안토니우스와 클레오파트라가 아무런 저항을 받지 않고 출항하도록 내버려둔 뒤, 쾌속선을 이용하여 그들 뒤를 쫓아가 공격하자고 제안했다. 그렇게 하면 안토니우스와 클레오파트라는 황급히 달아나기에 바쁠 것이고, 그러면 적의 나머지 함대를 설득하여 쉽게 귀순시킬 수 있을 것이라는 이야기였다. 옥타비아누스는 싸우지 않고도 이길 수 있다고 생각했다.

그러나 아그리파는 다른 의견을 제시했다.[34] 적선들은 달아날 준비를 했을 테니 돛을 활짝 펼치겠지만 아군의 배들은 전투에 대비하여 돛을 내려놓고 있어야 한다. 아마도 안토니우스는 순풍이 불어와 배를 남쪽으로 밀어주기를 기대할 것이다. 상황이 이렇게 돌아가면 우리 배는 안토니우스와 클레오파트라의 함대를 뒤쫓아갈 수 없게 된다. 그러니 유일한 방안은 적의 탈출을 아예 처음부터 막아버리는 것이다. 옥타비아누스는 이 의견에 동의했다. 그는 또다시 자신이 틀렸고 부하가 옳다고 인정해줌으로써 리더 기질을 유감없이 발휘했다.

안토니우스가 악티움에서 노릴 수 있는 최선의 결과는 휘하 전함의 최대 자산을 적절히 활용하는 것이었다. 대규모 함선은 선수를 강화된 목재로 보강해놓아서 선수끼리 충돌하면 강력한 타격을 입힐 수 있었다. 이 전함들이 적 함대의 전선을 향해 돌진하면 거기에 구멍을 낼 수도 있었다. 그런 뒤에 곧이어 해병 선봉대를 적의 갑판에 승선시켜 공격을 펼칠 수 있었다. 이렇게 하여 기선을 제압하면 적선이 겁을 먹고 달아날 수도 있었다.

하지만 대규모 전함들이 그렇게 할 기회는 적이 그런 상황에 전혀 대비하고 있지 않을 때뿐이었다. 그런데 델리우스가 아그리파에게 핵심 정보를 가져왔다. 아그리파는 안토니우스의 계획을 파악하자 그것에 맞추어 어떻게 반격해야 하는지 잘 알았다.

양군의 함대가 바다로 출항하기 이전에도 정보는 그 갈등에서 중요한 요소였다. 이미 로마 제국을 장악하기 위한 전쟁은 팸플릿, 연설, 공공 행사, 종교 의례 등을 통해 수행되고 있었다. 이제 양군의 무력이 일대 충돌을 일으키려 하는 전야에 정보는 다시 한번 핵심적 역할을 했다.

그리하여 전쟁의 무대는 완벽하게 마련되었다.

11

충돌

전투는 어린아이처럼 멋대로 움직이는 경향이 있다. 지휘관들은 사전에 철저하게 준비를 한다. 그들은 병력을 완벽한 대형으로 배치한다. 그들은 성공 가능성을 점칠 수 있고, 실패를 예상하면서 탈출로를 알아보려 할 수도 있다. 그들은 적과 맞서기 위해 막 출발하려는 영웅적인 전사들을 향해 사자후를 내지를 수도 있다. 하지만 마지막까지 세부 사항을 점검해도 그 결과를 확신하지는 못한다. 일은 얼마든지 예상과 다르게 굴러갈 수 있다. 병사들이 실수를 하기도 하고 느닷없이 바람이 불어오기도 하고, 행운의 화살·석궁·투석기 등이 적장을 쓰러뜨릴 수도 있다.

전투에 임하는 양군은 결과를 예측할 수 있다고 생각할지 모르나, 전쟁의 운명은 예언을 거부한다. 악티움 전투도 마찬가지다. 옥타비아누스와 아그리파, 안토니우스와 클레오파트라는 이 대전투에서 어떤 결과가 나올지 미리 알 수 있다고 생각했겠지만, 누구도 확신하지는 못했다.

옥타비아누스와 아그리파는 풍부한 해전 경험, 잘 먹어서 건강한 베테랑 선원들, 적진으로부터 꾸준히 흘러 들어오는 탈주자들의 행렬, 정보전의 우위 등 여러 가지 이점을 갖고 있었다. 반면에 안토니우스와 클레오파트라는 궁지에 몰린 해군을 보유하고 있었지만 그래도 적을 충분히 위험에 빠뜨릴 수 있는 규모였다. 비록 승리의 가능성은 희박했지만 안토니우스와 휘하 부대는 싸움에 나서는 것을 자존심과 생존 문제로 여겼다. 안토니우스의 해군은 규모도 작고 병력도 모자라긴 했으나 여전히 대규모 전함이 남아 있었다. 이 전함들은 적선을 상대로 선수 대 선수의 충돌 작전을 구사해 적선을 무용지물로 만들 수도 있었고, 무거운 돌 같은 발사체를 날리는 투석탑도 가지고 있었다. 아그리파와 옥타비아누스는 적의 이런 움직임을 예상하면서 최대한 실수를 저지르지 말아야 했다.

양측이 최후의 운명적 일전을 어떻게 준비했는지 자세히 살펴보자.

증거 사료들

악티움 전투를 종합적으로 이해하기 위해 우리는 증거 사료를 면밀하게 살펴야 한다. 두 건의 자세한 문헌 자료가 있다. 하나는 《플루타르코스 영웅전》 중 〈안토니우스의 생애〉이고 다른 하나는 카시우스 디오의 《로마사》다. 두 책 모두 동시대사는 아니지만, 저자들은 멸실되어 지금은 전하지 않는 동시대의 기록들을 읽고서 저술했을 것이다. 특히 옥타비아누스(아우구스투스)가 나중에 집필한, 편견 가득한

《회고록》을 참고했을 것이다. 플루타르코스도 카시우스 디오도 만족할 만한 이야기를 제공하지는 않지만, 유익한 정보를 많이 제공한다. 역사가 리비우스는 자세하고 탁월하면서 옥타비아누스에게 유리한 기록을 남겼으나, 이 기록은 전하지 않고 단지 간략한 요약본만 남아 있다. 시인 호라티우스는 시 두 편에서 악티움 해전을 언급했고, 베르길리우스는 장편 서사시 〈아이네이스〉에서 짧게 이 전투를 다루었으며, 시인 섹스투스 프로페르티우스도 여러 편의 시에서 이 해전을 노래했다. 이런 텍스트들은 옥타비아누스에게 아첨하기 위한 단편적 기록이어서 사료로서는 제한적 가치밖에 없다. 여러 역사적 설명을 살펴보면, 간결하면서도 편견이 들어간 것들이 후대의 여러 역사서에서 발견된다. 벨레이우스 파테르쿨루스는 대략 기원전 20년에서 기원후 30년까지 생존한 역사가이고, 플로루스는 기원후 1세기와 2세기 초에 살았고, 오로시우스는 조금 더 떨어진 시기인 4세기 말과 5세기 초에 살았던 인물이다.

고고학도 추가 증거를 제공한다. 악티움 인근의 바닷속에서 여러 유물이 발견되었다. 투구와 흉갑으로 무장한 여성(아마도 아테나 여신인 듯하다)의 머리와 어깨를 선수상으로 삼은 청동 보트의 부속품이 프레베차만에서 조금 떨어진 해역에서 발견되었다. 프레베차는 암브라키아만 입구의 북쪽 반도에 들어선 현대 도시인데, 이 일대는 악티움 해전이 실제로 벌어진 지역이다. 이 유물은 50센티미터 정도 되는 비교적 작은 물체여서, 당시의 작은 배에서 나왔을 것으로 추정된다. 제작 양식으로 보아 기원전 1세기에 그리스의 공방이나 프톨레마이오스 공방에서 제작된 듯하며, 따라서 안토니우스와 클레오파트라 함대에 소속된 배의 것으로 짐작된다. 또 다른 유물은 달걀 정도 크기의 자그마한 돌이다. 이 돌들은 1997년 탐사 때 수중 바닥에 떨어져 있는 모습을 사진으로 찍기는 했으나 건져내지는 못했다. 이 돌들은 전투에서 발사된 투석이었을 것으로 보인다. 한편 해양 고고학은 약 30개에 달하는 고대 전함의 충각을 발견했다.[1] 악티움에서 발견된 것들은 아니고 지중해의 다른 지역에서 건져낸 것들인데, 대체로 기원전 3세기의 것이다. 이 삼면 충각은 수면과 동일한 높이에 설치되어 갤리선이 몸체를 상하지 않게 보호하면서 적선을 공격하게 해주는 무기였다. 마지막으로, 주화와 프레스코 벽화가 있는데, 비록 간접적이긴 하지만 이것들도 중요한 정보를 제공한다.

그러나 가장 중요한 물적 증거는 해전 후에 옥타비아누스가 당시 자신의 캠프가 있던 지점에 세운 승전 기념물이다. 그리스 공공 고고학 기관에 근무하는 콘스탄티노스 자코스가 지난 25년 동안 이것을 체계적으로 조사했다. 자코스 팀의 발굴 유물들, 특히 고고학자 윌리엄 M. 머리가 발굴한 유물은 전함에 대한 정보를 다수 제공한다.[2] 옥타비아누스는 두 번째 기념물, 이른바 데카나이아dekanaia('10척 배의 기념비')를 악티움의 남쪽 곶에 세웠다.[3] 이 기념물의 잔해는 없지만, 문헌 사료에 따르면 여기에서 안토니우스 함대에 소속된 1단 노선에서 10단 노선까지 열 가지 종류의 배를 전시했다고 한다.

그러나 이런 유물들은 한쪽으로 치우쳐 있거나 불완전해서 악티움 전투의 재구성에 단단한 기반이 되지는 못한다. 따라서 학자들이 악티움 해전에서 실제로 어떤 일이 벌어졌는지를 두고 저마다 다른 의견을 내세우며 활발한 논쟁을 벌이는 것은 전혀 놀라운 일이 아니다. 그렇지만 100년에 걸친 조사연구와 논쟁 덕분에 악티움 전투의 세부까지는 아니어도 전반적인 윤곽에 대해서는 의견 일치가 이루어졌다.

준비

안토니우스와 클레오파트라는 그들의 작전 계획이 탈출임을 알리지 않은 채 함대를 준비시켰다. 만약 탈출이 목적이라는 걸 알리면 일부 병력은 뒤에 남아야 하므로 캠프 안에서 소요를 일으킬 수 있었기 때문이다. 수적으로 우세한 적을 상대로 성공적인 탈출을 시도하려면 상당한 대가를 치러야 했다. 안토니우스와 클레오파트라는 선박과 병력, 그것도 어쩌면 상당한 규모의 병력을 잃어야 한다는 것을 알았다. 더 나쁜 것은, 그들이 적의 해군을 물리치지 못한다면 뒤에 엄청난 육군 병력을 남겨놓아 그들 스스로 지상에서 탈출을 감행하게 만든다는 것이었다. 안토니우스의 육군은 기아, 질병, 탈주로 크게 사기가 떨어진 상태였기에, 설혹 악티움에서 부상을 입지 않고 살아남는다 하더라도 옥타비아누스와 아그리파의 보복을 피해 갈 것 같지 않았다.

안토니우스와 클레오파트라는 전투가 시작되기도 전에 휘하 병사들이 겁에 질려서 우왕좌왕하거나 반란을 일으키지 못하도록 막아야 했기에 그 작업은 은밀하게 시행되어야 했다. 그들은 먼저 일부 전함을 불태워야 했다.[4] 고통스러운 선택이었으나 그들은 그 배를 전부 진수시킬 만한 병력이 없었다. 뒤에 남겨서 적의 손에 떨어지게 하느니 차라리 불태워버리는 편이 나았다. 안토니우스는 3단 노선에서 10단 노선에 이르기까지 가장 크고 상태가 좋은 배만 골랐다. 그렇게 해서 선택된 배가 대략 170~200척이었고, 각각 약 60척으로 3개 함대를 구성했다.[5] 그는 또 약 60척의 이집트 배로 구성된 클레오파트라 선단을 선택했다. 따라서 바다에 나설 선박은 대략 230척이었다. 그 나머지 배들, 즉 소규모 전함과 상선은 대부분 불태우기로 했다.

　대형 선박도 불태워야 할 근거가 충분히 있었다. 10단 노선은 너무 커서 건강하고 충분히 휴식을 취한 노잡이들을 전원 배치하지 않는 한, 선수 대 선수의 충돌을 감행할 수가 없었다. 그런데 안토니우스는 그럴 만한 인원을 확보하지 못했다. 게다가 이런 배는 항해하다가 신속히 도주하는 데 별로 도움이 되지 못했다. 그러나 10단 노선을 불태울 때의 심리적 충격은 너무나 끔찍했고, 휘하 병사들에게 안토니우스가 승리할 가능성이 별로 없다는 사실을 분명히 보여주는 것이나 다름없었다.[6] 어쩌면 안토니우스 자신도 전쟁의 대의를 상실했다고 스스로 인정할 수밖에 없었을 것이다.[7] 대형 선박을 불태운다는 것은 패배를 인정하는 것이나 다름없으니까 말이다. 그래서 그는 10단 노선의 군사적 가치가 아무리 떨어진다 해도 전투에 참가시키기로 결정했다.

　안토니우스는 병사들과의 유대 관계가 돈독한 사령관으로 잘 알려졌던 만큼, 어쩌면 그들에게 진실을 말해주었을지도 모른다. 비록 그 가치에 의문이 있기는 하지만, 여러 사료가 캄캄한 한밤중에 안토니우스와 클레오파트라가 상당수의 금고를 배에다 실었다고 말한다.[8] 여기에는 클레오파트라의 왕실 금고와 개인 재산, 동맹국들에서 받아낸 돈, 안토니우스가 동부 여러 주에서 거두어들였으나 로마로 보내지 않은 세금과 조공 등이 포함되었다. 그 궤짝에는 주화는 물론이고 보석류, 금, 은이 들어 있었다. 또 전함에 탑승해 전투를 치른 군단병 2만 명의 누적된 봉급도 들어 있었다. 로마 제국의 군단 사령관은 병사들의 봉급 중 상당 부분을 바로 지급하지 않고 유보하여 그들이 그 돈을 같은 장소에서 모조리 써버리지 않도록 했다. 그처럼 봉급을 유보함으로써 병사들의 탈주를 미연에 막는 효과도 있었다.

안토니우스와 클레오파트라는 금궤를 배에다 선적하는 일은 매우 은밀하게 실시할 수 있었으나, 선박을 불태우는 일까지 은밀하게 할 수는 없었다.[9]

또 다른 사전 조치는 돛과 삭구를 배에다 싣는 것이었다. 통상적으로 전함은 전투에 돌입하면 노잡이의 완력에 의존하지, 무거워서 다루기 힘든 돛대나 도르래에는 의존하지 않는다. 따라서 조타수들은 돛대와 삭구를 지상에 놔두려 했는데, 안토니우스가 그 장비들을 강제로 배에다 싣게 했다. 안토니우스는, 악티움 바다는 바람이 많이 불고 배들이 무거우므로 전쟁에서 승리한 후에는 적선을 추격하기 위해 풍력을 이용해야 한다면서 이렇게 설명했다. "적의 도망병이 단 한 명도 빠져나가지 못하게 해야 해."[10] 그는 속으로는 빨리 항해하여 달아날 생각을 하면서도 겉으로는 이렇게 허풍을 쳤다.

같은 시기 혹은 그 직후에 안토니우스는 휘하의 모든 함대에 출발 준비를 끝내라고 지시했다. 배의 크기가 제각각 다르고 인력도 부족했다는 사실을 떠올리면, 얼마나 많은 노잡이와 선원이 승선했는지 확실히 말하기는 어렵다. 대략 4만 명 정도였을 것으로 추산한다. 거기에 더하여 안토니우스는 중무장 보병 2만 명, 궁수 2000명을 승선시켰다. 적의 갑판으로 병사들을 뛰어들게 하고 투석 무기를 발사하는 것은 이 시대 해전에서 중요한 방법이었다. 또 충각으로 적선의 선수나 선측을 들이받고, 적선의 노를 절단하는 것도 핵심 전술이었다. 이렇게 하자면 우수한 인원을 그 임무에 배치해야 했다.

한 병사는 전원 승선하라는 안토니우스의 결정에 불만을 품었다. 나중에 셰익스피어가 희곡에 도입하기도 한 이 일화를 플루타르코스는 다음과 같이 서술했다.[11] 한 켄투리온이 마침 옆을 지나가던 안토니우스에게 다가왔다. 켄투리온은 80명으로 구성된 부대를 이끄는 지휘관으로, 부대 행정과 기강 확립의 책임을 지고 군단의 일과가 잘 돌아가도록 관리하는 초급 간부다. 카이사르는 켄투리온을 중시하여 일부 수석 켄투리온을 작전 회의에 참여시켰다. 안토니우스도 아마 그렇게 했을 것이다. 그래서 이런 경우에 켄투리온의 발언은 의미가 있었다. 그는 얼굴에 상처가 있었는데 그 점이 그의 발언에 더 무게를 실어주었다.

그는 이렇게 말했다 한다. "사령관님, 왜 저런 비참한 나무 조각들 [배]에 당신의 희망을 거십니까?"[12] 그는 자신에게 지상전을 펼칠 기회를 준다면 정복하거나 죽거나 둘 중 하나를 선택하겠다고 말했다. 안토니우스는 아무 대답도 하지 않았으나 격려하는 몸짓과 따뜻한 표정을 지어 보였다고 한다. 아마도 이런 일은 실제로 벌어졌을 것이다. 로마 병사나 켄투리온이 사령관에게 자신의 속마음을 솔직하게 말하는 것은 그럴 법한 일이다. 그렇지만 플루타르코스(혹은 그의 사료)가 이런 상황에서 적당한 대사를 지어냈는지도 모른다.

이 켄투리온의 호소에는 그 당시 안토니우스의 병사들이 느낀 감정이 고스란히 반영되었을 것이다. 대다수 병사는 해전 경험이 없었는데, 바다에 나가본 적이 없는 병사들은 그 공포를 과장하는 경향이 있었다. 해전을 기술한 고대 저술가의 말대로, 해군을 선택할 때에는 갑판 위에서 싸운 경험이 있는 병사들인 전투 베테랑을 고르는 것이 중요했다.[13] 바다에 나가보지 못한 신참 병사들이 많은 안토니우스의 군대에서 많은 병사가 이 켄투리온의 호소에 공감했을 것이고, 할 수만 있다면 지상전을 하고 싶었을 것이다.

옥타비아누스 캠프의 전쟁 준비 상황에 대해서는 자세히 알려진 바가 없다. 그들은 첩보전에 능숙했기에 적의 작전을 충분히 파악하고 있었다. 안토니우스가 배를 태우는 연기는 누구에게나 잘 보였다. 악티움 해협 맞은편의 북쪽 곶에 나가 있던 옥타비아누스의 척후병들은 안토니우스 함대의 규모와 그 배치에 대한 자세한 정보를 얻을 수 있었다. 이미 해전에서 여러 차례를 승리를 거둔 데다, 적의 캠프에서 탈주자들이 계속 유입되는 상황이었으므로 옥타비아누스의 병사들은 자신감을 가질 만했다. 그렇지만 현실을 파악하는 능력도 뛰어난 그들은 안토니우스의 배들이 가할 충돌의 위험이나, 해병대 병사들이 갑판 위에 뛰어올라 백병전을 벌일 가능성을 결코 과소평가하지 않았다. 그들은 조심스럽게 작전을 수립하여 그 계획대로 움직일 준비가 되어 있었다. 그들은 안토니우스의 일차 목표가 적진을 뚫고 탈출하여 도주하는 것임을 알아챘다. 다음 목표는 충돌 작전으로 적선에 심각한 피해를 주려는 것인데, 그것도 전투가 그의 작전대로 진행될 경우에 가능했다. 델리우스의 첩보 덕분에 그들은 안토니우스가 처음에는 적선으로부터 측면 공격을 받지 않기 위해 해안에 바싹 붙어서 항해하리라는 사실을 알았다. 만약 측면 돌파를 허용한다면 옥타비아누스의 배가 안토니우스 측보다 2 대 1 비율로 많았기에 안토니우스는 몹시 위험한 상태에 빠지게 될 터였다. 안토니우스는 적선이 가까이 다가오면 성공적으로 탈출 작전을 수행하여 안전한 곳으로 도주할 수 있기를 희망했다.

옥타비아누스와 아그리파의 군대는 병력 수, 실전 경험, 최근에 거둔 승리, 병사들의 건강 및 영양 상태 등의 측면에서 안토니우스의 군대를 압도했다.

전투의 새벽

8월 29일, 모든 준비가 끝났다. 그러나 안토니우스의 배들은 그날 떠나지 못했고 그 후 사흘 동안 발이 묶였다. 강한 서풍이 불어와 배가 암브라키아만 밖으로 나갈 수가 없었기 때문이다. 병사들은 해안에 내려서 기다려야 했고 그로 인해 캠프 내의 긴장도가 더욱 높아졌다. 마침내 닷새째가 되자 "바람도 파도도 없는 평온한 날"이 돌아왔다. 이제 배들이 출항할 시간이었다. 날짜로는 기원전 31년 9월 2일이었다.

이날 오전 6시 7분에 악티움에 새벽이 찾아왔다.[14] 병사들과 지휘관들은 이 시간대에 이미 다 잠에서 깨어 있었다. 그들은 항해할 수 있는 정도의 햇빛만 들면 곧바로 출항할 계획이었다.

고대의 사령관들은 전투 직전에 휘하 병사들을 상대로 반드시 연설을 했다. 해상에서 사령관의 목소리를 확대할 좋은 수단이 없는 데다 수만 명의 병사가 전함에 나누어 타기 때문에 사령관의 목소리는 소수의 병사에게만 들렸다. 갑판 아래에 앉아 있는 노잡이들은 그 목소리를 거의 들을 수 없었다.

플루타르코스는 안토니우스가 작은 갤리선을 타고 배들을 순시했다고 기록했다.[15] 그는 병사들에게 차분하고 안정적인 자세로 전투에 임하라고 말했다. 자신들이 탄 배가 무거우니 마치 지상에 있는 것처럼 생각하고 싸우라고 했다는 것이다. 조타수들에게는 닻을 내리고 조용히 누워 있는 것처럼 침착하게 적의 충돌 공격에 맞서고, 만 입구의 수심이 깊지 않은 곳을 따라 항해하라고 지시했다. 모두 좋은 조언이었으나 맨 마지막 지시는 위험한 지시였다. 해안에 바싹 붙어서 항해하는 것은 합리적인 전술이었다. 그렇게 하면 해안 쪽은 적선이 침투할 수 없으므로 적선에 의해 포위되는 것을 예방할 수 있었다. 그렇지만 해안 쪽은 수심이 얕아서 배가 암초에 걸리지 않도록 조타수가 조심해야 했다. 배들이 난바다까지 나가는 데에는 800미터 정도 걸렸다.

플루타르코스는 옥타비아누스의 연설에 대해서는 기록하지 않았다. 그러나 카시우스 디오는 전투 전 연설을 두 건 소개했는데, 하나는 안토니우스의 것이고 다른 하나는 옥타비아누스의 것이다. 그리스 역사와 로마 역사에서 등장인물들이 하는 연설은 대체로 허구의 성격이 강하다. 연설자가 실제로 한 말이 아니라, 그런 분위기에서 했을 법한 말을 기록하는 식이다. 카시우스 디오가 쓴 연설 역시 사실로서의 가치는 없으나 제법 그럴듯하게 들린다. 옥타비아누스의 《회고록》을 포함하여 그 당시의 전쟁 프로파간다에 근거를 두었기 때문이다.

카시우스 디오가 기록한 연설에서 안토니우스는 옥타비아누스의 어린 나이와 일천한 군사적 업적에 비해 자신은 사령관으로서 많은 경험을 했고 뛰어난 기록을 세웠다고 말한다.[16] 물론 그 자신의 군사적 실패와 아그리파의 최근 성공은 언급하지 않는다. 안토니우스는 아군의 엄청난 재정적 능력과 적군의 빈약한 재정 상태를 비교한다. 또 장비의 우수성도 지적한다. 아군의 배는 매우 단단한 목재를 사용했으므로 정면에서 충돌하든 측면에서 충돌하든 끄떡없다고 말한다 (그러나 실제로는 측면 공격에는 취약했다). 또한 높은 갑판에는 투석탑이 설치되어 있고, 궁수와 투석병의 수도 압도적으로 많다고 역설했다. 그는 아그리파가 섹스투스 폼페이우스를 상대로 거둔 승리를 대단치 않은 일로 폄훼하면서, 섹스투스의 배들이 상태가 좋지 않았던 데다 노예 노잡이를 써서 몹시 취약한 상태였다고 말했다. (그러나 이 두 가지는 객관적 사실이 아니고, 노예에 대한 이야기도 과도한 편견이 개입된 것이다.) 아군은 적군보다 보병이 월등히 뛰어나다고 말한 다음, 이 해전에서 승리하면 병사들을 다른 지상전에 데려가겠다고 약속했다. 옥타비아누스가 공식적으로는 클레오파트라를 상대로 전쟁을 한다고 선전 포고했지만, 실제로는 안토니우스와 그 병사들을 상대로 싸우는 것이라는 점도 말했다. 그러나 안토니우스는 교활하게도 클레오파트라의 이름은 언급하지 않았다. 안토니우스는 옥타비아누스가 과거에 그 자신과 다른 경쟁자들을 어떻게 모질게 대했는지 열거하고서, 만약 이 전투에서 패한다면 어떤 끔찍한 결과가 기다릴지 똑똑히 알아야 한다고 말했다. 마지막으로, 그는 로마의 오래된 가치인 자유에 대해 말했다. 그는 공화국을 끈질기게 지지해온 병사들에게 이 주제로 호소했다.

플루타르코스는 옥타비아누스 캠프의 사정을 이렇게 서술했다. 아직 새벽이 오기 전이어서 어두운 때에 옥타비아누스는 텐트를 떠났다. 그는 언덕 아래로 내려가 배를 순시할 생각이었는데 그 길에서 노새를 몰고 가던 한 사내를 만났다. 사내의 이름을 묻자, 그는 자기 이름이 에우투케스('번영')이고 노새의 이름은 니콘('승리')이라고 답했다.[17] 고대 세계에서는 징조를 중시했는데, 그것은 분명 좋은 징조였다. 하지만 너무 좋은 것이어서 혹시 지어낸 이야기가 아닐까 하는 의심도 든다. 어쩌면 옥타비아누스의 병사들은 후대에 전해진 승전 기록의 묘사와는 다르게, 많이 긴장했을지도 모른다. 여러 해가 흐른 후, 옥타비아누스는 미칼리치 언덕의 승전 기념물 근처에다 그 노새 모는 남자의 청동 조각상을 세웠다.

카시우스 디오는 옥타비아누스가 전투 전에 휘하 병사들에게 했을 법한 연설을 기록했다. 옥타비아누스는 로마가 거둔 과거의 군사적 성공을 열거한 뒤, 그것이 현재의 적수와 뚜렷한 대조를 이룬다고 강조했다. 적수는 여자인 데다 이집트인이므로 로마인의 기준에 이중으로 미달하는 상대라는 것이다. 그는 고상한 로마인들이 클레오파트라에게 굴종하는 것을 개탄했고 무엇보다도 자신의 매형이자 국정 동반자였던 안토니우스가 그런 비천한 여자에게 굴복한 것에 분개했다. 그는 오로지 클레오파트라를 상대로 선전 포고를 함으로써 안토니우스가 정신이 번쩍 들기를 바랐으나, 그렇게 할 수가 없었다고 주장했다. 아무튼 안토니우스처럼 타락한 적수는 두려워할 상대가 전혀 못 되며 동방 세력 연합도 오합지졸에 불과하다고 매도했다. 로마는 이미 과거에 여러 차례 동방 사람들을 정복한 경험이 있었다. 안토니우스의 배들은 크고 단단하고 높지만 너무 무거워서 해전에서 제대로 기동성을 발휘할 수 없고, 그 결과 아군의 손쉬운 공격 목표가 된다고 말했다. (옥타비아누스는 그 무거운 배들이 최초의 공격에 성공한다면 아군 배들의 선수가 박살 나고 말 것이라는 점은 언급하지 않았다.) 게다가 옥타비아누스의 병사들은 이미 바다에서 여러 번 안토니우스의 배를 격퇴한 바 있다고 지적했다. (그건 사실이지만, 안토니우스의 함대 전체를 상대로 한 것은 아니었다.) 마지막으로, 적은 배에다 보물 궤짝을 가득 실었는데 이는 승리에 대한 믿음이 없음을 보여주는 결정적 증거라고 말했다.

이런 연설을 들어준 사람들은 대체로 지휘관들이었다. 일부는 열심히 들었을 것이고, 일부는 듣는 척했을 것이다. 일부는 신들에게 기도를 올렸고, 일부는 전투 행위의 즐거움과 승리 이후에 찾아올 봉급날을 생각하며 기뻐했을 것이다. 양군의 사령관들은 그런 식으로 연설을 했고, 연설로 병사들의 사기를 북돋는 시간은 빠르게 지나갔다.

그리하여 양군의 함대는 나팔 소리에 맞추어 해전에 나섰다.

전장 준비

후대의 프로파간다는 양군의 함대에 대해 그릇된 정보를 제공한다. 안토니우스의 함대가 거대한 전함들로 구성되어 옥타비아누스 함대의 날렵하고 용맹한 프리깃함에 대적하려 했다는 것이다. 기원후 2세기의 역사가인 플로루스는 안토니우스의 선박들이 너무 무겁고 둔탁하여 바다를 신음하게 만든 반면, 옥타비아누스의 배들은 민첩하게 기동했을 뿐만 아니라 조종하기도 쉬웠다고 기록했다.[18] 옥타비아누스 함대를 이룬 배들은 대다수가 가볍고 민첩한 배였다는 말이다. 이는 무겁고 무절제한 동방의 전제주의 대 절도 있는 공화국 미덕의 대결이라는 옥타비아누스의 프로파간다 전략에 어울리는 설명이다.

그러나 실제로 양쪽 군의 선박은 대부분이 그 크기나 용량이 비슷했다. 양군 다 4단 노선과 5단 노선이 주축이었다. 안토니우스의 전함 230척 중 30척 정도가 다른 배들보다 좀 더 컸을 뿐이다. 악티움 승전 기념물의 자료에 따르면, 안토니우스는 아마도 10단 노선 4척 혹은 그 이상, 9단 노선 4척, 8단 노선 5척, 7단 노선 6척, 그리고 6단 노선 8척을 보유했으리라는 합리적 추론이 가능하다.[19] 안토니우스는 소규모 선박은 대부분 불태워버렸으나, 전투 중에 척후와 전령 임무를 담당할 쾌속 갤리선은 여러 척 남겨두었을 것이다. 또 뱃전에서 바다로 떨어진 병사들을 건져 올릴 보트도 다수 남겨두었을 것이다.

옥타비아누스의 함대는 아그리파가 섹스투스 폼페이우스와 싸우기 위해 구축한 해군 함대와 별반 달라진 점이 없었다. 여러 사료가 그 함대를 "무겁다"라고 묘사했다.[20] 함대에는 쾌속정도 여러 척 포함되어 있었는데, 이 배들은 아드리아해 해안에 거주하는 리부르니아족이 사용하던 해적질용 선박이었다(옥타비아누스와 아그리파는 기원전 35~33년에 벌어진 일리리아 전쟁 때 이 부족을 정복했다). 옥타비아누스 자신은 악티움 해전 때 이 리부르니아 쾌속정에 승선했고, 그것을 보고 휘하 프로파간다 담당자들이 이 쾌속정이 전투에서 보여준 역할을 과장했다. 그러나 옥타비아누스 함대의 주력 부대는 무거운 배로 구성되어 있었다.

이 시대의 전형적인 해전에서, 교전을 벌이려는 두 함대는 상대를 마주 보며 전열을 형성했다. 양측 함대 모두 배가 일렬로 나란히 서서 한 일 자 모양의 전열을 구축했다. 그런 전선을 유지한 채 서로 접근하여 교전했다.

악티움에서 겨룬 양측 함대는 숫자, 병력, 구성에서 큰 차이를 보였다. 안토니우스의 배들은 선수 대 선수의 충돌에서 이점이 있었는데, 이런 충돌전은 이 시대에 해군이 전투를 개시할 때 선호하는 방법이었다. 이 때문에 적의 함대는 이와 유사한 작전에 말려들지 않으려 했다. 옥타비아누스와 아그리파의 함장들은 적선의 선수를 피하면서, 안토니우스의 전열 사이를 빠져나가 적선의 측면을 공격하거나 배후에서 공격하려 했다. 아니면 적선의 한쪽 측면에 접근하여 그들의 노를 절단하여 배를 못 쓰게 만드는 작전을 펴려 했다. 선수 대 선수 충돌전 이외에, 양측의 배는 가까이 접근하여 적선으로 뛰어 올라가 갑판에서 싸울 수도 있었다. 양군의 거리가 가까워지면 각 함대는 석궁과 투석기로 굵은 화살과 돌을 적선을 향해 날렸다. 거리가 좀 더 가까워지면 화살을 쏘고 창을 던졌다.

안토니우스의 배들은 충돌전과 갑판 백병전에서 불리했다. 노잡이 병력이 부족했고 특히 건강한 병사가 많지 않았기 때문이다.[21] 안토니우스는 적선으로부터 아군의 배를 보호하려는 조치를 취해야 했다. 적선은 크고, 빠르고, 기동력이 좋을 뿐만 아니라 건강한 노잡이들이 충분히 충원되어서 힘차게 항해할 수 있었기 때문이다. 그래서 지형지물의 도움을 받고자 했다. 그는 미리 세워진 작전대로 암브라키아만의 입구를 벗어난 직후, 해안을 옆에 끼고 항해하라고 지시했다. 그는 남북으로 5킬로미터 남짓 되게 휘하의 배를 배치했다. 해안의 한 지점, 혹은 왼쪽이나 오른쪽의 수심 얕은 여울이 있는 지점에 닻을 내림으로써 안토니우스는 아군 선박이 적에게 돌파당하는 일을 미리 방지했다. 또 배들의 간격을 촘촘하게 유지함으로써 적선이 빈 공간을 뚫고 측면을 공격해 들어오지 못하게 했다.

안토니우스는 푸블리콜라의 도움을 받아가며 우익을 지휘했다. 인스테이우스와 마르쿠스 옥타비우스는 중군中軍을 지휘했고, 소시우스는 좌익을 맡았다. 휘하의 함대가 취약한 상태임을 고려할 때, 안토니우스는 함선들을 밀집시켜 적의 좌·우익 중 어느 한쪽에 강한 타격을 입혀서 나머지 적선들이 공포심을 느끼게 했을 수 있다.[22] 아니면 적들로 하여금 어느 한 장소에 공격을 집중하도록 유도하여 적의 전열에 빈 공간이 생기면 그걸 이용해 안토니우스의 나머지 배들이 탈출을 시도할 수도 있었다. 어느 경우든 안토니우스는 자신의 대형 함선을 어느 한 장소, 그러니까 그의 오른쪽(북쪽) 날개에 집중시키려 했다. 비록 증명되지는 않았지만 이는 상당히 그럴듯한 가설이다.

안토니우스는 제1선에 170척으로 이루어진 세 함대를 배치했다. 제1선 바로 뒤에는 클레오파트라와 60척의 이집트 함대가 배치되었다. 이집트 함대의 임무는 아군의 전열을 돌파한 적선들에 대응하여 싸우는 것이었다. 틀림없이 클레오파트라는 믿을 만한, 경험 많고 노련한 남성 제독들을 옆에 두었을 것이다. 교전 중인 함대의 지휘를 여성이 맡는 것은 비상한 일이었다.

안토니우스의 맞은편 약 2킬로미터 떨어진 곳에 옥타비아누스와 아그리파의 함대가 기다리고 있었다. 마르쿠스 루리우스는 우익을 지휘했고 아그리파는 좌익, 그리고 루키우스 아룬티우스는 중군을 담당했다. 아그리파는 안토니우스 바로 맞은편에서 대적하고 있었으므로 가장 중요한 위치였다. 옥타비아누스는 오른쪽에 있던 쾌속정에 승선했는데, 실제로 전반적인 작전은 아그리파에게 맡기고 그 자신은 교전 상태를 관찰했다.

베르길리우스는 〈아이네이스〉에서 이 해전의 상황을 그렸는데, 실제 상황은 이와 정반대였다. 시인은 전투가 벌어진 지 10년이 지나서 그에 관한 시를 썼는데, 그 장면을 이렇게 묘사했다.

한쪽에는 젊은 카이사르〔옥타비아누스〕가 뱃고물에 우뚝 서서
로마인들과 그들의 신들을 싸움터로 인도했다.
그의 환호하는 이마에서는 두 줄기의 화염이 뻗어 나오고
그의 머리 위에는 율리아누스의 별이 뜨고 있었다.

다른 곳에서는 바람과 신들의 도움을 받아

아그리파가 의기양양하게 대열을 이끌고 있었다.

그의 이마에서는 최고의 무공 훈장, 곧 함선의 충각 모양을

새겨 넣은 금관이 환히 빛났다.[23]

이 시에서 대열을 이끈 사람은 옥타비아누스라고 했으나, 실은 아그리파가 대열을 인도했고 옥타비아누스는 따라갔을 뿐이다.

안토니우스는 해안에 바싹 붙어서 하는 항해를 한없이 지속할 수는 없었다. 적을 맞아 싸울 생각이라면, 그리고 악티움을 벗어나 탈출에 성공하려면 넓은 바다로 나서야 했다. 게다가 아그리파는 안토니우스 함선들의 뱃머리에서 1킬로미터 남짓 떨어진 곳에 함대를 배치한 상황이었다.[24] 아그리파는 더 크고 더 빠른 함대를 보유하고 있었으므로 기동에 여유가 있는 탁 트인 바다에서 싸우는 편을 더 좋아했다. 델리우스 덕분에 그들은 적이 선수 대 선수 충돌전을 기대한다는 사실을 파악한 터여서 적이 힘들게 오래 노를 저어야 하는 난바다로 유도하기 위해 일정한 거리를 유지했다. 안토니우스 함대의 충각이 적선 근처에 다가올 무렵이면 이미 노잡이들이 힘이 빠져서 위력이 크지 않을 터였다. 게다가 바람이 불고 있었다.

오늘날 바람은 대다수 사람들에게 아무런 문제도 되지 않으나, 고대 세계에 해안 근처에 사는 사람들, 특히 뱃사람들에게 바람은 중요한 문제였다. 고대 세계의 경제는 해상 수송에 크게 의존했는데 바다에서는 바람이 동력의 주요 원천이었다. 오늘날 가솔린이 트럭 산업에서 중요한 것과 마찬가지였다. 게다가 바람은 1년 농사 일정에

서도 중요한 요인이었기에 그 이름부터 변종에 이르기까지 1년 동안 불어오는 바람에 대해 누구나 상식적으로 알고 있었다. 양측 함대의 병사들은 악티움 근처에서 이미 몇 달을 지냈으므로 현지의 바람을 잘 알았다.

앞에서 언급했지만, 안토니우스는 배에다 돛을 싣고서 적보다 더 빨리 달릴 준비를 했다. 그의 노잡이들은 적의 노잡이들보다 속도를 더 빨리 낼 수 없었다. 안토니우스의 함대에는 큰 배가 많았을 뿐만 아니라 노잡이들의 건강과 영양 상태가 부실했다. 그들은 난바다에서 항해할 수 있어야 했고, 빠른 속도로 항해하려면 순풍이 반드시 필요했다.

안토니우스와 클레오파트라가 볼 때, 가장 중요한 세부 요소는 바람이었다. 날마다 오후가 되면 서쪽 혹은 북서쪽에서, 다소 불규칙하게 불어오는 바람이 아주 중요했다. 고대의 배들은 횡범선이어서 바람을 뚫고 지그재그로 나아가는 능력이 현저히 떨어졌다. 반면에 중세와 현대의 배는 삼각돛 덕분에 조종하기가 훨씬 수월하다. 기원전 31년의 배들은 최대한 빠른 속도로 항해하려면 등 뒤에 혹은 뒤편에 순풍을 안고 달려야 했다.

지형지물도 추가로 복잡한 문제를 제기했다. 레우카스섬은 악티움에서 서-남서쪽으로 약 10킬로미터 떨어진 곳에 있었다. 이 섬의 남쪽으로 가려면 배는 섬의 서쪽 해안을 돌아 나가야 했다. 따라서 안토니우스와 클레오파트라의 배들은 해안에 바싹 붙어서 항해하면 탈출할 수가 없었다. 그들은 먼저 난바다로 나가 순풍을 등에 업고 남쪽으로 방향을 틀어야 했다. 이는 듣기에는 간단해 보이지만 실제로는 그렇지 않았다.

바다로 노를 저어 나아가기 위해 안토니우스와 클레오파트라의 배들은 거세지는 바람과 대기 중인 적선에 맞서 싸워야 했다. 그들이 감당해야 할 일은 오디세우스의 영악한 재주로도 극복하기 벅찬 과제였다.

병사들

옥타비아누스는 약 4만 명의 병력을 배에 태웠다. 8개 군단과 5개 연대에 해당하는 병력이었다.[25] 안토니우스는 군단 병력 2만 명과 궁수 2000명을 배에 태웠다.[26] 옥타비아누스는 전투 병력이 거의 두 배 많았고 배도 400척 대 230척으로 두 배 가까이 되었다. 그렇지만 양측 전함에 탑승한 갑판 병사 수는 대략 비슷하게 선박당 약 100명이었다.[27] 군단병들은 청동 혹은 무쇠 전투모를 쓰고 쇠미늘 갑옷을 입었다. 각자 커다란 방패, 장창, 그리고 글라디우스gladius라 부르는 단도를 들었다.

안토니우스 부대에서 싸운 한 무명의 군단병은 41데나리우스에 해당하는 주화 무더기를 후대에 남겼다. 악티움에서 발견된 이 주화들은 그 당시 통용되던 표준 은화였다.[28] 이 주화 중에는 카이사르, 안토니우스, 안토니우스와 클레오파트라 등이 주조한 것도 있었고, 악티움 전투 바로 전해에 파트라이에서 주조된 군단 주화 31개도 있었다. 그 병사는 전투 전에 그 주화들을 땅속에 파묻었던 모양이다.

승선할 때 가지고 타는 것보다는 땅속이 더 안전하다고 생각한 듯한데, 아마도 승리한 후에 다시 그곳으로 돌아와 파낼 생각이었을 것이다.²⁹ 하지만 이는 근거 없는 희망이었다.

안토니우스의 군단병들은 무티나, 필리피, 메디아, 아르메니아에서 치러진 여러 전투에 참가한 베테랑 병사도 있었고, 그 외에 메디아 전투에서 잃은 병력을 보충하기 위해 뽑은 신병도 있었다. 이 신병들은 이탈리아인, 동방의 로마인 정착자들과 그 후예, 그리고 군단병으로 훈련받은 비로마인 등이었다. 궁수들은 동맹군에서 선발한 병사들이었다. 비록 선상에서는 라틴어가 주된 언어였지만 다른 언어들도 사용되었다. 일반 병사들 중 그 이름이 알려진 사람은 없다.

옥타비아누스 군단병의 경우는 사정이 다르다. 악티움은 그 비밀을 거의 드러내지 않았으나 역사가들은 몇몇 행운의 기회를 잡았다. 악티움 전투는 장교들의 이름뿐만 아니라 일반 병사들의 이름까지도 후대에 전해진 희귀한 전투다. 이탈리아 북동부에서 발굴된 다섯 묘비는 망자가 악티움 제대군인임을 밝힌다. 이는 그 자체로 독특한 일이다.³⁰ 우리가 알고 있는 한, 악티움은 로마 역사에서 제대군인들의 이름을 밝혀주는 유일한 전투이기 때문이다.³¹ 다섯 비석은 망자들 모두가 '악티움 전사(악티아쿠스Actiacus)'라고 알려준다. 이들은 전투 후 옥타비아누스에게서 이탈리아 북부 식민 도시의 땅을 얻었다.

다섯 명 중 세 명은 갑판 위에서 싸운 것이 확실하고, 어쩌면 다섯 명 모두가 갑판 전투병이었는지도 모른다. 한 묘비는 망자가 '해전'에 참여했다고 묘비명에 명시했다. 과장했을 수도 있지만, 아무튼 그는 자신이 11군단 소속이었다고 밝힌다. 중요한 해전에서는 특히 믿을 만한 군단이 있어야 하는데 11군단이 바로 그런 부대였다. 악티움 전사 두 명이 11군단 소속이라고 했으니, 아마 이들은 바다에서 싸웠을 것이다. 나머지 두 사람은 소속 군단을 밝히지 않았다.

11군단은 자랑스러운 역사를 가지고 있었다. 애초에 율리우스 카이사르가 갈리아에서 복무시킬 부대로 모집했는데, 그리스와 발칸반도에서 벌어진 유혈 낭자한 내전에서도 싸웠다. 기원전 45년에 해산되었다가 기원전 42년에 옥타비아누스에 의해 다시 소집되었다. 새로 편성된 11군단은 옥타비아누스의 몇몇 대승에 동참했다. 그러니 11군단병이었다면 그 사실을 자랑스럽게 묘비명에다 새기려 했을 것이다.

이들은 아마도 낮은 계급의 시골 청년들이었을 것이다. 그렇지 않았다면 일반 병사로 근무했을 리가 없고 식민 도시의 땅이 그들에게 불하될 일도 없었을 것이다. 그렇지만 이들은 비천한 집안 출신임에도 불구하고 성만큼은 로마 역사에서 저명한 가문의 이름이었는데, 아마도 귀족 신분에서 영락한 먼 친척이었을 것으로 짐작된다.

예를 들어 자신이 해전에서 싸웠다고 말한 11군단의 병사 마르쿠스 빌리에누스는 가이우스 빌리에누스를 연상시킨다.[32] 빌리에누스는 로마 역사에서 우리가 갑옷 입은 조각상(기원전 100년경)에서 분명하게 확인할 수 있는 최초의 귀족 이름이다. 또 다른 11군단 병사 퀸투스 코엘리우스의 성은 로마 역사에서 저명한 정치가, 장군, 역사가들을 배출한 가문의 성이다. 그의 동료 군단병인 살비우스 셈프로니우스는 로마 공화국의 유서 깊은 가문 중 하나인 셈프로니우스가를 떠올리게 한다. 이 가문 출신의 장교인 루키우스 셈프로니우스 아트라티누스는 실제로 안토니우스 밑에서 복무하다가 나중에 옥타비아누스 진영으로 탈주한 인물이다.[33] 비석에서 소속 군단을 밝히지 않은 둘 중 한 명의 이름은 퀸투스 아틸리우스다. 로마 역사에서 이 이름을 가진 유명한 인물로는 아틸리우스 레굴루스 제독이 있는데, 그는 기원전 3세기에 대규모 해전에서 카르타고를 격퇴한 사람이다. 남은 병사의 이름은 마르쿠스 아우푸스티우스인데, 이 성은 다소 희성이기는 하지만, 동시대에 저명한 문법학자가 같은 성을 가졌다.[34]

다섯 명 중 네 명은 일반 병사였으나, 나머지 한 명인 코엘리우스는 하급 장교였다. 그는 기수 장교(시그니페르signifer)였다. 이 장교의 주된 임무는 소속 부대를 알려주는 상징물을 들고 다니는 것이었다. 이것은 일종의 장식 판인데, 꼭대기에는 금속 막대에 연결된 금속 손이 있었고 거기에 둥그런 모양의 상징물과 월계관이 장식되어 있었다. 기수 장교는 물개 가죽으로 씌운 투구를 쓰고 가슴에 물개 발톱이 새겨진 옷을 입었다. 기수 장교인 코엘리우스는 아마도 전투가 벌어지는 동안 갑판에서 눈에 띄는 위험한 장소에서 이 상징물을 들고 있었을 것이다. 하지만 지상에서는 기수 장교도 일반 군단병의 방패보다 작은 소형 방패를 들었다.

클레오파트라의 전함들에도 로마 군단병이 승선했겠지만 아마도 대부분이 이집트 병사들이었을 것이다. 한 모자이크를 보면, 이 이집트 병사들은 다양한 투구와 리넨 갑옷 등 화려한 복장을 뽐냈다.[35] 그들은 과감한 장식이 그려진 마케도니아 방패나 장방형 호신 방패를 들었고, 미늘창과 장검으로 무장했다.

악티움 해전에 참가한 노잡이들 중 이름이 알려진 사례는 없다. 고대의 노잡이들은 가난했으므로 자신의 경력을 기념하는 묘비명을 세울 만한 돈이 없었다. 섹스투스 폼페이우스의 노잡이들이 대개 그러했듯이, 노잡이들 중 상당수가 노예였다. 안토니우스 부대의 노잡이들 중 상당수는 그 임무를 강제로 수행했다.

노잡이들은 갑판 밑의 비좁은 공간에 앉아 있어야 했다. 그들에게 가장 큰 공포는 적선과의 충돌 작전에 직접 노출되는 것이었다. 그다음으로 큰 공포는 적선의 충돌 작전으로 간접 피해를 보는 것이었다. 배 안으로 물이 밀려들면 노잡이들 중 누구도 갑판 밑의 비좁은 공간에 갇혀 있으려 하지 않았다. 적군이 아군의 갑판 위에 올라온 후에 붙잡히는 것은 그리 위험한 일이 아니었다. 노잡이의 노동력은 너무나 소중한 자원이었기 때문이다. 그들은 자신의 노동력을 아군뿐만 아니라 적군에게도 팔 수 있었다.

전함은 특별한 병사들도 데리고 있었는데, 바로 갑판 위에서 적선을 향해 돌을 날리는 투석기를 다루는 포수였다. 큰 전함에서는 선수와 선미에 휴대용 목제 탑을 건설해 거기서 투석수와 궁수가 화살과 돌을 날렸다.

각 배에는 선원들과 해사海事 전문팀이 있었다. 가장 중요한 선원은 조타수였는데 그는 선미에서 무거운 이중키를 조작하면서 배가 나아갈 방향을 잡아야 했다. 마지막으로 선장이 있었다. 선장은 주로 장교가 맡았으나, 운이 좋은 경우에는 경험 많은 노련한 해사 전문가를 보임하는 수도 있었다.

교전

그래서 양군의 함대는 해상에서 기다렸다. 서로 상대방이 뭔가 무모한 행동을 저지르기를 바라면서. 마침내 정오쯤에 해상에서 바람이 불어오기 시작했다.[36] 안토니우스는 출발 타이밍을 잘 맞춘 셈이었다. 만약 그가 조금 일찍 출발했더라면 바람은 북쪽으로 충분히 방향을 바꾸지 않았거나 그의 배들이 남쪽으로 쾌속 항해할 수 있도록 힘을 보태주지 못했을 것이다. 반대로 그가 너무 기다렸다면 바람이 너무 강하게 불어와 함선들이 노를 저어 북서쪽으로 가기가 어려웠을 것이다. 그리하여 안토니우스의 전열은 앞으로 나아가기 시작했고 먼저 좌익(남쪽) 부대가 움직였다. 그 부대는 레우카스섬이라는 방해물을 돌아 나가기 위해 가장 먼 거리를 가야 했다. 그들 맞은편에서 옥타비아누스의 우익이 해상에서 뒤로 물러나면서 여전히 난바다에서 싸울 기회를 엿보고 있었다.

아그리파는 전장의 북쪽 끝에서 적선의 측면을 돌파하기 위해 전선을 넓히기 시작했다. 안토니우스의 우익을 맡은 푸블리콜라는 상대방의 움직임을 관찰하고서 똑같은 행동에 나섰다. 그것은 적절한 선택이었으나 그 결과 안토니우스의 오른쪽 함대와 중군 사이에 빈 공간이 생겨났다. 안토니우스의 선장들은 함대 내 선박을 최대한 촘촘하게 밀집 대형을 유지해 적선이 빈 공간으로 다가와 아군의 측면이나 후면을 공격하지 못하게 해야 한다는 것을 잘 알았다. 하지만 안토니우스 함대를 구성한 각각의 소함대가 촘촘한 밀집 대형을 이루었기 때문에 좌익, 중군, 우익, 이렇게 세 대형 함대 사이에 약간의 공간을 허용할 수밖에 없었다. 그런 작전은 위험했지만 각각의 함대 내에 빈 공간을 허용하는 것보다는 덜 위험했다. 아무튼 아그리파가 대함대 사이의 빈 공간을 파고들 테니 안토니우스는 교전을 피할 수가 없었다.

베르길리우스는 이 장면을 〈아이네이스〉에서 이렇게 묘사했다. "그들은 움직이면서 노와 삼지창과 충각으로 싸웠다. 바다에서 거품이 일었고, 물은 하얗게 빛났다."[37]

전투는 저마다 다 독특한 면이 있지만, 그래도 공통점이 있었다. 우리는 그 당시의 다른 해전을 다룬 사료를 가지고 악티움 해전에 관련된 부실한 사료를 보충할 수 있다. 다른 사료들이 강조하는 한 가지 세부 정황은 일단 해전에 돌입하면 엄청난 소음이 발생한다는 것이다.

악티움에서 양군의 함대가 서로 대치하던 두 시간 동안의 정적과 침묵은 해전에 익숙한 베테랑들에게도 기괴하게 느껴졌을 것이다. 곧이어 접전이 벌어졌고 엄청난 소음이 터져 나왔다. 기원전 36년에 있었던 시칠리아 해전 보고서에는 노잡이들의 고함, 조타수의 목쉰 외침, 장군들의 격려하는 외침 등이 기록되어 있다.[38] 병사들은 적선의 갑판에 뛰어오를 때 서로 신원을 알리기 위해 암구호를 큰 소리로 외쳤다. 때때로 적병의 암구호 소리를 듣고 나서 그들을 속이기 위해 일부러 적의 암구호를 외치기도 했다. 화살이 날아가는 소리, 창 던지는 소리, 돌을 발사하는 투석기의 요란한 소음, 적선에 뛰어오른 병사들의 외침이 하나로 뒤섞였다. 적선이 충돌하기 위해 다가오면 갑판 위의 병사들은 몸을 웅크리고 갑판에 최대한 밀착함으로써 배

밖으로 떨어지지 않으려 애썼다. 함선의 부리가 일단 적선에 쾅 하고 부딪치면 찢어지는 듯한 아주 큰 소리가 났다. 노들이 부서지면서 부지직하는 소리가 났다. 병사들이 목숨을 구하기 위해 바다로 뛰어들 때마다 풍덩 소리도 났다. 그러는 사이에 연안에 도열한 병사들은 그 광경을 바라보며 먼 곳에서 벌어지는 해상 전투의 상황을 파악하려 했으나 양군의 병사들이 내지르는 비탄의 소리 말고는 아무것도 알 수가 없었다. 악티움 해안에 있던 병사들은 자기편을 향해 격려의 함성을 질렀다.[39] 마지막으로, 전투가 종료되자 악티움 바다에서 승리한 병사들과 해안에 있던 병사들은 함께 환호했다. 반면에 패배한 쪽은 슬퍼하며 신음했다.

양군의 함대가 가까이 다가서면서 첫 단계로 취한 조치는 약간 거리를 두고서 투석기로 돌을 발사하는 것이었고, 좀 더 가까워졌을 때 화살을 발사하고 창을 던졌다. 때때로 화살과 창이 운 좋게도 적선의 조타수나 선장을 죽이는 수도 있었다. 하지만 움직이는 배에서 그런 무공을 올리기는 쉽지 않았다.

만약 전황이 안토니우스에게 유리하게 돌아갔다면 그는 적선을 향해 파괴적인 선수 대 선수 충돌 작전을 실행할 수 있었을 것이다. 하지만 그런 공격은 벌어지지 않았다. 그 이유는 안토니우스의 병사들이 너무 허약해지고 지쳐서였다. 약 1킬로미터 정도 떨어진 위치에 있던 옥타비아누스 진영의 배를 향해 빠른 속도로 달려가 타격을 가하기에는 전체적으로 병력 수도 부족한 편이었다.[40] 안토니우스 휘하의 큰 배들은 그런 전속력 항해를 하기가 불가능했다. 그렇다면 이 배들은 어떤 군사적 목적에 소용이 있었을까?

아마도 기만 작전에 도움이 되었을 것이다.[41] 안토니우스는 적이 소규모 쾌속정을 잔뜩 보내 자신의 배를 둘러싸리라는 사실을 알았다. 그가 이처럼 적선을 많이 유인할수록, 적의 주의가 분산되어 아군 함선의 탈출을 막기 어려워질 터였다.

양군의 전선이 가까이 접근하면서 곧 교전이 시작되었다. 안토니우스의 배들은 크기와 높이를 이용하여 적선에 발사 무기를 비 오듯이 발사했다. 그들이 사용한 무기는 갈고랑이가 여러 개 달린 무기인 '무쇠 손'이었다.[42] 아그리파의 배들은 다른 전략을 구사했다. 그들은 안토니우스의 배에 가까이 다가와 측면을 들이받았는데 일차 시도에서 실패하면 뒤로 물러섰다가 다시 충돌을 시도했다. 양측은 갑판 위에서 백병전도 벌였다. 사료들은 아그리파가 시칠리아 해역에서 큰 효과를 보았던 네 갈고리 닻을 사용했다는 기록을 남기지는 않았지만, 그가 높은 발사대 위에 설치한 이 갈고리 닻을 사용했을 가능성이 높다. 이 장치는 권양기에 밧줄로 연결된 발사용 무기인데, 작살을 적선의 측면에 박아 넣은 뒤에 그 배를 아군의 배 쪽으로 끌어당기는 데 쓰는 무기였다.

전투는 계속되었지만 어느 쪽도 뚜렷한 우위를 점하지는 못했다. 그런데 갑자기 돌발적인 사태가 벌어져 모든 것이 바뀌었다.

12

보라색 돛을 단 황금색 배

기원전 31년 9월 2일 대략 오후 2~3시, 악티움

악티움 외곽 해역에서 바람이 불어오자 이른 아침의 짙은 안개가 하늘에서 사라졌다. 바닷바람이 꾸준히 불어와 무더운 9월의 하오를 어느 정도 식혀주었다. 바람은 해안과 직각을 이루는 지점에서 불어왔다. 수면에는 잔물결이 일기 시작했다. 이어 바람이 거세지자 지구의 자전 때문에 바람의 방향이 서쪽에서 북서쪽으로 바뀌었다. 파도는 깊어졌고, 흰 물결이 강철처럼 푸른 바다에서 나타났다. 전투에 돌입한 양군의 전함들은 바다에서 벌어지는 이 같은 기상 조건을 의식할 겨를이 없었다. 하지만 그들은 하루 종일 매우 면밀하게 바람의 방향에 감각을 집중했다. 그중에서도 클레오파트라는 바람의 방향이 언제 바뀔지 주시하고 있었다.

여왕이 길을 선도하다

바람이 서서히 강해지자, 안토니우스 전선의 중군 대열에서 빈 공간이 크게 생겨났다. 그는 일부러 이런 사태를 의도한 것 같았다. 그는 가장 노련한 제독들을 전선의 좌우 양쪽에 배치했는데, 이는 적도 마찬가지였다. 그렇게 하면 중진의 전투가 덜 치열할 것이고, 따라서 빈 공간이 생겨날 것이라고 예상했던 듯하다. 그리고 그 빈 공간을 탈출 장소로 삼을 생각이었다. 실제로 클레오파트라는 그 빈 공간을 적극적으로 활용한다.

여왕은 양군의 함대가 치열하게 맞붙는 바로 그 순간을 기다렸다.[1] 그 순간은 전투가 너무 치열할 테니 적도 전투를 그만두고서 여왕의 배를 뒤쫓아오지는 못할 터였다. 그래서 클레오파트라는 움직이기 시작했다. 60척으로 구성된 여왕의 함대는 안토니우스 전선의 뒤쪽에 배치되어 있었다. 그녀는 뒤따르는 배에 중앙의 빈 공간을 이용하여 앞으로 나아가라고 지시했다. 중군과 오른쪽 날개 사이의 빈 공간을 파고들라는 지시였다. 이어 클레오파트라는 선장들에게 돛을 올려 바람의 추진력을 얻으라고 지시했다. 베르길리우스는 그 상황을 이렇게 묘사했다. "여왕이 바람을 부르더니 바람에 돛을 맡기고 어느새 느슨해진 밧줄을 풀었다."[2] 시간은 오후 2시와 3시 사이였다.[3] 이 시간대는 상당히 타당한 추정으로 보인다.

클레오파트라의 기함 '안토니아스'는 화려하기 그지없었다. 프톨레마이오스 왕가는 왕실의 선박을 치장하는 데 돈을 아끼지 않았다. 클레오파트라가 10년 전 안토니우스를 만나기 위해 타르수스의 강상류로 나아갔을 때의 화려한 배를 떠올려보라. 악티움 해전을 다룬 한 사료에 의하면, 그녀는 기함에 보라색 돛 올리는 것을 하나의 신호로 삼아 탈출을 지시했다고 한다.[4] 아마도 이런 기록은 과장이 아닐 것이다. 보라색은 왕실의 색깔이었고, 기함은 아마도 도금으로 한껏 장식되어 있었을 것이다.

어쨌든 그것은 과감한 이동 작전이었다. 클레오파트라는 전투가 벌어지기 전에 작전 회의에서 그런 탈출 전략을 세웠고 모범적으로 그 작전을 이행했다. 사료들은 그녀가 탈출을 주도했다는 데 동의한다.[5] 실제로 그녀는 함대를 안전한 곳으로 빼낸 공로로 상을 받아야 마땅했다. 그렇지만 몇몇 고대 저술가들은 그녀에게 경멸의 언사를 퍼부었다. 악티움 해전이 벌어진 지 100년 후에 글을 쓴 플라비우스 요세푸스는 여왕을 비판한 첫 번째 저술가다.[6] 그는 클레오파트라가 안토니우스를 버렸다고 잘라 말했다. 하지만 이 유대인 역사가는 여왕의 라이벌인 헤롯 왕의 지지자여서 여왕에 대해 다짜고짜 비판하는 사람이었다. 요세푸스 시대에서 다시 100년 뒤의 사람인 카시우스 디오는 이 유대인 저술가의 의견에 동의했다.[7] 디오는 클레오파트라가 겁먹고 달아났는데 그 소행이 여자 이집트인이 했을 법한 행동 그대로였다고 남녀 차별주의 및 인종 차별주의 태도를 보였다.

셰익스피어도 이런 적대적 전통을 이어받아 안토니우스의 한 부하의 입을 통해 이렇게 말하게 한다.

이집트의 저 늙은 갈보년.
문둥병이나 걸렸으면 시원하겠네.

전투가 한창이고 쌍둥이같이 세력이 비슷한 때
아니, 이쪽이 더 유리한데 6월의 암소가
쇠파리 떼에 쏘인 양 돛을 올리고 정신없이 달아나는구나.[8]

그러나 실제로는 안토니우스의 함대가 이길 수 없는 전투를 벌이고 있었고, 안토니우스 자신도 그 사실을 알았다. 클레오파트라는 '6월의 암소'가 아니라, 새해 원단의 여우 사냥 대회에서 사냥개 무리를 피해 열심히 달아난 여우였다.

그러나 적 함대의 로마군 정예 병사들은 클레오파트라를 제지하려는 시도를 전혀 하지 않았다. 왜? 플루타르코스에 따르면, 그들은 깜짝 놀란 나머지 아무것도 하지 못했다.[9] 그의 말에는 일리가 있다. 로마인들은 대체로 보아 남녀 차별적인 완고한 사람들이었다. 그래서 그리스-이집트 함대가 그런 과감한 이동 작전을 수행할 수 있으리라고는 전혀 예상하지 못했다. 특히 그 함대를 여자가 지휘하고 있었으니 더더욱 그랬을 것이다. 평생 남자들에게 과소평가된 클레오파트라는 그런 방심의 허를 찌를 줄 아는 영리한 여자였다.

아무튼 클레오파트라와 휘하 선장들은 신속하면서도 기민하게 탈출 작전을 수행했다. 여왕의 맞은편에 있던 적군 측 제독은 아룬티우스였는데 그는 안토니우스 함대의 중군을 상대하고 있었다. 아룬티우스는 전투가 한창이었으므로 일부 함대를 빼돌려 여왕을 추격할 여력이 없었다. 게다가 그는 결단력이 좋거나 경험이 그리 많은 사람은 아니었다. 그는 클레오파트라의 움직임에 경악했을 것이고, 이들의 경악은 곧 반대편에게 힘을 보태주었다.

그러나 안토니우스는 놀라지 않았고 곧 그녀를 따라갔다. 물론 이 것도 작전의 일부였을 것이나, 그렇다고 해서 고대의 저술가들이 그런 움직임을 비판하는 것까지 막지는 못했다. 요세푸스는 여왕이 배신자처럼 안토니우스를 버리려 했으므로 실제로는 여왕이 안토니우스의 탈주를 유도한 것이나 마찬가지라고 말했다.[10] 여하튼 그 탈주 행위의 결과로 안토니우스는 자신의 군대와 제국을 모두 잃고 말았다. 요세푸스와는 정반대로, 벨레이우스 파테르쿨루스는 그런 사태에 전적으로 책임져야 할 사람은 안토니우스라고 말했다.[11] 안토니우스가 자신의 병사들과 함께할 생각은 하지 않고 황급히 여왕을 따라나섰다는 주장이다. 자기 군대에서 탈주하는 병력을 응징한 것이 아니라, 안토니우스 자신이 탈주자가 되었다는 시각이다. 플루타르코스는 이 두 저술가의 주장을 종합한다.[12] 먼저 안토니우스가 장군답거나 사내다운 기상 혹은 스스로의 판단에 따라 움직인 것이 아니라고 지적한다. 그런 다음 안토니우스의 영혼은 그가 사랑했던 여자의 몸속에 완전히 들어가 있었다고 결론내렸다. 클레오파트라의 배들이 남쪽으로 탈출하는 것을 본 순간, 안토니우스는 황급히 그 배를 쫓아감으로써 열심히 싸우면서 죽어가는 휘하 장병들을 내팽개쳤고 결과적으로 그들을 배신했다는 이야기다. 반면에 카시우스 디오는 안토니우스를 어느 정도 이해하는 태도를 보였다.[13] 여왕의 함대가 도주하는 모습을 보았을 때, 그가 여왕을 비난하지 않고 전투에서 졌다고 지레짐작한 여왕의 부하들이 두려워해서 벌어진 일이라고 판단했다는 것이다. 그래서 그는 여왕을 따라가기로 했다는 것이다. 디오는 안토니우스가 애인으로서의 열정 탓이 아니라 합리적 계산에 따라 그런 행동을 했다고 주장한 것이다.

사랑의 열정 때문이라는 판단과 달리, 안토니우스도 클레오파트라와 마찬가지로 정확하고 기민하게 움직였으니 그것은 사전에 계획된 작전이라고 추정할 수 있다.[14] 그의 기함은 무거운 10단 노선이었을 텐데 그 배로 재빨리 달아나기는 어려웠다. 그래서 그는 절충안으로 5단 노선에 옮겨 탔다. 그 배는 가장 빠른 배는 아니지만, 적선의 공격에 맞서 싸울 수 있는 정도의 무게는 되었다. 그가 클레오파트라에게 접근하자 여왕은 그를 알아보고 신호를 보냈다.[15] 그는 여왕의 기함에 접근하여 그 배에 올랐다.

당연히 예상된 일이지만, 적의 프로파간다는 잘 수행된 안토니우스의 탈출 작전을 비겁한 탈주라고 헐뜯기 위해 온갖 중상비방을 내보냈다. 그런 스토리 중에는 안토니우스가 자신의 기함이 에케네이스echeneïs('배의 운항을 가로막는 물고기') 때문에 움직일 수 없게 되자 그 배를 버리고 클레오파트라의 배에 올랐다는 이야기도 있다.[16] 에케네이스는 키의 밧줄에 엉켜서 배의 움직임을 방해하는 물고기로, 상어 혹은 배에 착 달라붙는 고기인 레모라의 일종이다. 우연의 일치로, 이 물고기의 영어식 명칭인 'sucker fish'는 안토니우스를 바보라고 비방하려는 옥타비아누스의 프로파간다 의도를 잘 보여준다.

안토니우스와 클레오파트라가 사전에 계획된 작전에 따라 탈출에 성공한 사실을 인정한다 할지라도, 왜 두 사람은 로마 함대가 아니라 이집트 함대를 이용해서 탈출했을까? 클레오파트라가 안토니우스에게 이집트 배를 이용해야 한다고 강요했을까? 그럴 리가 없다. 안토니우스는 실전에 투입할 부대로 이집트 함대보다 로마 함대를 더 신뢰했다. 이집트 함대는 후방에 예비로 남겨두어, 필요하다면 후퇴 작전을 수행하도록 하는 편이 더 낫다고 판단했다. 게다가 그들의 목적지는 이집트였으니, 로마 함대보다는 이집트 함대가 그곳에서 더 환영받을 터였다. 더 중요하게는, 클레오파트라는 보물을 이집트 함대에 보관하고 있었는데, 자신의 부하들 이외에는 그 누구도 믿지 않았다. 따라서 이집트 배를 타고 도주하는 편이 더 합리적이었다.

안토니우스 휘하의 배도 상당수가 그를 따라나섰다. 그들은 배의 하중을 줄여 도주를 더 용이하게 만들고자 돛을 올리고 투석탑을 바다에 버렸다.[17] 그러나 그런 배의 대다수가 안전한 곳으로 달아나지 못했다. 그중 얼마가 탈주에 성공했는지는 알 수 없다. 기존의 추산에 따르면 많게 잡아 40척, 적게 잡아 '몇 척'에 불과했다. 아마도 10척 혹은 20척 정도가 합리적 추측일 것이다. 이 배들을 클레오파트라 휘하의 60척에 추가하면 전체적으로 70척 혹은 80척이 악티움 해역에서 탈출하는 데 성공했다.

안토니우스와 클레오파트라는 230척을 가지고 전투를 개시했으므로 그중 약 3분의 1이 탈출한 셈이다. 이는 그리 나쁜 결과는 아니다. 해전의 역사에는 이보다 더 성공적인 탈출 작전도 있긴 하지만.[18] 안토니우스와 클레오파트라가 비록 배를 상당수 잃기는 했으나, 병사들 수가 중과부적이었던 데다 그들이 굶주리고 병들고 역풍에 시달렸다는 점을 고려하면 상당한 업적이었다. 물론 그들이 이런 상황에까지 내몰렸다는 사실 자체는 휘하 군대의 관리가 부실했다는 증거다. 그렇지만 그들이 그 전투를 계획한 대로 수행하지 않았더라면, 그보다 더 적은 수의 배만 남았거나, 혹은 아예 따르는 배가 없는 상태가 되었을 수도 있다. 펠로폰네소스반도나 그리스 섬들에 배치된 몇몇 배가 그들에게 합류했을 것으로 추정한다면, 안토니우스와 클레오파트라는 약 90척의 배를 이끌고 그리스를 떠났을 것이다.[19]

그들이 강한 바람을 맞으며 전투 해역에서 벗어나 남쪽으로 항해하는 순간에도 그리 자유롭지만은 않았다. 옥타비아누스와 아그리파 함대에 소속된 일부 쾌속정이 그들을 추격해왔기 때문이다. 안토니우스는 지휘하던 배의 방향을 돌려서 그 적선을 대적하라고 지시했다. 그러자 추격자들은 겁을 먹고 물러섰는데 스파르타의 에우리클레스만이 후퇴하지 않았다.[20] 그는 그해 이른 봄, 메토네가 함락된 직후에 안토니우스를 배신하고 옥타비아누스 진영으로 넘어간 인물인데, 이제 옥타비아누스의 라이벌을 추격함으로써 새로운 후원자에게 자신의 가치를 증명하고자 했다.

에우리클레스는 갑판 위에서 창을 돌리며 안토니우스를 공격하겠다고 위협했다. 안토니우스가 그의 이름을 묻자 그는 자신이 라카레스의 아들 에우리클레스이고, '카이사르의 호의' 덕분에 아버지의 죽음을 복수하러 왔다고 말했다. 스파르타의 저명인사 라카레스는 해적질을 한 혐의로 안토니우스에 의해 참수되었다. 에우리클레스는 그렇게 말했다. 혹은 나중에 그는 그랬다고 주장했다. 하지만 그의 작은 연극은 입증되지 않는다. 에우리클레스가 살해된 아버지 라카레스의 복수를 하려 한다는 이야기는 옥타비아누스가 살해된 양부 율리우스 카이사르의 복수를 하려 한다는 이야기만큼이나 의심스럽다.[21] 에우리클레스는 악티움 해전의 승자에게 나중에 보낸 보고서에서 그런 말과 위협적인 행동을 했다고 지어냈을 가능성이 있다.

에우리클레스는 안토니우스에게 해를 입히지는 못했으나, 안토니우스의 중군에 소속되어 있다가 탈출에 성공한 다른 기함을 충각으로 들이받고서 그 배를 점령했고 일부 왕실 장비를 나르던 또 다른 배도 나포했다. 이 공적에 관한 이야기를 마지막으로, 안토니우스와 클레오파트라를 추격하는 적선의 움직임은 끝났다.

악티움 해역에 피어오른 화염

전투는 안토니우스와 클레오파트라가 현장에서 사라졌다고 해서 끝난 것이 아니었다. 전투는 한동안 계속된 듯하다.[22] 일부 역사가들은 관련 사료들의 기록에 의문을 표하면서도 안토니우스의 병사들이 즉시 항복했다고 말했으나, 상당수 증거가 한 시간 혹은 두 시간 정도 더 싸웠음을 보여준다. 고대의 사료들은 이 주장이 사실이라는 데 동의하지만, 몇몇 학자는 이것이 옥타비아누스 측의 프로파간다라고 일축한다. 힘겹게 전투를 치른 끝에 승리를 거두었다는 옥타비아누스에게 영웅이라는 공로를 돌리기 위해 날조된 이야기라는 것이다. 여하튼 탈주 후에도 전투가 한동안 지속되었다는 것이 객관적 판단이다.[23] 옥타비아누스 측에서 주장한, 안토니우스 병력의 사상자 수와 나포된 선박 수를 미루어볼 때 탈주 후의 전투에서 안토니우스의 배 수십 척이 물속에 가라앉았음을 알 수 있다.

뒤에서 곧 사상자 수치를 알아보겠지만, 먼저 안토니우스와 클레오파트라가 달아난 이후에 벌어졌을 법한 사건들을 생각해보기로 하

자. 안토니우스의 병사들은 전투를 포기하지 않았다. 일부 전함은 투석탑과 투석기를 바다에 던져버리고 도망치려 했으나 실패했다. 소수의 배만 달아나는 데 성공했고, 대다수는 싸우면서 돌파하려 했다. 이렇게 한 동기는 병사마다 달랐다. 일부는 공화국의 대의를 믿었고, 또 일부는 안토니우스를 개인적으로 추종했다. 대다수 병사는 안토니우스와 그의 부유한 이집트 여왕에게서 땅과 돈을 받을 가능성이 높다고 생각했다. 병사들은 설사 옥타비아누스에게 항복한다 하더라도 인색하고 돈이 없는 그에게서 뭔가를 얻어내기는 어려울 것이라고 생각했다. 게다가 플루타르코스의 기록에 따르면, 안토니우스 병사들 대다수는 자기네 장군이 도망쳤다는 사실조차 알지 못했다.[24] 역사가 벨레이우스는 이런 말도 덧붙였다. 옥타비아누스는 안토니우스 병사들에게 항복을 받아내려고 탈주 사실을 소리 높여 외쳤지만 아무 소용이 없었다.[25] 이런 이야기는 아우구스투스의 《회고록》에 들어 있는 사후의 자기변명으로 들린다.

안토니우스의 병사들은 치열하게 싸웠다. 여러 군사적 우위를 누리고 있었다고는 하나, 아그리파와 옥타비아누스는 아직 전투에서 승리한 것이 아니었다.[26] 안토니우스의 함대는 강력했다. 악티움 해역에 잔여 세력만 남아 있었는데도 적과 대등할 정도로 싸웠다. 그리하여 아그리파는 최후의 방법인 화공火攻을 결심했다. 이는 비상한 조치였으나, 로마인들이 해전에서 불을 공격용 무기로 삼은 것이 전례 없는 일은 아니었다.[27] 일찍이 아헤노바르부스는 화전(불화살)을 사용하여 필리피의 안토니우스와 옥타비아누스에게 가던 증원군 함대를 성공적으로 물리쳤다. 어쩌면 아헤노바르부스는 안토니우스를 배신하고 옥타비아누스 진영에 넘어간 뒤에 아그리파와 옥타비아누스에게 이 화공 작전을 알려주었는지도 모른다. 여하튼 악티움에서 화공을 시도한 것은 아그리파의 폭넓은 작전 운용 능력을 보여준다고 하겠다.[28]

전투에 나서는 제독의 일차적 목표는 적선을 나포하는 것이지 파괴하는 것이 아니다. 나포된 배들은 재정비하여 아군이 다시 쓸 수 있지만 불탄 배는 바다 밑바닥으로 가라앉아 버리기 때문이다. 아그리파와 옥타비아누스는 꼭 그럴 필요가 없는 한 안토니우스의 배에 화공 작전을 쓰지 않으려 했다. 클레오파트라의 보물선이 아직 눈앞에 있는 상황이니 그런 작전은 더더욱 말이 되지 않았고 고려의 대상이 될 수 없었다. 여왕의 보물이야말로 가장 가치 있는 전리품이 될 테니까 말이다.

그러나 화공은 두 가지 긍정적 목표를 수행했다. 적선에 불을 놓으면 적의 선원들과 갑판 병사들을 상당수 죽일 수 있었고 그 덕택에 아군 병사들의 피해를 크게 줄일 수 있었다. 또 살아남은 적병에게 항복하거나 스스로 목숨을 끊으라는 메시지를 보낼 수도 있었다. 메토네에서 보구드를 처형한 것과 마찬가지로, 악티움의 화공 작전은 아그리파가 전투에 심각하게 임했음을 보여주는 증거다. 적 함대와 해안에 있는 1만여 병사를 항복시킬 수 있다면, 수십 척의 배가 수장되는 것은 충분히 치를 만한 가치가 있는 대가였다.

여러 고대 저술가들이 악티움 해전에서 불을 무기로 사용했다고 언급했지만, 세부적인 것까지 전한 역사가는 카시우스 디오가 유일하다. 비록 선정적이기는 하지만, 그의 이야기는 고대의 다른 해전들에서 구체적 사례를 인용해서 그런지 진실처럼 들리는 부분이 많다. 만약 디오의 말이 맞는다면, 옥타비아누스와 아그리파는 화공 작전을 펼치지 않는 한 전투에서 승리하기 어렵다고 판단했던 것으로 보인다.[29] 그래서 그들은 그 작전을 밀고 나갔다.

공격자들은 여러 방향에서 안토니우스의 함선을 향해 나아갔다. 그들은 불타는 화살을 쏘았고, 끝에 햇불이 달린 창을 던졌으며, 투석기를 이용하여 목탄과 역청이 담긴 불냄비를 발사했다. 로마의 전함은 내부든 외부든 역청이 잔뜩 칠해져 있었기에 목탄 숯불 냄비를 던지면 배가 불에 더 잘 탔다. 방어하던 안토니우스의 병사들은 방패를 이용해 날아오는 화전과 숯불 냄비를 막아내려 했으나 일부는 그 방어망을 뚫고 함선에 안착하여 불을 냈다. 안토니우스의 병사들은 불을 끄기 위해 먼저 배에 탑재한 식수를 사용했다. 이어 양동이를 이용하여 바닷물을 퍼 올려 진화하려 했다. 그러나 역청이 도포된 배들은 좋은 화목이었고, 그리스의 무더운 여름 바다에서 햇빛에 오래 노출된 상태라 불이 더 잘 붙었다. 일단 불이 붙으면 계속 활활 타올랐다. 그런 뒤 방어하는 병사들은 두꺼운 모직 외투를 사용했는데, 디오의 선정적 서술이 맞는다면, 아군의 시체를 불 위에 던져 불을 끄려 했다. 하지만 그때 강한 바람이 불어왔고(안토니우스와 클레오파트라의 탈주를 도와준 서풍 혹은 북서풍일 것이다) 그 거센 바람은 외투와 시체를 오히려 좋은 연료로 만들었다.

디오는 이 끔찍한 화공 장면에 대해 흥미로운 그림을 제공한다. 방어자들이 불에다 바닷물을 끼얹었을 때 불이 꺼졌다고 디오는 기록했다. 하지만 실제로는 그 물이 불의 열기 탓에 수증기가 되었을 것이다. 카시우스 디오의 서술에 따르면, 방어하는 병사들이 절반쯤 채운 양동이를 들어 올려 그중 일부만 불에 끼얹자 오히려 불길이 더 거세졌다고 한다. 소량의 바닷물이 불을 더 맹렬하게 타오르게 했기 때문이라는 것이다. 이는 물론 사실이 아니다. 바닷물은 불길이 노란색 화염으로 불타오르게 한다. 구체적인 예를 들어 뜨거운 가스난로 위에 소금물을 부었을 때와 똑같은 효과다. 불타는 역청 위에 끼얹은 바닷물은 몇몇 관찰자에게는 불이 더 잘 타는 것처럼 보이게 한다. 따라서 비록 오류이기는 하지만 디오는 실제 목격자의 증언을 그대로 기록했을 것이다.

일부 병사는 아직 불타지 않아 안전한 곳으로 후퇴했다. 그들은 심지어 공격적인 태도로 돌변하여 적선에 고정 갈고리를 던져서 적선을 불길 쪽으로 끌어오려 했다. 하지만 적선은 일정한 거리를 지켰다. 이어 불에 타죽는 병사, 연기를 흡입하여 질식사하는 병사, 바닷속으로 도주하기 위해 갑옷을 버린 직후에 불화살을 맞아 죽는 병사, 물에 빠져 죽는 병사 등 여러 끔찍한 방식으로 병사들이 죽어나가기 시작했다. 어떤 병사들은 부러진 노와 창을 휘두르는 적병 때문에 물속에 갇히기도 했다. 또 다른 병사들은 바다의 커다란 물고기에게 산채로 잡아먹히는 꼴을 당했다. 오늘날에는 지중해에서 상어를 발견하기 어렵지만 고대에는 흔했고 인간을 공격했다.[30] 불타는 선상에서 적에게 잡히기 싫어서 서로 찔러 죽인 병사와 스스로 죽은 병사만이 행복한 죽음을 맞았다고 디오는 주장한다. 물론 멜로드라마 같은 서술이지만, 진지한 서술자라면 그날 아침 그 병사들이 가졌던 희망, 그들이 해전에서 맞은 비참한 죽음의 엄청난 대조를 깊이 생각해보

앉을 것이다.

카시우스 디오는 다음과 같은 서술도 덧붙였다. 아그리파의 병사들은 적들이 더는 피해를 입히지 못할 때까지 기다렸다가 불타는 적선에 황급히 접근했다. 불부터 끈 뒤, 건질 만한 배는 구제하고 배 위에 남은 금전을 약탈하기 위해서였다. 그 결과, 아그리파 군사의 상당수가 화마와 그들 자신의 탐욕의 희생자가 되었다.

승리

안토니우스의 병사들은 오후 4시경에 항복하기 시작했다.[31] 바람이 강하게 불었고 악티움 바다는 살아남은 그들의 배를 거세게 때렸다. 관련 사료의 보고에 따르면, 그들은 마지못해 항복했다.[32] 그들의 배에서 화염은 몇 시간이나 계속 타올랐다. 바람은 날이 저물면서 잦아들었다. 9월 2일 악티움의 일몰 시각은 오후 8시 5분이었다. 그때도 아직 전황이 확실하지 않아 옥타비아누스는 해안으로 올라가지 못했다. 안토니우스의 전함 일부가 암브라키아만으로 후퇴했는데 이들이 여전히 문제를 일으킬 수도 있었기 때문이다. 옥타비아누스는 자신의 쾌속정 선상에서 밤을 보냈다.[33]

9월 3일, 악티움은 전형적인 늦여름 날씨였다. 먼저 동쪽의 산등성이부터 밝아왔다. 언덕과 계곡에 안개가 피어올랐고 전함들의 을씨년스러운 모습이 희미하게 보였다. 마침내 해가 떠올라 황금 햇살을 내리쏘았고 사람들은 동쪽으로 암브라키아만의 바다를 볼 수 있었다. 아그리파와 옥타비아누스는 그날 아침 전날 해전이 벌어진 주변을 둘러보면서 머릿속으로 승리의 노래를 떠올렸을 것이다. 그전까지는 그들이 거둔 승리의 전모가 분명하게 파악되지 않았다.

그들은 남겨진 안토니우스의 함대를 자신들이 대부분 차지했다는 것을 깨달았다. 이제 이탈리아가 침략당하는 일은 불가능한 일이 되었다. 옥타비아누스와 아그리파는 적의 갤리선을 약 140척 정도 나포하거나 침몰시켰다. 원정 전체를 놓고 보아도 이는 큰 수확이었다.

옥타비아누스는 나중에 적에게서 전함 300척을 탈취했다고 주장했다.[34] 이는 3월의 메토네 점령을 비롯해 악티움 해전 내내 올린 수치를 말한다. 이 수치는 아마도 3단 노선 같은 작은 배는 따지지 않은 결과일 것이다. 만약 악티움 승전 기념물에 전시된 35개의 충각이 전체적으로 확보된 충각의 10분의 1만 보여준 것이라면(고대에는 대체로 10분의 1만 전시했다), 적에게서 **빼앗은** 선박 수는 약 350척으로 올라간다.

고대의 지휘관들에게 사상자 수는 그리 중요하지 않았다. 특히 같은 동포끼리 싸우는 내전일 경우에는 더욱 그러했다. 별로 자랑할 만한 일이 아닌 까닭이었다. 플루타르코스는 안토니우스의 함대에서 5000명이 죽었다고 보고했는데,[35] 이는 아우구스투스의 《회고록》에서 나온 수치다. 몇 세기 뒤에 저술 활동을 한 오로시우스는 전사자 1만 2000명, 부상자 6000명(추후 사망 1000명)이라고 보고했다.[36] 플루타르코스의 수치는 오로지 군단병만 가리키는 것이고, 오로시우스의 수치는 선원과 승조원을 포함한 것으로 보이는데, 확실한 것은 알 수 없다. 로마 시인 섹스투스 프로페르티우스(기원전 50년경에 출생)가

로마인들의 시체가 악티움 바다에서 둥둥 떠다녔다고 노래했다는 사실을 기억하면 충분할 것이다.[37]

한 사료는 전투가 끝난 후 안토니우스 대함대의 잔해와 파편이 바다에 둥둥 떠다녔다고 주장한다. 바람과 파도가 "아라비아인, 사바인, 그리고 다른 아시아인 1000명의 보라색과 황금색 잔해들을 계속 표류시켰다."[38] 동방의 타락상을 서방의 방정함에 대비시키는 문장이기는 하지만, 패배의 흔적이 해역에서 둥둥 떠다니다가 해안으로 표류해 왔음을 보여주는 대목이다.

전투가 끝난 후, 옥타비아누스의 병사들은 그를 최고 사령관으로 칭송했다.[39] 이로써 그는 여섯 번째로 그런 높은 호칭을 받았다. 관련 사료들은 옥타비아누스와 아그리파가 승리의 해역을 둘러보면서 어떤 말을 하고 어떤 생각을 했는지는 기록하지 않았다. 두 사람은 기분이 좋았겠지만 환호작약하며 드러내지는 않았다. 일찍이 카이사르는 내전에서 쓰러진 적을 향해 선량한 로마인이라면 마땅히 보여야 할, 사필귀정의 느낌과 후회가 적절히 혼합된 모범적 반응을 보여준 바 있었다. 폼페이우스를 상대로 치른 파르살루스 전투 후에 들판에 쓰러진 적병들의 시신을 둘러보면서 카이사르는 이렇게 말했다고 한다. "저들이 이것을 원했다."[40]

사료들은 옥타비아누스가 그와 비슷한 공식적 페르소나를 내보였다고 말한다. 그는 로마인의 피를 흘리게 한 것을 후회하며 살아남은 적병들에게 관용을 베풀겠다고 했고, 사태가 이렇게 된 것은 전적으로 적들의 책임이라고 말했다. 안토니우스와 클레오파트라가 "이것을 원했다"라고 옥타비아누스가 말했는지 여부는 확실하지 않지만,

안토니우스의 병사들에게 사령관이 그들을 버리고 도주했다는 사실을 확실히 주지시켰다. 안토니우스와 클레오파트라가 도주한 후에도 전투가 계속되자 옥타비아누스는 안토니우스의 함선에 남은 병사들을 향해 큰 목소리로 계속해서 이렇게 외쳤다. 너희들의 사령관은 도망쳤다. 너희들의 목숨을 살려주고 관용을 베풀겠다.[41] 적 병사들의 항복을 유도하기 위해 그렇게 행동했고, 그들은 마침내 항복했다. 아우구스투스의 《회고록》에 나오는 낮은 사망자 수치(그는 5000명이라고 했고, 오로시우스는 1만 2000명이라고 했다)는 그가 죽인 로마인의 수를 일부러 낮추려는 의도가 반영되었을 것이다. 결국 사망한 적병 중 상당수가 외국인이 아닌 로마인이었으니 말이다. 그동안 옥타비아누스는 이 전쟁이 클레오파트라를 상대로 한 전쟁이라고 거듭하여 프로파간다전을 펼쳐왔음에도 사실을 명확하게 인지했다.

옥타비아누스가 전투 이후에 드러낸 또 다른 감정은 경건함이었다. 로마인들은 전투에서 승리를 거두면 신들에게 반드시 감사를 표했으므로, 옥타비아누스처럼 정치적인 로마인이라면 더욱이 그렇게 해야 했다. 그의 수호신은 아폴론이었는데 악티움에는 유명한 아폴론 신전이 있었다. 베르길리우스는 〈아이네이스〉에서 이 승리가 신들의 가호 덕분에 얻어졌음을 공식적으로 선언했다.

악티움의 아폴론이 이 광경을 보고서
높은 곳에서 화살을 당겼다. 그러자
이집트인들과 인도인들과 아랍인들이
겁에 질려 도망쳤고 사바인들도 그 해역을 떠났다.[42]

그 전투는 대승이었으나 총체적 승리는 아니었다. 안토니우스와 클레오파트라는 전함 약 3분의 1을 건지고 보물을 그대로 간직한 채 도망쳤다. 특히 금은보화는 신병을 모집하고 전함을 새로 건조할 수 있는 든든한 재원이었다. 더구나 안토니우스의 군단은 여전히 그리스 여러 지역에 퍼져 있었다. 그렇다면 안토니우스와 클레오파트라는 어떻게 되었나?

도망친 남자

악티움에서의 탈출 시도는 용기가 필요하고 위험한 일이었지만, 그래도 필요한 일이었다. 애초에 기대했던 만큼 성공적이지는 못했으나 지도부를 살려내고, 전함 일부와 금은보화를 지키는 일차적 목표는 달성했다. 하지만 이 얼마 안 되는 영광의 한 모금은 실패의 쓸쓸함을 보충하기에는 턱없이 부족했다.

안토니우스와 클레오파트라의 배들은 남쪽으로 가면서 예전에 휘하에 두었던 기지들을 역순으로 지나갔다. 먼저 레우카스섬의 하얀 벼랑이 나타났다. 사실 아그리파는 안토니우스가 빤히 보는 앞에서 그 섬을 탈취했다. 이어 월동 본부였는데 아그리파에게 빼앗겨버린 파트라이를 향해 동쪽으로 방향을 틀면서 해협을 지나갔다. 그런 뒤 예전에 소시우스가 다스렸던 자킨투스섬 기지 근처의 에메랄드빛 바다가 나왔다. 이어 펠로폰네소스반도의 남서쪽 끝부분을 돌아갔다. 그곳에는 메토네 항구를 지켜주는 작은 섬들이 있었는데, 아그리파는 지난 3월에 그곳을 급습하여 보구드 왕을 죽였다. 그 일이 연쇄 반응을 일으켜 결국 악티움에서 안토니우스의 함선들이 대패를 당했다. 이런 광경을 멀찍이서 바라보면서—설사 보이지 않는다 하더라도 그것들이 거기 있다는 것은 알기에—당면한 사태를 긍정적으로 바라보기는 어려웠을 것이다. 그 바다 여행은 사흘이 걸렸다.

안토니우스는 로마인·귀족·사령관에게 어울리는 행동을 하지 않았다. 로마인은 당연히 그가 휘하 군단들과 함께 있어야 한다고 생각했다. 그러나 그는 해안에 남겨둔 5만 명의 병들고 굶주린 병사들이 옥타비아누스에게 실질적으로 위협을 가할 수 있다고 보지 않았다. 군단들과 함께 있겠다고 하는 것은 사실 자살하겠다는 것이나 마찬가지였다. 진지한 로마인이라면 그것이 옳은 길이라고 여기고 그렇게 행동했을 것이다. 카이사르의 철천지원수였던 브루투스, 카시우스, 소小 카토는 모두 그렇게 했다. 안토니우스는 그들의 뒤를 따라야 마땅했다.

어쩌면 안토니우스는 자신은 로마의 애국 시민으로서 옥타비아누스의 독재에 맞서야 할 책임이 있으며, 알렉산드리아를 군사 기지로 삼으면 여전히 항전할 수 있다고 생각했을지도 모른다. 이집트에는 천연의 방어 요새가 많았다. 그에게는 키레나이카에 4개 군단이 있었고, 악티움에서 함께 탈출한 병사들, 타이나룸·크레타·코린토스 등지에서 그에게 합류하러 온 병사들을 그러모아 다섯 번째 군단을 편성할 수도 있었다. 더욱이 클레오파트라는 자체 병력을 갖고 있었다. 그녀의 금은보화를 이용하면 새로운 병사들을 모집할 수도 있었다. 그러는 사이에, 옥타비아누스는 자신의 제대군인들은 물론이고 안토니우스의 병사들에게도 안착할 땅을 주어야 해서 엄청난 정치적·재정적 압박을 겪을 터였다. 그렇게 되면 그쪽 진영에서 분열이 일어날 수도 있었다.

어쩌면 안토니우스는 이렇게 생각했을지도 모른다. 이집트를 그대로 지킬 수 없다면, 그때 가서 자살을 생각해도 늦지 않다. 또 동쪽 파르티아로 도피하는 방법도 생각해볼 수 있었다. 카이사르의 완고한 적수였던 티투스 라비에누스의 아들 퀸투스 라비에누스는 필리피 전투에서 공화파 군대가 패하자 파르티아로 도망가서 자신의 몸을 그곳에 의탁하지 않았던가. 내전 시기에는 양 당사자의 감정이 고조되기 마련이다. 퀸투스는 심지어 파르티아 군주의 보좌관 자격으로 로마의 동부 속주들을 침공하기까지 했다. 그는 시리아와 소아시아 상당 지역을 점령하고 현지 속주 총독을 살해한 후, 파르티쿠스 임페라토르Particus Imperator(파르티아의 개선장군)라는 별칭을 스스로 수여하기도 했다. 그러나 그로부터 얼마 지나지 않아 안토니우스 휘하 사령관 중 한 사람이 펼친 반격으로 퀸투스는 패배해 처형되었다. 어쩌면 안토니우스는 독재자에게 대항하여 명예롭게 죽는 방법으로 이런 운명도 생각해볼 수 있지 않았을까?

휘하 군단을 내팽개친 사령관은 아마도 이런 식으로 자신을 합리화했을 것이다. 하지만 정작 그 자신이 그 논리를 믿었을까? 기원전 31년 악티움 해전은 단지 패배에 그치는 정도가 아니라 엄청난 치욕이었다. 필리피 전투 이후 안토니우스는 당대 최고의 장군이었다. 메디아 '대참사'가 있었다고는 해도 그 뒤에 화려하게 제2막을 펼쳤다. 아르메니아를 정복했고 메디아를 파르티아의 영향권에서 빼앗아 그곳과 정치적 동맹을 맺었으며, 왕실 간 혼인도 이루어졌다. 파르티아를 상대로 또다시 전쟁을 재개하여 멋진 승리를 거둘 것이라는 전망도 나왔다. 그러나 악티움은 달랐다. 옥타비아누스 캠프 근처의 소규모 지상전에서 승리를 거둔 것 말고는 전쟁 내내 일방적으로 패배의 코스를 달렸다. 안토니우스는 적의 전술과 해전 경험에 완전히 압도되었다. 그는 적의 과감한 공격에 전혀 대비되어 있지 않았다.

플루타르코스에 따르면, 안토니우스는 타이나룸 쪽으로 항로를 잡아가는 동안 안토니아스호의 선수 쪽에 울적하게 앉아 있었다고 한다.[43] 항해하는 사흘 내내 클레오파트라에게 말도 걸지 않았다고 한다. 이 에피소드가 사실인지 아닌지는 독자 스스로 판단해보시기 바란다.

관련 사료들은 이집트 여왕의 심기에 대해서는 아무런 기록도 남기지 않았다. 베르길리우스는 그녀가 창백한 얼굴로 악티움을 떠났는데 마치 다가올 자기 죽음의 전조를 본 것 같았다고 썼다.[44] 하지만 그녀는 불굴의 의지를 가진 여왕이므로, 아마도 선상에서 정력적으로 돌아다니며 다음 계획을 수립하려 했을 것이다. 그렇지만 클레오파트라는 먼저 안토니우스와 대화를 나누어야 했다.

들려오는 전설에 따르면, 사령관과 여왕은 타이나룸에 도착했을 때 화해했다고 한다.[45] 그곳은 펠로폰네소스반도 중앙의 남쪽 끝에 있는 항구로, 같은 이름을 가진 곳(오늘날의 마타판곶)에서 몇십 킬로미터 떨어져 있었다. 척박하고 험준한 그곳은 바다, 해적, 동굴로 유명했는데 그중 한 동굴은 지하 세계로 들어가는 입구로 알려져 있다. 타이나룸은 크레타, 키레네, 알렉산드리아로 가는 바닷길 위에 있었다. 안토니우스가 그리스에 설치한 여러 기지와 달리, 이곳에는 아그리파의 전함이 공격하러 오지 않았다. 타이나룸에서 클레오파트라의 시녀들이 사령관과 여왕을 화해시켰고, 그때 이후 함께 식사하고 함께 잠을 잤다.[46]

안토니우스는 우울증에 빠질 만했다. 전투에서 엄청난 손실을 봤을 뿐 아니라 클레오파트라에 의해 구조되었으니, 이제 그녀의 손아귀에 들어간 셈이었다. 그는 자신을 뒷받침해줄 강력한 군대를 갖지 못한 채 이집트에서 살아가는 로마인이 될 터였다. 클레오파트라는 배우자이면서 세 아이의 아버지인 안토니우스를 버리지는 않겠지만, 군주는 때때로 자신의 왕좌를 지키기 위해 가혹한 결정을 내리게 마련이다. 하지만 안토니우스는 행동하는 남자였고 타이나룸에 기항하는 동안 가만히 앉아 있지만은 않았다. 악티움에서 도망쳤거나, 아니면 여전히 우호적인 다른 그리스 항구에서 찾아온 대형 수송선들이 도착했다. 안토니우스의 몇몇 친구도 그와 합류했다. 그들은 악티움 함대가 크게 파괴되어 최악에 이른 상황을 보고했으나, 여전히 해안에 남아 있던 군단들이 도망쳐서 따라올지 모른다는 희망을 품고 있었다.

안토니우스는 군단 사령관인 카니디우스에게 마케도니아를 관통하여 아시아 쪽으로 빨리 행군하라는 전갈을 보냈다. 하지만 안토니우스는 휘하 군단의 병사들과 곧 합류하겠다는 말은 하지 않았다. 그러는 대신 아프리카로 항해할 생각이었다. 그는 휘하 군단들에 선량한 로마인의 의무를 다하지는 못했으나 가까운 친지들에게는 도움을 주는 바람직한 방식으로 처신했다. 주화, 황금, 왕실의 은제 식기류를 적재한 운송선을 그들에게 주겠다고 한 것이다. 그들은 거절했지만, 안토니우스는 자상하고 친절하게 그들을 위로했다. 또한 그들을 돕기 위한 또 다른 실용적 조치도 취했다.

안토니우스는 경리 담당인 테오필루스에게 편지를 썼다.[47] 경리 담당은 진영 내 재정을 담당했는데 엘리트 로마인은 모두가 그런 하인을 휘하에 두었다. 여기서 하인이라는 용어는 적절한데, 경리 담당들은 대체로 해방 노예 출신이었기 때문이다. 테오필루스도 그러했다. 그는 당시 코린토스에 있었다. 안토니우스는 테오필루스에게 자신의 가까운 친지들을 잘 숨겨주어 그들이 옥타비아누스와 화평을 맺을 수 있도록 해달라고 요청했다. 그 친지들에 대해서는 더는 알려진 바가 없으나, 그들은 아마 테오필루스의 아들 히파르쿠스처럼 행동했을 것이다.[48] 히파르쿠스는 안토니우스의 해방 노예였다가 나중에 옥타비아누스에게 넘어간 최초의 인물이다. 히파르쿠스는 안토니우스 휘하에서 출세하고 징벌 고시에서도 살아남은 인물이었는데도 옥타비아누스는 그를 동지로 받아들였다.

안토니우스는 자신이 그리스를 떠나면 자신의 친구들이 적과 협상을 벌여야 한다는 것을 잘 알았다. 군단도 다를 바 없었다. 하지만 안토니우스는 군단 병사들과 합류하지 않음으로써, 힘들게 싸우고 수도 많이 줄어든 군단에 그다지 신뢰가 없음을 만천하에 드러냈다.

패배하여 타이나룸에 도착한 부부의 주위에 포진한 사람들이 모두 믿을 만한 이들이었던 것은 아니다.[49] 안토니우스와 클레오파트라는 그들 중 일부는 수상하다고 생각하여 내보냈다. 그들이 데리고 있으려 했던 일부 동맹은 자발적으로 떠났다. 이제 두 사람과 거리를 두는 편이 신중한 처사라고 생각했던 것이다.

　관련 사료에 따르면, 카니디우스 휘하에서 행군하던 군단들은 안토니우스에 대한 충성을 그대로 유지하면서 그가 돌아와 자신들을 지휘해주고 밀린 봉급도 지불해주기를 바랐다고 한다. 그들은 7일을 꼬박 함께 있었던 것으로 추정된다. 옥타비아누스에게 우호적인 한 전승에 따르면, 그들은 카니디우스, 로마인 장군, 동맹군 지휘관 들이 자신들을 버리고 달아난 이후에야 비로소 항복했다.[50] 그러나 그보다는 병사들이 옥타비아누스와 거래를 하리라 예상했기에 지휘관들이 도주했다는 추정이 더 그럴싸한 시나리오일 것이다. 그러나 그런 거래가 그들을 기다리고 있지는 않았다.

　거래는 옥타비아누스의 장점이었다. 그는 노련한 협상가였고 경험도 풍부했다. 예를 들어 그는 기원전 44년에 안토니우스에게서 두 군단을 떼어내는 것으로 경력을 시작했다. 그때 옥타비아누스는 그 두 군단 병사들에게 넉넉한 봉급 인상을 약속했을 뿐만 아니라 그들과 켄투리온들의 분노를 달래주었다. 그전에 안토니우스는 휘하 병사들의 군기를 확립하기 위해 일부 병사와 켄투리온을 처형한 적이 있었다. 그렇게 하여 두 군단은 결국 안토니우스를 배신하고 옥타비아누스 편에 붙었다.

　로마에서 여러 차례 내전을 경험한 옥타비아누스는 병사들이 동포를 상대로 싸우기보다는 협상을 더 선호한다는 사실을 알아보았다. 이제 악티움 해전도 승리로 끝났으므로, 옥타비아누스는 여러 상황을 감안하여 안토니우스 군단의 대표들과 협상하는 편이 좋겠다고 생각했다. 그들은 좋은 조건을 얻기 위해 버텼고 옥타비아누스는 관대한 해결책을 제시했다.[51] 안토니우스는 악티움에 총 19개 군단을 결집시켰는데, 전투에서 손실을 입고 일부 도망친 병력도 있었으나 대부분이 온전한 상태였다. 옥타비아누스는 그중 최소 4개 군단은 그 이름과 깃발을 그대로 유지하도록 허용했다. 그 외 군단들의 병사는 옥타비아누스 군단에서 부족한 부대에 보충병으로 투입되었다. 동원 해제되면 정착할 수 있는 땅을 하사하겠다는 약속도 떨어졌다. 이 제대군인들에게는 마침내 이탈리아 외부 지역에서 정착지가 주어졌고, 처음부터 옥타비아누스를 따라다녔던 제대군인들은 이탈리아 안에 있는 땅을 얻었다.

무엇이 잘못되었나?

아마도 안토니우스와 클레오파트라는 타이나룸에서 이런 질문을 스스로에게 던졌을 것이다. 정직한 대답은 아마 이런 것이었으리라.

안토니우스의 동맹 함대는 화려했지만 그 자원을 제대로 활용하지 못하고 낭비했다. 그 함대는 이탈리아 남부 항구들로 진격하여 로마로 가는 길을 열어주었어야 마땅했다. 그렇게 했다면 안토니우스는 자신이 원하는 지상전을 벌여서 승리할 수 있었을 것이다. 만약 이 작전을 썼더라면 안토니우스의 동맹 함대는 무적이었을 것이다.

그러나 전쟁의 국면이 막상 해전으로 바뀌자 동맹 함대는 오히려 불리한 처지에 놓였다. 확실히 그 함대는 나름의 강점이 있었다. 강화된 선수는 양군의 배가 정면충돌한다면 파괴적 힘을 발휘할 수 있었고 대규모 함선에 설치된 투석탑은 강력한 무기를 발사할 수 있었다. 게다가 그 함대의 제독 중에는 일찍이 해전에서 승리한 경험이 있는 아헤노바르부스도 있었다.

그러나 이들도 당대의 가장 위대한 제독인 아그리파의 상대가 되지는 못했다. 아그리파의 함대는 당대의 노련한 해적이자 반란 세력인 섹스투스 폼페이우스와의 해전에서 승리를 거두었다. 거기에 옥타비아누스의 영리하고 무자비한 리더십이 보태어져 더욱 사기가 오른 해군 부대가 있었다.

이탈리아 침공이 위험 요소가 많은 작전이기는 했지만, 안토니우스와 클레오파트라 함대는 그 작전을 실제로 성공시킬 가능성이 있었다. 그러나 승리는 그리스 서부 해역의 장악에 달려 있었기에 전쟁의 승기는 아그리파와 옥타비아누스에게로 넘어갔다. 그럼에도 안토니우스와 클레오파트라는 여전히 이길 가능성이 있었다. 단, 두 사람이 기민하고 과감한 작전을 펴기 위해 최대한 노력할 때의 이야기였다. 하지만 그들은 그런 준비가 되어 있지 않았다.

또 안토니우스 동맹 내에서 벌어진 로마인들과 이방인들 사이의 정치적 입장 차이와 내부 갈등도 우리의 판단에서 빼놓으면 안 된다. 공화파는 클레오파트라를 불신했고, 그녀는 그런 불평에 보복했다. 아헤노바르부스 같은 노련한 제독이 배신한 것은 큰 손실이었다. 만약 그가 건강한 상태로 안토니우스 곁에 충성스럽게 머물며 악티움 해전에 참여했더라면 상당한 영향력을 발휘했을 것이다. 동방의 여러 속주는 자신들을 희생시켜 제국을 팽창하고자 하는 클레오파트라 때문에 고통을 겪었다. 전쟁에 직접 참가하여 여왕과 갈등을 일으키지 않기 위해 파견군만 보낸 헤롯이 극단적인 경우이긴 했지만, 그처럼 미온적인 군주가 헤롯만은 아니었다. 명목상의 제국 분할에도 불구하고 옥타비아누스는 안토니우스의 영역인 제국의 동방 지역에 여러 친구를 두었고 아는 사람이 많았다. 물론 안토니우스도 이탈리아 내부에 그런 친구와 접촉선이 있었다. 그러나 그가 패배를 거듭하자 이탈리아 내부에서의 공작은 별다른 반응을 이끌어내지 못했다.

안토니우스와 클레오파트라가 전쟁의 무대를 서쪽으로 끌고 간 것은 적절한 선택이었다. 이집트에서 버티면서 방어만 하는 것은 옳은 선택이 아니었다. 그랬다가는 로마 동부의 나머지 지역을 적에게 내주어 동맹군의 배반을 대대적으로 불러올 터였기 때문이다. 더 나아가 이집트 내에서 쿠데타나 정권 붕괴가 일어날 수도 있었다. 그들의 실수는 악티움으로 간 것이 아니라, 이탈리아를 직접 공격했어야 할 때 악티움에 계속 머무른 것이고, 후방의 취약한 기지들을 제대로 단속하지 못한 채 계속 그곳에 머무르기로 결정한 것이다.

리더십이 문제의 핵심이다. 만약 안토니우스가 높은 기량, 공격 정신, 효율적인 리더십을 발휘했더라면, 설사 그리스 서부에서 방어 전략을 취했다 할지라도 승리를 거둘 수도 있었다. 하지만 그는 대비하지 않았고, 보수적이고 반동적이었으며, 무기력했다. 안토니우스와 클레오파트라는 리더십의 분열을 고스란히 드러냈다. 반면에 그들의 적은 단결되어 있었다. 옥타비아누스와 아그리파는 마치 쌍둥이처럼 움직였다. 반면에 안토니우스와 클레오파트라는 내부가 분열된 집이었다. 그러니 배신자들이 안토니우스 캠프에서 옥타비아누스 쪽으로 넘어간 것은 이상한 일이 아니었다.

역사를 보면 더 많은 돈과 더 많은 기술을 가진 군대에서 엉뚱한 전략을 선택한 사례가 안토니우스가 처음도 아니고 마지막도 아니었다. 그들은 그런 잘못된 결정을 내리는 통에 선택한 전략을 올바로 수행할 수가 없었다. 그래서 그들은 전쟁에서 졌다.

13

"나는 파괴하는 대신 구하려 했다"

기원전 31년 9월 3일~30년 봄, 악티움과 소아시아

나는 온 세상의 여러 지역에서 해전과 육상전, 내전과 외국과의 전쟁
을 치렀다. 그리고 승리를 거두었을 때, 관용을 호소하는 시민들을 전
부 살려주었다. 안전하게 사면해줄 수 있는 외국 민족들의 경우, 나는
파괴하는 대신 구하려 했다.[1]
—《신이 된 아우구스투스의 언행록》(기원후 14년)

200년이 흐른 시점에서 과거를 되돌아본 역사가 카시우스 디오는 옥
타비아누스의 '권력 독점'이 악티움 해전의 승리 이후에 시작되었다
고 파악했다.[2] 하지만 이는 과거를 회고하는 시점에서만 가능한 이야
기다. 그 당시 사태는 그리 확고하게 결정되지 않았다.

악티움 해전의 승리가 전쟁을 종결시키지는 못했다. 그러나 옥타
비아누스는 이제 그 목표에 훨씬 가까이 다가가 있었다. 서른두 번째
생일의 전날인 기원전 31년 9월 23일, 그는 자신이 열아홉 살에 했
던 저 과감한 맹세를 이제 성취할 수 있겠다고 생각했다.[3] 양아버지

율리우스 카이사르에게 속한 모든 영광을 자신이 반드시 차지하고 말겠다고 했던 맹세 말이다. 물론 이는 로마 제국의 서부뿐만 아니라 제국 전역의 통치자가 되겠다는 뜻이었다. 제국의 동부는 서부보다 더 부유하고, 주민도 더 많고, 더 도시화되었고, 문화도 더 풍성했다. 옥타비아누스처럼 큰 야망을 품은 지도자가 동부 없이 일을 하겠다고 생각할 수는 없었다.

그러나 로마의 통치를 받지 않는 지중해의 저 큰 국가, 이집트는 어떻게 할 것인가? 과거에 카이사르가 그렇게 했듯이, 적어도 옥타비아누스는 그 나라의 국부를 탈취할 필요가 있었다.

옥타비아누스는 이제 나일강가의 저 크고 번쩍거리는 황금 상품을 노릴 수 있었다. 그곳은 지중해 권역에서 가장 부유한 나라였다. 그의 양부가 대단한 군사적 업적을 달성한 곳이기도 했다. 게다가 그 나라를 차지하면 현재의 재정적 난관을 타개할 수도 있었다. 클레오파트라의 보물, 안토니우스가 과세, 협박, 약탈로 동방 여러 지역에서 강탈한 엄청난 돈을 동시에 거머쥘 수 있었다. 그런데 그런 보물이 악티움에서 그의 손아귀를 빠져나갔다. 옥타비아누스는 그 돈이 정말로 필요했다. 병사들에게 봉급을 지불해야 했고, 이탈리아 내부의 불만을 잠재워야 했다. 그는 전쟁 자금을 조달하느라, 그리고 자신이 로마에 구축한 새로운 정치 체제의 뒷돈을 대기 위해 이탈리아 안에서 엄청난 전쟁 세금을 부과해놓은 터였다.

그러나 이집트는 여전히 그가 손만 뻗으면 차지할 수 있는 땅이 아니었다. 옥타비아누스는 싸워 이겨서 그것을 차지해야만 했다. 악티움에서 승리하자 이제 모든 것이 순조로워 보였다. 옥타비아누스도 그 사실을 익히 알았다.

옥타비아누스는 안토니우스가 전쟁에서 패했음을 알았다. 하지만 승전보다 패전 후에 더 기상이 높은 로마인도 흔히 찾아볼 수 있었다.[4] 과거 역사를 살펴보면 패한 적이 계속 심각한 문제를 일으킬 수 있었다. 예를 들어 율리우스 카이사르는 이탈리아·스페인·그리스·북아프리카에서 적군을 패퇴시켰다. 적장들이 죽는 것도 지켜보았다.* 그러나 폼페이우스의 아들들이 스페인에서 계속 반란을 일으켜서 기원전 45년 문다에서 대규모 야전을 수행해야 했다. 옥타비아누스는 문다 전투 이후에 벌어진 소탕 작전 때 큰할아버지에게 합류하여 처음으로 전쟁의 피 맛을 보았다. 그는 그 교훈을 결코 잊지 못했다. 게다가 아헤노바르부스는 기원전 42년에 필리피에서 동맹들이 패배하여 자살한 이후에도 휘하 함대를 이끌고 와서 이탈리아의 해안을 공격했다. 옥타비아누스는 섹스투스의 사례도 간과하지 않았다. 섹스투스의 해적질을 진압하기 위해 얼마나 엄청난 노력을 기울여야 했던가. 그러므로 옥타비아누스는 안토니우스와 클레오파트라가 살아서 도망친 이상, 그들을 완전히 정복한 것이 아님을 잘 알았다.

요컨대 안토니우스와 클레오파트라는 아직 금은보화와 추종자들을 거느리고 있었다. 만약 그들이 버티기로 결정한다면 이집트에서

---

* 대표적인 사례가 폼페이우스 마그누스다. 그는 파르살루스 전투에서 카이사르에게 패배한 후 이집트로 도망쳤으나 당시 프톨레마이오스 왕은 그를 받아들이는 척하다가 배에서 내리는 그를 살해하여 그 머리를 카이사르에게 바쳤다. 카이사르는 적장의 머리를 보고서 울음을 터트렸다고 하며, 그런 조치를 취하게 한 이집트의 신하들을 처형했다고 한다.

강력한 방어 체제를 구축할 것이다. 그 나라에는 동부와 서부의 험준한 지형 덕분에 천연 요새가 많았고 강화된 인공 요새도 많았다. 이런 요소들은 침략군의 진입을 크게 방해할 것이다.

악티움 이후에 등장한 새로운 문제는 이집트를 어떻게 공격하여 차지할 것이냐였다. 우리는 이 침공 작전을 악티움 해전의 마지막 단계로 보아야 마땅하다. 그러나 로마인들은 이 전쟁을 별개의 것으로 보아 '알렉산드리아 전쟁'이라고 불렀다.

안토니우스와 클레오파트라가 히스파니아로 갈 것이라는 이야기도 나돌았다.[5] 로마의 여러 적수들, 특히 세르토리우스와 폼페이우스 형제가 그랬듯이, 그곳은 무장 항거를 벌이기에 아주 좋은 땅이었다. 히스파니아는 산악 지형이었고 현지의 원주민 부족들은 사나웠으며, 게다가 은광이 많았다. 만약 안토니우스와 클레오파트라의 엄청난 자금이 모두 소진된다면 히스파니아를 도피처로 너끈히 생각해볼 수 있었다. 그리고 추후에 역사가 증명하듯이 스페인은 게릴라 la guerrilla 의 고향이었다. 이 스페인어는 '소규모 전투'를 뜻하는데, 스페인은 1808~1814년 프랑스의 나폴레옹 1세 황제를 상대로 이런 비정통적 전략을 구사했다. 그 때문에 오늘날 게릴라전이라는 말이 널리 사용된다. 악티움 해전 이후에 옥타비아누스가 히스파니아 해안의 방어 시설을 강화한 것은 결코 우연의 일치가 아니다.[6] 그런 조치를 함으로써 바다로부터의 공격에 대비하려는 것이었다. 결과적으로 안토니우스와 클레오파트라는 동방에서 또 다른 도피처를 알아보아야 했다.

사령관과 여왕은 자금과 연줄 덕분에 상당히 넓은 범위의 영향력을 지니고 있었다. 옥타비아누스는 자객의 단도가 한순간에 세상의 구도를 바꾸어놓는다는 것을 잘 알았다. 한 사료는 안토니우스와 클레오파트라가 간첩과 뇌물을 이용하여 옥타비아누스를 기만하거나 아예 살해하려 했다고 주장한다.[7] 기만이나 암살을 당하지 않는다 하더라도 옥타비아누스가 동방에서 전쟁을 계속 수행하는 동안에 후방인 이탈리아에서 내란이 벌어질 위험도 있었다. 안토니우스와 클레오파트라가 그런 반란을 배후에서 조종할 수도 있었다.

옥타비아누스가 원한 것

기원전 36년에 섹스투스 폼페이우스를 물리치고 나서 옥타비아누스와 고문관들은 로마를 통치하는 방안에 대해 생각하기 시작했다. 혹은 그들의 표현을 따르자면 '공화국을 혁신하는' 방안에 대해 숙고했다. '레스 푸블리카 레스티투타res publica restituta'는 악티움 이후에 로마에 들어설 새로운 정치 제도의 모토가 될 터였다. 이 라틴어는 보통 '원상회복된 공화국'으로 번역된다. 또한 '개혁된 공화국' 혹은 좀 더 광범위하게 '개혁된 공동 복지 국가'로 번역되기도 한다. 비록 옥타비아누스가 새로운 정치 제도의 세부까지 미처 준비하지는 못했지만, 한 가지 분명한 사실은 이제 예전의 공화국으로는 돌아가서는 안 된다는 것이었다. 그 공화국 정부가 아버지 율리우스 카이사르를 살해했으므로 그 아들은 공화제를 반드시 철폐해야 할 정치 제도라고 생각했다.

만약 옥타비아누스가 자신의 뜻대로 성사시킬 수 있다면 새로운 정치 제도는 그의 가족이 핵심 무대를 차지하는 제도가 되어야 했다. 그의 국가 재건 계획은 그 사실을 분명하게 밝혔다. 악티움 해전 이전, 그러니까 기원전 30년대 후반에 그는 자신의 능묘를 건설하기 시작했다. 그때 당시 그의 나이 겨우 서른이었으니, 능묘 건설은 순전히 정치적 행위였다. 그는 안토니우스가 죽으면 알렉산드리아에 묻히고 싶다고 말했다는 이야기가 나오자 안토니우스를 비난했고, 그런 직후에 능묘 건설을 발표했다. 옥타비아누스는 자신이 다른 길, 즉 로마에 묻히는 길을 가겠다고 선언한 셈이다. 하지만 그가 계획한 능묘에는 공화국의 검소함은 찾아볼 수가 없었다.

옥타비아누스와 그의 대가족을 위한 거대한 왕조식 능묘는 도시에서 가장 높은 건물이었다. 종교 법규가 도시의 성벽 내에서 매장하는 행위를 금지했으므로, 그 능묘는 도시의 성벽 바로 바깥에 축조되었다. 도시화가 급속히 진행되던 캄푸스 마르티우스 지역이었다. 능묘는 하얀 대리석 기반 위에 조성된 인공의 언덕이었는데 상록수로 뒤덮였고, 마침내 옥티비아누스의 청동 조각상으로 화룡점정을 찍었다. 외부는 전투에서 획득한 전리품으로 단장되었기에 능묘는 무덤이었을 뿐만 아니라 전쟁 기념물과 전리품 전시관 기능을 겸했다. 오늘날에도 로마 중심부 캄포 마르초 지구에 가면 이 능묘의 거대한 흔적을 볼 수 있다. 그 기념물은 에트루리아의 무덤, 마케도니아의 무덤 혹은 알렉산드리아에 있는 알렉산드로스의 무덤을 연상시킨다. 하지만 우리는 능묘의 실물이 어떻게 생겼는지 추측할 수 있을 뿐이다. 능묘의 원조인 할리카르나수스(오늘날 튀르키예)의 마우솔루스 무덤*을 연상시키는 그 능묘는 마침내 아우구스투스의 능묘로 불린다.

새로운 정치 제도는 여전히 공화국(레스 푸블리카res publica)이라 불릴 것이었다. 이 단어는 영어 리퍼블릭republic과 같은 뜻이다. 로마인들이 볼 때 레스 푸블리카는 레스 프리바타res privata(개인의 것), 즉 군주제와 정반대되는 용어다. 그러나 통치자의 거대한 무덤이 스카이라인을 압도하는 정부를 진정한 공화국으로 보기는 어려울 것이다. 더욱이 그 통치자가 이탈리아의 모든 사람을 상대로 충성 맹세를 강요하는 정부 제도는 공화국이라 할 수 없다. 게다가 그 통치자는 자기 자신을 카이사르라고 호칭하고 있지 않은가. 사정이 그렇기는 했지만, 옥타비아누스는 동방 군주 클레오파트라의 부패한 통치 방식, 그리고 여왕의 사랑의 노예인 안토니우스로부터 자신을 뚜렷하게 구분시키기 위해 신경을 많이 썼다.

그리고 옥타비아누스는 카이사르의 사례를 보고 자신의 권력을 어떻게 휘둘러야 하는지 잘 배웠다. 카이사르는 생애 마지막 몇 달 동안 마치 군주인 양 거들먹거렸다. 그는 몇백 년 전에 로마를 다스렸던 왕들처럼 차려입었는데, 그 일곱 왕 중 마지막 왕은 일군의 무장 봉기 세력에 의해 추방되었고 그 결과로 공화국이 건설되었다. 카이사르는 자신을 신으로서 숭배하는 것을 허용했다. 한 공식 집회에 참석했을 때 사람들이 씌워주려 한 왕관을 거부하기는 했으나, 자신의 에고를 한껏 드높이는 방식으로 거부했다. "파스티fasti[공식 기록]에 카이사르가 왕관을 거부했다는 사실이 기록되도록 하라."[8]

---

* '능묘'의 원어는 mausoleum인데 이 단어는 마우솔루스(Mausolus)에서 유래했다.

만약 과거의 공화주의자였다면 그런 제안에 엄청 화를 냈어야 마땅한데 카이사르는 그렇게 하지 않았다. 마지막으로, 가장 도발적이게도 그는 종신 독재관(딕타토르 페르페투오dictator perpetuo)라는 직함을 받아들였다. 그 새로운 직위는 그가 나아가려는 최종 방향을 확실하게 보여주었는데, 원래 단기간의 비상 직책인 독재관을 훨씬 긴 기간 동안 존속하게 했다. 처음에는 1년, 그다음에는 10년, 마지막에는 '종신직'으로 만들었다. 그리고 그로부터 한 달 뒤, 공화파 원로원 의원들로 구성된 음모 세력이 원로원 회의장에서 카이사르를 칼로 찔러 죽였다.

옥타비아누스에게는 편리하게도, 그 암살 사건 직후에 종신 독재관이라는 직책은 폐지되었다. 역설적이게도 안토니우스의 제안으로 그런 폐지 조치가 완결되었다. 그러므로 옥타비아누스는 크게 미움받는 직책에 취임할 생각을 하지 않아도 되었다. 그 대신 그는 삼두, 집정관, 사령관, 카이사르라는 호칭을 사용했다. 그리고 정치 제도의 세부 요소들은 앞으로 찬찬히 마련될 터였다.

"천천히 서둘러라"

옥타비아누스가 아닌 다른 사령관이었다면 악티움 해전 이후에 계속 밀고 나가서 안토니우스와 클레오파트라를 추격하여 이집트까지 갔을 것이다. 가령 카이사르는 기원전 48년에 파르살루스에서 패배하고 달아난 폼페이우스를 추격하여 황급히 이집트까지 갔다. 악티움 전투와 파르살루스 전투 모두 그리스에서 벌어졌고 패자들은 둘 다 이집트로 달아났다. 그러나 옥타비아누스는 즉시 이집트로 쫓아가지 않았다. 그는 자신이 굳게 믿는 격언, "천천히 서둘러라"를 실천했다. 이 말의 원천은 '스페우다 브라데오스speuda bradēos'라는 그리스어다.[9] 그는 당시 상황이 조심스럽고 신중한 대비책을 요구하며, 결코 성급하게 행동해서는 안 된다는 것을 알았다.

옥타비아누스는 안토니우스와 클레오파트라에게 최종적으로 패배를 안기기 위해서는 강력한 육군과 해군이 절대적으로 필요했다. 여기에다 그의 정치력이 더해지면 휘하의 육군과 해군이 그 일을 한결 수월하게 해낼 터였다. 그가 적수들에게 그들과 타협하고 사면할 것임을 더 잘 설득할수록, 더 빨리 더 쉽게 그들의 항복을 받아낼 수 있을 것이었다. 옥타비아누스는 안토니우스와 클레오파트라의 동맹 세력들을 관대하게 사면함으로써 안토니우스와 클레오파트라를 멋지게 매도할 수 있었다. 그는 계속해서 이런 식으로 행동했다. 그는 이제 징벌 고시를 실시하던 살벌한 살인자가 아니었고 패배한 적군을 처형하면서 "지금은 죽어야 할 때" 같은 명령을 내리는 무자비한 승자도 아니었다. 새로운 옥타비아누스는 수년 뒤 그의 《신이 된 아우구스투스의 언행록》에 나오는 사람을 닮아갔다. 이 언행록은 일종의 유서로서 '레스 게스타이 디비 아우구스티Res gestae divi Augusti'라고 하는데 줄여서 '레스 게스타이'라고 부른다. 그는 이 문서를 로마의 자기 묘지뿐만 아니라 제국 전역의 공공 지역에 전시하게 했다. 동방에서는 현지 주민들이 더 빨리 이해할 수 있도록 라틴어뿐만 아니라 그리스어로도 전시되었다. 후대에 전하는 가장 온전한 텍스트는 튀르키예의 앙카라에 있던, '아우구스투스와 로마의 신전' 벽에 전시된 것이다.

이 문서에서 옥타비아누스는, 로마 시민들은 사면했으며, 외국인은 안전하게 사면할 수 있다면 그렇게 했다고 주장했다.[10] 그러니까 로마의 안보와 그 자신의 안전에 위협이 되지 않는 외국인을 사면했다는 이야기다. 로마인이든 외국인이든, 자신의 범죄를 회개하는 범죄자들에게 내린 것과 같은 사면령을 내렸다고 암시한 것이다. 이는 그의 관대함과 한계를 모두 보여주는 제한적이고 거의 사법적인 주장이었다.

그러므로 우리는 역사가 벨레이우스 파테르쿨루스가 옥타비아누스의 관대함에 환호작약하는 태도를 약간 에누리해서 보아야 한다. "그것은 최고로 관대한 승리였다Victoria vero fuit clementissima."[11] 벨레이우스는 기원후 1세기 초에 이렇게 기록했다. 그로부터 200년 뒤에 저술 활동을 한 카시우스 디오는, 처음에는 수많은 사람을 처형했고 사면은 별로 없었다고 말했다가 이어 옥타비아누스가 일부는 처벌하고 일부는 사면했다고 좀 더 부드럽게 말했다.[12] 디오의 두 번째 서술이 좀 더 정확한 듯하다.

옥타비아누스는 징벌 고시도 내리지 않았고 대규모 처형도 하지 않았다. 그런 식의 처벌은 자신이 통치하는 제국을 안정시키려는 그의 목적에도 맞지 않았다. 그렇지만 어떤 사람들은 처형되었다. 새로운 통치자가 보위에 올라섰다는 것을 알리기 위해 그는 집 안 청소를 해야 했다. 게다가 일부 인사는 안토니우스나 클레오파트라와 너무 가까운 사이여서 그대로 놔둘 수가 없었다.

분명히 다른 사람이 더 있었겠지만, 희생된 고위 인사로 일곱 명의 이름이 전한다.[13] 그들의 면면을 살펴보면 이러하다. 먼저 악티움에서 안토니우스의 군단들을 지휘했던 충실한 사령관 카니디우스가 있다. 율리우스 카이사르 암살 사건에 가담했다가 살아남은 푸블리우스 투룰리우스, 파르마의 카시우스도 처형되었다. 그리고 로마 원로원 의원인 퀸투스 오비니우스는 클레오파트라의 직물 산업을 관리하던 사람이었는데, 그 역시 처형되었다. 우리가 오비니우스에 대해 그 이상 아는 바가 없다는 것이 참으로 유감이다. 그는 후대에 전할 만한 좋은 이야기를 많이 알고 있었을 테니까 말이다. 다른 두 희생자인 원로원 의원 출신의 아퀼리우스 플로루스 부자(둘 다 같은 이름 사용)의 이야기는 너무 그럴듯해서 사실 같아 보이지 않는다. 부자를 다 죽이지는 않고 둘 중 하나만 죽여야 하는데 추첨을 하라는 명령이 떨어졌다는 것이다. 아들이 추첨 명령을 거부하고 자신이 죽겠다고 나섰고, 아버지는 아들의 죽음에 너무 절망하여 아들 시신 옆에서 자살했다고 한다.

처형자 목록에서 가장 도발적인 이름은 가이우스 스크리보니우스 쿠리오다.[14] 그의 아버지는 무모한 웅변가이자 호민관이었는데 내전 중에 카이사르를 위해 싸우다가 전사했다. 그런데 우리의 이야기에서 더 관련이 깊은 사람은 아들 가이우스의 어머니다. 그 어머니는 다름 아닌 풀비아로, 남편 쿠리오가 죽은 뒤 안토니우스와 결혼했고 나중에는 옥타비아누스와 맞서기 위해 군대를 일으켰던 여성이다. 어머니와 아들은 서로 비슷한 성격이었을까? 페루시아에서 냉정한 전사의 모습을 보여준 풀비아의 아들은 옥타비아누스에게 자비를 구걸하는 것을 거절했다.

외국 군주들의 경우, 옥타비아누스는 아주 신중하게 선택했다. 그는 작고 하찮은 국가가 안토니우스를 지원한 경우에는 그 통치자들을 처벌했다. 그러나 대국의 군주들은 용서했다. 그는 이 군주들에게 새로운 통치자가 등극했다는 사실을 알리고 싶어 했지만, 그렇다고 해서 해당 지역의 세력 균형을 흔들어놓고 싶은 생각은 없었다. 게다가 안토니우스가 유능한 군주들을 선택해놓았던 터라 그 자리를 바꾸려 할 때 대체할 만한 좋은 지도자가 없었다. 그리고 기존 통치자가 돈과 인력으로 옥타비아누스를 돕겠다고 제안하는 경우, 그의 왕위를 보전하는 편이 도움이 되었다.

유대의 헤롯은 잘 알려진 사례다. 기원전 30년 봄에 그는 옥타비아누스를 만나기 위해 로도스섬까지 찾아왔다.[15] 그는 왕관(왕임을 보여주는 리본으로, 고대에는 이 리본이 왕관 노릇을 했다)을 벗고 왕의 복장도 하지 않은 채 옥타비아누스를 만났다. 나중에 헤롯이 증언한 바에 따르면 그는 남자 대 남자로서 말했다고 한다. 심지어 친구인 안토니우스를 위해 자신이 해주었던 일까지 자랑했다고 한다. 핵심은, 헤롯이 강력한 로마 통치자에게 자신이 훌륭한 속국 통치자 노릇 하는 방법을 잘 알고 있다고 설득한 것이다. 그에 못지않게 중요한 것은, 헤롯이 사전 정지 작업을 했다는 사실이다. 그 만남이 성사되기 전, 그는 로마의 시리아 총독에게 휘하 군대를 파견하여 안토니우스를 돕기 위해 이집트로 가던 중인 검투사 부대를 제지했다. 총독은 옥타비아누스에게 헤롯의 이런 우호적 조치를 알리는 보고서를 올렸다. 옥타비아누스를 위해 충실한 조력자가 될 수 있다는 것을 보여주었으므로, 헤롯은 자신의 통치권을 확인받으리라고 자신할 수 있었다. 실제로 옥타비아누스는 헤롯에게 왕관을 돌려주었다. 옥좌에 계속 앉아서 유대 지방을 통치해도 좋다는 표시였다.

사면하는 사람

옥타비아누스에게 사면 조치를 받은 로마인 네 명의 이름이 후대에 전한다. 이중 가장 유명한 사람은 안토니우스의 제독이었던 가이우스 소시우스다. 그는 악티움 해전에서 안토니우스 전열의 왼쪽 날개를 맡았는데, 패전 이후 은신했다. 그가 기원전 32년 집정관 시절에 원로원에서 옥타비아누스를 비난했다는 사실을 생각해보면 당연한 행동이었다. 전하는 이야기에 따르면, 옥타비아누스는 소시우스를 사면하는 데 강력히 반대했다. 그러나 악티움 해전에서 자신의 제독으로 뛰었던 아룬티우스가 그의 마음을 바꾸어놓았다. 로마 사회는 연줄에 의해 돌아가는데, 아룬티우스와 소시우스는 지금으로서는 알 수 없는 어떤 개인적 유대 관계가 있었을 것이다. 어쩌면 두 사람은 함께 고통을 겪으면서 끈끈한 유대 관계를 맺게 되었는지도 모른다. 기원전 43년 징벌 고시가 진행되는 동안 자신도 그 명단에 오르자 아룬티우스는 켄투리온으로 변장하고서 소수의 무장 노예 집단을 대동하고 시칠리아의 섹스투스에게로 달아났다.[16] 몇 년 뒤, 사면되어 로마로 돌아온 뒤에는 옥타비아누스 편에 섰다. 아마도 로마에서 영향력 높은 인사로 정평이 난 아룬티우스가 소시우스의 신원을 보증하자, 옥타비아누스가 그를 사면해주었을 것이다.[17] 그리고 소시우스 정도의 재능과 명성이 있는 인물을 한번 써보자는 생각도 있었을 것이다.[18]

나중에 옥타비아누스가 주장한 대로, 만약 그가 사면을 요청한 사람만 사면했다면, 소시우스는 그런 요청을 하면서 자존심이 상했을 것이다. 특히 그의 과거 기록을 생각해보면 그러하다. 몇 년 전 소시우스 제독은 자신을 유대의 왕이라고 참칭하는 안티고누스 2세를 물리친 적이 있었다.[19] 그때 안티고누스는 소시우스의 발밑에 몸을 던지며 자비를 구했다. 그러자 소시우스는 대놓고 비웃으며 그를 '안티고네'라는 여자 이름으로 불렀다. 이어 안티고누스를 쇠사슬로 묶어서 투옥하라고 명령했다. 다행히도 소시우스는 악티움 패전 이후에 그가 유대에서 했던 행동보다는 나은 대우를 받았다. 사면을 받은 후, 로마로 돌아와 그곳에서 몇 해 전에 시작한 아폴론 신전의 복원 사업을 완료했다. 그 후로는 고위 군사직이나 정무직을 맡은 것 같지는 않으며, 12년 뒤 명예는 있으나 실권은 없는 신관 직을 맡았다.[20] 그 직책은 아우구스투스를 위한 주요 축제를 계획하는 자리였다.

안토니우스 지지자였다가 사면된 또 다른 인물은 마르쿠스 아이밀리우스 스카우루스였는데, 그 일은 로마에서 화제가 되었다.[21] 그는 저명한 부모의 아들이었다. 똑같은 이름을 가진 그의 아버지는 규정 이상으로 화려하게 지은 로마 시내의 저택과 시골 별장으로 유명했다. 관직에 있을 때 부정부패를 저질렀기에 그런 집을 지을 수 있었는데 그 일로 결국 평생 유배 생활을 해야 했다. 그러나 아버지 스카우루스는 후원자였던 그나이우스 폼페이우스와도 사이가 나쁜 것으로 유명했다. 스카우루스가 폼페이우스의 이혼한 아내 무키아 테르티아와 결혼한 것이 문제였다. 폼페이우스는 그 사실을 아주 못마땅하게 여겼다. 그녀는 재혼하여 아들을 낳았는데 바로 옥타비아누스가 사면한 스카우루스다. 만약 이 부모와 그 아들에 대한 세부 사항이 조금 더 전해졌더라면, 무키아의 생애에 관한 이야기가 책 한 권 분량은 충분히 되었을 것이다. 그전에 율리우스 카이사르의 연인이었던 무키아는 정치적 영향력이 있는 인물이었다. 그녀와 폼페이우스 사이에서 태어난 아들 중 한 명이 섹스투스 폼페이우스다. 무키아는 섹스투스와 옥타비아누스 사이에서 중개인으로 활약하면서 기원전 39년의 휴전 조약을 이끌어냈다. 물론 그 합의는 오래가지 못했고 섹스투스는 죽었다. 무키아는 이제 옥타비아누스를 상대로 협상력을 발휘하여 유일하게 남은 아들을 구했다.

승리 여행

옥타비아누스는 그리스 땅을 여행하면서 안토니우스의 발자취를 되짚어갔다. 옥타비아누스의 여정이 우연히 안토니우스의 그것과 일치했는지, 아니면 그런 여행 소식이 안토니우스에게 전해질 것이라는 합리적 추론 아래 일부러 라이벌을 모욕하기 위해 그랬는지는 불분명하다. 옥타비아누스는 악티움을 떠나 아테네로 항해했다. 안토니우스는 그곳에서 두 차례 지낸 경험이 있었다. 한 번은 옥타비아와, 또 한 번은 클레오파트라와 함께. 이때 옥타비아누스는 아테네를 임시 근거지로 삼았다. 그 도시는 역사적으로 프톨레마이오스 왕조와 밀접한 유대 관계를 맺어왔기에 상당한 선후책과 회유책을 쓸 수 있는 곳이었다. 그리스인인 플루타르코스는 이렇게 썼다. "옥타비아누스는 그곳에서 여러 친구를 사귀었다."[22] 그러나 실상은 그리스인들이 먼저 옥타비아누스와 친구가 되고 싶어서 접근했을 것이다. 일부 인사들은 안토니우스를 지지한 죄로 처벌을 받았으나 대부분은 관대한 대우를 받았다.[23] 옥타비아누스는 안토니우스 부대가 남겨놓고 간 곡식을 아테네인을 비롯한 그리스인에게 나누어 주었다. 그들은 안토니우스의 군대에 식량을 대느라고 엄청나게 징발을 당한 사람들이었다. 이에 못지않게 중요한 조치로, 옥타비아누스는 대규모 부채 탕감을 선언했다. 그곳 그리스인들은 그에게 데메테르 비밀 의식에 입교하도록 함으로써 그들이 해줄 수 있는 최고의 종교적 명예를 선사했다.[24] 아마도 10년 전, 그들은 안토니우스에게도 같은 조치를 취했을 것이다.

아테네를 떠난 뒤, 그는 에게해를 건너 사모스섬에 도착했다. 그 섬은 안토니우스와 클레오파트라가 기원전 32년 봄에 잠시 머물렀던 곳이다. 이곳에서 그들은 축제를 거행하고 동맹 국가들에게 충성 맹세를 하게 했다. 이제 옥타비아누스가 그 섬으로 건너와 겨울 사령부로 삼았다. 그리고 기원전 30년 1월 1일에 다섯 번째로 집정관직에 취임했다. 사모스섬에서 육지의 에페수스로 건너가는 것은 한달음에 지나지 않았다. 에페수스는 과거에 안토니우스를 새로운 디오니소스라며 열렬히 찬양했던 바로 그 도시였다. 에페수스에서 사령관과 여왕은 기원전 32년 3월에 합류했고 그들의 함대를 조직했다.

에페수스는 소아시아의 최대 도시인 만큼 옥타비아누스가 한번쯤 방문할 만한 곳이었다. 하지만 이런 여행 일정이 안토니우스와 클레오파트라의 사기를 꺾어놓지 않았을지, 또다시 생각해보게 된다. 옥타비아누스는 그들이 전에 승리를 거두었던 곳들을 방문함으로써 그들이 다시 한번 생생하게 패배를 인식하게 하려는 뜻도 아마 있었을 것이다.

이제 동방의 여러 도시가 안토니우스에 대한 지원을 거두어들이고 사절과 선물을 승자에게 보내왔다. 그중 한 행운의 도시는 로수스(현대의 튀르키예 아르수즈)였다.[25] 이곳은 대도시 안티오크에서 100여 킬로미터 떨어진 항구 도시다. 그들은 에페수스에 머물던 옥타비아누스에게 황금 왕관을 보냈다. 하지만 그들이 보낸 사절은 그보다 더 소중했다. 셀레우코스라는 그 사절은 악티움 해전에서 옥타비아누스 밑에서 싸웠다. 두 사람의 관계는 그 이전의 필리피 전투까지 소급되는데, 옥타비아누스는 그 공로를 치하하여 셀레우코스와 그 가족에게 로마 시민권을 부여했을 뿐만 아니라 그들을 일체의 세금으로부터 면제해주었다. 기원전 31년 후반에 보낸 편지에서 옥타비아누스는 로수스를 방문하여 셀레우코스의 공로에 보답하고 싶다는 뜻을 밝혔다. 실제로 옥타비아누스가 그 도시를 방문했는지 여부는 기록으로 남아 있지 않으나, 만약 방문하지 않았다면 대리인을 보내 이 작은 도시에 더 많은 은전을 베풀었을 것이다.

겨울 바다를 건너

기원전 30년 초에 옥타비아누스는 겨울 숙영에 들어갔던 사모스섬에서 떠나 황급히 이탈리아로 돌아왔다.[26] 제대군인들이 문제를 일으켰기 때문이다. 악티움 해전 이후에 복무 기간이 만료된 제대군인들은 동원 해제가 되어 이탈리아로 돌아갔다. 이들 중에는 옥타비아누스 부대의 병사도 있었고 안토니우스 부대의 병사도 있었다. 그들은 토지와 금전 하사를 약속받았으나 옥타비아누스는 여전히 필요한 돈을 마련하지 못했다. 그들은 그런 상황이 못마땅했고, 과거에 그랬듯이 이번에도 문제를 일으킬 수 있었다. 이런 점을 고려해 옥타비아누스는 악티움 해전 이후 아그리파를 본국으로 보내 병사들을 관리하라고 지시했다. 아그리파는 사태가 점점 통제하기 어려워진다고 계속해서 옥타비아누스에게 보고서를 보냈다. 옥타비아누스는 이탈리아로 돌아가야 했다. 그것도 곧.

겨울 항해는 가볍게 시도할 만한 일이 아니었다. 그런데도 옥타비아누스가 겨울 바다를 건너가기로 했다는 것은 그만큼 사태가 심각했다는 뜻이다. 그 여행은 여드레 정도 걸렸을 것으로 추정된다.[27] 그가 타고 가는 배들을 코린토스 지협에서 육로로 수송하는 시간까지 포함한 시간이다. 펠로폰네소스반도의 남쪽을 돌아가는 루트는 더 길고 풍랑이 더 심해서 이를 피하려면 선박의 육상 수송이 불가피했다. 옥타비아누스는 소규모 갤리선들을 대동하고 여행에 나선 터였다. 아직도 소탕되지 않은 적들이 해상에 혹시 있을지 몰라서였다.

옥타비아누스의 배들은 코린토스만을 벗어나 북쪽으로 항해하다가 폭풍우를 만났고 일부 배가 침몰했다. 며칠 뒤, 코르키라 북쪽의 험준한 산간 지대를 바라보는 해역에서 그들은 두 번째 폭풍우를 만났다. 또다시 일부 배가 사라졌다. 두 번의 폭풍우 중 한 번은 옥타비아누스가 탄 배의 삭구가 바람에 날아가고 키가 고장이 났다. 만약 옥타비아누스가 그런 풍랑 속에서 바다에 빠져 죽었더라면 안토니우스와 클레오파트라의 앞날이 어떻게 달라졌을지 생각해보게 된다. 그러나 그 후 하루이틀 사이에 배들은 항해의 마지막 일정을 마치고 마침내 브룬디시움 항구에 도착했다. 옥타비아누스는 엄청나게 안도했을 것이다.

관련 사료들의 기록을 믿을 수 있다면(그 사료들은 대부분 아우구스투스의 《회고록》에 의존했다), 옥타비아누스는 로마 정계의 고위직에게 환영을 받았다. 원로원 의원들과 기사 계급의 인사들뿐만 아니라 "상당히 많은 민중과 기타 인사들"이 열렬히 환영했다.[28] 아마도 그의 아내 리비아도 환영 인파 속의 한 사람이었을 것이다. 만약 환영 위원회가 옥타비아도 출영 인사에 포함했다면, 그녀 역시 사랑하는 남동생을 만나기 위해 그 도시로 왔을 것이다. 그녀는 전남편과 그의 정부가 전투에서 패배했다는 소식을 듣고 어떤 반응을 보였을까?

옥타비아가 남동생을 친히 만났든 아니든, 남매는 서로 계속해서 편지를 주고받았다. 옥타비아누스는 안토니우스를 항복시켜야 하는 앞날의 복잡한 문제를 안고 있었다. 그의 옛 아내만큼 안토니우스를 잘 아는 사람은 별로 없을 터였다. 영리한 옥타비아누스는 틀림없이 누나와 그 문제를 상의하고 싶어 했을 것이다. 옥타비아누스는 내심 안토니우스의 자살을 바랐을 테지만 그런 생각을 공개적으로 말하는 것은 신중하지 못한 행동이었다. 마찬가지로 옥타비아도 냉정한 심리 상태에서는 똑같이 생각했을 것이다.

화가 난 제대군인들도 브룬디시움을 찾아왔다. 옥타비아누스는 그들을 직접 만났고 토지와 돈을 넉넉히 하사하겠다고 약속했다. 그는 또 다른 분노하는 집단인 자유민들도 만났다. 기원전 32년, 옥타비아누스는 전쟁 자금을 조달하기 위해 이탈리아뿐만 아니라 서방 세계의 모든 자유민에게 25퍼센트의 소득세를 부과했다. 자유민들은 그 세금만이 아니라 재산의 12.5퍼센트에 해당하는 재산세를 4회에 걸쳐 나누어 내야 했다. 과거에 이들은 폭동, 살인, 방화로 자신들의 분노를 표출한 바 있었다. 옥타비아누스는 그런 문제가 또다시 발생할까 우려하여 그들의 재산세 최종분인 4회차 납부를 면제하겠다고 약속했다.

그런 뒤, 옥타비아누스는 과시의 제스처를 내보였다. 그는 자신의 재산과 가까운 동료들의 재산을 경매에 내놓았다.[29] 그런 행동은 허세에 불과했다. 아무도 감히 그 물건을 사려 들지 않았다. 병사들에게 약속된 땅과 돈을 줄 것이고 세금을 감면하겠다는 조치 역시 허세였다. 모든 것이 동방에서 돈을 조달하느냐 아니냐, 곧 클레오파트라의 금은보화를 탈취하느냐 아니냐에 달려 있었다.

옥타비아누스는 브룬디시움에서 27일을 보낸 다음, 다시 동방을 향해 겨울 항해에 나섰다. 이 여행에서 풍랑을 만났다는 기록은 전하지 않는다. 이 여행은 신속하게 수행되어, 안토니우스와 클레오파트라는 그의 출발과 귀환을 동시에 알게 되었다고 한다.[30]

옥타비아누스가 동방에 돌아온 지 얼마 안 되었을 때, 그의 목숨을 노리는 암살 미수 사건이 있었다. 몇 년 전 옥타비아누스는 옛 삼두의 한 사람인 레피두스를 이탈리아 해안의 외딴곳에다 유배를 보냈는데, 그의 아들 소₁ 마르쿠스 아이밀리우스 레피두스가 옥타비아누스 암살 음모를 꾸몄다는 죄목으로 고소되었다.[31] 그는 대역죄 혐의로 체포되어 옥타비아누스가 있는 곳으로 압송되었다. 아마도 그곳에서 처형되었을 것이다. 그의 어머니도 대역죄를 알고 있었다는 혐의로 체포되었으나 남편이 아직 영향력이 남아 있어서 석방시킬 수 있었다. 소 레피두스의 아내 세르빌리아는 뜨거운 목탄을 삼켜 자살했다고 한다. 관련 사료들은 안토니우스가 이 음모에 개입했는지 아닌지는 언급하지 않았다. 그러나 그는 과거 동료 삼두였던 레피두스와 가까웠고 옥타비아누스를 공동의 적으로 여겼으니, 옥타비아누스는 안토니우스가 개입되었다고 생각했을 것이다.

안토니우스와 클레오파트라를 어떻게 처리할 것인가

이집트를 군사적으로 정복하는 것은 이집트 사람들, 즉 안토니우스, 클레오파트라, 그리고 그들의 자녀들을 어떻게 처리할 것인가 하는 문제보다 쉬웠다.

불편하게도 안토니우스는 옥타비아누스의 옛 매부였고 그의 누나와 안토니우스 사이에는 두 자녀가 있었다. 옥타비아누스가 그런 사람을 처형하기는 쉽지 않은 일이었다. 가장 좋은 해결 방안은 안토니우스가 자살하는 것이었다. 옥타비아누스는 그를 살려서 외딴곳에 유폐시키고 무장 경비병들에게 감시하게 할까 하는 마음도 있었을지 모른다. 삼두의 한 사람이었던 레피두스에게 그렇게 했듯이 말이다. 하지만 레피두스는 심각한 위협이 되는 인물이 아니었던 반면, 안토니우스는 과거에 이탈리아의 여러 성문을 폭풍처럼 습격했던 인물이었다. 이런 안토니우스를 이탈리아 내 외딴곳에 보낸다는 것은 독약을 삼키는 것이나 다름없는 일이 될 수도 있었다.

클레오파트라는 한결 다루기가 쉬웠다. 로마 정부가 그녀를 상대로 전쟁을 선포했기 때문에 그녀는 항복해야만 했다. 이론상 옥타비아누스는 그녀의 왕위를 그대로 유지하게 해줄 수 있었다. 다른 패배한 군주 국가에 이미 그런 조치를 한 바 있었으니까. 그러나 실제로 그는 여왕을 심각한 위협으로 보았을 것이다. 클레오파트라는 너무 영리하고 적응력이 너무나 뛰어나서 결코 가만있을 사람이 아니었다. 그녀가 율리우스 카이사르와 내연 관계였다는 사실도 그에게 위협적이었다. 일찍이 과거 로마인 선조들이 "카르타고는 반드시 파괴되어야 한다"라고 말했던 것처럼,• 중대한 위험은 제거하는 편이 최고로 좋은 대책이었다. 그리하여 로마는 무력으로 카르타고를 대국에서 소도시 수준으로 격하시켰다. 여하튼 옥타비아누스가 마음대로 결정한다면, 자살이나 처형 아니면 로마의 개선식에서 멋진 구경거리가 된 후에 굴욕적인 천대를 받는 것, 이 세 가지 결정이 클레오파

• 로마의 정치가 마르쿠스 포르키우스 카토(Marcus Porcius Cato, 기원전 234~149)가 한 말. 그는 제2차 포에니 전쟁 때 군사 호민관으로 참전했으며 그 후 정계에 입문하여 집정관에 올랐다. 조사 위원으로서 카르타고에 파견되었을 때, 두 차례나 전쟁을 겪고도 카르타고가 다시 살아나는 모습을 보고 "카르타고는 반드시 멸망시켜야 한다"라고 말했다고 한다.

트라의 앞날을 기다리고 있었다.

클레오파트라의 맏아들 카이사리온도 이집트를 통치하는 것은 물론이고 목숨마저 살려둘 수가 없었다. 자신이 카이사르의 유일한 합법적 상속자라는 옥타비아누스의 주장을 위태롭게 하는 인물이므로 반드시 제거해야 했다.

그렇다면 안토니우스와 클레오파트라 사이에서 태어난 세 자녀가 어머니를 뒤이어 이집트 왕위에 오를 수도 있었다. 하지만 옥타비아누스는 이집트를 명목상 독립국으로 놔두고서 실제로는 로마에 복종하며 돈을 바치는 속국으로 만들려는 속셈이었다. 그러니 적의 아들이나 딸에게 지중해의 가장 부유한 국가를 통치하도록 허용하는 것은 고려하기 어려운 조치였다.

하지만 무엇보다도 먼저, 그는 반드시 전쟁에서 승리해야 했다.

4부

종반전

기원전 31년 9월~27년 1월

14

인도로 가는 길

기원전 31년 9월~30년 8월, 알렉산드리아

안토니우스와 클레오파트라는 펠로폰네소스반도의 남단인 타이나룸곶에서 크레타섬으로 항해했고 이어 아프리카 해안으로 갔다. 약 엿새 정도 걸리는 바닷길 여행이었다. 클레오파트라는 여행을 계속하여 알렉산드리아로 갔다. 반면에 안토니우스는 파라이토니움(현대 이집트의 마르사 마트루)로 갔는데, 알렉산드리아에서 서쪽으로 약 300킬로미터 떨어진 곳으로, 로마의 속주인 키레네의 도시였다.

벽옥처럼 푸른 바다와 모래 풍부한 해변을 자랑하는 파라이토니움은 해변 휴양 도시 같은 분위기를 풍겼다. 동시에 그곳은 역사 도시이기도 했다. 지중해 전역에 산재하는 외딴 지역의 요충지 중 하나였다. 근처에 있는 웅장한 람세스 2세 신전은 이집트의 화려한 파라오 전통을 상기시켰다. 또 알렉산드로스 대왕이 사막의 신탁을 얻기 위해 출발했던 곳이기도 해서 대왕을 떠올리게 한다. 사막의 신탁은 처음으로 대왕을 신이라고 호칭했다. 안토니우스가 볼 때, 파라이토니움은 프톨레마이오스 왕조의 해군을 위한 항구를 갖춘 권력 기반이었다. 그 도시는 서쪽에서 이집트로 들어가는 관문이었다. 사막은 아주 위험한 곳이었으므로 이집트를 침략하려는 자는 반드시 해안 도로를 이용해야 했기에 이 도시를 지나칠 수가 없었다. 공격자는 이 요새를 점령하든지 침공을 포기하든지 해야 했다. 만약 공격자가 함대를 거느렸다면 파라이토니움 항구에서 요격에 나선 적 함대와 맞서야 했다.

기원전 31년 가을, 파라이토니움은 안토니우스에게 남은 가장 중요한 군사 기지였다. 악티움 해전의 초창기에 그는 이 도시에 4개 군단을 남겨놓아 이집트를 지키게 했다. 군단의 사령관은 루키우스 피나리우스 스카르푸스였다. 신임하는 동료 장군이었던 피나리우스는 필리피 전투에서 안토니우스의 부장으로 싸웠던 인물로, 율리우스 카이사르의 상속자이자 옥타비아누스의 사촌이기도 했다.

안토니우스는 피나리우스 휘하의 4개 군단을 직접 지휘하려 했으나 이 장군은 생각이 달랐다. 분명 그는 악티움에서의 패전 소식을 들었을 것이고, 사촌 옥타비아누스가 보내온 시의적절한 전갈도 받았을 것이다. 안토니우스는 선발대 몇 명을 파라이토니움으로 보내 자신을 환영하도록 했다. 그러나 피나리우스는 깡패 세계의 두목처럼 행동했다. 그는 선발대를 살해했을 뿐만 아니라 부하 장교들이 그런 처사에 이의를 제기하자 그들까지 처형했다. 그는 안토니우스가 캠프 안으로 들어오는 것을 허용하지 않았다. 이는 잘 실행된 쿠데타였고 그런 소행을 저지른 자에게는 두둑한 보상이 따랐다. 피나리우스는 나중에 옥타비아누스의 대리인에게 4개 군단을 건네주었고 그 대가로 적어도 4년 넘게 지방 총독 자리를 지킬 수 있었다.

기원전 31년 초, 피나리우스는 안토니우스를 최고 사령관으로 칭송하면서 그를 기념하는 주화를 주조하라고 지시한 바 있다.[1] 그해 말에는 옥타비아누스를 칭송하는 주화를 발행하면서, 그를 "하느님의 아들인 카이사르"라고 불렀다.

안토니우스에게는 가까운 친구가 두 사람 있었다. 그중 한 명인 루킬리우스는 필리피 전투에 참전했으나 카이사르의 암살자 편에 섰다. 헤롯과 마찬가지로 루킬리우스는 충성심으로 자신의 가치를 증명했다. 그러니까 브루투스에게 충성을 바쳤다는 말이다. 필리피 전투가 끝난 후에 루킬리우스는 브루투스인 척하면서 안토니우스의 병사들에게 항복했는데, 브루투스가 도망갈 시간을 벌어주기 위해서였다. 그 당시 안토니우스는 화를 냈지만, 로마인으로서 무엇보다 충성심을 존중했으므로 전투가 끝난 후에 그를 자신의 부하로 받아들였다. 플루타르코스에 따르면, 루킬리우스는 이제 그 은혜를 갚았다. 브루투스는 필리피 전투에서 패배하자 자살했다. 이제 파라이토니움에서 거부된 안토니우스가 자살할 차례였다. 그러나 루킬리우스, 그리고 안토니우스가 총애한 펠로폰네소스반도 출신의 그리스인 마르쿠스 안토니우스 아리스토크라테스는 안토니우스의 자살을 만류하여 그의 목숨을 구제했다.[2] 그런 후 안토니우스는 알렉산드리아로 갔다.

플루타르코스는 악티움 해전에 패배한 그해 내내 안토니우스가 우울증에 빠져 있었다고 여러 차례 서술했다.[3] 안토니우스는 고대인들이 말하는 멜랑콜리아에 빠질 만한 이유가 충분했다. 우울증 환자 이미지를 공식적으로 널리 알려야 할 이유도 충분했다. 그가 옥타비아누스에게 사면을 요청할 생각이라면 그런 가면이 아주 유용할 것이었기 때문이다. 실제로 그는 우울증에 빠진 사람이 위험하면 얼마나 위험하겠냐며 사면을 요청했다. 또 안토니우스가 기능 부전에 빠져서 사실상 아무런 역할도 하지 못한다는 사실이 널리 알려지면 암살 시도도 막아낼 수 있을 터였다. 그래서 안토니우스는 알렉산드리아 항구의 제방에다 피신처 같은 작은 집을 짓고서 그 속에 틀어박혔던 것이다.[4] 그는 그 집의 이름을 티모네이온Timoneion이라는 그리스식 이름을 붙였는데, '티몬의 집'이라는 뜻이다. 아테네의 티몬은 전설적인 염세주의자로 셰익스피어가 쓴 동명 비극의 주인공이기도 하다. 안토니우스는 티몬처럼 자신이 친구들에게 배신을 당했고, 적들의 단검으로부터 목숨이 위태로운 사람이라는 사실을 널리 알렸다.

우울증은 또한 안토니우스가 악티움에서 로마인답지 못하게 휘하 군단들을 내팽개친 행동에 대하여 어느 정도 변명이 되었을 것이다. 하지만 이는 겉으로 드러난 모습이었을 뿐, 실제로 안토니우스는 포기하지 않았다.

승리의 장식으로 치장한 뱃머리

클레오파트라는 알렉산드리아로 돌아올 때 선수를 승리의 화관으로 장식하고서 당당하게 입항했다.[5] 마치 승리한 개선장군의 모습이었다. 병사들은 피리 연주자들의 가락에 맞추어 승리의 노래를 불렀다. 클레오파트라는 언제, 어떤 쇼를 펼쳐야 하는지 언제나 잘 알았다.

여왕은 백성들에게 진실을 알려주는 것은 위험하다고 생각했다. 그녀가 포기하지 않았으니 백성들은 포기할 이유가 없었다. 그녀는 아무도 패배를 생각하지 않는 자신의 고향 도시로 돌아왔다.

알렉산드로스 대왕은 제국을 정복했다. 그런 다음에 프톨레마이오스는 일찍이 세상이 보지 못한 세계 최대의 도시인 알렉산드리아를 건설했다. 알렉산드로스는 이집트에 겨우 다섯 달을 머물렀을 뿐이다. 미래의 대도시가 될 땅에 그가 항구 요새 말고 다른 건물도 세울 생각이 있었는지는 불분명하다. 알렉산드로스의 부하 장군이었던 프톨레마이오스 1세는 처음에는 이집트의 총독으로 갔다가 이어 왕위에 올라서, 왕위를 승인받은 표시로 그 도시를 알렉산드로스에게 바쳤다. 그러나 프톨레마이오스와 그의 아들이 실제 건설자였다. 프톨레마이오스는 심지어 바빌론을 떠나 마케도니아의 장지로 가던 대왕의 시신을 탈취하여 알렉산드리아로 가져왔다. 그는 도시 한가운데에 건설한 웅장한 무덤에 미라가 된 대왕의 시신을 전시했다. 대왕의 시신을 강탈해 와서 새로운 수도를 발진시키는 것보다 더 좋은 방법이 무엇이었겠는가?

적포도주처럼 검은 바다와 사막 사이에 자리 잡은 알렉산드리아는 역설을 품은 도시다. 이 도시는 동부와 서부, 아프리카와 아시아, 그리스인과 이집트인, 이교도와 유대인의 경계 지역에 자리 잡고 있었다. 그리스어를 쓰는 사람들은 이집트에서 큰돈을 벌기 위해 이 신도시로 몰려들었다. 유대에서 온 이민자들은 알렉산드리아를 세계 최고의 유대인 도시로 만들었고 이 도시의 유대인 공동체는 그리스-마케도니아 통치 계급과 식민지 주민이 되었으나 최근에 자기주장을 하기 시작한 이집트 사람들 사이에서 불안하게 살아가고 있었다. 알렉산드리아의 모든 것은 절충과 종합의 결과였고, 심지어 예술 작품도 그러했다. 이 도시를 방문하는 사람들은 그리스 청동상과 이집트 화강암 석주가 어울리지 않는 조합으로 나란히 서 있는 모습을 볼 수 있었다. 헬레니즘 양식의 작은 테라코타 여자 입상, 화려한 색깔에 금박까지 입힌 석회석 상형문자 석주, 그리스식 모자이크에 묘사된 사냥하는 개, 미라로 만들어져 우아한 청동 항아리에 들어간 이집트 고양이들, 월계수 화관, 앙크*, 메노라** 같은 상징적이면서도 부조화한 종합을 볼 수 있었다.

알렉산드리아는 영원한 신성함을 상징하는 피라미드와 파르테논(고대 그리스의 영광을 상징하는 장엄한 신전)의 순수 이성 사이의 중간쯤에 자리 잡은 도시였다. 이 도시는 박물관과 도서관에서 그 정신의 자양을 얻었다. 세계 최대 규모의 연구 기관인 그 두 건물은 공학·천문학·수학·의학·문학의 중심지였다. 알렉산드리아는 세라피스를 최고의 신으로 모셨다. 세라피스는 새로 발명된 그리스-이집트 신으로 동화同化를 권장하고 근친혼을 실천했다. 이 신전은 인간의 신체에도 봉사했다. 세라피움이라는 이름으로 알려진 이 신전은 치료의 중심지이기도 해서 병을 잘 고치는 의사들로 유명했다. 천 개의 이름을 가진 여신으로 알려진 이시스 신전도 있었는데, 이 신성한 대모신은 지중해 전역에서 숭배되었다.

---

* ankh. 위에 둥근 고리가 붙은 T자형의 십자장(十字章). 고대 이집트에서 생명의 상징물이었다.
** menorah. 예루살렘 신전에서 쓰던 것과 같은, 가지가 아홉 개인 촛대.

알렉산드리아는 권력과 쾌락과 탐욕의 수도이기도 했다. 마케도니아의 창은 프톨레마이오스 왕조에게 이집트를 가져다주었고, 퇴락 속에서도 여전히 강성한 육군과 해군은 왕조의 통치를 보좌했다. 선원들을 항구로 인도하는 파로스 등대는 지평선 위로 우뚝 솟아 있었다.

이집트의 농업은 고대 세계에서 가장 풍성한 수확을 올렸다. 이집트 왕실은 풍부한 물산을 자랑하는 이집트 경제를 독점적으로 지배했다. 무역은 도시의 혈관이었다. 인도의 진주와 중국의 비단이 이 도시에서는 흔하게 발견되었고, 그리스의 포도주와 나일강 계곡에서 나는 사랑의 비약도 널리 판매되었다.

왕들은 이 모든 것을 소유하거나 아니면 세금을 매겨서 엄청난 재산을 관리했으며, 금은보화를 거리낌 없이 자랑했다. 왕국의 남쪽 가장자리에 있는 왕실 소유 금광에서는 죄수들의 노동력을 투입하여 생산을 독려했다. 그리스에서는 찾아보기 어려운 진귀품인 황금 주화가 프톨레마이오스 왕조 초창기의 전성시대에는 표준 통화였다. 심지어 선조들보다 덜 부유한 후대의 프톨레마이오스 왕들도 황금 반지와 귀고리, 팔찌, 목걸이, 펜던트, 부적, 도금 술잔과 물 항아리 등 정교하게 세공된 집기들을 사용했다.

알렉산드리아 문학은 전쟁보다 사랑, 서정시보다 전원시, 서사시보다 재치를 더 선호했다. 이 도시에서 나온 위대한 서사시 〈아르고호 원정대 Argonautai〉는 이아손과 아르고호에 승선한 용사들의 항해를 노래했는데 그 내용은 반反영웅적이다. 어떤 알렉산드리아 작가는 이렇게 말했다. "두꺼운 책은 나쁜 책이다."[6] 그는 인생이란 너무나 즐거운 것이니 두꺼운 책을 읽으며 고리타분하게 살 필요가 없다고 말하고자 했을 것이다. 사실 박물관에는 문학 연구자들과 문법 학자들이 가득 들어차 있었지만, 박물관 벽 너머에 사는 사람들은 그 누구도 학자들의 말에 귀 기울이지 않았다.

알렉산드리아의 넓은 대로는 '카노푸스 대로'라고 불렸는데 길 양옆에 대리석 건물이 늘어섰고 도로의 양쪽 끝에는 매춘부들이 살았다. 그 거리에는 삭발한 이집트 사제들의 행렬이 지나가는가 하면, 풍악을 울리는 디오니소스 유흥객들이 지나가기도 했다. 동시에 한 무리의 철학자들과 그들의 제자들이 그런 음악가들을 피하여 종종걸음으로 지나갔다. 왕실의 행렬은 그 화려함과 웅장함으로 명성이 높았는데 그 속에 반드시 거대한 남근을 어깨에 메고 가는 사람들이 등장했다. 바닷가 바로 근처에 우뚝 솟은 왕궁은 우아함, 흥미진진함, 여러 코스의 만찬으로 특히 명성이 높았다.

알렉산드리아 시민들은 빠르게 말하고, 재치가 넘치고, 영악한 것으로 널리 알려졌다. 그들의 사나운 기질은 바다의 폭풍우나 사막에서 불어오는 뜨거운 남서풍인 캄신처럼 격렬하면서도 예측하기 어려운 방식으로 터져 나왔다. 그들은 음악과 대화를 사랑했고, 자극을 받아 흥분하면 갑자기 무질서한 폭도로 변했다. 그들은 화가 나면 불을 지르고, 외국의 사절을 폭행하고, 인기 없는 왕을 왕궁에서 끌어내려 죽이기도 했다.

이것이 클레오파트라의 도시였다.

이집트에는 여왕을 지지하는 사람이 여전히 많았다. 특히 해안에서 멀리 떨어져 있어서 악티움 해전 소식이 전혀 전해지지 못한 곳일

수록 더 그랬다. 역설적이게도, 높이 90센티미터의 조각된 사암 돌기둥은 악티움 해전의 패배에도 불구하고 이집트 왕실의 위력이 여전함을 보여준다.[7] 이 돌기둥에는 31행의 문장이 적혀 있고 그 위는 양각의 이미지가 장식되어 있다. 그 내용은 사제들과 신전에 물품을 대는 납품업자 사이의 계약 사항이다. 이 돌기둥은 알렉산드리아에서 남쪽으로 약 800킬로미터 떨어진 나일강 계곡에서 나온 것이다. 돌기둥 위쪽, 계약서 문장이 적힌 부분 바로 위에는 신들에게 봉헌물을 바치는 왕의 그림이 장식되어 있다. 이 그림의 기명은 이렇게 되어 있다. "여자 파라오, 왕들에게서 난 왕들의 딸, 자애롭고 아버지를 사랑하는 여신 클레오파트라, 카이사르라고 불리는 프톨레마이오스 왕가의 파라오, 아버지와 어머니를 사랑하는 신." 기명의 날짜는 기원전 31년 9월 21일, 악티움 해전 이후 19일째 되는 날이다. 클레오파트라와 그 아들은 불안해하며 왕좌에 앉아 있었으나 백성들은 그 사실을 잘 알지 못했다. 분명 패전 소식은 이집트의 한적한 시골 지방까지는 전해지지 않았다. 그러나 상형문자로 새겨진 기명과 돋을새김의 전통적인 왕의 모습은 설사 악티움 해전의 결과가 알려졌다 하더라도, 영원한 이집트와 그 신들은 그 패전을 단순한 군사적 좌절로, 다시 말해 일시적 현상으로서 대수롭지 않게 여겼을 것이라는 인상을 준다.

안전하게 고국으로 돌아온 클레오파트라는 우선 집 안 청소부터 했다. 안토니우스와 달리, 여러 관련 사료에서 클레오파트라가 우울한 기색을 보였다는 기록은 전혀 나오지 않는다. 그녀는 정력적이고 계획적이었다. 예전의 오래된 적수들의 입을 다물게 하고 그들의 재산을 몰수하기 위해 그녀는 저명한 알렉산드리아 인사들을 처형했다. 단지 적의 프로파간다인지 아닌지 확실히 알 수는 없지만, 그녀는 이집트의 신전들도 약탈했다. 그녀는 휘하 병사들이 단단히 무장할 수 있도록 보살폈다. 해외의 동맹을 찾는 과정에서, 그녀는 알렉산드리아에서 가택 연금되어 있던 옛 아르메니아 왕을 처형했다. 그녀는 그의 머리를 메디아 아트로파테네의 왕에게 보냈다. 그 왕의 딸은 안토니우스와 클레오파트라 사이에서 태어난 아들의 약혼녀였다. 어쩌면 그녀는 그것을 보냄으로써 메디아뿐만 아니라 파르티아에서도 도움을 얻을 수 있지 않을까 생각했을 것이다. 그러나 그녀는 그보다 더 큰 계획을 구상하고 있었다.

기원전 31~30년의 겨울, 클레오파트라는 수에즈만에서 새로운 함대를 건조하게 했다.[8] 그 함대를 건조한 목적은 그녀 자신, 안토니우스, 가족을 해외의 안전한 곳, 가령 인도처럼 멀리 떨어진 곳으로 도피시키려는 것이었다. 이런 도피 계획은 황당무계하게 들릴 수도 있으나, 상당히 근거 있는 작전이었다. 이집트는 인도와 무역 관계를 유지해왔다. 클레오파트라는 젊은 시절에 프톨레마이오스 왕가에서 내전이 벌어졌을 때 해외로 유배된 적이 있었다. 이제 옥타비아누스를 물리칠 가능성은 아주 낮았으므로, 동쪽으로 달아나는 것은 다소 무모하기는 해도 완전히 불합리한 생각은 아니었다. 일단 나라를 떠났다가 언제든 되돌아올 가능성은 있었다.

이집트에는 홍해에서 인도와 사업 거래를 하는 배들이 진즉부터 있었다. 하지만 이 배들은 악티움 해전 때 현지로 파견되어 파괴되었을 것이다. 바로 그런 이유로 클레오파트라는 새로운 해군에 그토록 많이 투자했던 것이다. 이는 멋진 대책이 될 뻔했으나 결국 실패했다. 오래된 적수인 나바테아 아랍족의 왕인 말쿠스의 개입 때문이었다. 그는 과거의 원한 때문에 클레오파트라에게 복수하고 싶어 했다. 여왕은 말쿠스의 땅을 일부 빼앗았고 헤롯 왕을 부추겨 말쿠스의 원수가 되게 만들었다. 그래서 말쿠스는 옥타비아누스 편에 섰다. 그는 시리아 로마 총독의 사주를 받아 클레오파트라의 배들을 불태워버렸다. 악티움에서와 마찬가지로, 불은 물보다 훨씬 강력했다. 다시 한번 클레오파트라의 꿈은 바다에서 사라졌다.

알렉산드리아의 두 남녀

이제 이 이야기에서 가장 복잡하고 신비한 부분을 이야기할 차례가 되었으니, 이름하여 알렉산드리아의 종반 게임이다. 안토니우스와 클레오파트라의 마지막 움직임은 고대 작가들에게 아주 매력적인 주제가 되었다. 거기에는 사랑, 죽음, 배신, 금전, 권력, 심지어 알렉산드로스의 유령까지 등장한다. 이 모든 것이 고대 지중해의 가장 매력적인 도시를 배경으로 펼쳐졌다. 우리는 고대 문헌 3종을 알고 있다.[9] 하나는 클레오파트라의 주치의가 남긴 자료이고, 다른 하나는 서사시, 그리고 마지막은 아우구스투스 《회고록》의 관련 장들이다. 그 외에 다섯 가지 이야기가 더 있는데 모두 구두 전승이다. 이런 이야기들이 후대에 전해지면서 내용이 덧붙여지다가 플루타르코스 같은 알렉산드리아 방문자들에게 알려졌을 것이다. 늘 그렇듯이, 이런 사료들은 인용문 속에서 간단한 파편으로 남아 있는 것 말고는 후대에 전해진 내용이 없다.

이런 잡다하면서도 문제 많은 사료를 가지고 진실을 재구성하기란 쉬운 일이 아니다. 게다가 그 이야기들의 배경에는 정치 문제나 낭만적 허구가 가미되었을 가능성이 높기에 더더욱 그러기가 어렵다. 역사가들은 저마다 안토니우스와 클레오파트라의 만년 이야기가 낭만적 비극인지, 아니면 누아르 영화인지 판단해야 한다. 클레오파트라는 셰익스피어의 드라마 속에서처럼 헌신적인 연인이었는가, 아니면 권모술수에 능한 요부였는가?

클레오파트라는 여왕이었고 그녀의 일차적 의무는 왕국을 지키는 것이었다. 게다가 이 문제에 감정이 개입된다면, 그녀는 누군가의 연인이었을 뿐만 아니라 어머니이기도 한 여자였다. 클레오파트라는 오로지 자기 몸 하나만 건사하면 되는 사람이 아니었다. 그녀는 자녀와 선조에게 책임이 있었고 지난 300년 동안 프톨레마이오스 왕조가 표상하는 모든 가치를 보존해야 할 책임도 있었다. 이 모든 것은 낭만적 사랑 하나만 바라보고 포기할 수 있는 것이 아니었다. 만약 둘 중 하나를 선택해야 한다면, 그녀는 남자보다는 자녀를 선택했을 것이다.

안토니우스가 자신의 안전을 클레오파트라의 안전보다 더 중시했다는 것은 의문의 여지가 없다. 그녀와는 다르게 안토니우스는 왕국을 가지고 있지 않았고 옥타비아누스와 평화 협상을 벌일 만한 거액의 금전도 손에 없었다. 그렇지만 정신적 자산은 있었다. 그는 로마인이 보기에 세상에서 가장 존귀한 로마 가문 중 하나인 안토니우스가의 후예였고, 필리피 전투의 승자였으며, 네 번이나 최고 사령관으로 선포된 인물이었다. 악티움에서의 패전에도 불구하고 여전히 로마에는 많은 친구와 지지자가 있었다. 스스로 자신의 칼 위에 쓰러져 죽는다면 옥타비아누스의 권력 장악에 따른 또 다른 희생자에 지나지 않겠지만, 만약 레피두스처럼 유배되어 목숨을 부지할 수 있게 해준다면 옥타비아누스의 관대함을 증명하는 살아 있는 증거가 될 터였다. 안토니우스는 옥타비아누스 조카들의 아버지이기도 했다.

그러므로 안토니우스와 클레오파트라가 따로 또 같이 옥타비아누스를 상대로 협상을 벌인 건 그리 놀라운 일이 아니다. 옥타비아누스는 악티움 해전의 승자로서 그런 협상에 적극적으로 임했다. "분할하여 통치하라"는 로마인이라면 누구나 알고 있는 정치적 격언이었다.

그 협상은 닫힌 문 뒤에서 진행되었고 옥타비아누스 측 자료만 전해진다. 그러니 관련 사료를 좀 더 신중하게 약간 에누리하면서 살펴보아야 한다. 그렇지만 플루타르코스와 카시우스 디오는 대체로 의견이 일치한다.[10] 두 역사가의 사료에서 가장 타당한 세부 사항만 골라낸다면, 협상 사절단이 세 차례 오간 것으로 보인다.

첫째, 클레오파트라와 안토니우스는 공동으로 옥타비아누스에게 화평을 요청했고 그의 측근들에게 돈을 주겠다고 제안했다. 이어 클레오파트라는 안토니우스 몰래 황금 홀, 황금 관, 황금 옥좌를 보내면서 사면을 요청했다. 로마의 충성스러운 동맹국으로 남겠다는 의지도 밝혔다. 옥타비아누스는 안토니우스를 무시했다. 그는 클레오파트라의 선물은 받아들였고 우선 클레오파트라가 휘하의 군대를 해산하고 왕국을 포기한다면 사면을 생각해볼 수 있다고 회신했다. 그

것이 그의 공식 메시지였다. 그는 비밀 메시지도 보냈다. 만약 그녀가 안토니우스를 제거한다면 전면적으로 사면될 것이고 왕국도 유지할 수 있다는 내용이었다.

둘째, 클레오파트라와 안토니우스는 2차 사절단을 보내 더 많은 돈을 약속했고, 안토니우스는 이집트에서 개인으로 살아갈 것이며 그게 안 된다면 아테네에서 살 수도 있다고 제안했다. 그는 또 자신과 함께 지내던 율리우스 카이사르 암살단의 최후 생존자인 푸블리우스 투룰리우스를 옥타비아누스에게 넘겨주었다. 옥타비아누스는 투룰리우스를 처형했고, 클레오파트라에게는 전과 마찬가지로 회신했다. 그러나 안토니우스에게는 아무런 답변도 보내지 않았다.

셋째, 안토니우스는 어린 아들 안틸루스에게 상당한 금을 들려서 로마에 사절로 보냈다. 옥타비아누스는 그 황금은 받아들였지만, 소년을 빈손으로 돌려보냈다. 그러는 사이에 그는 클레오파트라에게 전과 마찬가지로 답신했다. 옥타비아누스는 추가 조치로 해방된 자유민 티르수스를 그녀에게 보냈다. 옥타비아누스는 그녀와 안토니우스가 히스파니아나 갈리아로 도피할까 봐 우려했다. 또 그들이 끝까지 항전하는 것도 두려워했다. 이는 결코 한가한 몽상이 아니었다. 이집트의 동쪽 경계인 펠루시움은 강력한 요새인 데다 철저히 방어되고 있었기 때문이다. 동쪽에서 들어오는 길을 방어하는 이 요새는 길이 3킬로미터가 넘는 원형 성벽을 갖추고 있었다. 그리고 그 주변은 한쪽은 바다이고 다른 한쪽은 습지였다.

옥타비아누스는 휘하의 군대를 이끌고 손수 펠루시움을 점령해야겠다고 생각했다. 항복을 협상할 수도 있고 대역죄를 걸어 수감시킬 수도 있었다. 이보다 더 큰 문제는 클레오파트라의 금은보화를 확보하는 것이었다. 제대군인들에게 한 약속을 이행하려면 그 돈이 절실히 필요했다. 클레오파트라는 금은보화를 새로 짓고 있는 건물인 능묘에 보관했다.[11] 거기에는 금, 은, 진주, 흑단, 계피 등이 포함되었는데, 그 건물 안에는 불쏘시개와 화목이 다량 쌓여 있었다. 이런 사실은 비밀이 아니었다. 달리 말해서 그 보물을 모두 불태우고 그 불길 속에서 죽겠다는 위협이었다. 만약 화재가 발생하면 그 잿더미 속에서 보물을 건져내어 원상회복하기는 어려운 일이었을 뿐만 아니라 시간이 걸릴 터였다.

그래서 옥타비아누스는 티르수스를 클레오파트라에게 사절로 보냈다. 티르수스는 여왕을 상대로 장시간에 걸쳐 개별 면담을 했다. 그는 만약 여왕이 안토니우스를 죽인다면 옥타비아누스로부터 사면을 받을 것이라고 약속했다. 클레오파트라는 티르수스 편에 자기 자녀들의 왕위를 보전하게 해달라는 뜻을 간절하게 전했다. 비록 관련 사료들은 그렇게 언급하지 않지만, 티르수스는 어쩌면 이것도 약속했는지 모른다. 그렇지만 관련 사료들은 티르수스가 이런 말을 했다고 기록했다.[12] 옥타비아누스는 앞서 안토니우스와 카이사르가 그랬듯이 그녀를 사랑한다고.

카시우스 디오는 클레오파트라가 안토니우스를 상대로 배신행위를 했다고 강조했다. 이는 옥타비아누스의 프로파간다인지도 모르지만, 그럴듯한 이야기이긴 하다. 여왕은 젊은 시절에 프톨레마이오스 왕가 내부의 살인적인 형제간 내전을 겪으면서 온갖 음험한 기술을 습득했다. 게다가 그녀의 최고 우선순위는 자식들이었다.

안토니우스는 확실히 그녀를 의심했다. 안토니우스는 클레오파트라가 티르수스와 장시간 면담을 마쳤을 때 그 남자를 붙잡아 매질을 시켰다. 생각하기도 끔찍한 일이지만, 당시 로마 사회에서는 후원자(즉 옛 주인)가 자신의 자유민에게 체벌을 가할 수 있었다. 옥타비아누스는 티르수스의 후원자이므로 오로지 옥타비아누스만이 티르수스에게 매질을 할 수 있었다. 안토니우스는 이런 사실을 알고 있었으므로 티르수스를 로마로 돌려보내면서 옥타비아누스가 자신의 해방 노예인 히파르쿠스를 매질해도 좋다고 전했다. 옥타비아누스 수행단의 한 사람인 히파르쿠스는 원래 안토니우스의 노예였다가 옥타비아누스에게로 달아난 첫 번째 자유민이다. 안토니우스의 메시지는 그가 자신을 배신한 자들을 경멸한다는 것을 보여준다.

클레오파트라가 안토니우스를 배신할 계획이었다면 결코 그 생각을 드러내지 않았을 것이다. 그녀는 결코 "말이 너무 많은 여자"가 아니었다. 그녀는 12월 혹은 1월인 자신의 생일 축하 파티는 인색하게 흘려보냈으면서도, 안토니우스의 생일인 1월 14일에는 성대한 축하 파티를 열어주었다. 그녀는 그를 설득하여 항구 둑의 은거지에서 나와 왕궁으로 와 파티에 참석한 사람들과 함께 시간을 보내도록 했다. 그들은 '모방 불가능한 멋진 생활인의 모임'을 해체하고 그 대신에 '함께 죽을 사람들의 모임'을 새로이 결성했다. 둘은 친구들과 함께 그 화려한 생일 파티에서 여러 시간을 함께 보냈다. 이 모임의 이름은 죽음의 아가리에서 간신히 빠져나온 두 연인을 주제로 하는 낭만적 연극에서 따왔을 것이다. 그들은 축하 행사를 하면서도 그들 중 누가 먼저 배신하여 옥타비아누스 편으로 건너갈지를 계산했다. 혹은 언제 그중 한 사람이 다른 사람들을 공격할까 따위의 생각을 머릿속에서 떨쳐버릴 수 없었다. 안토니우스와 클레오파트라는 그런 상황에서 희극의 느낌은 전혀 맛볼 수 없었다.

옥타비아누스가 진군해 오다

기원전 30년 봄, 옥타비아누스는 이집트 침공을 계획했다. 그는 협상 절차로 클레오파트라의 마음을 약하게 만들고 그녀와 안토니우스 사이를 벌려놓았다고 결론내렸으나, 외교로는 자신이 원하는 조건으로 전쟁을 끝낼 수 없다는 점이 분명해졌다. 그는 안토니우스는 죽고, 클레오파트라는 포로가 되고, 그녀의 보물은 자기 재산이 되기를 원했다. 오로지 군사력만이 그런 목적을 달성하도록 할 수 있었다.

옥타비아누스는 소아시아에 있던 군대를 남하시켜 시리아를 지나 왔다. 프톨레마이스(오늘날의 이스라엘 아크레 혹은 아코)에서는 헤롯 왕의 영접을 받았다. 두 사람은 나란히 말을 타고서 군대를 사열했다. 여기서 잠시 멈추고 유대의 왕과 신의 아들(자신을 카이사르라고 부르는 남자)이 수만 명의 군단병과 동맹군을 함께 사열하는 장면을 상상해 보라. 헤롯은 옥타비아누스와 그 참모들을 진수성찬의 향연에 초대하고서 보급대장 역할을 자청했다. 나머지 병사들을 위해서도 잔치를 열어준 뒤, 이집트 사막을 통과할 때 필요한 식수와 포도주를 제공했다. 게다가 옥타비아누스에게 2만 탈렌트에 해당하는 은을 헌상했다. 무게만도 약 7000킬로그램이었다. 헤롯이 안토니우스의 동맹이었을 뿐만 아니라 그 덕분에 왕좌에 올랐는데도 불충과 배신이 상황에 따라 정상적인 태도가 되는 전형적 사례였다.

여름이 되자 옥타비아누스는 공격을 개시할 준비가 완료되었다. 두 방향에서 전개되는 복잡하면서도 잘 통합된 작전이었다. 서쪽으로는 루키우스 코르넬리우스 갈루스로 하여금 키레네로 오라고 지시를 내렸다. 그곳에서 갈루스는 지난가을 안토니우스가 파라이토니움에서 넘겨받지 못한 4개 군단을 지휘할 예정이었다. 그런 다음에 그 군단을 이끌고 이집트의 국경을 향해 진격할 예정이었다.

알렉산드리아에서는 안토니우스가 시리아로 항해하여 자신을 지지하는 검투사 집단과 합류할 것이라는 소문이 나돌았다. 검투사 집단은 가공할 만한 세력이었다. 그들은 총독에게 압력을 가해 안티오크 교외에서 일정한 조직으로 계속 남아도 좋다는 허락을 받아냈다. 잘 조직되고 사기가 높은 검투사 부대는 군단병들에게 위협적인 존재였다. 구체적 사례로 스파르타쿠스와 그 동료들을 떠올려보라. 옥타비아누스는 먼저 안토니우스와 클레오파트라 문제를 해결한 다음에나 검투사 집단을 진압할 무력을 동원할 수 있을 터였다. 어쨌든 안토니우스는 갈루스가 진군해 왔기 때문에 이집트에 계속 머물러 있어야 했다. 그는 보병과 해군을 이끌고 갈루스에게 맞서려고 나섰다. 악티움에서 배에 태워 데려온 군단병들과 그 외 이집트 병사들을 거느렸으나 대규모 부대는 아니었다.

안토니우스는 과거 내전 초기에 갈리아에 있던 적대적 군단들을 설득하여 자신에게 합류하도록 한 경험이 있었으므로, 이번에도 예전의 군단들을 설득하여 자신에게 돌아오게 하겠다는 희망을 품고 있었다. 그러나 전하는 이야기에 따르면, 그가 파라이토니움의 성벽에 접근하자 갈루스는 휘하 나팔병에게 일제히 연주하라고 지시하여 안토니우스의 목소리를 아예 잠재워버렸다. 그 뒤 안토니우스는 급습을 시도했으나, 해군의 공격과 마찬가지로 실패했다. 갈루스의 대응 전략은 교묘했다. 그는 안토니우스의 배들을 항구로 유인한 다음, 바닷속에 미리 설치해놓은 쇠사슬을 기중기로 잡아당겨 안토니우스의 함선들을 뒤집어지게 하고 바로 이어서 불같은 공격을 펼쳐 일부배는 불태워버리고 나머지 배는 침몰시켰다. 이는 나중에 수많은 직업 중에서 하필이면 저명한 시인이 되는 갈루스가 내놓을 법한 아주 창의적인 전략이었다. 역사상 전에 장군이었다가 나중에 시인으로 변신한 사람이 과연 몇 명이나 되겠는가?

파라이토니움을 떠나기 전에 안토니우스는 한 가지 소식을 듣고 알렉산드리아 귀환을 서둘러야 했다. 이집트의 동쪽 경계를 수비하는 요새인 펠루시움이 옥타비아누스에게 함락되었다는 소식이었다. 아우구스투스 시대의 시인들은 옥타비아누스가 그 요새를 급습하여 점령했다고 주장한다.[13] 이에 대해서는 카시우스 디오의 설명이 더 그럴듯하다.[14] 그는 펠루시움이 내부의 배신으로 함락되었다고 말했다. 플루타르코스는 좀 더 신중하게, 요새의 지휘관인 셀레우코스가 클레오파트라의 사주를 받아 그 요새를 적에게 내주었다고 기록했다.[15] 그는 클레오파트라는 군사적 상황이 가망 없다고 판단하고 차라리 직접 옥타비아누스를 만나 그의 비위를 맞추는 편이 더 좋겠다고 결정했다는 말도 덧붙였다. 그 말 말고도 플루타르코스는 그다지 설득력 없는 이야기를 덧붙였는데, 옥타비아누스가 그녀를 사랑한다는 티르수스의 말에 여왕이 속아 넘어갔다는 이야기다. 클레오파트라처럼 영리한 권모술수의 대가가 그런 약속에 그처럼 허술하게 넘어갔을 것이라고 보기는 어렵다. 후에 안토니우스가 셀레우코스에게 복수하려 하자 여왕은 그 배신자의 아내와 자녀들을 처형하도록 허락했다. 이런 조치 때문에 안토니우스는 이집트인 부대에서 더욱더 인기가 떨어졌다.

신이 안토니우스를 버리다

7월 말, 옥타비아누스와 휘하 부대는 알렉산드리아 성문 동쪽에 있는 원형 경기장에 주둔했다. 도시에 돌아와 있던 안토니우스는 기병대를 인솔하고 나가 공격했다. 그 과감한 시도는 성공했다. 안토니우스의 병사들은 적의 기병대를 패주시켰고 그들을 캠프 바로 앞까지 추격했다. 옥타비아누스는 그 소규모 전투의 패배를 그리 대단치 않게 여겼다. 병사들이 장거리 행군 후에 피곤했기 때문이라고 간단히 넘겨버렸다.

흥분한 안토니우스는 도시로 돌아와 갑옷을 벗지도 않고 곧바로 클레오파트라에게 갔다. 《일리아스》에 무장한 헥토르가 트로이로 돌아가 아내를 만나는 장면이 나오는데, 안토니우스도 그와 비슷하게 여왕에게 입을 맞추었다. 두 사람은 철저한 연기자였으므로 그 장면을 한껏 즐겼다. 그런 뒤 안토니우스는 여왕에게 가장 맹렬하게 싸운 병사 한 명을 소개했다. 클레오파트라는 그 병사에게 무용을 치하하는 선물을 하사했다. 황금 흉갑과 투구였다. 그 병사는 그 선물을 받은 바로 그날 밤 옥타비아누스 진영으로 탈주하여 그 영웅적 분위기에 찬물을 끼얹었다.

이제 전에 악티움 해전 직전에 그렇게 했듯이, 안토니우스는 옥타비아누스에게 일대일 대결을 요청하는 전갈을 보냈다. 마침내 옥타비아누스는 옛 매부에게 답신을 보냈는데, 죽는 방법은 여러 가지라는 내용이었다.[16] 이러한 메시지의 교환은 그 전쟁을 간결하게 요약해준다. 안토니우스는 단 한 번의 지도자 백병전으로 공정하게 전투의 결론을 내자고 주장한 것이다. 옥타비아누스는 간접적이면서도 영리한 반응을 보였다. 악티움에서와 마찬가지로, 안토니우스는 어떻게든 싸워야겠다고 결정했다. 그다음 날, 그는 부대를 이끌고 돌아올 수 없는 전투에 나서야겠다고 마음먹었다.

7월 31일 저녁, 안토니우스는 만찬을 주최했다. 그것은 음울한 행사였다. 그는 노예들에게 자신의 술잔을 가득 채우고 자신에게 성대한 음식을 대접하라고 말했다. 내일이면 그들이 새로운 주인을 만날지 모르고 그 자신은 미라가 될지도 모른다면서. 그의 친구들이 울기 시작하자 그는 그들에게 전투 참여를 면제해주겠다고 말했다. 자신의 목표는 해방이나 승리가 아니고 명예로운 죽음이라고 말했다.[17]

죽음 이야기를 꺼내면서 안토니우스는 마음속으로 율리우스 카이사르를 생각했을지 모른다. 기원전 44년 3월 14일, 암살당하기 직전일에 카이사르는 로마의 한 만찬에 참석했다.[18] 안토니우스가 그 만찬에 참석했는지 아닌지는 확실치 않다. 하지만 카이사르가 만찬장에서 했다는 저 유명한 말은 들었을 것이다. 독재관 자신이 그날 밤의 화제를 먼저 꺼냈다. 가장 바람직한 죽음의 방식은 무엇인가? 한 사료에 따르면 카이사르의 대답은 "예기치 못한 죽음"이었다. 또 다른 사료에 따르면 "갑작스러운 죽음"이었고, 제3의 사료에 따르면 "갑작스럽고 예기치 못한 죽음"이었다. 그 이튿날 벌어진 일을 이미 알고 있던 안토니우스는 카이사르의 발자취를 따라 그대로 행동했던 셈이다.

그다음 장면은 플루타르코스의 멋진 묘사가 돋보이는 부분이다.[19] 전하는 이야기에 의하면, 도시가 조용하고 괴괴한 한밤중에 갑작스럽게 어떤 소리가 들려왔다. 술 취한 한 무리의 유흥객이 소란스러운 행렬을 이루어 걸어가는 듯했다. 그들은 "에우호이!"라고 소리쳤다. 이는 전형적인 디오니소스식 함성인데, 곧이어 악기들의 반주가 따라 나왔다. 아무도 그 행렬을 보지는 못했으나 그들이 도시의 중심부를 관통하여 옥타비아누스 군대와 마주 보는 성문 앞까지 걸어가며 내는 소리인 듯했다. 그 지점에서 그들의 함성은 최고조에 도달했다고 하며, 이어 도시를 떠났다고 한다.

고대인들은 모든 도시에는 수호신과 수호 여신이 있다고 믿었다. 예를 들어 로마의 수호신은 유피테르였다. 그들은 또 도시가 적에게 함락되기 직전에 수호신은 미리 알기 때문에 그 도시를 떠난다고 믿었다. 로마인들은 심지어 전투 전에 에보카티오evocatio라는 의식을 거행하는데 로마인이 공격하는 도시의 수호신에게 그 도시를 떠나 달라고 간절히 호소하는 의식이었다. 플루타르코스가 설명한 바와 같이, 관찰자들은 그 소란스러운 행렬은 안토니우스가 언제나 자신의 수호신이라고 생각하던 디오니소스가 그 도시(알렉산드리아)를 떠나는 소리라고 결론내렸다. 안토니우스는 수호신의 도움 없이 전투를 수행해야 할 판이었다.

플루타르코스는 안토니우스의 반응은 기록하지 않았다. 20세기 그리스 시인 C. P. 카바피는 알렉산드리아의 주민이기도 했는데, 최고 사령관이 그날 밤 무슨 생각을 했을지 상상하면서 시를 썼다.

신이 안토니우스를 버리다

갑자기 한밤중에 보이지 않는 한 무리가
행군하여 지나가는 소리, 화려한 군악대의 연주,
그리고 사람들이 웅성거리는 목소리를 듣는다면,
당신의 행운은 이미 사라지고, 당신의 사업은
불운으로 마무리되고, 당신의 평생 계획은
달콤한 유혹에 불과한 것이 되어버린 것이다. 허영의 신들이여,
그들을 위하여 울지 마라.
당신의 용기를 짜내어 여러 해 준비한 사람처럼
알렉산드리아에 작별을 고하라. 도시는 이미 사라졌다.
무엇보다도 비웃음 살 짓을 하지 마라. 그게 하나의
꿈이었다고 말하지도 마라. 혹은 지금 들은 소리가
헛들은 것이라고 속이지도 마라.
당신은 그런 헛된 희망은 경멸할 줄 알아야 한다.
당신의 용기를 짜내라. 여러 해 준비한 사람처럼.
이처럼 거대한 도시를 자기 것이라고 주장한 사람답게

침착한 걸음걸이로 창문까지 걸어가 비장한 느낌으로
그 소리를 들어보라. 그러나 비겁한 사람의
탄원이나 불평 같은 건 하지도 마라.
마지막 딱 한 번, 그 소리를 즐거운 마음으로 들어라.
비밀 군악대의 화려한 악기 소리를. 그리고 그녀에게
작별을 고하라. 이제 당신은 알렉산드리아를 잃으려 한다.[20]

그다음 날인 8월 1일, 최고 사령관은 휘하 부대를 이끌고 전투에
나섰다.

15

독사에게 물리다

기원전 30년 8월 1~10일, 알렉산드리아

8월 1일, 새벽이 아직 오지 않은 시각에 안토니우스는 갑옷을 입었고 휘하 부대를 이끌고서 알렉산드리아 바깥으로 나섰다. 다시 한번 그는 수륙 합동 공격을 시도했다. 옥타비아누스의 캠프를 공격함으로써 적의 기세를 약화시키고자 시도했다. 지상에서는 보병과 기병이 진격하고, 해상에서는 전함들이 공격에 나서는 형태였다. 안토니우스의 병사들은 화살 끝에 전단을 매달아 반대쪽 진영으로 쏘아 보냈다. 캠프에서 탈주하는 병사들에게 높은 봉급을 주겠다는 내용이었다. 옥타비아누스는 그 전단의 위험성을 심각하게 받아들였다. 그러기 며칠 전, 안토니우스는 옥타비아누스의 병사들에게 패배를 안겼다. 옥타비아누스는 그 전단을 친히 휘하 병사들에게 큰 목소리로 읽어주었다. 그러면서 병사들을 단속하기 위해 불명예의 수치와 보복의 가혹함을 상기시켰다. 그런 조치는 효력을 발휘했다. 안토니우스의 기병대는 안토니우스를 배신했고, 보병대는 패배했다.

그러는 사이에 바다에서 안토니우스의 선원들은 노를 저어 적선에

다가갔으나 공격하기는커녕 노를 공중에 번쩍 들어 올려 적선을 향해 경례했다. 옥타비아누스의 함선들이 그 경례를 받아주자 안토니우스의 해군은 적선에 합류했다. 하나가 된 그들은 도시를 향해 노를 저어 왔다. 안토니우스는 시인 카바피가 노래했듯이 비장하게 그 광경을 지켜보았으나 불평하지는 않고 알렉산드리아로 되돌아갔다.

클레오파트라가 함선과 기병대에게 탈주하라고 명령했던 것일까? 이에 대해 역사가들은 의견이 일치하지 않는다. 카시우스 디오는 그런 명령을 내렸다고 기록한 반면, 플루타르코스는 도시로 돌아온 안토니우스가 그 문제로 클레오파트라를 비난했다고만 했다.[1] 다른 역사가들은 그런 비난은 옥타비아누스의 프로파간다가 만들어낸 중상모략이라고 말했다. 하지만 클레오파트라로서는 그렇게 하는 것이 영리한 조치였다. 옥타비아누스에게 항복함으로써 장차 충실한 속국 군주로서 봉사하겠다는 의지를 보여줄 수 있었다. 그녀 자신이 왕위를 계속 유지하는 것이 과도한 요구라면, 그처럼 충성을 바치는 태도가 자녀 중 하나가 왕위에 오르는 데 도움이 될 수도 있었다.

옥타비아누스는 그녀가 안토니우스를 죽이거나 '사고'를 가장하여 제거해버리기를 바랐겠지만, 안토니우스 같은 로마 장군은 경호원을 두었고 음식을 미리 맛보아 독극물을 확인하는 시종도 따로 있었다.[2] 게다가 그랬다가는 생겨날 엄청난 비판도 간단한 문제가 아니었다.

그래서 여왕은 왕궁에서 달아나 근처에 있는 능묘로 가서 그 내부에 자신을 유폐했다.[3] 능묘 앞에는 육중한 출입문이 외부인의 출입을 가로막았고, 그녀 옆에는 시종 한 명과 시녀 두 명이 있었다. 그녀는 안토니우스에게 자신이 죽었다는 전갈을 보냈다. 그를 두려워하여 멀리하고 싶은 마음이었거나, 아니면 냉정하게도 그를 제거하기로 결심하고 자살을 재촉하기 위해 그렇게 했을 것이다.

그럼 안녕히—사령관의 죽음

안토니우스는 클레오파트라가 보낸 전갈을 믿었다. 그는 궁전 안에 마련된 자신만의 공간으로 들어가 죽음을 준비했다.[4] 필리피 전투 이후 자살한 오랜 적 카시우스와 마찬가지로, 안토니우스는 필요한 경우 자살을 도와줄 하인을 한 명 확보해놓았다. 그 노예의 이름은 에로스였는데, 이름으로 미루어 보아 그리스 출신임을 알 수 있다. 에로스는 '사랑'이라는 뜻인데, 그 이름은 너무 그럴듯하여 사실이 아닌 듯이 보일 정도다. 안토니우스는 클레오파트라와의 관계는 말할 것도 없고 여자를 좋아하는 남자로 명성이 높았으니 말이다.

그러나 에로스는 주인을 죽이는 것을 거부했다. 그는 현장에서 벗어나 스스로 목숨을 끊었다. 그의 이런 선택이 애정에서 비롯되었는지, 아니면 절망에서 빚어진 일인지 알 길은 없다. 아마도 그는 안토니우스를 죽이면 그 행위에 대해 사면받지 못하리라 판단했을 것이다. 주인인 카시우스를 죽여줌으로써 의무를 다했던 자유민이 그 직후에 도피했는데 그에게 살인 혐의가 씌워졌다는 사실을 에로스는 알았을 것이다.[5] 카시우스의 해방 노예 역시 장차 어떤 비난이 기다리고 있는지 알았기에 도피를 결심했을 것이다.

안토니우스는 스스로 자살을 결행해야 했다. 그는 자신의 칼로 복부를 찔렀다. 그러나 그 상처만으로는 목숨이 끊어지지 않았다. 안토니우스는 소파에 쓰러져서 피를 흘렸으나 죽지는 않았다. 사실을 말하자면 복부를 찔러서는 금방 죽을 수가 없다. 자상이 깊어서 복부까지 내려온 대동맥을 끊어놓지 않는다면 말이다. 예컨대 일본에서 배를 찔러 전통적인 할복자살의 의식을 거행하는 사무라이는 옆에 있는 참수자에게 도움을 받는다. 사무라이가 배를 깊게 찌른 후에 참수자가 뒤에 있다가 그의 목을 쳐주는 것이다.

안토니우스는 옆에 있던 사람들(아마도 주위에 사람들이 있었을 것이다)에게 최후의 일격을 가해달라고 요청했으나, 그들은 모두 달아났다. 사람들의 그런 도피가 사랑 때문이었는지 아니면 두려움 때문이었는지 역시 알 길은 없다. 안토니우스의 고통스러운 비명은 곧 바깥에까지 알려졌다. 그러자 클레오파트라의 시녀 디오메데스가 그를 여왕에게 데려오라는 명령을 받고 현장에 나타났다. 클레오파트라가 안토니우스에게 벌어지고 있던 일을 어떻게 알았는지 조금 의아하지만, 도시 전체도 아니고 궁전 안에서 벌어지는 일을 여왕의 첩자가 그녀에게 보고하지 않는다는 건 생각하기 어렵다. 진위는 분명치 않으나, 카시우스 디오는 여왕이 그 비명을 듣고서 사태를 파악했다고 기록했다.[6]

안토니우스는 클레오파트라가 여전히 살아 있다는 이야기를 듣고 깜짝 놀랐다. 그는 하인들에게 자신을 능묘로 데려가달라고 부탁했다. 클레오파트라는 능묘의 출입문을 열어줄 방법이 없었다. 그런데 마침 옆에 그 미완성 구조물의 위쪽으로 무거운 돌을 들어 올리는 기중기 같은 것이 있었다. 그 기중기를 이용하여 안토니우스를 능묘의 위쪽으로 들어 올렸다. 플루타르코스는 그 괴이한 광경을 이렇게 묘사했다.

현장에 있던 사람들이 전해주는 바와 같이, 그처럼 가련한 광경은 다시없을 것이다. 온몸이 피투성이인 데다 죽음의 고통으로 헐떡거리던 그는 위로 들어 올려졌고, 공중에 매달린 그 순간에도 그녀를 향해 두 손을 뻗었다. 밧줄을 잡아당기는 것이 여자들로서는 쉬운 일이 아니었다. 클레오파트라가 두 손으로 밧줄을 꼭 잡고 얼굴을 찡그리며 잡아당기자 아래에 있던 사람들은 그녀에게 힘을 내라고 소리치면서 그녀의 고뇌에 동참했다.[7]

마침내 그들은 안토니우스를 건물 안에 들여 편안히 뉘였다. 클레오파트라는 괴로운 듯이 몸부림치며 비탄의 의식을 거행했다. 그녀는 옷을 찢고 가슴을 쳐서 피부를 찢었고 안토니우스의 피를 자신의 몸에다 발랐다. 그녀는 그를 자신의 주인, 남편, 최고 사령관이라고 불렀다. 그는 그만 말하라고 하면서 포도주 한 잔을 요청했다. 이 이야기는 아마도 옥타비아누스의 프로파간다꾼이 그를 '술주정뱅이' 안토니우스로 만들고 싶어서 내놓은 최후의 중상모략이었을 것이다. 하지만 죽음의 고통을 느끼는 사람으로서는 충분히 요청할 만했다. 플루타르코스는 현장을 목격한 사람의 증언을 참고한 듯하다. 아마도 현재는 인멸된 클레오파트라 주치의의 회고록을 참고했을 것이다. 고대 문헌들이 흔히 그러했듯이 안토니우스의 유언은 아마도 지어낸 말일 텐데, 그는 여왕이 수치심을 느끼지 않는 범위 내에서 그녀 자신을 살리기 위한 일은 뭐든지 하라고 말했다고 한다. 그는 옥타비아누스의 사람들 중에 가이우스 프로쿨레이스만은 믿을 만하다고 말했다. 마지막으로, 그는 고상한 로마인답게, 자신에게 최근에 벌어진 불운을 슬퍼하지 말라고 했다. 그 대신 그가 그동안 성취한 좋은 일들, 가장 유명하고 가장 강력한 사람으로 올라선 과정을 회상하며 즐거워하라고 부탁했다. 로마인인 그가 로마인에게 패배했으니 그리 치욕스러운 일은 아니라는 말도 했다. 그리고 안토니우스는 마지막 숨을 거두었다. 그의 나이 53세였다.

최고 사령관을 위한 애도사

그를 사랑했던 여자들을 위시하여 그에게 공격을 당했던 남자들에게 이르기까지 모든 사람이 안토니우스를 사랑했다. 그는 휘하 병사들의 고통을 함께하면서 충성을 요구한 강력한 장군이었다. 강한 여자를 좋아하는 성향이 있던 그는 여자의 얼굴을 자신이 발행한 주화에 넣은 최초의 로마인이다.

그는 필리피 전투에서 카이사르 암살자들을 상대로 승리를 견인한 장군이었다. 하지만 장군으로서 그는 퇴각 작전을 잘 수행한 것으로 유명하다. 때로는 카리스마를 발휘하고 때로는 중벌을 내림으로써, 그는 무티나 프라스파에서 퇴각하여 험준한 지형을 통과하는 위험한 도정에서 휘하 군단을 잘 단속했다. 악티움에서도 승리의 가능성이 조금이라도 있었더라면 이런 멋진 퇴각 작전을 수행했을 것이다. 그러나 휘하의 병들고 굶주린 군단은 항복밖에는 할 것이 없었다. 악조건 속에서도 그는 기존 함대를 거의 3분의 1 정도 건진 채 적의 함정으로부터 빠져나올 수 있었다. 하지만 그가 건진 함대는 동맹군의 부대였지 그 자신의 것은 아니었다.

안토니우스는 훌륭한 외교관으로서, 로마 제국의 동부에서 동맹들을 상대로 오래가는 합의안을 만들어냈다. 알렉산드리아의 보위를 든든히 하고 클레오파트라와의 사이에서 태어난 세 아이의 왕좌를 마련해주는 과정에서 로마 제국의 동부를 위한 권력 기반을 조성했다. 이러한 권력 기반을 바탕으로 그는 제국의 서부 지역도 정복할 수 있을 것으로 보았다. 그는 그런 전쟁을 벌이기 위해 엄청난 자산을 확보했다. 그 자산 중에는 일찍이 고대 세계가 보지 못한 막강한 해군도 포함되었다. 그런데 그는 이런 자산을 적절히 사용하는 방법을 몰랐다. 그는 리더로서, 전략가로서 모두 실패했다. 필리피 전투에서 브루투스와 카시우스를 상대로 거둔 승리를 냉정한 시선으로 돌아보면 그의 승리는 대체로 말해서 적의 실수 덕분이었다. 악티움에서는 옥타비아누스와 아그리파를 상대로 그런 사치를 누릴 수가 없었다.

게다가 그 무렵 그는 완전히 독립된 자유로운 행위자가 아니었다. 안토니우스가 전쟁을 수행하기 위해 동맹의 자산에 의존하기로 결정한 순간, 독립성의 일부를 잃은 것이다. 클레오파트라가 그의 함선과 병사들을 부리는 뒷돈을 댔으므로 그녀는 그가 중요한 결정을 내릴 때 발언권이 있었다. 안토니우스는 사령관과 하급자 사이의 미묘한 경계선을 위태롭게 걸어야 했다.

그런데 안토니우스는 사랑에 눈이 먼 바보였는가? 그의 재정적 필요를 생각해볼 때, 그가 단지 동맹 관계만 유지하고 이집트 여왕의 침대를 공유하지 못했더라면 난처한 처지에 놓였을 것이다. 그러나 아무리 정략결혼이라고 할지라도 인간의 감정이 작용하는 법이다. 안토니우스와 클레오파트라가 부부 관계가 아니고 그저 동맹 관계였더라면 그들의 스토리는 다르게 전개되었을 것이다. 하지만 슬프게도 두 사람은 역사가들에게 그들의 마음을 알려주지 않았다.

안토니우스는 동방 지역을 사랑하기에 이르렀다. 그는 여왕의 배우자, 왕자들의 아버지, 왕조의 창건자라는 자신의 역할을 적극적으로 수용했다. 그는 자신의 매력, 두둑한 자금력, 화려한 경력 등으로 한편으로는 회의적인 로마의 공화파를, 그리고 다른 한편으로는 동방의 군주들을 자기편으로 끌어들일 수 있다고 계산했다. 그러나 동방의 군주들은 그들의 권력에 집착하면서 클레오파트라의 권력을 두려워했다. 만약 안토니우스가 군사적 승리로 그런 체제를 뒷받침했더라면 그 체제는 계속 작동했을 것이다.

안토니우스는 위대한 인물이었으나 거인의 시대에 살았고 그런 만큼 안토니우스 정도의 위대함으로는 계속해서, 그리고 반복적으로 그 위상을 유지해가기가 어려웠다. 만약 그가 클레오파트라처럼 억세지 않은 배우자를 만났거나, 옥타비아누스보다 재능이 떨어지는 적수를 만났더라면 성공했을지도 모른다. 여기서 셰익스피어의 또 다른 로마 드라마인 〈율리우스 카이사르의 비극〉을 인용한다면, 잘못은 안토니우스의 운명이 아니라 그 자신의 무능력에 있었다. 다른 사람들과 비교할 때, 그는 위인이었으나 그가 활동을 펼친 무대에서는 2인자였고, 셰익스피어의 표현에 따르면 하수인에 지나지 않았다. 그것이 안토니우스의 비극이었다.

죽어가는 안토니우스를 클레오파트라에게 데려가는 동안, 그의 경호원 중 한 사람이 안토니우스의 피 묻은 칼을 훔쳐 옥타비아누스 진영에 갖다 바쳤다. 그 소식을 듣고 옥타비아누스는 눈물을 흘렸다고 하는데 아마 잠시 그랬을 것이다. 그는 곧 동료 장군들을 텐트로 불러 안토니우스와 주고받은 편지들을 꺼내 그중 일부를 읽어주었다. 자신이 합리적이고 공평한 편지를 보냈는데도 안토니우스에게서 무례하고 위압적인 답변만 들었을 뿐이라고 역설한 셈이다. 사자에 대해 나쁜 말을 하지 않는다는 전통은 무시되었다. 옥타비아누스는 알렉산드리아에 입성한 직후에 개인적으로 안토니우스의 시신을 살펴보았다고 한다.[8] 만약 그랬다면(사실일 가능성이 높은데) 어떤 생각들이 그의 머릿속을 오갔을까? 분노를 느꼈을까? 만족감을 느꼈을까? 언젠가 그 자신도 이처럼 재와 먼지로 돌아갈 것이라는 각성이 들었을까?

여러 왕과 장군으로부터 안토니우스의 시신을 안장하겠다는 요청이 답지했다고 한다.[9] 하지만 실제로는 그런 행동을 해서 옥타비아누스의 분노를 사고 싶은 사람은 거의 없었을 것이다. 옥타비아도 자신이 안장하게 해달라고 요청했다고 하는데, 그건 흥미로운 상상에 불과하고 관련 사료에 의해 뒷받침되지 않는 이야기다. 옥타비아누스는 클레오파트라가 안토니우스의 유해를 그녀의 능묘에 안장하도록 허락했다. 그녀도 장래 언젠가 그 능묘에 묻힐 터였다. 한 사료에 의하면, 안토니우스의 시신은 방부 처리가 되었다고 한다.[10] 하지만 그 과정은 70일이나 소요되므로 그보다는 간단한 장례 절차가 진행되었을 가능성이 높다. 그런 방식은 옥타비아누스가 일찍이 '발견했다'는 안토니우스 유서의 조항과도 부합했다. 그 유서에서 안토니우스는 알렉산드리아에서 클레오파트라 옆에 묻히고 싶다고 말했다고 한다. 그런 만큼 옥타비아누스는 안토니우스의 시신을 로마로 가져가 적절한 장례식을 치르게 하는 것은 가당치 않다고 생각했을 것이다.

안토니우스의 죽음은 살아남은 두 거두 사이에서 벌어진 로마의 내전이 종식되었음을 뜻했다. 그날은 8월의 첫날이었을 뿐이다. 그보다 더 중대하고 더 역사적인 변화들이 앞으로 기다리고 있었다.

여왕을 체포하다

8월 1일, 알렉산드리아로 들어가기 전에 옥타비아누스는 신임하는 부하에게 중요하지만 미묘한 임무를 맡겼다. 그의 임무는 클레오파트라 능묘 안으로 들어가 여왕과 그녀의 재물을 모두 확보하는 것이었다. 그러는 동시에 여왕이 능묘에 불을 질러 타죽는 일도 미연에 방지해야 했다.

옥타비아누스는 그 일을 가이우스 프로쿨레이우스에게 맡겼다.[11] 로마의 기사 계급인 프로쿨레이우스는 옥타비아누스의 가까운 친구 중 한 명이었다. 여러 해 전, 섹스투스 폼페이우스와 겨루던 전쟁에서 옥타비아누스에게 너무나 암담한 순간이 있었다. 폼페이우스와 해전에서 맞붙었을 때 모든 것을 잃은 듯한 느낌이 드는 한때였다.

그때 옥타비아누스는 프로쿨레이우스에게 자신을 죽여달라고 요청했다.[12] 이런 황당무계한 제스처는 결국 불필요한 것으로 판명되었고, 그리하여 옥타비아누스는 작은 배를 타고 도망쳐 목숨을 부지할 수 있었다.

그런데 프로쿨레이우스는 안토니우스한테도 신임을 얻었다. 아마도 이 때문에 옥타비아누스는 그 중요한 임무를 그에게 맡겼을 것이다. 안토니우스가 클레오파트라에게 프로쿨레이우스는 믿을 만하다고 말했으나 그녀는 그 말을 믿지 않았다. 안토니우스 사망 직후에 그가 능묘 앞에 나타났을 때, 그녀는 출입문의 쇠창살 너머에서 말하라고 요구했다.[13] 그녀는 자신의 자녀들이 이집트를 통치할 수 있게 해주어야 한다고 말했고, 그는 여왕이 옥타비아누스를 믿어야 한다고 말했다. 하지만 그녀는 믿지 않았다.

이렇게 거부당한 프로쿨레이우스는 옥타비아누스에게 사태를 보고했다. 그러자 옥타비아누스는 갈루스를 현장에 파견하여 돕게 했다. 갈루스는 최근에 파라이토니움에서 안토니우스를 무찌른 경험이 있었다. 이제 그는 능묘의 출입문 앞에 서서 말을 걸어 여왕을 매혹시켰다. 장군이자 연애시를 쓰는 시인은 그와 같은 매력을 충분히 발산할 수 있었다. 그녀의 주의가 산만해진 틈을 타서 프로쿨레이우스가 건물의 다른 부분으로 들어가는 사다리를 타고 올라가 두 하인과 함께 2층 창문에 접근했다. 클레오파트라의 시녀들이 치명적 부상을 입은 안토니우스를 들어 올렸던 바로 그 창문이었다. 한 시녀가 여왕에게 상황을 알려주자, 여왕은 허리띠에서 단도를 꺼내 자결하려 했으나 프로쿨레이우스가 적시에 그녀를 제지했다. 그렇게 해서 클레오파트라는 자유와 영향력의 원천인 금은보화를 잃었다. 옥타비아누스는 이제 이집트의 재물을 확보했으니 휘하 병사들이 봉급을 요구하며 반란을 일으키는 사태를 걱정하지 않아도 되었다. 그것은 악티움 해전의 승리 못지않은 결정적 한 방이었다.

여왕 문제는 아직 해결되지 않았으나 옥타비아누스는 한 자유민을 보내 여왕을 철저히 감시하여 자살하지 못하게 했다. 동시에 그 자유민은 그녀를 잘 돌보라는 특별한 지시를 받은 상태였다. 그녀는 능묘에서 궁전으로 옮겨 간 듯하다.

그런 대성공의 뉴스에 고무된 옥타비아누스는 그날 늦게 알렉산드리아에 입성했다. 그런 뒤 점령한 도시를 인수하는 과정에서 그는 동맹을 만들고, 미해결 문제를 해결하고, 필요한 처형 조치를 명령하느라 몹시 바빴다. 클레오파트라를 기다리게 하면서 그의 의도가 무엇인지 알지 못해 애태우게 하는 것도 그의 업무 중 하나였다. 그러는 사이에 여왕은 안토니우스의 장례를 치르고 안장하도록 허용되었다.

고대 사회는 장례식을 중요하게 여겼다. 여자가 자신의 옷을 찢고, 가슴을 쳐서 피부에 상처를 내고, 뺨을 마구 할퀴면서 슬퍼하는 것은 그리 이례적인 일이 아니었다. 클레오파트라 주치의인 올림푸스의 회고록에 따르면, 그녀가 하도 가슴을 쳐서 유방에 멍이 들었다고 한다. 그녀는 그로 인해 열병에 걸렸고 그 핑계로 식사를 거부하여 자살할 생각이었다. 전하는 이야기로는 옥타비아누스가 이 소식을 듣고 그녀가 또다시 식사를 거부하면 자식들에게 위해를 가하겠다고 협박했다. 여왕은 승복했다. 실제로 무슨 일이 벌어졌든 간에 (이 이야기는 좀 의심스럽게 보이는데) 클레오파트라의 진짜 의도는 옥타비아누스와 직접 면담하는 것이었다. 그녀는 일주일 만에 소원을 풀었다.

옥타비아누스와 클레오파트라

옥타비아누스는 8월 8일에 왕궁으로 클레오파트라를 만나러 왔다.

고대 문헌들은 적들 사이의 일대일 만남을 여러 건 기록해놓았다. 가령 스키피오 아프리카누스와 한니발이 자마 전투 전에 후자의 텐트에서 만난 것이 그런 경우다. 옥타비아누스와 클레오파트라의 만남은 역사상 매우 개인적인 만남 가운데 하나다.

그는 승자였고 그녀는 정복당한 패자였다. 이집트 여왕은 이탈리아를 침공하겠다고 위협했으나 오히려 침공을 당하고 정복당했다. 옥타비아누스는 안토니우스가 아닌 여왕을 상대로 전쟁을 선포했다. 옥타비아누스와 클레오파트라는 율리우스 카이사르의 유업을 물려받으려는 경쟁자였다. 옥타비아누스는 카이사리온이 카이사르의 아들이라는 사실을 부인했고, 그 자신만이 유일한 카이사르의 아들이라고 주장했다. 그와 클레오파트라는 무자비했고, 야망이 높았고, 폭력적이었다. 둘 다 서로를 믿지 않았다.

역사는 두 사람이 전에 만난 적이 있었는지는 기록하지 않았다. 클레오파트라가 로마에서 한동안 시간을 보냈으므로 아마도 만난 적이 있었을 것이다. 하지만 옥타비아누스는 당시 소년에 지나지 않았다. 이제 그는 로마 세계의 통치자였다. 그는 열아홉 살에 했던 맹세, 즉 카이사르의 영예를 자신이 전부 다 차지하겠다는 맹세를 성취했다.

안토니우스와 카이사르는 클레오파트라보다 나이가 많았으나, 옥타비아누스는 여섯 살이나 아래였다. 그녀의 성적 매력에 전혀 영향을 받지 않는 듯한 로마인을 상대하는 것은 그녀로서는 어려운 일이었다. 하지만 클레오파트라는 그 어려운 과제에 맞섰다.

두 사람은 그리스어로 말했을까, 라틴어로 말했을까? 여왕이 라틴어를 할 줄 알았다고 기록한 역사적 사료는 없다. 그녀가 언어에 유창하고 카이사르 및 안토니우스와 친밀한 관계였으니 아마도 라틴어를 할 줄 알았을 것이다. 클레오파트라의 정체가 무엇이든 간에 그녀는 뛰어난 연기자였다. 만약 자신이 라틴어로 이야기해 옥타비아누스를 설득할 가능성이 높다고 판단했다면, 그녀는 수사학자 키케로도 감동할 만한 멋진 라틴어 문장을 말했을 것이다. 하지만 그리스어로 말하면서, 옥타비아누스가 아무리 서툴게 그 언어로 말해도 유창하다고 칭찬하여 비위를 맞추어줄 수 있다면 일부러 쉬운 그리스어 단어를 선택하여 상대방을 편안하게 해주었을 수도 있다.

우리는 두 사람이 실제로 어떤 언어로 말했는지는 알 수 없다. 옥타비아누스는 자기 쪽 이야기를 《회고록》에 썼을 것이고, 클레오파트라 역시 자기 이야기를 주치의 혹은 다른 측근에게 말하여 후대에 간접적으로 기록을 남기게 했을 것이다. 적어도 시종 한 명이 입회해 바로 옆방 두 사람의 말이 들리는 거리에서 대기했다. 다른 동시대인들은 청중을 매혹시키거나 옥타비아누스의 비위를 맞추기 위해 그들 나름의 이야기를 지어냈을 수도 있다. 훨씬 후대에 집필 활동을 한 플루타르코스와 카시우스 디오는 그 면담에 대해 자세한 기록을 남겼으나 두 역사가 사이에는 상당한 차이가 있다. 두 사람은 클레오파트라가 매력을 발산했다는 사실에 대해서는 동의한다. 디오는 클레오파트라가 옥타비아누스를 유혹하려 했다고 썼고, 플루타르코스는 그보다 좀 더 신중하게 나왔다.

플루타르코스의 기록에서는 옥타비아누스가 클레오파트라를 찾아왔다. 반면에 카시우스 디오의 책에서는 여왕이 면담을 요청했다. 두 역사가는 그녀가 그의 도착에 대비해 궁전의 환경을 아름답게 꾸몄다는 데에는 동의했으나, 그녀의 공격 계획에 대해서는 다른 의견을 내놓았다. 플루타르코스는 여왕이 겉옷 하나만 걸친 채 밀짚 침대에 비참하게 누워 있었다고 서술했다. 그가 방 안으로 들어오자 그녀는 침대에서 일어나 그의 발밑에 온몸을 던졌다. 그녀가 스스로 가한 얼굴과 신체의 상처와 멍이 뚜렷이 보이는데도 그 매력과 아름다움은 환히 빛났다.

카시우스 디오는 클레오파트라가 궁전 내실을 사치스럽게 꾸미고 상황에 어울리는 상복을 입고 있었다고 묘사했다. 디오에 따르면, 그녀는 그 방 안에 율리우스 카이사르의 초상화를 적절히 배치해놓았고 가슴에는 카이사르가 그녀에게 보낸 손편지를 간직하고 있었다. 그녀는 이어 그 편지를 꺼내 부분적으로 읽어주면서 카이사르가 그녀를 사랑했다고 과시했다. 그러는 사이 의미 있는 눈빛과 부드러운 말로 옥타비아누스를 유혹하려 애썼다. 그러나 그런 접근은 모두 허사였다. 옥타비아누스는 방바닥을 내려다보며 클레오파트라에게 앞으로 안전하게 모시겠다는 말만 했다. 또 다른 로마 저술가는 그 상황을 이렇게 묘사했다. "그녀의 아름다움은 그의 자기통제를 극복하지 못했다."¹⁴ 좌절한 여왕은 무릎을 꿇고 죽어서 안토니우스 옆에 묻힐 수 있는 특혜를 요청했다. 옥타비아누스는 아무런 확정적 언사도 하지 않고 기운 내라고 말한 뒤 그 방에서 나왔다. 그는 그녀를 로마의 개선식에 데려가 로마 시민들의 구경거리로 만들 속셈으로 그녀가 앞으로 목숨을 계속 부지하도록 여러 겹의 안전장치를 궁전 내에 만들어두었다. 이 주장은 아우구스투스의 《회고록》에 들어 있는 내용이거나, 아니면 그의 아첨꾼이 퍼뜨린 말이었을 것이다.

플루타르코스는 디오보다 더 신중하고, 더 사악하다. 옥타비아누스는 자신이 그녀의 침대 옆에 앉아 있는 동안 그녀에게 누워 있어도 좋다고 관대하게 말했다. 그녀는 그 모든 일을 안토니우스 탓으로 돌리면서 자신의 행동을 정당화하기 시작했다. 그러나 옥타비아누스는 그런 이야기를 받아들이려 하지 않았다. 그러자 그녀는 작전을 바꾸어 동정심을 유발하려 했다. 이어 그에게 자신의 보물 목록 전체를 그에게 건넸다. 하지만 한 집사장이 방 안으로 들어와 그녀가 특정한 보석을 제외했다고 일러바쳤다. 클레오파트라는 깜짝 놀라며 그 집사장을 때리기 위해 침대에서 펄떡 일어나려 했으나 옥타비아누스가 제지했다. 이어 그녀는 그 지적을 인정했다. 자신의 언니, 옥타비아, 옥타비아누스의 아내 리비아를 위해 일부 보석을 따로 떼어놓았다고 했다.[15] 그런 말은 놀라운 방향 전환이었으므로, 어떤 사람은 클레오파트라가 일부러 집사장의 '배신'을 연출했다고 말한다. 여하튼 그 장면은 나름의 효과를 발휘했다. 옥타비아누스는 클레오파트라를 로마로 데려가 개선식의 구경거리로 만들어 모욕을 준 후 감옥에 처넣고 처형할 생각이었다. 여왕이 살고 싶어 하고 자살할 생각은 없다고 확신한 그는 궁전에서 나간 뒤에 경계를 풀었다. 그는 멋지게 그녀를 속였다고 생각했으나 멋지게 속아 넘어간 사람은 그였다고 플루타르코스는 썼다.

카시우스 디오와 플루타르코스는 그 만남의 기괴한 세부 사항을 강조한다. 그러나 그보다 더 중요한 것은 두 사람이 그런 면담을 벌인 구체적 목적이 무엇이었느냐다. 이와 관련하여 중요한 핵심 질문은 이것이다. 클레오파트라는 로마에서 개최될 예정인 옥타비아누스의 개선식에 참석할 것인가? 옥타비아누스는 그녀가 그렇게 해주기를 간절히 바랐지만, 반대로 여왕은 그런 수모를 당하고 싶은 생각은 눈곱만큼도 없었다. 한 사료에 따르면, 옥타비아누스의 포로가 되어 관대한 대우를 받는 동안에도 여왕은 여러 번 그리스어로 이렇게 말했다. "나는 개선식의 구경거리가 되고 싶은 생각은 없어ou thriambeusomai."[16]

클레오파트라가 그 면담에 응한 일차적 목적은 옥타비아누스의 경계심을 누그러뜨려 자살을 가능케 할 수단을 궁전 안으로 몰래 들여오려는 것이었다. 옥타비아누스의 목적은 클레오파트라의 긴장을 충분히 풀어주어 산 채로 로마로 데려가는 것이었다.

이것이 겉으로 드러난 두 사람의 목표였다. 그러나 배후 조종의 두 대가에게 이런 표면적 속셈만 있었던 것은 아니다. 각자 다른 속셈도 있었을 것이다. 어쩌면 그 면담의 진짜 핵심은 클레오파트라의 죽음에 대한 조건이었을 것이다. 옥타비아누스는 정말로 클레오파트라를 개선식에 참여시킬 생각이었을까? 그는 다른 생각을 했을 수도 있다. 클레오파트라를 처형해야 한다는 생각은 확고했을 것이다. 그렇지만 그도 알다시피 포로가 된 모든 통치자가 처형되는 것은 아니었다. 특히 한 가지 예외 사항이 그의 주목을 받았다. 율리우스 카이사르는 기원전 46년에 클레오파트라의 언니 아르시노에 개선식에 구경거리로 참가시켰다. 그녀의 가련한 모습은 로마인들을 크게 감동시켰고 그들은 카이사르에게 그녀를 살려주라고 압박을 가했다. 그래서 카이사르는 그녀를 처형시키지 못하고 에페수스로 유배를 보냈다. 로마 군중이 클레오파트라에게도 똑같은 반응을 보이면 어떻게할 것인가? 게다가 그녀는 불쌍한 모습을 연기하는 데에는 이골이난 사람이 아닌가. 로마 군중이 처형에 반대하면 어떻게 할 것인가? 옥타비아누스는 그런 사태 발전을 결코 즐거운 마음으로 바라볼 수없을 터였다. 클레오파트라는 살아 있는 한 문제를 일으킬 것이 너무나 분명했기 때문이다.

그와 동일한 논리로, 옥타비아누스는 클레오파트라를 간단히 처형할 수도 없었다. 알렉산드리아에서 이집트의 인기 높은 여왕을 처형하면 반란이 벌어질 수도 있었다. 한 국가의 통치자가 상대방 통치자를 처형할 때에는 언제나 자신의 목을 불안스레 만지작거리게 마련이다. 클레오파트라가 여자라는 사실도 옥타비아누스의 입장을 더욱 난처하게 만들었다. 그래서 그는 클레오파트라가 자살하는 것이최고의 해결책이라고 결론 내렸을 수도 있다. 자신의 책임이 아닌 것같은 자살 상황을 유도할 수만 있다면 말이다.

날카로운 클레오파트라는 상대방의 이런 입장을 꿰뚫어보았을 것이다. 그녀는 죽음은 무섭지 않았고, 반대급부를 얻지 못하는 상태로옥타비아누스의 소원을 들어줄 생각은 없었다. 사료들은 그 점을 언급하지 않지만, 여왕이 가장 원하는 것은 자녀들의 안전이었다. 특히안토니우스와 그녀 사이에서 태어난 세 아이의 앞날을 걱정했다. 그녀는 카이사리온을 멀리 떠나보냄으로써, 옥타비아누스가 자신과 카이사르 사이에서 태어난 아이를 결코 용납하지 않으리라는 사실을 암묵적으로 인정했다.

클레오파트라는 아마도 자기 자녀들을 생각하다가 리비아와 옥타비아를 언급했을 것이다. 옥타비아누스 가문의 이 두 신성한 여성은 모두 어머니였다. 옥타비아는 안토니우스와 그의 전처 풀비아 사이에서 태어난 아들을 키우고 있었다. 클레오파트라는 자기 아이들을 키우는 일이 아마도 옥타비아와 리비아의 책임으로 돌아갈 것이라고 생각했다. 클레오파트라가 이 두 로마 여성을 거론한 것은 옥타비아누스에게 이런 메시지를 전하기 위해서였을 것이다. 내 가문의 후예가 계속 살아가게 해주겠다고 약속한다면, 나도 우아하게 사라지겠다고 약속할 수 있다.

클레오파트라가 옥타비아누스의 약속을 믿을 수 있을까? 아마도 믿지는 않았겠지만, 로마인은 약속을 결코 가볍게 하지 않으므로 클레오파트라는 그에게 로마인의 의무를 상기시킬 수 있을 것이었다. 그가 아무리 열심히 자신의 진짜 속셈을 감추려 해도 그녀는 그의 몸짓 언어를 충분히 읽어낼 수 있었을 것이다. 게다가 그녀의 집사장이 입회했으므로 남들에게 증언을 서줄 수도 있을 터였다.

이 모든 것은 추정에 불과하다. 하지만 협상의 대가 옥타비아누스와 클레오파트라의 만남인 만큼, 비밀 협상의 가능성도 배제할 수는 없다. 이 두 사람은 협상 게임을 어떻게 풀어나가야 하는지 너무나 잘 아는 사람들이었다.

여왕이 세상을 떠나다

클레오파트라 관련 사건 중에 그녀가 독사에 물려 죽은 것보다 더 유명한 일화는 없다. 옥타비아누스는 로마의 개선식 행렬에서 장식 수레에 그 장면을 그린 그림을 걸어두고 공중 높이 휘날렸다. 이탈리아의 르네상스 화가 미켈란젤로도 그 장면을 그림으로 그렸다. 하지만 우리는 그런 일이 실제로 벌어졌는지 결코 명확하게 알지 못할 것이다. 두 중요한 사료는 겸손하게도 클레오파트라의 죽음에 대해서는 의견이 일치한다. 플루타르코스는 "아무도 진실을 알지 못한다"[17]라고 썼고, 카시우스 디오는 "확실히 아는 사람은 아무도 없다"[18]라고 썼다. 어쩌면 이런 사실 자체가 클레오파트라의 성공을 웅변으로 증명한다. 죽음의 방법만 가지고도 화제의 중심이 되었으니 말이다.

한 가지 사실은 확실하다. 여왕은 자살했다. 어쩌면 옥타비아누스는 그런 결정 자체를 환영했을 것이고, 어쩌면 더 나아가 그렇게 되도록 음모를 꾸몄을 수도 있다. 클레오파트라는 자구책을 선택해 여왕답게 세상을 떠났다.

플루타르코스에 따르면, 자살 과정은 어떤 전갈로 시작되었다. 옥타비아누스의 수행원 중에 코르넬리우스 돌라벨라라는 젊은 장교가 가져온 전갈이었다. 그 장교는 클레오파트라를 좋아했는데 여왕도 그 사실을 알았다. 그래서 그녀는 이 장교에게 메시지를 보냈고 그는 몰래 답변했다. 옥타비아누스가 곧 알렉산드리아를 떠날 예정이라는 내용이었다. 실제로 옥타비아누스는 그날로부터 사흘 이내에 여왕과 그 자녀들을 로마로 보낼 생각이었다. 잘 속아 넘어가는 청년 장교, 여왕과 장교 사이의 메시지 교환 등, 이 이야기는 의심스러운 구석이 한두 군데가 아니다. 어쩌면 돌라벨라는 옥타비아누스의 사주를 받아 그렇게 행동했는지도 모른다. 그러나 클레오파트라는 사람들을 잘 구슬렸고 젊은 사람들은 특히 잘 설득되므로 어쩌면 이 이야기는 사실일지도 모른다. 여하튼 그 일이 여왕의 최후 작전을 재촉했다.

클레오파트라는 안토니우스의 무덤에 가서 애도하게 해달라고 요청하여 승낙을 얻었다. 이어 그녀는 왕궁으로 돌아와 목욕하고 풍성한 저녁 식사를 준비했다. 그 시점에, 시골에서 올라온 한 남자가 커다란 바구니를 들고 궁전 앞에 도착했다. 경비병들은 그 안을 보여달라고 했고 남자는 잎사귀를 펼쳐서 그 안에 든 크고 맛좋은 무화과를 보여주었다. 그는 감탄하는 경비병들에게 무화과 몇 개를 건네주었고, 그들은 안심하면서 그를 통과시켜 주었다. 클레오파트라는 진수성찬을 맛있게 먹었다. 그 방에는 바다 쪽으로 난 창문이 있었다. 그녀는 창밖을 내다보면서 악티움 해전이 다르게 전개되었더라면 벌어졌을 법한 일을 생각했을 것이다. 실제로 그런 생각을 했다 하더라도 그리 오래 몰두하지는 않았을 것이다. 클레오파트라는 실용적인 사람이니까. 식사를 끝내자 클레오파트라는 이미 써둔 봉인된 서판을 옥타비아누스에게 보냈다. 그리고 이라스와 카르미온이라는 가장 신임하는 시녀 두 명만 남기고 모두 방 밖으로 내보내고 문을 닫았다.

옥타비아누스는 그 서판을 받고 급히 읽기 시작했다. 클레오파트라는 자신의 유해를 안토니우스의 곁에 묻어달라고 요청했다. 즉각 최악의 사태를 우려한 옥타비아누스는 전령들을 보내 진상을 파악하게 했다. 그들은 달려갔으나 이미 때는 늦었다. 클레오파트라의 방문을 연 그들은 처참한 광경을 목격했다. 그녀는 여왕의 복식을 갖추고 황금 소파 위에 누운 채 죽어 있었다. 이라스는 그녀의 발치에 누워 있었다. 카르미온도 죽어가고 있었는데 여왕의 왕관을 똑바로 자리 잡게 하려고 애쓰고 있었다. 한 전령은 이렇게 말했다 한다. "그건 정말 멋진 일이오, 카르미온!"[19] 그녀는 이렇게 대답했다. "정말 멋진 일이지요. 무수한 왕들의 후예인 분이니까." 곧 그녀는 쓰러져 죽었다.

그날은 기원전 30년 8월 10일이었다. 클레오파트라는 당시 39세였다.

클레오파트라는 어떻게 죽었을까? 플루타르코스와 카시우스 디오는 아스프asp라는 독사에게 물려 죽었을 가능성을 제기했다. 아스프는 맹독을 가진 뱀을 일컫는 일반 용어다. 이집트라는 배경에서 아스프는 코브라를 가리킨다. 가장 대표적으로 전하는 이야기는 코브라가 무화과 밑에 숨겨져 궁중으로 반입되었다는 것이다. 또 다른 버전은 코브라가 물 항아리에 잘 보관되어 있었다는 것이다. 클레오파트라는 코브라를 황금 막대기로 톡톡 약을 올린 다음에 그녀의 팔을 물게 했다. 세 번째 버전은 그녀가 아스프를 꽃 무더기 속에 숨겼다고 말한다. 가장 시기가 이른 사료들은 뱀이 두 마리였다고 전한다.[20]

이집트의 코브라는 길이가 1미터 80센티미터에 달하고 큰 것은 거의 3미터에 달하므로 무화과 바구니에다 숨기는 것은 불가능하다는 반론이 있었다. 코브라 한 마리로는 세 명을 죽이기가 어렵고 두 마리가 몰래 궁중으로 반입되었다고 보기도 어렵다. 코브라에 물려 죽는 것이 반드시 고통이 없다고 볼 수도 없다. 또 두 마리 뱀은 이집트 왕실의 상징이었다는 점도 주목할 만하다. 그러니까 클레오파트라의 죽음은 하나의 상징이라는 이야기다. 코브라 왕관을 쓴 사람이 코브라에 의해 생을 마감했다는 옥타비아누스의 주장은 더욱 그럴싸하다.

그러나 이것이 이야기의 끝은 아니다. 이집트 코브라는 새끼도 맹독성인 데다 공격적이어서 성인 여성을 죽일 수 있다.[21] 새끼는 길이가 40~50센티미터 정도밖에 안 되기 때문에 코브라 새끼는 무화과 바구니나 물 항아리에 충분히 숨길 수 있다.[22] 그렇다면 이런 뱀 세 마리를 몰래 궁중에 들여오는 일은 그리 어렵지 않았을 것이다. 코브라를 약 올려 깨물게 하는 일도 어렵지 않았을 것이다.

어쩌면 이라스와 카르미온은 그보다 덜 극적인 독약을 먹었을 수도 있다. 어쩌면 클레오파트라 자신도 뱀에 물린 게 아니라 독극물을 복용했을 수도 있다. 독미나리 즙을 마신 철학자 소크라테스, 펜에 숨겨둔 독을 빨아먹어 죽은 아테네 정치가 데모스테네스, 기원전 58년 로마에 굴복하여 왕위를 포기하기보다 독극물을 먹고 자살한 키프로스의 프톨레마이오스(클레오파트라의 삼촌) 등, 다양한 자살의 선례가 있다.

플루타르코스는 클레오파트라가 머리빗 속의 빈 공간에 독약을 숨겨두었다는 보고가 있음을 기록했고, 카시우스 디오는 그녀가 머리핀에 독약을 숨겼다고 말했다. 어쩌면 클레오파트라는 옥타비아누스가 알렉산드리아에 접근하던 시기에 다양한 독극물과 맹독성 동물을 투옥 중인 죄수들을 상대로 실험해 어떤 것이 가장 빠르게 고통 없이 죽음을 가져오는지 살펴보았을지도 모른다.[23] 알렉산드리아는 고대 세계의 의학 중심지였고 클레오파트라는 그 도시의 가장 뛰어난 의사들을 접촉할 수 있었다.

그러나 관련 사료들은 독극물의 흔적이 없다고 주장한다. 그녀의 시신에는 물집이나 다른 표시가 없었다. 뱀에 물렸다는 증거도 없었다. 그러나 일부 사료는 클레오파트라의 팔뚝에 약간의 물린 자국이나 있었다고 말하기도 했다. 자살이 벌어진 실내에서는 뱀이 발견되지 않았다. 어떤 사람들은 그 뱀이 달아난 흔적이 바다 가까운 쪽에서 발견되었다고 하지만. 클레오파트라의 시신이 독약에 의해 훼손되지 않았고 당일로 죽었다는 사실은 코브라에 물렸다는 사실과 부합한다. 하지만 아무도 그것을 확정적으로 증명하지는 못했다.

옥타비아누스는 해독제를 사용하고 뱀의 독을 빨아내기 위해 전문가를 보내 여왕의 목숨을 살리려 했다고 주장했다. 그는 뱀에 물려 죽었다는 사실을 믿은 듯하다. 알고 있었다 해도 그 어떤 조치도 효과가 없었다. 그래서 우리는 여러 관련 사료가 내린 판단을 믿을 수밖에 없다. 누구도 클레오파트라가 어떻게 죽었는지 정확하게 알지 못하는 것이다.

옥타비아누스는 왕실의 예의를 갖추어 그녀를 안토니우스 옆에다 안장하라고 지시했다. 그녀의 시신을 안치한 곳은 아마도 그녀의 능묘였을 것이다. 이는 쓰러진 적을 예우하는 표준 절차였는데, 이런 우아한 조치는 옥타비아누스의 프로파간다에도 부합했다. 그는 안토니우스가 로마 외곽에 있는 안토니우스 가문의 유서 깊은 가족 묘지에 묻힐 생각은 하지 않고 치욕스럽게도 알렉산드리아의 클레오파트라 옆에 묻히고 싶다고 말했다고 줄기차게 비방해왔으니 말이다.

여왕을 위한 애도사

클레오파트라는 인류 역사에서 가장 위대한 여성 정치인 중 한 사람이었다. 그녀의 조국은 200년 동안 쇠퇴와 패배가 계속되었는데 그녀가 그 운명을 바꾸어놓았다. 그녀는 내치에 힘써 번영을 일구어냈다. 300년에 걸친 프톨레마이오스 왕가의 군주 중에서 최초로 이집트어를 말할 줄 알았다. 그녀 자신도 절반은 이집트인의 피를 물려받았기에 이집트인들에게서 인기가 높았다. 해외에서는 프톨레마이오스 제국의 잃어버린 땅들을 대부분 되찾았다. 그녀는 지난 몇 세대 동안 이집트가 누리지 못했던 권력과 영향력의 위상을 국가에 부여했다. 그녀는 알렉산드로스 이후 가장 위대한 마케도니아 통치자이자, 하트셉수트 이후 가장 위대한 이집트 여왕이었다.

클레오파트라는 당대의 가장 유명한 로마인인 율리우스 카이사르, 마르쿠스 안토니우스와 동맹 관계를 맺지 않았더라면 그런 성공을 거두지 못했을 것이다. 그녀가 사용한 무기 중 하나가 섹스였다. 클레오파트라가 미녀였는지는 불확실하지만, 매력적이고 뇌쇄적이었던 것만은 틀림없는 사실이다. 그녀는 아마도 카이사르의 아들을 낳았을 것이고, 안토니우스와의 사이에서는 아들 둘과 딸 하나를 낳았다. 파트너를 신중하게 고른 그녀는 아마도 두 남자를 사랑했을 것이다. 그래서 우리는 그녀가 인간적인 감정을 가진 사람이라고 생각한다.

그녀는 안토니우스와 파트너 관계를 맺음으로써 로마를 거의 손아귀에 넣을 뻔했으며, 자신의 왕국의 장기적 독립을 확보할 뻔했다. 클레오파트라의 배들과 재물은 안토니우스를 거의 이탈리아의 성문 앞까지 데려다주었다. 하지만 그녀는 동시에 그의 발목을 잡는 사람이기도 했다. 그리스 서부에 머물면서 적이 다가오기를 기다린 것은 치명적 실수였다.

그녀는 악티움 해전에서 패배한 후 단호하게 행동했다. 연인으로서는 그리 충실하지 못했지만(그녀는 안토니우스를 희생시킨 것으로 보인다) 어머니로서는 불굴의 의지를 보였다. 비록 성공하지는 못했으나 카이사리온의 목숨을 구하려 애썼고, 자신과 안토니우스 사이에서 태어난 세 아이의 목숨은 구했다. 그녀는 마지막으로 적수인 옥타비아누스를 만났을 때, 예전과 같은 매력을 더는 발산할 수가 없었다. 카이사르를 처음 만났을 때 그녀는 담요에 싸인 알몸 상태로 그 앞에 나타났다. 안토니우스를 처음 만났을 때는 황금 선박에다 온갖 화려함의 극치를 과시하며 여신처럼 등장했다. 하지만 마지막엔 밀짚 침대 위에 누운 채 처분을 기다리는 초라한 죄인의 모습을 연출할 수밖에 없었다.

그녀는 최악의 상황에서도 정신을 바짝 차리고 악티움 해역에서 갑작스럽고 멋진 탈주 작전을 성공시킬 수 있었다. 그녀는 적이 선택한 시간과 장소가 아니라 자신이 임의로 선택한 방식으로 세상을 떠났고, 여왕다운 자태로 돌아오지 못할 여행길에 올랐다.

옥타비아누스의 수행자 중 한 사람이었던 시인 호라티우스는 클레오파트라의 종말을 존경하는 듯한 어조로 노래했다. 그의 첫 번째 《서정시집》 중 저 유명한 〈시 37〉은 이른바 '클레오파트라 송가'로 알려진 시다. 시인은 옥타비아누스가 그녀를 사슬에 묶어 로마로 데려가고 싶어 했다는 것을 인정한다. 그러나 "그녀는 그보다 더 고상한 방법으로 죽으려 했다"라고 시인은 노래한다.

그녀는 폐허가 된 왕궁을 끝까지
침착하고 두려움 없이 우뚝 서서 살펴보았고
맹독의 뱀들을 손으로 움켜쥐었네.
저 차갑고 검은 맹독이 그녀의 혈관 속으로
충분히 스며들 때까지. 그녀는 죽음을
결심하자 더 도전적인 자세가 되었네.
로마의 쾌속정에 영광을 보태줄 생각은 없었고,
결코 평범한 여성이 아니었던 그녀는
왕관도 없는 맨머리의 노예 신분으로
개선식의 구경거리가 될 생각은 더더욱 없었다네.[24]

16

"나는 왕을 보려 했다"

기원전 30년, 알렉산드리아

8월 1일, 클레오파트라와 그녀의 재물을 확보한 승자는 알렉산드리아에 입성했다. 옥타비아누스는 사나운 군단병들이 호위하는 마차를 타고서 도시에 들어간 것이 아니라, 예전 스승이며 알렉산드리아 출신인 아리우스 디디무스와 함께 들어갔다. 대부분의 현지 엘리트들이 그러하듯이 그에게 익숙한 언어와 문화는 그리스 쪽이었다. 옥타비아누스는 아리우스에게 오른손을 건네며 잡게 했다. 이는 존경의 제스처로, 현지 주민들을 안심시키기 위한 동작이었다. 옥타비아누스는 도시에서 가장 아름다운 공공건물로, 그리스 문명의 상징인 김나지움으로 들어갔다. 그곳은 4년 전 안토니우스와 클레오파트라가 아르메니아 전투의 승리를 기념하면서 그들의 자녀를 알렉산드리아 시민들에게 미래의 군주로 소개한 곳이기도 했다.

김나지움에서 옥타비아누스는 연단 뒤에 서서 시민들에게 연설했다. 이는 다소 기이한 광경이었을 것이다. 그는 군인답고 신체가 강건한 안토니우스와 달리 키가 작고 날씬했다. 옥타비아누스는 로마인의 복장이었고 디오니소스 신의 흔적이나 동방의 예절은 조금도 보이지 않았다. 그러나 그는 군중을 상대로 연설할 때에는 라틴어가 아닌 그리스어를 썼다. 그는 자신의 그리스어 실력이 대단치 않다는 것을 잘 알았기에 연설문을 먼저 라틴어로 작성한 뒤에 그것을 아마도 아리우스에게 그리스어로 번역하게 했을 것이다.

군중은 옥타비아누스 옆에 아리우스가 있어도 겁을 먹었다. 플루타르코스는 이렇게 썼다. "군중은 공포로 제정신이 아니었고 그〔옥타비아누스〕의 앞에 엎드렸다."[1] 정복자라는 로마의 명성이 그보다 앞서 알렉산드리아에 도착한 것이다. 알렉산드리아 시민들은 카르타고와 코린토스의 유혈 낭자한 사례를 볼 때 로마인은 피의 정복자라고 생각했다. 하지만 옥타비아누스는 시민들에게 일어나라고 말했다. 그는 안도하는 군중을 향해 광범위한 사면을 단행할 생각이라고 말했다. 그는 세 가지 이유로 알렉산드리아 사람들을 살려주겠다고 말했다.[2] 첫째, 알렉산드로스 대왕의 추억이 서린 도시이고, 둘째, 도시의 규모와 아름다움을 인정해야 하기 때문이고, 셋째, 스승에 대한 고마움의 표시라는 것이다. 충성심, 문화, 정실주의, 이 세 가지는 옥타비아누스가 강조하는 전형적인 요소였다. 50만 인구를 자랑하는 도시를 관대하게 대할 수밖에 없는 사정은 부수적인 데 지나지 않았다.

옥타비아누스는 알렉산드리아 시민들에게 관용을 베풀었다. 그 정도의 그릇을 갖춘 정치가라면 적대적인 시민들보다는 우호적인 시민들과 사이좋게 지내야 한다는 것은 누가 말해줄 필요도 없었다. 그는 심지어 궁중 철학자 필로스트라투스도 사면했다. 이 철학자는 즉석연설을 잘하는 재주를 발휘하여 클레오파트라의 연회장을 즐겁게 만들었던 인물이다. 필로스트라투스는 아리우스에게 노골적인 구명 운동을 펼쳤고, 옥타비아누스는 마침내 그 뜻을 들어주었다.[3] 기다란 백발 수염을 휘날리는 노인을 처형하는 것은 그리 현명한 처사가 아니었을 것이다.

안토니우스는 8월 1일에 죽었고 클레오파트라는 8월 10일에 죽었다. 그러나 그들의 자녀는 어떻게 할 것인가? 둘은 각자 다른 배우자에게서 얻은 아이들이었고, 셋은 두 사람 사이의 자식이었다. 특히 옥타비아누스와는 형제뻘인 카이사리온은 어떻게 할 것인가?

최후의 파라오

아무 말도 없이 우리를 빤히 쳐다보는 고대 세계의 많은 얼굴 중에서 그의 얼굴은 가장 웅변적이다. 우리는 그에 대해 많은 것을 알고 있어서 책 한 권을 쓸 수 있을 정도이지만 결론적으로 우리는 그에 대해서 아는 것이 없다. 우리에게 가사는 있는데 노래가 없는 것이다. 그에 대해 기술한 것도 없고 그에 관한 문헌도 아주 드물다. 그에 대한 기억을 중심으로 가십, 농담, 이미지가 난무하지만 우리는 그가 실제로 어떻게 생긴 사람인지에 대해서는 아는 바가 없다.

시인 카바피는 이렇게 썼다. "역사에는, 당신에 대한 글 몇 줄만이 남아 있습니다."[4] 시인은 이렇게 노래하면서 카이사리온의 외양을 상상한다. 하지만 우리는 이보다는 더 낫게 추측할 수 있다. 카이사리온으로 추정되는 그리스-이집트풍의 조각상 두 점이 발견된 덕분이다.[5] 이 조각상들은 왕실이 프로파간다용으로 일반 대중에게 제시한 것이긴 하나 그의 모습이 담겨 있다. 두 조각상 모두 그는 전통적으로 파라오가 사용하는, 빗줄 무늬의 머리 감는 천을 쓰고 있으나, 그리스 스타일의 머리카락이 천 아래로 비어져 나와 이마 위로 떨어진 모습이다. 이목구비는 단정하고, 젊고, 좋은 인상을 준다. 한 조각상에서는 얼굴이 평평하나, 다른 조각상에서는 둥글다. 한 조각상은 코가 작고 눈의 윤곽이 뚜렷하다. 다른 조각상은 알렉산드리아 항구에서 건져 올린 것이라 보존 상태가 그리 좋지는 않지만 마찬가지로 밑으로 처진 두툼하고 큰 입술, 뚜렷한 턱을 보여준다. 이것들은 기원전 1세기의 전형적인 프톨레마이오스 가문의 초상이므로 카이사리온의 진짜 모습은 아니다. 카이사리온의 옆얼굴을 보여주는 전통적인 파라오풍의 돋을새김 조각도 별로 도움이 되지 못한다.[6] 이 조각에는 가짜 수염, 짙은 눈썹, 머리에 쓴 상부 나일강과 하부 나일강을 상징하는 이중 왕관 등이 보인다.

"그는 생김새와 걸음걸이가 카이사르를 닮았다"

황제들의 전기 작가인 가이우스 수에토니우스 트란퀼루스에 따르면, "그리스인들 다수가 그는 생김새와 걸음걸이가 카이사르를 닮았다고 말했다."[7] 여러 사료가 카이사르는 키가 크고, 얼굴 피부가 희고, 반짝거리는 검은 눈을 갖고 있었다는 데 동의한다.[8] 카이사르는 몸집이 크거나 말랐을 것이다. 그런데 초상화 흉부와 주화의 초상으로 미루어 짐작건대 마른 체형이었던 듯하다. 또한 관련 사료들에 의하면, 카이사리온은 두툼한 입술, 오뚝한 코와 목젖 등의 특징을 갖고 있었다는데, 청년 시절의 카이사르는 그런 특징이 그리 두드러지지 않았다. 만약 카이사리온이 카이사르를 닮았다면, 젊은 카이사르도 이런 특징들을 일부 가지고 있었을 것이다.

로마인들은 사람의 걸음걸이를 중시했다. 귀족 가문에선 배우를 고용하여 저명한 집안사람을 관찰하게 했다. 그리고 그 배우를 사망한 그 집안사람의 장례식에 참석하게 해, 고인의 생전 걸음걸이까지 그대로 흉내 내게 했다. 카이사리온은 자연스럽게 카이사르와 비슷한 걸음걸이를 했거나 아니면 그와 비슷하게 걷는 훈련을 받았을 것이다. 그렇지만 외양의 유사성은 타고나는 법이다.

카이사리온은 고대 세계에서 가장 재능 있고 야심만만하고, 이상이 높고, 무자비하고, 난폭한 두 정치가 사이에서 나온 결과물에 가까울 것이다. 먼저 그의 아버지에 대해서 말해보자. 클레오파트라가 헤픈 여자였다는 옥타비아누스의 프로파간다를 걷어내고 보면 영리하고 계산적인 군주의 모습이 남는다. 여왕은 자신의 침대에 들이는 남자를 극도로 조심해야 할 이유가 있었다. 우선 그녀에 대한 공식 이야기는 아마도 사실일 것이다. 그녀는 오직 두 남자, 율리우스 카이사르와 마르쿠스 안토니우스하고만 동침했다. 그녀가 당대의 가장 강력한 로마인을 자신의 침실 파트너로 선택한 것은 결코 우연이 아니었다.

안토니우스와 클레오파트라의 적들은 철저히 부인하지만, 많은 이들이 카이사르가 카이사리온의 친부라고 믿는다. 그러나 옥타비아누스는 그렇게 그 두 사람을 연관 짓는 것을 무엇보다 미워하고 두려워했다. 그는 이미 마음속으로 카이사리온을 제거하기로 결심했다.

왕자의 성장 과정

우리가 카이사리온에 대해 가진, 얼마 안 되는 정보는 왕자의 성장 과정을 기록한 것이다. 그는 아마도 기원전 47년에 태어났을 것이다. 클레오파트라는 기원전 46년에 로마를 방문했을 때 이 아기를 데리고 갔거나, 아마도 기원전 46년에 데리고 갔을 것이다. 그 목적은 카이사르의 호의를 얻기 위함이었다. 그녀가 로마에서 체류하는 동안, 카이사르는 그녀에게 자기 이름을 써서 아이 이름을 지어도 좋다고 허락했다.[9]

이집트로 돌아온 기원전 44년, 클레오파트라의 남동생이자 공동 통치자이며 카이사리온의 숙부인 프톨레마이오스 14세가 사망했다. 이런 편리한(그래서 수상한) 사망 직후에 클레오파트라는 카이사리온을 자신의 공동 통치자로 지명했다. 프톨레마이오스의 모든 통치자가 그러했듯이, 그는 그리스 왕인 동시에 이집트의 파라오였다. 그에게는 전통적인 파라오의 호칭이 부여되었다. '만물을 구제하는 하느님의 후계자, 프타의 선택을 받은 자, 레의 원칙을 수행하는 자, 아문의 살아 있는 화신이신 파라오.'[10] 그의 부모와 마찬가지로 카이사리온은 신으로 선언되었다. 그에게는 '아버지와 어머니를 사랑하는 신'이라는 호칭이 주어졌는데 아버지는 곧 카이사르를 가리킨다. 13세가 되었을 때 왕중왕이라는 장엄한 호칭이 추가되었다.

그는 호화로운 왕궁에서 성장했고 부족한 것이 아무것도 없었다. 그는 어떤 때는 챙이 넓은 마케도니아식 모자를 썼고, 어떤 때는 왕관 혹은 이집트의 이중 왕관을 썼다. 경우에 따라 이집트식 치마나 그리스식 겉옷을 착용했는데 모두 보라색으로 염색한 것이었고 황금으로 치장되었다.

어린 카이사리온은 특별한 교육을 받았을 것이다. 예를 들어 그의 이복형제들을 가르친 다마스쿠스의 니콜라우스는 왕궁 교사들의 수준이 어떠했는지 잘 보여준다.[11] 지식인이자 외교관이자 교사인 니콜라우스는 나중에 헤롯과 아우구스투스를 차례로 섬겼다. 카이사리온은 배워두면 나중에 로마와 거래를 하는 데 도움이 될 라틴어를 필수 과목으로 학습했을 것이다. 아무튼 이 소년은 당대에 가장 유명한 사람의 아들이라고 하지 않는가.

클레오파트라는 카이사리온을 칭송하고 그 아버지를 기념하는 일이라면 발 벗고 나섰다. 그녀는 알렉산드리아에 카이사르를 기념하는 카이사리움을 건설했다. 거대한 터 위에 세워진 그리스식 건축물인데, 비용을 아끼지 않고 지었다고 하며 그 안에 있는 예술 작품, 도서관, 금과 은으로 만든 조각상으로 유명했다. 나일강 계곡에는 카이사리온의 탄생을 축복하는 이집트식 신전을 건설했다. 그녀는 하토르 여신의 거대한 신전 뒤쪽 벽면에 신들에게 봉헌물을 바치는 그녀 자신과 아들의 돋을새김 조각을 부착했다. 하토르 신전도 나일강 계곡에 있었다.

카이사리온의 탄생을 기념하는 신전은 어린 왕자를 호루스 신과 동일시했다. 이집트 신화에서 호루스는 아버지 오시리스의 피살을 복수하는 신이다. 그것은 카이사리온이 장래 어느 날 아버지 카이사르를 살해한 자들에게 복수할 것임을 암시한다. 하지만 옥타비아누스도 자신을 카이사르의 복수하는 아들이라고 선전하고 있었기에, 그 같은 동일시는 옥타비아누스에게 상당히 불편한 일이었다.

카이사리온은 악티움 전투 직후의 몇 달 동안 인생의 중요한 이정표에 도달했다. 바로 이 무렵에 클레오파트라는 아들을 군인 적령기에 도달한 청년들의 조직인 청년단에 등재시켰다.[12] 그는 열여섯이었고, 이것은 일종의 성인식이었다. 이러한 의식을 치르게 한 목적은, 만약 여왕에게 무슨 일이 벌어진다면 카이사리온이 왕으로 단독 통치할 수 있는 나이에 도달했음을 백성들에게 널리 알리는 것이었다. 아마도 클레오파트라는 이 의식을 연기하는 것도 검토했을 것이다. 카이사리온이 여전히 소년 취급을 받는다면 옥타비아누스에게서 좀 더 관대한 처분을 받지 않을까 하는 생각에서 말이다. 그렇지만 이제 16세가 된 카이사리온은 소년이 아니었고, 종합적으로 살펴볼 때 그가 성년에 도달했다고 선포하는 편이 더 좋겠다고 결론을 내렸다. 하지만 그가 통치할 준비가 되었는지는 또 다른 문제였다. 궁중에서 보여야 할 행동거지는 잘 익혔겠지만, 반란을 진압하고 더 나아가 도시를 창건할 지도자 재목이었는지는 상상하기 어렵다. 알렉산드로스 대왕은 그 나이에 그 모든 일을 완수했지만 말이다. 아무튼 카이사리온의 성년식은 장중하고 화려한 연회와 백성들에게 선물을 나누어 주는 행사로 성대하게 거행되었다.

카이사리온은 위대한 인물로 태어났고 그런 지위에 걸맞은 교육을 받으며 성장했다. 그는 어머니 같은 군주, 혹은 아버지 같은 전사이자 저술가이자 정치인으로 성장할 수도 있었다. 그의 유산은 장엄한 서사시였지만 실제 인생은 비극이었다.

유배지로 달아나다

기원전 30년 여름, 옥타비아누스가 알렉산드리아를 향해 접근해 오자 카이사리온은 안전한 곳으로 달아났다. 실제로 그의 양친 모두가 각자 젊은 시절에 신중하게도 먼 곳으로 달아난 경험이 있었다. 카이사르는 독재관 술라를 두려워하여 산간 지방으로 숨은 적이 있었고, 클레오파트라는 남동생에 의해 국외 추방 조치를 당했다. 그렇지만 카이사르와 클레오파트라는 용수철처럼 반등했고, 카이사리온도 그와 유사한 권토중래를 기대해볼 수도 있었다.

그러나 카이사르는 술라를 피해 달아날 때 자발적으로 그렇게 했지만, 카이사리온은 어머니가 일부러 안전한 곳으로 보낸 것이었다. 그녀는 아들을 나일강 계곡 쪽으로 보내 홍해 해안으로 가게 했다. 중간에 뇌물을 주어야 할 일이 생길 때를 대비하여 왕실의 재물도 일부 들려서 보냈다. 그의 최종 목적지는 인도였다. 아마도 자신이 그 통치자를 잘 아는 왕국인 인도 아대륙 서부에 있는 왕국에 피신시킬 계획이었을 것이다. 카이사리온은 일단 거기에 정착했다가, 장래 언젠가 기회를 보아 이집트로 돌아올 수 있을 터였다.

카이사리온은 옥타비아누스가 8월 1일에 도시에 들어오기 전에 알렉산드리아를 떠났을 것이다. 클레오파트라는 아마도 아들과 눈물 어린 작별을 했을 것이다. 8월 초는 이집트에서 1년 중에 가장 더운 시기이다. 카이사리온은 알렉산드리아의 시원한 바닷바람을 뒤로하고 남부의 뜨거운 태양을 견뎌야 했을 것이다. 하지만 달리 선택지가 없었다.

카이사리온은 목적지에 도달하지 못했다. 무슨 사달이 났는지를 두고 사료들은 의견이 일치하지 않는다. 몇몇 사료에 따르면, 그는 도중에 옥타비아누스의 부하들에게 잡혀서 알렉산드리아로 돌아왔다고 한다.

플루타르코스는 이 귀환에 관련된 조금 슬픈 이야기를 전한다. 로돈이라는 카이사리온의 스승이, 옥타비아누스가 그를 왕으로 세워주기로 결정했다면서 알렉산드리아로 돌아가야 한다고 설득했다고 한다. 아마도 옥타비아누스는 카이사리온을 꾀어서 도시로 돌아오게 하려고 그런 전갈을 보냈을 것이다. 로돈이 장래의 보상을 바라고서 제자를 배신하기로 마음먹은 것인지 아닌지는 알려지지 않았다. 그러나 카이사리온이 스승의 꾀임에 넘어가 '형제' 옥타비아누스(공식적으로는 가이우스 율리우스 카이사르)의 자비로운 품으로 돌아가기로 결정했다면, 젊은 왕자는 그 순진한 태도 때문에 양친에게 실망을 안겼을 것이다. 젊은 카이사르라면 스승의 꾀임 같은 것은 필요 없었을 테고, 젊은 클레오파트라 역시 스승의 감언이설 따위는 듣지 않았을 것이다.

안틸루스

옥타비아누스는 카이사리온을 이집트의 왕으로 인정해주고 싶은 생각이 손톱만큼도 없었다. 그는 카이사리온의 이복형제이며 안토니우스와 풀비아 사이에서 태어난 아들에게 강요했던 운명을 카이사리온에게도 강요할 작정이었다. 그 청년의 이름은 마르쿠스 안토니우스이고 별명은 안틸루스다. 그는 알렉산드리아에서 아버지와 함께 살아왔다. 그의 동생은 로마에 있었다. 카이사리온이 몇 달 전 청년단에 가입하자 안틸루스는 '어른의 토가toga virilis'를 입었다. 그는 이 무렵 열다섯 살이었을 것이다. 그 나이면 성년식을 거행하며, 알렉산드리아에서 여러 날 만찬과 연회가 계속되었다. 그런 축하 의식은 괜히 한 것이나 다름없었다. 옥타비아누스는 안틸루스의 성년식을 핑계 삼아 그를 처형하도록 지시했던 것이다. 안틸루스는 과거 한때 옥타비아누스의 딸 율리아와 약혼했으나, 당시 둘 다 어린이였다. 하지만 그 약혼은 이미 오래전에 파기되었다.

옥타비아누스가 이같이 가혹한 처사를 할 수밖에 없는 이유가 있었다. 안틸루스는 악티움 해전 이후 안토니우스의 권력을 유지하려는 목적의 협상에서 중개인 역할을 했다. 그는 옥타비아누스에게 거액의 뇌물을 전달했는데, 앞에서 말한 대로, 옥타비아누스는 그 돈만 받고 아무런 합의도 해주지 않은 채 안틸루스를 빈손으로 아버지에게 돌려보냈다. 양부의 복수를 하겠다는 맹세로 정치 경력을 시작한 옥타비아누스로서는, 로마법에 따라 아버지 안토니우스의 후계자 지위를 지닌 안틸루스를 경계하지 않을 수 없었다. 안틸루스는 아버지 안토니우스의 복수를 하려는 마음이 있었는지도 모른다. 따라서 내전의 가혹한 셈법에 따르자면 안틸루스의 처형은 충분히 말이 되는 일이었다.

안틸루스는 카이사리온과 마찬가지로 그의 스승에 의해 배신을 당했다.[13] 안틸루스는 알렉산드리아 내 피신처로 숨었는데, 아마도 클레오파트라가 건립한 안토니우스 사당이거나 율리우스 카이사르의 조각상 근처의 은신처였을 것이다. 이 10대 소년은 살려달라고 빌었으나 아무 소용이 없었다. 그가 옥타비아누스의 하수인들에 의해 참수된 후 그의 스승은 그의 목에 걸려 있던 보석을 훔쳐서 안전하게 보관할 속셈으로 허리띠에다 실로 꿰매놓았다. 그 스승은 곧 의심을 받았으나 절도 행위를 부인했다가 유죄 판결을 받았다. 그는 십자가형이나 책형磔刑에 처해졌을 것이다.

너무 많은 카이사르

카이사리온이 어떻게 처형되었는지에 대한 기록은 남아 있지 않다. 문서로 기록되어 전해지는 것은 그를 사지로 몰아넣는 길을 미리 닦아주는 야만적인 말장난뿐이다. 옥타비아누스는 카이사리온을 죽이기 위해 조언을 들어야 할 필요는 없었다. 그의 정치 경력 전부가 카이사리온을 죽이는 데 집중되어 있었으니 말이다. 그렇게 해야만 카이사르의 아들이라는 자신의 입지가 단단해질 터였다. 그렇지만 그런 행위가 자신이 아닌 누군가 다른 사람의 생각이었다고 가장하는 것은 옥타비아누스의 목적에 부합했다. 그런 악역을 담당하는 사람으로 알렉산드리아의 그리스계 주민 말고 더 좋은 사람이 누가 있겠는가? 게다가 단순한 시민에 그치는 것이 아니라 철학자이기까지 하다면? 그것도 보통의 철학자가 아니라, 옥타비아누스가 알렉산드리아에 입성할 때 중요한 역할을 했던 아리우스라면?

카이사리온의 처형을 건의한 사람이 아리우스였다고들 말한다. 그는 우아한 역설의 어조로 그런 조언을 했는데, 유머라고 하면 일가견이 있는 알렉산드리아 시민들조차 그 역설의 교묘함에 찬탄을 금치 못했을 것이다.[14] 그 희생자가 그들의 왕이 아니었더라면 말이다. 아리우스는 당시 교육받은 그리스인이라면 누구나 아는 《일리아스》를 언급했다. 그 서사시에서 현명한 오디세우스는 부대 내 반란자들에게 이렇게 경고했다. "너무 많은 왕이 있으면 좋지 않다Ouk agathon polukoiranie." 철학자 아리우스는 옥타비아누스에게 "너무 많은 카이사르가 있으면 좋지 않다Ouk agathon polukaisarie"라고 건의했다. 호메로스의 그리스어 문장에서 단 두 글자만 바꾸어서 그렇게 말한 것이다. 그래서 마치 호메로스가 그런 행위를 승인한 듯한 인상을 풍겼다. 이렇게 하여 이집트의 마지막 그리스 왕은 살해되었다. 과장할 마음은 없지만, 율리우스 카이사르의 아들인 옥타비아누스가 이집트 최초의 로마인 왕이 된 것은 사실이다.

클레오파트라는 8월 10일에 죽었다. 고대 사료를 믿을 수 있다면, 카이사리온은 그 후 딱 18일 동안 단독 왕으로서 이집트를 다스렸다.[15] 그리고 8월 29일에 옥타비아누스는 이집트 합병을 선포했다. 이제 앞으로 이집트는 로마의 소유이고, 좀 더 정확하게 말한다면 옥타비아누스의 소유가 될 것이었다. 그가 이 나라를 자신의 개인 재산이라고 선언했으니 말이다.

옥타비아누스는 아마도 카이사리온에게 왕족에게 어울리는 장례식을 허용했을 것이다. 카이사리온은 파라오였고, 옥타비아누스는 이집트 사람들의 감수성에 모욕을 가하지 않으려고 조심했다. 특히 그 나라의 엘리트인 사제 집단의 심기를 건드리지 않고자 했다.

카이사리온 사후에 이집트의 사제들은 옥타비아누스를 파라오로 높이 받들었다. 그러나 옥타비아누스 자신은 그 호칭을 주장한 적이 없었고 그의 뒤를 이은 로마 황제들도 자신을 파라오라고 주장하지 않았다. 이집트는 지난 3000년 동안 파라오가 다스려온 국가였다. 쿠푸, 투트모세, 람세스 등이 앉았던 옥좌에 마지막으로 앉을 파라오가 율리우스 카이사르의 아들이라는 사실은 그런대로 타당해 보였다.

안토니우스와 클레오파트라 사이에서 태어난 세 자녀는 목숨을 건졌다. 옥타비아누스는 그들을 데리고 로마로 돌아갔다.

알렉산드로스 대왕의 무덤

알렉산드리아가 왕들의 도시라면 알렉산드로스의 무덤은 그 도시에서 가장 성스러운 장소였다. 물론 왕들이 사는 왕궁도 있었지만, 그 무덤은 사실 영웅의 사당이자 신성한 성지였다. 알렉산드로스 자신이 트로이를 통과할 때 아킬레우스의 무덤(그렇다고 추정되는 곳)을 방문했던 것처럼, 옥타비아누스도 알렉산드리아에 머무는 동안 알렉산드로스의 무덤을 방문했다. 그는 그 방문 건을 계기로 이제 제국에 새 영웅이 들어섰음을 만천하에 과시하고 싶어 했다.

옥타비아누스는 미라가 된 알렉산드로스 시신의 머리에 황금 왕관을 내려놓고 시신에 꽃을 뿌림으로써 경의를 표했다.[16] 그러나 전하는 이야기에 따르면, 옥타비아누스는 대왕의 시신을 구경했을 뿐만 아니라 만지기까지 했다고 한다. 그래서 미라의 코 부분이 약간 훼손되었다는 것이다. 지그문트 프로이트라면 이 이야기를 어떻게 해석했을까? 33세 생일을 맞기 직전인 옥타비아누스는 이제 사망 당시 대왕의 나이와 똑같은 나이가 될 것이었다. 우연히도 지중해의 가장 전설적인 정복자의 코를 일부 훼손함으로써 옥타비아누스는 자신이 대왕보다 더 위대하다고 말하려 했다. 이는 이제 이 도시에 새로운 왕이 들어섰다는 강력한 상징으로서 그럴싸한 이야기지만, 너무 그럴듯하게 꾸민 듯하여 사실처럼 들리지 않는다.

그러나 이 방문 사건에는 이야기가 더 있다. 옥타비아누스의 안내자들이 그에게 프톨레마이오스 왕가의 시신을 보여주려 하자 그는 거절했다. 알렉산드로스 대왕의 시신만 미라가 되었고 왕들의 시신은 화장되어 항아리 속에 들어 있었다. 로마 집정관(그는 기원전 30년에 다섯 번째로 집정관 자리에 올랐다)으로서 그런 유골 항아리를 살펴보는 것은 위엄에 부합하지 않는 일이었고, 최고 사령관이 자신의 하급자로 여기는 집단에 경의를 표하는 것은 부적절하다고 생각한 것이다. 사실 프톨레마이오스 왕가의 일부 왕은 로마 속국의 왕에 불과했다.

옥타비아누스는 심드렁하게 대답했다. "나는 왕을 보려 했지 시신들을 보려 한 게 아니오."[17] 아피스 신전을 보러 가겠느냐는 질문을 들었을 때도 그는 유사한 반응을 보였다. 아피스는 멤피스에서 숭배되는 황소 신이었다. 멤피스는 상부 나일강변에 위치한 고대의 수도인데, 대★ 피라미드에서 조금 남쪽에 있었다. 황소 아피스는 신성한 존재로 여겨졌고 지상에서 창조신을 대표하는 존재로 여겨졌다. 옥타비아누스는 자신은 신들을 경배하지 황소를 존숭하는 자는 아니라고 말하면서 그 요청을 거부했다.

이제 로마에서는 로마 제국의 장엄한 개막식이 열릴 것이었다. 로마는 영원의 도시였고 고대 세계에서는 누구나 그 도시를 그렇게 생각했다. 그리고 로마 제국의 창건은 근대 유럽의 탄생을 알리는 첫걸음이었다. 그러나 제국으로의 이전은 사실 알렉산드리아에서 이루어졌다. 알렉산드리아는 오늘날 카이로에 밀려 이집트의 둘째가는 도시로 격하되었고, 기원후 641년에 아랍 군대가 이 도시를 점령한 이후 오랜 세월 이슬람 세계의 일부였다. 그래서 알렉산드리아는 로마가 대표하는 서방에서 멀리 떨어진 것처럼 보인다. 그러나 사실 알렉산드리아는 고대 지중해 권역에서 핵심 도시였다. 말하자면 지중해권의 문화 수도였다.

그 당시 사람들에게는 알려지지 않았지만, 그 도시는 이제 막 기독교의 용광로가 되려는 새로운 단계에 진입하고 있었다. 여기서 초창기 기독교 신학의 상당 부분이 형성되었다. 기독교의 수도원주의는 이집트에서 처음 발명되어 이 도시에서 널리 확산되었다. 이 도시는 로마나 예루살렘 못지않게 서구 문화의 기반을 형성하는 데 중대한 역할을 했다. 요약하자면, 알렉산드리아는 왕국으로 가는 열쇠를 돌리는 화려한 무대 노릇을 했다.

기원전 30년 8월은 세계사에서 매우 획기적인 달이었다. 그 첫날은 안토니우스가 사망하고 옥타비아누스가 알렉산드리아에 입성하는 것으로 시작되었다.[18] 8월 10일, 클레오파트라가 자결했다. 8월 29일, 옥타비아누스는 이집트의 합병을 선언했다. 이날은 이집트 역법에 따르면 새해가 시작되는 날이었다. 그리하여 옥타비아누스는 새로운 해, 새로운 시작을 내세우며 자신의 통치를 시작할 수 있었다. 로마에서 원로원은 이집트 합병일을 소급하여 그가 알렉산드리아에 입성한 8월 1일에 맞추었다. 원로원은 그날을 휴일로 선언했는데, 옥타비아누스가 "공화국을 엄청난 국난으로부터 해방시킨" 날이었기 때문이다.[19]

옥타비아누스의 합병 조치는 300년에 걸친 프톨레마이오스 왕가의 통치를 종식시켰다. 여기에는 이보다 더 장대한 의미가 있었다. 무려 3000년에 걸친 이집트 왕들의 역사를 종식시킨 것이다.

이로써 로마 제국이 시작되었고 여기서 현대 서구의 원초적 기반이 형성되었다. 로마의 속주들은 전통적으로 원로원 의원들이 다스렸으나, 이집트는 달랐다. 원로원의 개입을 배제하기 위해 옥타비아누스는 그 나라를 로마 기사 계급의 통제 아래에 두었다. 그는 초대 총독으로 시인이자 장군인 갈루스를 선택했다. 이 사람은 무기로 안토니우스를 패배시키고 거짓말로 클레오파트라를 속여 이집트 정복에 지대하게 공헌한 인물이었다.

합병 선언 직후에 옥타비아누스는 이집트를 떠나 이탈리아를 향해 항해했다. 그는 지중해를 건너 고국으로 돌아갈 계획이었다. 고대 지중해 권역에서 살던 사람들은 저마다 그 바다를 부르는 이름을 갖고 있었다. 페니키아인은 '위대한 바다'라고 불렀다. 이집트인들은 '거대한 초록'이라고 했다. 그리스인들은 '땅 한가운데 있는 바다'라고 명명했다. 이것이 지중해라는 이름의 문자적 의미였고 그것을 우리가 오늘날까지 이어받고 있다. 유대인들에게는 '저 뒤의 바다'였다. 그 바다는 동쪽을 바라보는 사람의 뒤에 있었기 때문이다. 카르타고인들은 '시리아 바다'라고 했다. 기원전 30년 이후 서로마 제국의 멸망에 이르는 근 500년 동안 지중해는 간단히 '마레 노스트룸Mare Nostrum(우리의 바다)'으로 불렸다. 온 세상을 자기 것이라고 여긴 로마 제국다운 오만한 생각의 표현이었다.

17

아우구스투스의 개선식

기원전 29년 8월~27년 1월, 로마

기원전 29년 8월 12일 밤, 로마인들은 높은 기대감으로 들떴다. 2년 반 동안 해외에 나가 있던 옥타비아누스가 이제 로마로 돌아왔기 때문이다. 그와 휘하의 수천 병사가 도시의 성벽 밖에 집결해 있었다. 이튿날 아침에 개선식이 거행될 예정이었다. 그들은 군중의 환호와 열광 속에서 도시의 거리를 지나 키르쿠스 막시무스를 경과하여 '신성한 길'을 따라 곧장 포룸으로 행군할 것이다. 마침내 그들은 카피톨리노 언덕을 올라가 최고·최선의 신인 유피테르에게 희생 봉헌물을 바칠 것이다. 이것이 저 유명한 로마의 개선식인데 승리로 끝난 군사 원정의 종식을 알리는 의례였다. 큰 성공을 거둔 장군들만이 개선식의 영예를 얻었는데 실시 여부는 원로원의 투표로 결정되었다. 옥타비아누스는 개선식을 한 번이 아니라 세 번이나 치르는 영광을 얻었다. 이는 얻기 드문 명예였는데, 그는 연속 사흘간 치러지는 전례 없는 방식으로 그 행사를 거행했다. 첫날은 기원전 35~33년에 치른 일리리아 전쟁 개선식이었다. 둘째 날은 기원전 32~31년에 치른 악티움 해전의 승리를 기념하는 것이었다. 마지막 셋째 날은 기원전 30년의 알렉산드리아 전쟁의 승리를 축하하는 것이었다.

이렇게 개선식을 여럿 거행하는 데에는 여러 가지 이유가 있었다. 옥타비아누스는 자신이 위대한 승리자임을 과시하고 싶어 했다. 그가 내전에서 승리를 거두었고, 로마의 일인자이고 온 세상의 주인이라는 것을 널리 공표하고 싶어 했다. 또 안토니우스에 대한 승리를 외교적으로 처리하려 했다. 동료 로마인들을 상대로 얻은 승리를 과시하는 것은 바람직한 일이 아니었기 때문이다. 그는 아예 안토니우스를 언급하지 않음으로써 그 문제를 해결했다. 그러니까 악티움 해전의 승리를 일리리아와 알렉산드리아 사이에 집어넣고, 사흘 내내 알렉산드리아에서 가져온 전리품을 성대하게 전시함으로써 그 문제를 피해 가려 한 것이다.[1] 그렇다고 해서 악티움 해전의 혁혁한 공로를 사람들이 잊어버리게 할 생각은 전혀 없었다.

학자들의 면밀한 조사연구에 의하면, 전형적인 개선식을 재구성한다거나, "전형적인 것"이 무엇인지 확정하기란 그리 간단한 일이 아니다. 기원전 29년 개선식의 행사 규모에 대한 증거는 문헌들에도 남아 있고 개선식을 기념하는 프리즈* 조각에 더 생생하게 남아 있다. 그 프리즈 조각은 기원전 29~27년에 건설된 아우구스투스의 승전기념물을 장식하던 것이다.[2] 이 조각상에서는 개선식을 매우 이상적으로 묘사하니 약간 에누리해서 보아야 한다. 이 프리즈를 보면 행렬은 먼저 연주자들이 나오고 그 뒤를 바퀴에 얹은 배들(아마도 적에게서

---

* 고전 건축물에서 기둥과 지붕 사이의 삼각형 혹은 사각형 공간에다 새겨 넣은 조각.

탈취한 갤리선)이 따라왔다. 그리고 희생 제물로 바칠 수소들이 따라왔다. 이어 어른 어깨 높이의 들것을 든 종자들이 따라왔다. 들것에는 보물과 전리품, 전쟁 포로, 전쟁의 중요한 국면을 묘사한 그림이 올려져 있었다. 이 시대에 로마의 신전에서 나온 또 다른 돋을새김 조각은 사흘간의 개선식 중 어느 하루를 형상화한 것이다.[3] 이 조각에는 맨발로 들것 바닥에 앉아 있는 두 전쟁 포로가 묘사되어 있다. 포로는 튜닉을 입었는데 기죽은 표정으로 두 손은 등 뒤에 묶여 있고 그들 위쪽에는 포획한 무기들이 전시되어 있다.

그다음에는 옥타비아누스가 기원전 29년부터 재직해온 집정관의 수행원들, 즉 길나장이들이 따라왔다. 그들은 월계수 화관을 쓰고 손에는 로마 행정관의 권력을 상징하는 작은 막대기 묶음인 권표權標를 들었다. 마침내 개선식의 주인공인 옥타비아누스가 등장했다. 그는 딱 한 번 개선식 마지막 날에 도시로 입성했을 가능성이 높다. 옥타비아누스는 사두마차를 타고 들어왔다. 그 마차는 황금과 상아로 장식되었고 앞면(마부가 서 있는 바로 앞쪽)에는 아칸서스 잎사귀와 코린토스식 기둥 장식 그림이 그려져 있었다. 그는 개선장군이 착용하는 술 장식이 달린 튜닉과 보라색 토가를 입었다. 얼굴은 붉게 화장을 했다. 한 손에는 월계수 가지, 다른 손에는 왕홀을 들었고, 머리에는 월계수 화관을 둘렀다. 여러 관련 사료에는 개선장군 바로 옆에 있는 사람에 대한 기록은 나오지 않는다. 통상적으로 그 사람은 공공기관의 노예로, 개선장군의 머리 위로 황금 관을 계속 들고 있는 역할을 했는데 틈틈이 개선장군의 귀에다 이렇게 속삭였다고 한다. "당신은 죽을 목숨이라는 것을 기억하십시오memento mori." 그러나 옥타비아누스의 경우에는 이런 인물이 보이지 않았다.

문헌 자료는 옥타비아누스가 집안의 두 어린 소년을 대동했다고 기록했다.[4] 그의 왼쪽에는 아내 리비아의 전부 소생인 티베리우스가 말을 타고 있었고, 오른쪽에는 마르켈루스가 말 위에 앉아 있었다. 이 소년은 누나 옥타비아가 첫 번째 결혼에서 얻은 아들이다. 두 소년이 탄 말은 사두마차 바로 옆에 있었다. 사두마차 안에는 이들보다 더 어린 아이들이 옥타비아누스 옆에 서 있었다.[5] 한 명은 그가 첫 번째 결혼에서 얻은 딸 율리아였고, 다른 한 명은 리비아가 첫 번째 결혼에서 얻은 아들 드루수스였다.

옥타비아누스 뒤에는 또 다른 집정관, 고위 행정관들, 그리고 아그리파를 비롯해 승리에 기여한 원로원 의원들이 따라왔다. 보통은 집정관과 고위 행정관들이 개선 행렬 앞에서 향도하는 것이 관례였지만 이 경우에 그들은 개선장군 뒤를 따라왔다.[6] 그것은 모욕이라기보다는 인정의 제스처였다. 일부 고위 행정관을 위시해 많은 원로원 의원이 악티움 전투에 참여했기 때문이다. 물론 옥타비아누스가 그들에게 그렇게 하라고 명령했을 것이다. 어느 경우가 되었든, 행진 순서는 로마에 수립된 새로운 권력 관계를 상징했다. 옥타비아누스가 앞에 나왔고 그 뒤에서 병사들이 행진하면서 "개선장군 만세!" 하고 소리쳤다. 그들은 또한 그들의 사령관을 조롱하는, 때로는 음란한 노래를 부르기도 했다.

개선식 첫날에 옥타비아누스는 일리리아 전쟁에서의 승리를 축하했다. 어떤 포로들과 전리품이 제시되었는지는 알려지지 않았다. 둘째 날은 악티움 해전의 승리를 축하했다. 그는 내전이라는 오점을 피하기 위해 안토니우스를 비롯한 로마인 적들의 초상은 보여주지 않았다. 그는 클레오파트라의 초상도 보여주지 않았는데 그것은 다음 개선식을 위해 아껴두었다. 그는 동맹국 중 규모가 작은 두 나라의 왕만 개선식의 구경거리로 내놓았다. 그 외에 규모가 큰 동맹국의 왕들은 모두 사면했다. 구경거리가 된 왕 중 한 명은 소아시아 북부, 흑해 근처 작은 왕국의 아디아토릭스였는데, 아내, 두 아들과 함께 전시되었다.[7] 아디아토릭스는 악티움 해전 직전에 옥타비아누스 캠프를 야간에 급습하여 로마인 병사 여러 명을 살해했다. 아디아토릭스는 그 잘못을 안토니우스 탓으로 돌렸으나 옥타비아누스는 설득되지 않았고 개선식 후에 그와 두 아들 중 하나를 처형하라고 명했다. 또 다른 왕은 에메사(시리아의 홈스)의 알렉산드로스였다.[8] 악티움 해전 이전에, 알렉산드로스는 안토니우스에게 자신의 형이며 당시 왕이었던 이암블리쿠스가 배신하여 옥타비아누스 편에 붙으려 한다고 밀고했다. 안토니우스는 이암블리쿠스를 고문하여 죽이고 그의 왕좌를 알렉산드로스에게 주었다. 이번에는 옥타비아누스가 알렉산드로스를 개선식에 구경거리로 참가시켰고 행사 직후에 처형했다.

개선식에서 안토니우스의 초상을 등장시키지는 않았지만 그가 참여한 해전의 결과에 대해 그다지 은밀하게 다루지는 않았다. 앞에서 언급한 대로, 니코폴리스의 프리즈에는 포획된 전함이 바퀴 위에 얹힌 모습이 묘사되었다. 로마의 한 시인은 포획된 배들의 부리rostra가 전시되었다고 읊었는데, 아마도 배 전체를 가리키는 수사법이었을 것이다.[9] 그 후에 그 부리들은 원로원의 명령에 따라 '신이 된 율리우스의 신전'의 전면에 전시되었다.[10]

세 차례에 걸친 이 개선식은 아주 화려하게 거행되었다. 베르길리우스는 그 광경을 〈아이네이스〉에서 이렇게 노래했다.

승자는 신들에게 감사의 기도를 올렸다. 그리고
로마는 그의 존재를 환영하며 환호했다.
그는 커다란 신전을 시내 곳곳에 삼백 동이나 봉헌했다.
환한 사흘 밤 동안, 이어서 사흘 낮 동안
들판에서는 환성이, 거리에서는 찬양하는 소리가 가득했다.
신전마다 어머니들의 합창 가무단이 있었고,
신전마다 제단이 설치되었으며, 제단 앞에는
피를 흥건히 적신 희생 제물이 놓여 있었다.[11]

사흘째 되는 날에는 알렉산드리아에서의 승전을 축하했는데, 장엄하기 짝이 없고 몹시 극적인 행사가 펼쳐졌다. 전시된 이집트의 재물과 생생한 나일강 그림은 군중의 찬탄을 자아냈고, '신성한 길'을 걸어 내려가는 코뿔소와 하마의 모습도 보기 드문 일대 장관이었다. 가장 인상적인 구경거리는 프톨레마이오스 왕가의 자식들이었다.

안토니우스와 클레오파트라가 낳은 쌍둥이 남매, 열한 살의 알렉산드로스 헬리오스와 클레오파트라 셀레네가 개선장군의 사두마차 앞에 섰다.[12] 이들이 걸어갔는지 아니면 들것에 실려 갔는지는 알려지지 않았다. 이들의 동생인 일곱 살 프톨레마이오스 필라델푸스에 대한 기록은 없다. 어쩌면 실수로 기록하지 않았을 수도 있고, 너무 어려서 행사 참여가 면제되었을 수도 있고, 유배와 포로라는 시련으로 죽었을 수도 있다.

그들의 어머니는 망각되지 않았다. 그녀는 개선식이 열리기 약 1년 전에 사망했고, 슬퍼하는 자식들은 그 일주기를 기억했을 것이다. 클레오파트라는 개선식에 참여하지 않았지만, 그녀의 초상은 참여했다. 아마 그림 플래카드나 인형 형태로 등장했을 것이다. 그녀는 옥타비아누스의 전시 프로파간다에서 등장하는 사나운 여장부가 아닌 패배한 모습으로 널리 전시되었다. 양팔을 두 마리 독사에게 물려서 자살하는 모습이었다. 카이사리온의 초상이 전시되었다는 기록은 없다. 옥타비아누스는 로마 군중이 카이사르의 아들이라는 그 이름을 빨리 잊어주기를 바랐을 것이다.

세 번의 개선식은 옥타비아누스에게 생애 최고의 순간이었다. 그것은 그의 승리를 널리 알렸을 뿐만 아니라 내전이 종식되었음을 대내외에 선포하는 의례였다. 기원전 44년에 카이사르가 암살된 이후 15년 만에 처음으로 로마는 무력 충돌을 우려하지 않게 되었다. 기원전 30년 초, 원로원은 로마 포룸에 있던 야누스 신전 문을 닫기로 의결했다. 그러나 실제로 문을 닫은 행위는 개선식 이후로 연기되었을 것이다. 이 신전의 문들은 전쟁 중에는 열어두어야 한다는 규정이 있었는데, 사실 거의 언제나 열려 있었으며, 평화를 의미하는 폐문은 아주 드물었다.

개선식은 또 다른 메시지를 천명했다. 이제 옥타비아누스는 내전을 종식시키고 새로운 출발점에 섰다는 것이었다. 그가 로마의 행정관들을 이끌었지, 그 반대는 아니었다. 모든 주화에 그의 얼굴이 새겨졌다. 도시의 외곽인 캄푸스 마르티우스에는 그의 장엄한 능묘가

들어섰다. 그는 신이 된 카이사르의, 유일한 살아 있는 아들이었고, 더욱이 그의 이름을 그대로 물려받았다.

옥타비아누스는 병사들이 악티움 전사라는 호칭을 사용하도록 허용했다. 하지만 그들은 수도에서 멀리 떨어진 이탈리아 북부 지역에 정착했다. 그는 악티움 승전을 기념하는 장엄한 승전 기념물을 로마가 아닌 그리스의 니코폴리스에 세웠다. 로마에는 그보다 규모가 작은 조촐한 기념물을 세웠다. 포룸의 외곽에 악티움 개선문을 세웠다고 하는데, 정말로 그랬는지 확실하지는 않다. 어떤 사람들은 그 아치형 개선문이 실제로 존재했는지 의문을 표했다. 실제로 옥타비아누스는 그 건물을 지은 듯한데, 10년 후에 그 아치를 전면 분해하여 수리하고 이름까지 바꾸어버렸다.

기원전 2년, 옥타비아누스는 한 신전의 봉헌을 기념하기 위해 로마에서 모의 해전을 연출했다. 그 행사는 테베레강의 정해진 일부 구간에서 벌어졌는데, 모의 해전의 모델은 악티움이 아니라 기원전 480년에 그리스인과 페르시아인 사이에 벌어진 살라미스 해전이었다. 악티움 해전이 끝난 지 30년이 지나고 실시된 모의 해전이었지만 악티움은 여전히 민감한 문제였던 것이다.

클레오파트라의 조각상은 율리우스 카이사르가 건립한 '조상신 베누스의 신전' 경내에 그대로 있었다. 안토니우스의 조각상들은 대체로 파괴되었다. 설사 그를 기억한다 해도 나쁜 쪽으로만 기억되었다. 예를 들어 그의 생일인 1월 14일은 법원이나 의회가 열리지 않는 날에 포함되었으나, 다른 사무는 평소처럼 진행되었다. 일반 대중은 법원이나 의회가 열리지 않는 날은 불길한 날로 여겼다. 그러나 승전

축하식이 그런 부정적 생각을 불식시켰다.

다시 기원전 29년 8월로 돌아가보자. 옥타비아누스는 세 번째 개선식이 끝난 후에도 축제를 계속 열었다. 그달이 끝나기 전에 그는 로마의 새 원로원 건물로서 율리우스 카이사르의 이름을 딴 쿠리아 율리아Curia Julia와 '신이 된 율리우스 신전'을 봉헌했다. 이 행사 다음에 공공 스포츠 행사와 향연이 이어졌다. 그는 원로원 건물에 니케의 제단과 조각상을 하사했다. 니케는 승리를 의인화한 날개 달린 여신인데, 이 조각상은 이집트의 전리품들로 장식되었다. 그런 조치는 옥타비아누스가 군사적 승리로 정치적 권위를 획득했다고 말하는 듯하다고 카시우스 디오는 기술했다.[13]

그 신전에 들어간 이집트 전리품 중 하나는 바다에서 솟아오르는 베누스(카이사르의 수호여신이며 조상신)를 그린 그리스풍의 걸작 그림이었다. 신전 이외에도 그 건물에는 직사각형 좌대가 있었는데 악티움에서 포획한 배의 충각으로 장식되었다. 이것들은 새로운 정치 질서에 대한 신들의 승인을 상징했다.

악티움과 알렉산드리아에서의 승전이 로마 제국 자체를 만들어낸 것은 아니다. 하지만 옥타비아누스는 그 덕분에 제국을 세울 수 있는 시간과 자금을 마련할 수 있었다. 악티움 해전 이전에도 그는 자신이 원하는 정부 형태를 오래 구상했다. 이제 그 세부 사항을 마련할 수 있게 되었다. 그것은 장기간 진행되는 시행착오의 과정이 될 것이었다.

아우구스투스 되기

안토니우스와 클레오파트라를 물리친 이후, 옥타비아누스는 완전히 성격이 다른 난제에 직면했다. 바로 100년 동안 전쟁과 혁명을 겪은 로마의 정치 제도를 안정시키는 것이었다. 그는 일찍이 카이사르를 쓰러뜨렸던 단검에 자신을 노출하지 않고 로마의 정치 제도를 수립해야 했다. 옥타비아누스가 확립한 제도는 명목상으로는 공화국이었으나 실은 자기 자신이 첫째 시민이 되어 국정을 좌지우지하는 군주정이었다.

옥타비아누스는 전통적인 로마의 정치 제도를 새로운 환경에 적응시켰다. 원로원은 그대로 존속했으나 로마의 실질적 통치 기관이기보다는 관직으로 나아가려는 사람들의 도약대 혹은 모집소 역할을 하는 데 그쳤다. 행정관들은 계속 관직을 맡았으나, 군중의 선거에 의해 뽑히는 것이 아니라 옥타비아누스가 지명했다. 로마는 법으로 통치되긴 했지만 실제로 옥타비아누스는 법 위에 있었다.

개선식을 거행하고 1년쯤 지난 뒤, 그는 새로운 권위를 대내외에 과시하기로 결정한다. 기원전 27년 1월 16일, 원로원은 옥타비아누스에게 새로운 이름을 부여하기로 의결했다. 그는 이미 자신을 가이우스 율리우스 카이사르라고 불렀고 그 외에 최고 사령관과 '신의 아들'이라는 호칭도 함께 썼다. 그는 이제 추가로 새로운 명예 호칭인 아우구스투스('존경받아 마땅한 자')라는 이름을 받았다. 그리하여 오늘날 옥타비아누스는 기원전 27년에서 기원후 14년에 이르는 41년간 장기 통치한 아우구스투스라는 이름으로 널리 알려져 있다. 하지만 당시에 그런 이름이 수여된 것은 충격이자 신기한 일이었다. 그 이전에는 어떤 로마인도 그런 호칭을 사용하지 않았기 때문이다.

그 이름을 건의한 원로원 의원은 명예직 호칭이라면 일가견이 있는 루키우스 무나티우스 플란쿠스였다. 일찍이 기원전 32년에 플란쿠스는 안토니우스의 유언장 소식을 들고 옥타비아누스에게로 찾아온 배신자였다. 그러기 전에는 안토니우스의 부하였고 알렉산드리아의 궁정에서 벌어진 클레오파트라의 연회 단골 참석자였다. 이제 나이 들어 진지해진 플란쿠스는 그런 건의를 올려서 틀림없이 옥타비아누스에게 칭찬을 받았을 것이다.

그 사흘 전인 1월 13일, 옥타비아누스는 권좌에서 스스로 내려오겠다고 선언했다.[14] 하지만 그것이 일종의 쇼라는 것을 모르는 사람은 없었다. 그는 겨우 35세였고 앞으로 40년 이상을 통치할 사람이었다. 하지만 그런 조심스러운 무대 연기는, 아우구스투스가 전쟁과 폭력의 사이클을 이제 완전히 종식시켰다는 사실을 대내외에 널리 알리려는 계산된 수순이었다.

아우구스투스는 원로원에 호민관의 권력을 자신에게 수여해달라고 요청했다. 입법권과 입법거부권을 갖게 해달라는 뜻이었다. 그는 또 로마와 해외 속주들에서 자신이 최고의 군사 권력을 갖도록 해달라고 요구했다. 원로원은 요구한 대로 해줄 수밖에 없었고, 아우구스투스의 통치를 법적 기반 위에 단단히 올려놓았다.

아우구스투스는 여러 정치적·군사적 권력을 획득했는데, 그의 로마 내 지위는 법적 지위에만 의존하지는 않았다. 그가 누리는 권위(아욱토리타스auctoritas)라는 것도 있었다. 권위는 높은 위엄만을 뜻하는 것이 아니라 사람들을 위압하는 특권, 존경, 능력 등도 의미했다. 아우구스투스는 전형적인 로마인답게 권력에 대한 촉감이 탁월했다. 그는 성공한 정치 제도는 반대 세력을 무자비하게 진압하는 것이 아니라 포용하는 것임을 알았다. 그래서 원로원에 어느 정도의 영향력과 명예를 부여했다. 그러나 그와 그의 후계자들은 점점 더 원로원 의원보다는 권위 측면에서 한 단계 아래인 로마 기사 계급에 의존했다. 이 계급에서 군 지휘관과 정부 행정관을 다수 발탁했다. 이는 원로원의 비위를 거스르는 조치였다.

아우구스투스는 로마 시내에만 머무르지 않았다. 기원전 29년 내란의 현장에서 로마로 돌아온 이후 그는 제국 전역을 돌아다니는 군사적·정치적 여행을 하면서 10년 이상 로마 밖에 머물렀다. 이러한 장기 해외 체류 기록은 하드리아누스 황제 때(재위 기원후 117~138)까지 깨지지 않았다. 아우구스투스는 동방을 방문해도 이집트에는 발을 들이지 않았다. 그는 영리하여 자신의 적들을 선호했던 나라에서 행운을 밀어붙이려는 무모한 짓은 하지 않았다.

이론상 로마는 여전히 공화국이었다. 아우구스투스는 SPQR, 즉 로마의 원로원과 민중Senatus Populusque Romanus의 요청에 따라 지고한 권력을 휘두르는 관리였을 따름이다. 그러나 실제로는 군주였다. 그런데도 로마 제국의 창건자는 자신을 가리켜 황제는커녕 왕이라고도 부르지 않았다. 적어도 로마에서는 그렇게 했다. 그리스어를 사용하는 동방에서 아우구스투스는 종종 왕이라는 호칭으로 불렸으나 수도 로마에서는 그런 호칭을 쓰지 못하게 했다. 그 대신 다양한 직함으로 자신을 부르게 했다. 그중에서 가장 중요한 것이 카이사르, 아우구스투스, 그리고 원수(프린켑스, 일인자 혹은 첫 번째 시민)였다. 영어의 엠페러emperor(황제)는 '개선장군'을 의미하는 라틴어 임페라토르imperator에서 온 것이다. 아우구스투스는 공화국의 자유 정신이 아직도 살아 있음을 잘 알았다. 그래서 최고의 독점적 권력을 얻은 이후에도 이처럼 교묘한 명칭을 사용하여 그 사실을 은폐했다.

아우구스투스는 로마의 팔라티노 언덕에 있는 집에서 살았다. 그의 후계 황제들은 그 언덕에 화려한 궁전을 지었지만, 그는 비교적 수수한 저택에서 살았다. 하지만 후계자들에 비해 상대적으로 그렇다는 것이지, 그의 저택 부지에는 아폴론 신전 같은 거대한 건물도 있었다. 전에 부자 동네였던 팔라티노 언덕은 급속히 제국의 황실 단지로 변모해, 황제와 황실 신하들만 사는 동네로 바뀌었다. 그렇지만 아우구스투스가 원로원 회의에 참석하기 위해 팔라티노 언덕에서 포럼으로 내려가면, 누가 옆에서 알려주지 않아도 의원들의 이름을 하나하나 부르며 인사했고 자신이 입장할 때 그들에게 기립하라고 요구하지도 않았다.

아우구스투스는 열아홉 살 때 스스로 정한 거대한 국정 과제를 완수했다. 그는 율리우스 카이사르의 권력과 영광을 완벽하게 차지했다. 하지만 그렇게 하는 데 15년이 걸렸고 유혈 사태와 국고 낭비라는 엄청난 대가를 치러야 했다. 어쨌든 그 과정에서 그는 지속적이고 안정적으로 평화를 유지하는 방법을 터득했다.

그는 자신의 고문을 현명하게 선택했다. 그의 오랜 친구 마르쿠스 아그리파처럼 아우구스투스의 비전을 잘 실현해준 사람은 없었다. 해전 승리의 주역인 아그리파는 내전 종식 이후 유능한 정치가이자 외교관임을 스스로 증명했다. 국내와 해외에서 그는 문제 해결사로 약여한 활약을 보였다. 그는 관리자이자 건설자였고 필요할 때에는 감시 단속자로도 뛰었다. 그는 원로원 의원들과 왕들을 상대로 협상을 벌였고 중요한 기반 시설 공사 계획을 후원했다. 그에게 개인적 야망이 없었던 것은 아니다. 하지만 아우구스투스에 대한 충성을 그 무엇보다 중요하게 여겼다. 시인 호라티우스는 아그리파를 가리켜 "고상한 사자를 흉내 내는 영리한 여우"라고 묘사했다.[15] 아그리파의 교묘한 처신술과 사회적 출세 기술을 잘 요약한 말이다.

아우구스투스 시대의 평화

로마의 내전은 먼저 유혈 사태, 이어 승부에 의한 정착이라는 잘 확립된 절차에 따라 진행되었다. 그러나 전쟁에서 이기는 것이 평화를 유지하는 것보다 훨씬 쉬웠다. 장군들은 전쟁은 잘했지만 평화에는 서툴렀기 때문이다. 아우구스투스는 예외적 존재였다. 냉정한 살인자는 그 일을 하면서도 계속 성장했다.

기원전 44년에서 30년까지 그는 싸우고, 거짓말하고, 속이고, 법을 짓밟았다. 그가 죽인 원로원 의원이 100명이 넘는 것으로 추산된다. 그러나 국내의 적수를 모두 물리친 뒤에는 오로지 국내 평화에만 몰두했고, 로마인을 상대로 전쟁을 벌이지 않았으며, 해외의 적들을 상대로도 제한적으로만 싸웠다. 그러나 아무리 온건하게 통치했다 하더라도 아우구스투스는 자신의 통치가 휘하 군대에 달려 있음을 잊은 적이 없었다.

악티움에서의 승리는 평화를 의미했다. 아우구스투스는 동원된 군단의 약 절반을 동원 해제했다. 이집트의 재물 덕분에 이탈리아 국내와 제국의 여러 지역에 제대군인들을 위한 토지를 사들일 수 있었다. 그러나 기원후 6년 이후 그 재물이 떨어지기 시작하자 부자에게서 세금을 걷기 시작했는데, 기원전 46년, 45년, 41년에 그랬던 것처럼 제대 군인들의 정착금을 마련하기 위해 부자들의 재산을 몰수하지는 않았다. 아우구스투스는 로마의 가장 큰 갈등 요소 중 하나인 부동산 문제를 해결했다. 그는 군대의 규모를 60여 개 군단에서 28개 군단으로 줄여, 경보병과 기병대를 포함하여 병력 총 규모를 약 30만 명으로 감축했다.

그는 100년에 걸친 내전을 종식시켰고 번영과 평화가 지속되는 200년의 기반을 닦았다. 이것을 가리켜 저 유명한 '팍스 로마나Pax Romana', 즉 '로마의 평화'라고 부른다. 아우구스투스의 평화 시대에는 무역이 번창했다. 물품을 가장 싸게 운송하는 방식은 해운이었다. 아그리파가 해전에서 승리한 덕분에 로마는 바다를 평정했고 해적이 사라졌다. 로마는 최대의 곡물 수입 시장이 되었고 그 외의 다른 물품도 활발하게 교역되었다. 로마의 법률 체제가 안정되고 단단해지면서 대금貸金 사업이 번창했다. 군대의 규모를 축소하면서 세금 징수의 압박도 그만큼 줄어들었다. 간단히 말해서 호시절의 여러 조건이 갖추어졌다.

당시에는 아무도 알 수 없었으나, 악티움 해전은 향후 250년 동안 지중해에서 벌어진 마지막 대규모 해전이었다. 기원후 324년, 콘스탄티누스 황제가 서로마 제국을 위해 동방을 점령한 헬레스폰트 해전이 벌어지기 전까지는 이렇다 할 대규모 해전이 없었다. 어떤 학자들은 헬레스폰트가 지중해에서 약간 벗어난 비좁은 해협에 불과하므로 결코 대규모 해전이라 할 수 없다고 이의를 제기할지도 모른다. 그렇다면 악티움 해전 이후 최대 규모의 해전은 기원후 468년으로 미루어질 수밖에 없다. 이때 반달족의 함대가 본곶(튀니지 해안) 전투에서 동로마 제국의 함대를 격파해 서로마 제국의 멸망을 재촉했다.

아우구스투스는 제국의 판도 확대를 중단하지 않았다. 오히려 그 반대였다. 로마인들은 통치자가 새로운 영토를 정복해 신들의 가호를 계속 드러내기를 바랐다. 아우구스투스는 이런 영토 확장의 책임을 줄기차게 수행했다. 그가 총애하던 시인 베르길리우스가 노래했듯이, 로마는 "끝이 없는 제국"을 성취해야 할 의무가 있었다.[16] 그래서 아우구스투스는 이집트를 합병했을 뿐만 아니라 히스파니아와 북부 발칸반도에서 새로운 땅을 획득했다. 동쪽으로 엘베강에 이르는 게르마니아 땅을 정복하려는 대규모 원정은 아우구스투스 생애 말년에 군사적 대참사로 끝났다.* 그 결과 로마인들은 라인강 서편만 차지할 수 있었다.

---

* 기원후 9년, 게르마니아에서 발생한 로마 군단 사령관 바루스의 대참사를 말한다. 바루스와 휘하 3개 군단은, 게르만 추장이며 바루스가 신임했던 아르미니우스의 꼬임에 빠져 토이토부르크의 숲속 분지로 깊숙이 들어갔다가 앞뒤 모두 차단당한 상태로 매복 중이던 게르마니아 부족들에 의해 전멸당했다. 바루스는 현장에서 자살했고 로마는 독일 북부 점령 정책을 포기하기에 이르렀다. 아우구스투스는 이 참사 소식을 듣고 너무나 충격을 받아 밤이면 궁전의 회랑을 배회하면서 기둥에 이마를 쿵쿵 찧으며, "바루스, 내 군단을 돌려다오!"라고 외쳤다 한다.

다시 떠오른 파르티아 문제

기원전 32년 옥타비아누스와 전쟁을 벌이기 전, 안토니우스는 파르티아에 싸움을 걸어 승리를 거두려 했으나 실패했다. 안토니우스의 마음속에는 율리우스 카이사르의 미완성 과업을 완수하려는 야망이 있었다. 카이사르는 암살당하기 직전에 파르티아를 상대로 전쟁을 하러 갈 계획을 세웠다. 기원전 53년, 파르티아인에게 당한 로마인의 대규모 패배를 복수하기 위해서였다.

아우구스투스는 안토니우스의 전철을 밟아 파르티아 전선에서 실패하는 모험을 감행할 생각은 없었다. 그 대신 약간의 무력시위를 벌이면서 협상하는 쪽을 선택했다. 과거에 안토니우스에 의해 합병되었던 아르메니아는 악티움 해전의 혼란을 틈타 국가의 독립을 다시 회복했다. 이제 로마와 파르티아는 아르메니아를 두고서 경합했다. 아우구스투스는 로마 군대를 아르메니아에 파견하여 로마에 우호적인 후보를 이 변경 국가의 왕위에 옹립하고자 했다. 파르티아인들도 그들 나름의 후보를 밀었으나 로마가 강력하게 나오자 뒤로 물러섰다. 그리하여 로마는 유혈 사태 없이 아르메니아에서 성공을 거두었다. 아우구스투스는 그에 대한 보답으로 당시 파르티아의 왕위가 자기 것이라고 주장하는 로마 유배자에 대한 지원을 철회했다.

그 거래에는 한 가지 이야기가 더 있다. 기원전 20년, 파르티아는 기원전 53년과 기원전 41~40년, 그리고 기원전 36년에 탈취했던 로마 군단의 독수리 형상과 군단 깃발을 로마에 돌려주기로 합의했다. 파르티아인들은 현지에서 30년 넘게 유배를 살던 로마인 전쟁

포로도 돌려주었다.

이는 아우구스투스로서는 획기적 업적이었다. 원로원은 그에게 엄청난 명예 훈장을 수여했으나 아우구스투스는 그 대부분을 거절했다. 그 대신에 승리의 개선문을 건설했다. 그것은 완전히 새로운 문이었거나, 악티움 해전을 기념하기 위해 지었다는 기존의 아치를 통째로 보수한 것이었다. '신이 된 율리우스 신전' 옆에 서 있던 그 아치는 로마에 지어진 최초의 삼중 개선문이었다. 개선문 꼭대기에는 개선장군인 아우구스투스가 탄 사두마차가 올려져 있었다. 그의 양옆에는 반납한 군기를 손에 든 파르티아인들이 서 있었다.

유머 감각이 풍부한 아우구스투스는 지하에 있는 옛 동료 삼두이자 매부가 이 승전 소식을 듣는다면 얼마나 괴로워할까 상상하며 미소를 지었다. 안토니우스가 사망한 지 10년 만에 옥타비아누스는 마침내 안토니우스의 과업을 수행하여 빼앗긴 군기들을 로마로 가져왔다. 마침내 불명예의 오점이 지워졌다. 저 우울했던 삼두 시대에서 이월된 마지막 미제 과업이 완결된 것이다.

아우구스투스는 거기서 한 발 더 나아갔다. 예언은 이렇게 말했다. 파르티아인들에 대한 승리는 황금시대를 확립하기 위한 전제 조건이다. 이제 그러한 전제 조건이 충족되었으므로, 아우구스투스는 기원전 17년에 새로운 시대가 왔음을 알리는 축하 행사를 대대적으로 거행했다. 루디 사이쿨라레스Ludi Saeculares, 즉 새로운 시대의 도래를 알리는 스포츠 경기가 2주간에 걸쳐 장시간 치러졌는데, 아우구스투스와 아그리파가 직접 주관했다. 시인 호라티우스가 축가를 지었고 소년과 소녀 혼성 합창단이 그 노래를 불렀다. 알렉산드리아의 프톨레마이오스 왕가 사람들도 찬탄할 만한 멋진 행사였다.

오거스트

기원전 8년에 원로원과 민회는 아우구스투스에게 새로운 명예를 수여하기로 결정했다. 1년 중 8월에 그의 이름을 붙이기로 결정했다.[17] 이러한 결정은 그의 아버지 율리우스 카이사르의 전철을 밟는 것이었다. 그때까지 그의 양아버지는 달 이름에 자기 이름이 들어가는 유일한 로마인이었다. 예전에 다섯 번째 달을 가리키는 라틴어 퀸틸리스Quintilis 대신에 자신의 이름을 딴 율리우스Julius/July가 그달의 이름으로 채택되었다.

로마 민회와 그 모임을 주재하는 호민관들은 과거에는 국가의 실세였으나 지금은 의례적 기관에 지나지 않았다. 그렇지만 그들은 9월의 달 이름을 이제 셉템베르September에서 아우구스투스로 바꾸려 한다고 대내외에 공지했다. 이는 아우구스투스의 생일이 9월 23일임을 기념하기 위한 조치였다. 그러나 옥타비아누스는 9월보다는 늦여름인 8월(섹스틸리스Sextilis)에 자신의 이름을 붙이기를 바랐다. 그가 집정관으로 처음 선임된 것도 8월이었고 여러 차례 혁혁한 승리를 거둔 것도 8월이었기 때문이다. 생일이야 누구나 있는 것이라고 그는 생각했지만, 그가 그 달에 거둔 시민적·군사적 업적은 독특했다. 게다가 그는 자신의 달을 되도록 아버지의 달 옆에 붙이고 싶어 했다. 자신의 적통성을 강조하려는 뜻에서였다. 마지막으로, 그는 이런 생각을 했을 법하다. 여름 더위 중에 사람들은 일을 덜 하는 경향이 있으므로 그런 여가를 틈타 달 이름 같은 공식 명칭을 더 많이 생각하게 될 것이다. 9월이 되면 날씨가 시원해져서 사람들은 생업에 더 매달릴 테고 자연히 달 이름 같은 건 신경 쓰지 않을 것이다. 평소처럼 아우구스투스는 자신의 공식 이미지에 신경을 썼고, 그리하여 평소와 마찬가지로 그의 뜻이 관철되었다. 그렇게 해서 섹스틸리스가 아우구스투스가 된다.•

우리가 알고 있는 8월의 영어식 명칭 오거스트August는 이렇게 해서 생겨났다. 이달에 아우구스투스는 알렉산드리아에 입성했고, 강적 안토니우스와 클레오파트라, 후계 경쟁자 카이사리온이 모두 죽었고, 그 자신이 이집트의 합병을 선언했으며, 1년 뒤의 8월에 세 번의 개선식을 거행했다. 원로원의 포고령은 이러했다.

최고 사령관 카이사르 아우구스투스가 섹스틸리스 달에 집정관으로 처음 취임했고, 로마시에서 세 번의 개선식을 거행했다. 또 이달에 야니쿨룸 언덕[로마 외곽]에 있는 군단들이 따라와 그에게 의탁했으며, 이집트가 로마의 권력에 무릎을 꿇었고, 내전이 종식되었다. 이런 점을 생각할 때 이달은 제국에 가장 상서로운 달임이 틀림없다. 원로원은 이달의 이름을 아우구스투스라고 부르기로 결정했다.[18]

• 위에서 7월의 원래 명칭이 퀸틸리스이고 8월의 원래 명칭이 섹스틸리스라고 나오는데, 로마 역법에서 신년은 3월에 시작했다. 그래서 7월은 3월에서 다섯 번째 떨어진 달, 그리고 8월은 여섯 번째 떨어진 달이 되었다. 라틴어에서 퀸투스는 다섯을, 그리고 섹스투스는 여섯을 의미한다.

호민관인 섹스투스 파쿠비우스가 이 법안을 발의하고 로마 민회가 승인하여 이 같은 명칭 변경을 공식화했다.[19]

대리석 도시

기원후 14년 여름, 아우구스투스는 임종의 자리에 들었다. 그는 이탈리아 남부를 여행하던 중에 병에 걸려 자리보전을 하게 되었다. 그는 놀라라는 자그마한 지방 도시의 한 저택에 누워 있었다. 역설적이게도 그 저택은 약 70년 전에 그의 생부인 가이우스 옥타비우스가 사망했던 바로 그 집, 그 방이었다. 지난 45년 동안 로마 세계를 지배해온 반신半神이 이제 가면을 내려놓고 죽을 운명의 인간 모습으로 되돌아온 듯했다. 그는 이제 카이사르도 아우구스투스도 옥타비아누스도 아닌 옥타비우스에 불과한 존재였다.

그의 이름이 무엇이든 간에, 기원후 14년에 그는 악티움 해전의 유일한 생존 주역이었다. 거의 77세가 된 그는 나머지 주역들보다 더 오래 살았다. 안토니우스, 클레오파트라, 카이사리온은 모두 기원전 30년에 죽었다. 아그리파는 기원전 12년에 죽었다. 누나 옥타비아는 그보다 1년 정도 뒤에 58세의 나이로 죽었다.

이제 생애 마지막 나날에 도달한 아우구스투스는 사랑과 애정을 가지고 먼저 간 누나를 기억했다. 그는 옥타비아가 사망했을 때 국장의 특전을 베풀었는데, 이는 여성에게는 좀처럼 주어지지 않는 명예였다. 아우구스투스는 그녀의 시신을 '신이 된 율리우스의 신전'

에 두어 장례식이 거행되기 전에 로마 시민들이 와서 애도하도록 조처했다. 그 후에 장례식도 거기서 거행되었다. 그 신전은 옥타비아가 율리우스 카이사르의 조카이고, 남동생과 마찬가지로 도시의 가장 유서 깊은 가문 출신임을 일반 대중에게 널리 상기시켰다. 조사는 장례식에서 아우구스투스가 직접 읽었다. 아그리파가 죽었을 때, 그는 모든 사람이 아그리파의 미덕을 칭송한다는 내용의 조사를 읽었다.[20] 그가 옥타비아의 조사에서 어떤 말을 했는지는 기록되어 있지 않지만, 아마 옥타비아를 로마 어머니의 모범이요, 전형으로 칭송했을 것이다. 이는 그가 악티움 해전 이후에 수십 년 동안 추구해온 새로운 가정의 가치에서 중심을 차지하는 주제였다. 청년 시절의 악동 같았던 기질은 이제 사라지고 없었다.

옥타비아는 정말로 대단한 어머니였다! 안토니우스와 클레오파트라의 사망 이후 그녀는 그들이 남긴 세 아이를 자기 집에 받아들였다. 그녀는 자기 소생 다섯 아이(4남 1녀)를 성인이 될 때까지 키웠는데, 그중에는 안토니우스와의 결혼으로 태어난 두 딸 안토니아(같은 이름을 사용함)도 있었다. 옥타비아는 안토니우스가 다른 여자들 사이에서 낳은 네 아이도 키웠다. 안토니우스와 그의 셋째 아내 풀비아와의 아들 율루스 안토니우스, 안토니우스와 클레오파트라의 세 아이인 알렉산드로스 헬리오스, 프톨레마이오스 필라델푸스, 클레오파트라 셀레네 2세도 함께 키운 것이다. 이 세 아이(2남 1녀) 중 두 아들은 일찍 사망했다. 한 아이는 기원전 29년의 개선식 전에 죽었고, 다른 아이는 그 뒤 알려지지 않은 때에 죽었다. 오로지 셀레네만 장성하여 결혼했다.

이렇게 옥타비아는 아홉 아이를 한 지붕 아래에서 키웠는데 그중 네 아이는 전남편(안토니우스)과 다른 여자들 사이에서 태어난 자녀였다. 그중 셋은 안토니우스가 옥타비아를 속이고 다른 여자와 연애 행각을 벌인 끝에 낳은 아이였다. 이런 정황을 생각하면 옥타비아는 분명 고대 세계의 기록적인 어머니였다. 이러한 자녀 양육 과정은 역설적인 결과를 낳았다. 그녀와 안토니우스 사이에서 태어난 두 딸 안토니아의 자녀와 그 자녀의 자녀가 낳은 아들 중 세 명이 로마의 황제 자리에 올랐으니 말이다. 옥타비아의 증손인 가이우스(칼리굴라로 더 잘 알려짐, 재위 기원후 37~41), 그녀의 손자 클라우디우스(재위 기원후 41~54), 그리고 네로(재위 기원후 54~68)가 그들이다. 네로는 옥타비아의 친가 쪽으로는 증손이 되고 외가 쪽으로는 고손이 되는 황제였다. 로마 제국 시대를 연구하는 학자들이 잘 알다시피, 칼리굴라와 네로는 로마 제국 최대의 폭군이었고, 클라우디우스 황제는 선정을 베풀기는 했지만, 첫째 아내에게는 굴욕을 당했고 둘째 아내에게는 배후 조종을 당했다. 이 둘째 아내가 옥타비아와 안토니우스의 후손이다.

한편 클레오파트라 셀레네는 화려한 일생을 보냈다. 아우구스투스는 셀레네를 북아프리카의 왕자 주바 2세에게 시집 보냈다. 주바는 어린 시절에 개선식에 참가하기 위해 로마로 압송된 경험이 있었다. 율리우스 카이사르가 그의 아버지 주바 1세를 상대로 승리를 거둔 뒤 주바 1세가 자살하자, 클레오파트라 셀레네처럼 로마로 온 것이다. 주바 2세는 셀레네의 집에서 그리 멀지 않은 아우구스투스의 집에서 양육되었다. 아우구스투스는 이 두 소년, 소녀를 기원전 20년에 결혼시켰다. 그리고 주바 2세에게 마우레타니아 왕국을 다스리게 했다. 그곳은 아그리파에게 공격의 빌미를 주어 메토네를 잃은 보구드가 아프리카에 있었을 때 다스리던 땅이다. 주바와 셀레네는 그 왕국의 수도를 카이사르의 명예를 높이고자 카이사레아(오늘날의 알제리 체르첼)로 개명하고 통치했다. 둘 사이에 프톨레마이오스라는 아들이 있었는데 클레오파트라 셀레네의 어머니 왕조를 기념하기 위한 이름이었다. 셀레네는 부모를 닮아서 리더십의 소질을 발휘했다. 그녀는 공공건물 계획을 후원했고, 알렉산드리아에서 지식인과 학자를 데려왔으며, 자신의 이름으로 된 주화를 발행했다. 이로써 프톨레마이오스 왕조의 알렉산드리아가 다시 살아난 듯했다.

클레오파트라 셀레네는 기원전 5년경에 사망한 것으로 보인다.[21] 그녀와 기원후 23년까지 생존한 그녀의 남편은 공동 능묘를 사용했는데 이 건물은 지금까지 남아 있다. 죽어서도 두 사람은 권력의 현실을 그대로 반영한다. 이 마우레타니아 능묘는 옥상에 원추형 혹은 피라미드형 구조물을 두른 원형 건물인데, 그보다 더 유명한 로마의 아우구스투스 능묘를 꼭 빼닮았다.

옥타비아의 유해는 아우구스투스 능묘에 안장되었다. 그녀의 무덤은 아들 마르켈루스 곁에 조성되었다. 우연히도 비문이 새겨진 옥타비아의 묘비는 오늘날까지 전한다. 그 묘비에는 다음과 같은 간단한 문구가 새겨졌다.

옥타비아, 가이우스의 딸이며 아우구스투스의 누나.[22]

옥타비아는 오래전 아테네에서 여신으로 숭배되었다. 이제 그녀는 그보다 훨씬 간단한 명칭으로 불리지만 그에 못지않은 영향력을 과시한다. 옥타비아는 과거에 삼두 중 한 명이고 로마 세계의 절반을 지배했던 마르쿠스 안토니우스의 아내였다. 이제 그는 사라졌다. 안토니우스는 깨끗이 잊혔거나 사람들의 기억에 아직 남아 있을 때에는 저주의 대상 혹은 별 볼일 없는 존재가 되었다. 그러나 그를 홀대하는 도시에서 그의 아내는 깊은 애도의 대상이 되었다. 악티움에 집결했던 전함들은 로마-이집트 제국을 만들어낼 수도 있었으나 그러지 못했다. 오히려 아우구스투스의 시대를 가져왔을 뿐이다. 옥타비아는 그녀 나름대로 조용한 방식으로 그 시대의 산파 역할을 했다.

아우구스투스는 임종의 자리에서 자신의 유해가 자신의 이름을 딴 능묘에 안장될 것이라는 생각에서 위안을 얻었을 것이다. 그 건물은 그가 로마에 지은 것들 중에 가장 규모가 컸다. 그가 지은 것이 이 건물만은 아니다. 그는 도시에 다수의 공공건물 신축 계획을 일관되게 밀어붙여서 제국의 수도로 조금도 손색이 없는 외관을 갖추게 했다. 공화정 시대의 검소한 원칙은 사라졌고 그 자리에 왕조의 화려함을 자랑하려는 거들먹거리는 과시주의가 자리 잡았다. 아우구스투스는 자신의 이름과 가족의 이름을 붙인 건물을 대거 건립하여 로마의 경관을 완전히 바꾸어놓았다. 그는 신전, 수도교, 공중목욕탕, 극장, 주랑, 공원을 건설했다. 카이사르가 시작한 원로원 건물의 개축도 완수했다. 의원들이 연설하는 거대한 연단을 조성했고 아우구스투스의 포룸을 새로 조성하여 카이사르의 포룸과 경쟁하게 했다. 새로운 포룸에는 아우구스투스의 수호신을 조각한 거대한 대리석 조각상이 세

위졌는데, 그 외양이 아우구스투스를 상당히 닮았다. 아우구스투스는 자신을 가리켜 왕이라고 하지는 않았지만, 여느 군주 못지않게 권위를 지니고 있음을 말해주는 듯했다.

기원전 9년에는 거대한 '아우구스투스의 평화 제단'을 세웠다. 하얀 대리석 구조물로서 밝은 색깔로 단장된 이 제단은 아우구스투스 가족이 위엄 있게 행진하는 모습을 돋을새김으로 조각한 것이다. 이 것은 니코폴리스의 승전 기념물(기원전 29년경)을 연상시키는가 하면 고대 아테네 파르테논 신전의 프리즈(기원전 5세기)도 생각나게 했다. 하지만 아우구스투스 조각상은 아테네뿐만 아니라 알렉산드리아도 생각나게 했다.

로마 시내에서 어디로 시선을 돌리든, 아우구스투스의 이집트 정복을 연상시키는 기념물이 서 있다.[23] 그는 이 도시를 오벨리스크와 이시스 여신의 초상으로 장식했다. 이집트에서 로마로 가져온 전리품은 그림, 조각상, 금과 은 식기류와 용기, 카메오와 스카라베,* 부적, 반지, 기타 보석류 등이 있었다. 아우구스투스가 소장한 예술 작품에는 스핑크스, 연꽃, 악어, 하마, 코브라 왕관 같은 의장이 많이 쓰였다. 아우구스투스의 고위직 친구 한 사람은 자신의 교외 저택에 신성한 이집트 황소 아피스의 조각상을 전시했고, 아그리파의 한 동료는 도시의 가장자리에 피라미드 형태의 무덤을 조성했다.

아우구스투스의 재건축 사업은 새로운 로마를 조성했다. 이제 사

---

* 지중해 지방에서 볼 수 있는 검은색 왕쇠똥구리. 초식성 동물의 똥을 몸에 둥글게 뭉치는 습성이 있는데, 고대 이집트 사람들은 이 곤충을 소생과 불사의 상징으로서 신성시했다. 여기서는 스카라베 모양으로 만든 보석 혹은 도자기를 가리킨다.

상 처음으로 로마는 영원의 도시로 알려지기 시작한다.[24] 아우구스투스가 임종의 자리에서 했다는 말은 이 도시의 경관을 잘 설명해준다. "나는 벽돌의 도시 로마를 발견했으나 이제 당신들에게 대리석 도시를 남기노라."[25] 아우구스투스 덕분에 로마는 이제 알렉산드리아의 호화찬란한 경관에 견주어도 규모와 외관이 전혀 밀리지 않았다. 아우구스투스는 전쟁에서 승리를 거두었다. 그러나 기원후 14년 8월 19일 영면에 들기 전, 그는 아마도 장엄한 도시의 원형을 제공한 알렉산드리아를 다스렸던 여왕을 떠올렸을 것이다. 탁월한 역설의 감각을 지닌 그런 아마 이런 생각도 했으리라. 악티움 함선들의 충각에도 불구하고, 알렉산드리아를 점령한 긴 칼에도 불구하고, 독사의 물어뜯기에도 불구하고, 클레오파트라는 사후에도 로마에 문화적 영향력을 행사했구나.

연대표

31년 4월	옥타비아누스, 아드리아해를 건너 악티움 근처에 캠프 설치
31년 여름	아그리파, 적 해군을 여러 차례 격파함
31년 8월 말	안토니우스와 클레오파트라, 악티움을 떠나기로 결정
31년 9월 2일	악티움 해전
31년 9월 말~30년 7월	안토니우스와 클레오파트라, 알렉산드리아에 체류
30년 8월 1일	안토니우스 자살; 옥타비아누스, 알렉산드리아에 입성
30년 8월 8일	옥타비아누스, 클레오파트라를 만남
30년 8월 10일	클레오파트라 자살
30년 8월 말	카이사리온 살해됨
30년 8월 29일	옥타비아누스, 이집트 합병
29년경	악티움 승전 기념물 봉헌
29년 8월 13~15일	옥타비아누스, 로마에서 삼중 개선식 거행
27년 1월 16일	옥타비아누스, 아우구스투스라는 존칭을 받음

기원후

14년 8월 19일	아우구스투스 사망

감사의 말

역사책을 쓴다는 것은 어려운 일이다. 이와는 대조적으로, 집필 과정에서 도움을 준 분들에게 감사를 전하기 위해 일일이 거명하는 것은 즐거운 일이다.

세 대륙에서 활동하는 친구들, 동료들, 다양한 기관의 연구자들이 이런저런 크고 작은 문제들에 대하여 그들의 지식과 전문적 견해를 나에게 전해주었다. 그리하여 다음과 같이 감사한 분들의 이름을 거명하고자 한다.

애네타 알렉산드리디스, 다리우스 아리야, 케이틀린 배럿, 엘리자베스 버트먼, 콜린 베런스, 베티나 버그먼, 니키 보나니, 피터 캠벨, 로버트 코츠 스티븐스, 사이먼 코튼, 트리스탄 디덜러스, 크레이그와 재드 데이비스, 필립 드 수자, 에르튀르크 두르무스, 제이슨 퓰너, 마이클 폰테인, 버나드 프리셔, 미켈 가고, 해리 W. 그린, 샌드라 그린, 매슈 기요, 마사 헤인스, 존 하일랜드, 바버라 켈럼, 토머스 커치, 제프리 클라인, 에릭 콘드라티예프, 아서 코버, 린 랭커스터, 올가 리트박, 태머라 루스, 토머스 루카스, 대니얼 미건, 스튜어트 매닝, 브룩 맨빌, 앤 미첼, 제이크 네이벌, 개리 올스, 칼 오로스, 존 폴리니, 에릭 리빌러드, 제프리 러스턴, 대니얼 슈워츠, 매슈 시어스, 에런 테일러, 코스타스 버고스, 칼 월링, 케빈 웨들, 피터 야오, 테오 제메크.

이 책의 초고 전부 혹은 일부를 친구들과 동료들이 읽어준 것은 내게 행운이었다. 그들의 논평은 원고의 질을 크게 높여주었다. 그렇지만 여전히 책 속에 혹시 남아 있을지 모를 흠결은 오로지 저자의 책임이다. 마이아 에런, 존 아르키야, 필리프 보스트룀, 세르한 궝괴르, 데이비드 과스파리, 아드리엔 메이어, 고든 맥코믹, 애덤 모겔론스키, 조시아 오버에게 감사하다. 특히 윌리엄 K. 머리에게 감사하다. 이분은 악티움 해전, 그 기념물, 헬레니즘 시대의 해전 등의 주제와 관련해 세계 최고 수준의 학자인데, 자신의 전문 지식을 아낌 없이 내게 나누어 주었다. 콘스탄티노스 자코스에게도 감사하다. 이분의 니코폴리스 발굴 작업은 악티움과 그 전투가 로마 문화에 미친 영향 등 우리의 지식에 획기적 변화를 가져왔다.

나는 이 책을 집필하면서 다섯 군데의 학술 기관으로부터 도움을 받았다. 이 사실 하나만으로도 내가 얼마나 행운아인지 잘 알 수 있다. 코넬대학에서는 교수, 직원, 학생 등 여러 동료에게서 지원과 도움을 받았다. 특히 이 대학의 고전·역사학과에 신세를 많이 졌고 학내 존 M. 올린 도서관은 탁월한 서지 자료를 제공해주었다. 이 책을 집필할 수 있도록 내게 안식년을 허락해준 코넬대학에 특히 감사하다.

캘리포니아주 몬테레이해군대학원 국방분석학과에서 '저명 객원 교수'로 한 학기를 지내는 특전을 얻지 못했다면 나는 아마 이 책을 쓰지 못했을 것이다. 나는 해전이 수행되는 과정을 성가실 정도로 묻고 또 물었다. 이 대학원의 동료들과 학생들에게 감사 인사를 전하고 싶다.

스탠퍼드대학의 후버 연구소는 처음엔 나를 객원 연구원으로, 그 다음엔 '코를리스 페이지 딘 연구원'으로 지명해주었다. 후버 연구소는 역사와 군사 문제를 연구하기에 최적의 학문 환경을 마련해주었다. 특히 연구소 소장이자 수석 연구원 콘돌리자 라이스, 수석 연구원 빅터 데이비슨 핸슨에게 감사하다. 현대의 분쟁에서 군사 역사가 수행하는 역할을 연구하는 연구소 내 학문 그룹의 동료 데이비드 버키와 하이 로스타인에게 고맙다는 말을 전하고 싶다.

로마의 '미국 학술원'은 2019년 여름에 또다시 나를 객원 연구원으로 초청해주었다. 그 덕분에 로마의 중요 유적을 살펴볼 수 있었고 전문 학자들과 중요한 대화를 나눌 수 있었다. 또 학술원 안의 '아서와 재닛 C. 로스 도서관'에서 긴 시간을 보내며 로마의 풍부한 유산을 더 깊이 알게 되었다.

아테네에 있는 '고전 연구를 위한 미국 학교'는 내게 1978~79년에 '하인리히 슐리만 펠로십'을 수여했다. 위대한 교육자인 고故 콜린 N. 에드먼슨은 당시 이 학교의 멜런 고전학 교수였는데, 나와 동료 학생들을 데리고 1978년 가을에 니코폴리스 유적지로 현장 답사를 안내했다. 바로 이 여행에서 악티움에 대한 나의 흥미가 태동했다.

사이먼앤드슈스터 출판사의 탁월한 편집자 보브 벤더는 또다시 나의 거친 원고에 마법을 부려놓았다. 그의 조수인 조해너 리는 유능하면서도 세심하다. 마케팅 이사 스티븐 베드퍼드는 관대하면서도 현명하다. 필 메트캘프와 필립 바시는 세심하게 교열을 해주었다. 이 편집자들과 사이먼앤드슈스터 출판사의 모든 이에게 감사하다.

앤절라 바게타는 뛰어난 홍보 전문가다. 나의 에이전트 캐시 헤밍은 어떤 일이라도 척척 해낸다.

나의 아내 마샤 모겔론스키는 크고 작은 문제에 대해 통찰과 지원과 조언을 아끼지 않았다. 나는 아내가 나보다 더 클레오파트라를 잘 안다고 생각하고, 또 안토니우스의 사람됨도 소상하게 파악한다고 생각한다.

나의 어머니는 내가 이 책을 쓰는 동안에 돌아가셨다. 아버지는 그보다 몇 년 전에 세상을 떠나셨다. 자상한 할아버지, 할머니인 다이앤과 에런 스트라우스는 내 아이들 마이클과 실비에게 한없는 애정을 베풀어주셨다. 마샤와 내가 아이들이 커가는 과정을 지켜보면서 가슴 뛰었듯이, 두 분이 지상에 계셔서 내 아이들이 활짝 피어나 성인에 도달하는 과정을 지켜보실 수 있었더라면 틀림없이 우리 부부 못지않게 즐거워하셨을 것이다. 이 책을 내 부모님의 영전에 바친다.

두 영웅과 여왕

기원전 31년 9월 2일, 그리스 서부 해안의 악티움 해역에서 벌어진 전투는 로마 제국 전역의 통치권을 앞에 두고 서방의 옥타비아누스와 동방의 안토니우스가 격돌하여 전자가 승리한 전투다. 옥타비아누스는 이 승전 이후에 사실상 로마 제국의 초대 황제 자리에 올랐다. 천하의 패업을 달성한 승자는 황제 대신에 원수 혹은 일인자라는 호칭을 사용했으나 실제로는 입법·사법·행정의 삼권을 모두 장악한 전제 군주였다. 그는 원로원이 바친 존칭인 '아우구스투스'를 받아들여 이 이름으로 45년 동안 장기 통치를 했고 그 위신을 더욱 높이기 위해 8월August을 가리키는 명칭에 자신의 이름을 사용하게 했다.

이처럼 중요한 전투였기에 사람들은 치열한 싸움이었을 것으로 생각하기 쉬우나 이미 시작되기도 전에 옥타비아누스의 승리가 예정되어 있었다. 유능한 제독인 마르쿠스 아그리파가 악티움 해역 일대에 흩어져 있던 안토니우스의 주요 해상 기지를 미리 점령하여, 안토니우스는 사지가 다 잘린 상태로 그 전투에 임하게 되었기 때문이다. 게다가 그리스 서부 해안에서 대기 중이던 안토니우스 휘하의 군단은 아그리파의 해상 봉쇄로 보급선이 파괴되어 굶주리고 질병에 시달리는 허약한 군대였다. 설상가상으로 최고 사령관 안토니우스 자신도 해전에서 승리한 실적이 별로 없었다.

따라서 악티움 해전은 전투 자체보다는 그 전투가 벌어지기 전까지의 과정과 전투 후 옥타비아누스-안토니우스-클레오파트라 삼자 사이에서 벌어진 종반전이 더 중요하다. 지은이는 악티움 해전의 상황과 양상을 충실히 서술하는 동시에 전투 이전의 준비 상황과 전투 후의 종반전을 상세히 서술한다.

안토니우스는 군사적 명성이 옥타비아누스와는 비교가 안 될 정도로 혁혁한 장군이었는데, 서양 역사에서 최고의 미녀 혹은 마녀 여왕이라는 클레오파트라를 만난 시점에 여러 변화를 맞이하기 시작했다. 클레오파트라는 소녀 시절에 남동생이자 공동 통치자인 프톨레마이오스 13세 일파의 음모 탓에 해외로 축출되었으나 율리우스 카이사르의 도움으로 왕좌에 복귀하고 나중에 카이사르의 아들 카이사리온을 낳았다. 유배 시절, 그녀는 권력을 잃은 왕족은 오히려 평민만도 못한 신세임을 뼈저리게 느꼈다. 이러한 경험과 카이사르와 나눈 사랑 덕분에 그녀는 독특한 성품과 매력을 갖춘 여성이 되었다. 클레오파트라의 공식 명칭은 클레오파트라 7세인데, 그전에 1세, 2세, 3세 식으로 같은 이름을 가진 여섯 여왕이 있었다. 그들은 모두 권력 투쟁으로 일찍 죽거나, 아니면 공동 통치자인 남동생이나 오빠를 살해하고 여왕 자리에 오르거나, 혹은 권력 투쟁의 희생자가 되었다.

안토니우스는 기원전 41년에 여왕을 소아시아의 타르수스로 불러서 만났다. 과거에 율리우스 카이사르의 정부였던 여왕을 만나는 것은, 자신이 카이사르의 후계자임을 대내외에 과시하려는 정치적 행위였다. 그런데 그는 이 만남 이후 오히려 요동치는 권력 게임에 휘말려 빠져나오지 못했다. 지금으로선 상상하기 힘든 일이지만, 일찍이 고대 로마 시대부터 여성은 종종 권력의 통화로 작용하여 역사의 와일드카드 역할을 했다. 안토니우스 시대에 들어와 로마 사회에 횡행했던 정략결혼도 그런 역할을 했다. 안토니우스가 옥타비아와 결혼한 것도, 옥타비아누스가 리비아와 결혼한 것도 모두 정치적 필요로 이루어진 일이었다. 로마 귀족 여성들은 권력의 풍향에 따라 원하지 않는 남자에게도 시집을 가야 했고, 유부녀일지라도 황제나 가문에서 명령하면 현재의 남편과 이혼하고 새롭게 등장한 권력자와 결혼해야 했다. 타렌툼 조약(기원전 37년) 이후에 안토니우스와 옥타비아누스는 서로 동맹을 강화하기 위해 옥타비아누스의 딸 율리아를 안토니우스의 맏아들 안틸루스와 결혼시키기로 했다. 당시 소년은 여섯 살이었고 신붓감은 아직 갓난아기에 지나지 않았는데도 이런 조치가 이루어졌다.

권력의 결정적 와일드카드였던 여왕을 만났을 때, 안토니우스는 42세, 클레오파트라는 28세였다. 그때 몇 가지 변곡점이 안토니우스의 운명을 굳히고 말았다.

첫째, 동방에 대한 매혹이다. 안토니우스는 알렉산드로스 대왕처럼 서방과 동방을 통합하는 진정한 세계 군주가 되고 싶어 했다. 그러나 그 과정에서 로마식의 엄숙하고 근엄한 이성주의보다는 도취와 열광을 숭상하는 디오니소스 신의 반이성적 매력에 빠져들어 자신을 디오니소스 신과 동일시했다. 게다가 클레오파트라가 다스리는 동방의 도시 알렉산드리아는 그를 매혹하기에 충분했다. 철학자 니체는 《비극의 탄생》에서 아폴론 신과 디오니소스 신이 인간의 지성과 야성을 표상한다고 말한 바 있는데, 옥타비아누스가 아폴론을 숭상했다면 안토니우스는 디오니소스를 숭배함으로써, 두 영웅은 빙탄불상용氷炭不相容(얼음과 숯이 서로를 용납하지 못함)의 관계가 되었다.

둘째, 클레오파트라의 신비한 매력이다. 여왕은 동방의 신비한 마법을 완벽하게 구현한 여성이었다. 마치 낚싯줄을 풀었다 감았다 하는 것처럼 안토니우스의 마음을 능히 잡았다 놓았다 하는 여성이었다. 여왕은 안토니우스와의 사이에서 쌍둥이 남매를 낳았기에 두 사람은 사실상 부부나 다름없었다. 게다가 여왕은 안토니우스에게 전쟁 자금과 전함을 댔으므로, 전쟁에 직접 간섭하려 들었다. 안토니우스 휘하의 장군들은 그 점을 못마땅하게 여겼고 승리를 위해 여왕이 2선으로 물러나야 한다고 강력하게 조언했으나 안토니우스는 이미 그렇게 할 수 없는 처지였다. 그러나 클레오파트라의 전쟁 개입은 옥타비아누스와 로마인들에게 현재의 전쟁이 로마인들끼리의 내전이 아니라, 동방의 이집트를 다스리는 '사악한 마녀' 클레오파트라를 제압하기 위한 정의로운 전쟁이라는 빌미와 명분을 주었다.

이 책은 위에서 말한 요소들과 그것들을 둘러싼 역사적 사건과 상황을 자세히 소개한다. 그 외에도 왜 안토니우스가 옥타비아와 결혼 생활을 유지하지 않고 이혼했을까 하는 의문을 제기한다. 로마의 귀족 사회에서 결혼과 입양(소아뿐만 아니라 성인을 포함)은 정치적 동맹을 강화하는 수단이었을 뿐, 애정의 유무 문제가 아니었다. 만약 두 영웅이 항구적으로 로마 세계를 공평하게 나누어 통치할 생각이었다면, 안토니우스는 굳이 옥타비아와 이혼할 이유가 없었을 것이나, 두 사람은 처음부터 그럴 생각이 없었다. 그들의 사고방식에서 권력은 신체의 사지와 같은 것이지만, 여성은 아무 때나 바꿔 입을 수 있는 의복 정도에 지나지 않았다. 특히 옥타비아누스는 카이사르의 정식 후계자로서 로마 세계 전체를 자신이 통치해야 한다는 주장을 19세부터 일관되게 천명했다. 라이벌 안토니우스가 누나 옥타비아와 결혼했든 말았든 그것은 자신의 세계 경영에 참작 요소가 전혀 되지 못했다.

이 책의 또 다른 매력은 책 속에 묘사된 안토니우스와 클레오파트라, 옥타비아와 안토니우스, 그리고 옥타비아누스 남매의 이야기가 어떤 비유의 베일을 두르지 않았음에도 이면에 감추어진 의미가 있지 않을까 하고 생각하게 만든다는 것이다. 매번 중요한 장면에서 안토니우스는 왜 이렇게 행동했을까, 클레오파트라는 왜 이렇게 반응했을까, 옥타비아의 본심은 무엇이었을까, 청년 옥타비아누스가 역전의 노장을 꺾을 수 있었던 비결은 무엇이었을까 하고 계속 질문을 던지게 한다. 이것은 지은이의 탁월한 글쓰기 솜씨가 빚어낸 효과다. 대가의 문장은 정연한 구도 아래 언외의 의미를 전달하고, 평범한 작가의 글은 지식 자랑에 바빠서 연결이 잘 안 되며, 초보 작가의 문장은 산만하여 자기 자신도 무슨 소리인지 잘 모르는 경우가 많다. 이 책의 저자는 품은 뜻 10할을 8할로만 말하고 나머지는 독자가 상상하게 만듦으로써 글쓰기의 대가다운 면모를 보여준다.

이종인

참고문헌

다음은 내가 이 책을 집필하면서 참조한 책의 목록이다. 추가 정보를 알고 싶어 할 독자들을 위하여 거의 모두 영어로 된 책을 골랐다.

고대 사료

다음에 열거한 고대의 저서들은 다양한 번역본이 나와 있다. 하버드대학의 '로브 고전 라이브러리'에 모두 포함되어 있다. 이 문고판은 그리스어와 라틴어 원문을 싣고 그 대면 페이지에 영역문을 실었다. 이 책들은 대부분 인터넷의 다음 사이트에서 영역본으로 읽을 수 있다. LacusCurtius: Into the Roman World, http://penelope.uchicago.edu/Thayer/E/Roman/Texts/home. html; Livius.org: Articles on Ancient History, https://www.livius.org/;and Perseus Digital Library, www.perseus.tufts.edu. 이런 저작들의 상당수가 옥스퍼드대학 출판부나 펭귄북스의 영역본으로 나와 있다. 여기에 더해 유익한 고대 사료 목록을 아래와 같이 제시한다.

Augustus. *Res Gestae.*

Augustus, and Alison Cooley. *Res Gestae Divi Augusti: Text, Translation, and Commentary.* Cambridge: Cambridge University Press, 2009.

Carmen de Bello Actiaco.

Courtney, E., ed. *The Fragmentary Latin Poets.* Oxford: Clarendon Press, 1993, 334–40.

Cassius Dio. *Roman History,* especially books 49–51.

Reinhold, Meyer. *From Republic to Principate: An Historical Commentary on Cassius Dio's Roman History Books 49-52 (36-29 B.C.).* Atlanta: Scholars Press, 1987.

Cicero. *Philippics.*

Florus. *Epitome of Roman History*

Horace. *Epodes 1, 9; Ode 1.37* ("Cleopatra Ode").

Josephus. *Against Apion.*

_____. *Antiquities of the Jews.*

Livy (Titus Livius). *History of Rome.*

_____. *Periochae* (summaries).

Nicolaus of Damascus. *Autobiography.*

_____. *Life of Augustus.*

_____. *The Life of Augustus and the Autobiography.* Edited by Mark Toher. Cambridge: Cambridge University Press, 2016.

Orosius. *Against the Pagans.*

Pliny. *Natural History.*

Plutarch. *Life of Antony.*

Plutarch. *Life of Antony.* Edited by C. B. R. Pelling. Cambridge: Cambridge University Press, 1988.

Porphyry. *On Abstinence.*

Propertius, Sextus. *Elegies,* 2.15; 1; 3.11; 4.6.

Strabo. *Geography.*

Suetonius Tranquillus, C. *Life of Augustus.*

_____. *Life of Augustus=Vita Divi Augusti.* Translated with introduction and historical commentary by D. Wardle. Oxford: Oxford University Press, 2014.

Velleius Paterculus. *The Roman History.*

_____. *The Caesarian and Augustan Narrative (2.41–93).* Edited by A. J. Woodman. Cambridge: Cambridge University Press, 1983.

Virgil. *Aeneid,* bk. 8.

_____. *Eclogue* 6.

참고

Hornblower, Simon, Anthony Spawforth, Esther Eidinow. *The Oxford Classical Dictionary.* 4th ed. Oxford: Oxford University Press, 2012.

Hubert Cancik and Helmut Schneider, eds.; English ed., Christine F. Salazar and David E. Orton, eds. *Brill's New Pauly: Encyclopaedia of the Ancient World.* Boston: Brill, 2002–2010. The publisher offers an excellent online edition.

"Mantis: A Numismatic Technologies Integration Service." 미국 고전(古錢)학회의 광범위한 고대 주화를 포함하는 이 데이터베이스는 온라인에서 검색할 수 있다. http://numismatics. org/search/.

"Orbis: The Stanford Geospatial Network of the Ancient World." Stanford University Libraries. http://orbis.stanford.edu.

Talbert, Richard J. A., ed. *The Barrington Atlas of the Ancient Greco-Roman World.* Princeton, NJ: Princeton University Press, 2000. 이 책은 앱으로도 읽을 수 있다.

개론서

Green, Peter. *Alexander to Actium: An Essay on the Historical Evolution of the Hellenistic Age.* Berkeley: University of California Press, 1990.

Osgood, Josiah. *Caesar's Legacy: Civil War and the Emergence of the Roman Empire.* Cambridge: Cambridge University Press, 2006.

Pelling, Christopher. "The Triumviral Period." In *The Cambridge Ancient History,* 2nd ed., vol. X, The Augustan Empire, 43 B.C.–A.D. 69, edited by Alan K. Bowman, Edward Champlin, and A. W. Lintott. Cambridge: Cambridge University Press, 1996: 1–69.

Strauss, Barry. *The Death of Caesar: the Story of History's Most Famous Assassination.* New York: Simon & Schuster, 2015.

Syme, Ronald. *The Roman Revolution.* Oxford: Oxford University Press, 2002. First published 1939 by Clarendon Press (Oxford, UK).

클레오파트라

Burstein, Stanley Mayer. *The Reign of Cleopatra.* Westport, CT: Greenwood Press, 2004.

Chauveau, M. *Egypt in the Age of Cleopatra.* Translated by David Lorton. Ithaca, NY: Cornell University Press, 2000.

Gentili, Giovanni. *Cleopatra: Roma e l'Incantesimo Dell'Egitto.* Milano, It. Skira, 2013.

Grant, Michael. *Cleopatra.* New York: Simon & Schuster, 1972.

Haley, Shelley P. "Black Feminist Thought and Classics: Re-membering, Re-claiming, Re-empowering." In *Feminist Theory and the Classics,* edited by Nancy Sorkin and Amy Richlin. New York: Routledge, 1993, 23-43.

Hughes-Hallett, Lucy. *Cleopatra: Histories, Dreams and Distortions.* New York: Harper & Row, 1990.

Jones, Prudence J. *Cleopatra: a Sourcebook.* Norman, OK: University of Oklahoma Press, 2006.

———. "Cleopatra's Cocktail." *Classical World* 103, no. 2 (2010): 207-20.

Kleiner, Diana E. E. *Cleopatra and Rome.* Cambridge, MA: Belknap Press of Harvard University Press, 2005.

Mayor, Adrienne. "Cleopatra & Antony Go Fishing." Wonders & Marvels. https://www.wondersandmarvels.com/2014/06/cleopatra-and-Antony-go-fishing.html.

Preston, Diana. *Cleopatra & Antony: Power, Love, and Politics in the Ancient World.* New York: Walker, 2009.

Roller, Duane W. *Cleopatra: A Biography.* Oxford: Oxford University Press, 2010. Schiff, Stacy. *Cleopatra: A Life.* New York: Little, Brown, 2010.

Tarn, W. W., "Alexander Helios and the Golden Age." *Journal of Roman Studies* 22, no. 2 (1932): 135-60.

Tsoucalas, Gregory, and Marcos Sgantzos. "The Death of Cleopatra: Suicide by Snakebite or Poisoned by Her Enemies?" Chap. 2 in *Toxicology in Antiquity.* Vol. 1, edited by Philip Wexler. History of Toxicology and Environmental Health. Waltham, MA: Academic Press, 2014: 11-20.

Tyldesley, Joyce A. *Cleopatra: Last Queen of Egypt.* New York: Basic Books, 2008.

Walker, Susan, and Peter Higgs, eds. *Cleopatra of Egypt: From History to Myth.* London: British Museum, 2001.

안토니우스

Carbone, Lucia. "Mark Antony: Rogue with Monetary Insight." *ANS* online, no.3 (2017): 7-19.

Fraser, P. M. "Mark Antony in Alexandria: A Note." *Journal of Roman Studies* 47, nos.

1/2 (1957): 71-73.

Goldsworthy, Adrian Keith. *Antony and Cleopatra*. New Haven, CT: Yale University Press, 2010.

Huzar, Eleanor Goltz. *Mark Antony, A Biography*. Minneapolis: University of Minnesota Press, 1978.

Jones, Kenneth R. "Marcus Antonius' Median War and the Dynastic Politics of the Near East." In *Arsacids, Romans, and Local Elites: Cross- Cultural Interactions of the Parthian Empire*, edited by Jason Schlude and Benjamin Rubin. Oxford: Oxbow Books, 2017, 51-63.

Duane W. Roller, "The Lost Building Program of Marcus Antonius," *L'Antiquité Classique* 76 (2007): 87-98.

Rossi, Ruggero F. *Marco Antonio Nella Lotta Politica Della Tarda Repubblica Romana*. Trieste, It., 1959.

Schieber, A. S. "Anthony and Parthia." *Rivista storica dell'Antichità* 9 (1979): 105-24.

Scott, Kenneth. "Octavian's Propaganda and Antony's De Sua Ebrietate." *Classical Philology* 24, no. 2 (1929): 133-41.

Southern, Pat. *Mark Antony: A Life*. Stroud, UK: Tempus, 1998.

Strauss, Barry S., and Josiah Ober. "Mark Antony: The Man Who Would Be Caesar," in *The Anatomy of Error: Ancient Military Disasters and Their Lessons for Modern Strategists*. New York: St. Martin's Press, 1990.

Weigall, Arthur E. P. Brome. *The Life and Times of Marc Antony*. Garden City, NY: Garden City, 1931.

옥타비아

Dixon, Suzanne. "A Family Business: Women's Role in Patronage and Politics at Rome: 80-44 B.C." *Classica et Mediaevalia* 34 (1983): 104.

García Vivas, Gustavo. *Octavia Contra Cleopatra. El Papel De La Mujer En La Propaganda Política Del Triunvirato. 44-30 A. C.* Madrid: Liceus Ediciones, 2013.

Kellum, Barbara. "Representations and Re-Presentations of the Battle of Actium." In *Citizens of Discord: Rome and Its Civil Wars*, edited by Brian Breed, Cynthia Damon, and Andreola Rossi. Oxford: Oxford University Press, 2010, 187 202.

Moore, Katrina. "Octavia Minor and the Transition from Republic to Empire." Master's thesis, Clemson University, 2017. https://tigerprint.clemson.edu/all_theses/2738.

Osgood, Josiah. *Turia: A Roman Woman's Civil War*. Oxford: Oxford University Press, 2014.

Raubitschek, Antony E. "Octavia's Deification at Athens." TAPhA 77 (1946): 146-50.

Singer, Mary White. "Octavia's Mediation at Tarentum." *Classical Journal* 43, no.3 (1947): 173-78.

_____. "The Problem of Octavia Minor and Octavia Maior." *Transactions of the*

American Philological Association 79 (1948): 268–74.

Ziogas, Ioannis. "Singing for Octavia: Vergil's Life and Marcellus's Death." *Harvard Studies in Classical Philology* 109 (2018): 429–81.

옥타비아누스

Bowersock, G. W. *Augustus and the Greek World*. Oxford: Clarendon Press, 1965.

Everitt, Anthony. *Augustus: The Life of Rome's First Emperor*. New York: Random House, 2006.

Gaddis, John Lewis. *On Grand Strategy*. New York: Penguin Press, 2018, 69–91.

Goldsworthy, Adrian Keith. *Augustus: First Emperor of Rome*. New Haven, CT: Yale University Press, 2014.

Galinsky, Karl. *Augustus: Introduction to the Life of an Emperor*. New York: Cambridge University Press, 2012.

Holmes, T. Rice. *The Architect of the Roman Empire*. Oxford: Clarendon Press, 1928.

Smith, Christopher John, Anton Powell, and Tim Cornell. *The Lost Memoirs of Augustus and the Development of Roman Autobiography*. Swansea, Wales: Classical Press of Wales, 2009.

Southern, Pat. *Augustus*. 2nd ed. Abingdon, UK: Routledge, 2014.

아그리파

Powell, Lindsay. *Marcus Agrippa: Right-Hand Man of Caesar Augustus*. Barnsley, UK: Pen & Sword Books, 2015.

Reinhold, Meyer. *Marcus Agrippa: A Biography*. Ed. anastatica. Roma: "L'Erma" di Bretschneider, 1965.

Roddaz, Jean-Michel. *Marcus Agrippa*. Rome: École française de Rome, 1984.

Wright, F. A. *Marcus Agrippa: Organizer of Victory*. London: G. Routledge & Sons, 1937.

삼두 체제의 시대

Berdowski, P. *Res Gestae Neptuni Filii: Sextus Pompeius I Rzymskie Wojny Domowe*. Rzeszów, Pol.: Wydawnictwo Uniwersytetu Rzeszowskiego, 2015. English summary, 397–404.

Delia, Diana. "Fulvia Reconsidered." In *Women's History and Ancient History*, edited by Sarah B. Pomeroy. Chapel Hill: University of North Carolina Press, 1991, 197–217.

Lange, Carsten Hjort. "Civil War and the (Almost) Forgotten Pact of Brundisium." In *The Triumviral Period: Civil War, Political Crisis, and Socioeconomic Transformations*, edited by Francisco Pina Polo. Zaragoza, Spain: Prensas de la Universidad de Zaragoza, 2020, 139–41.

_____. *Res Publica Constituta: Actium, Apollo, and the Accomplishment of the*

Triumviral Assignment. Leiden, Neth.: Brill, 2009.

Osgood, Josiah. *Caesar's Legacy: Civil War and the Emergence of the Roman Empire.* Cambridge: Cambridge University Press, 2006.

_____. *Turia: A Roman Woman's Civil War.* Oxford: Oxford University Press, 2014.

Powell, Anton, Kathryn Welch, and Alain M. Gowing. *Sextus Pompeius.* Swansea, Wales: Classical Press of Wales, 2002.

Rich, John. "Warlords and the Roman Republic." In *War, Warlords and Interstate Relations in the Ancient Mediterranean,* edited by T. Ñaco del Hoyo and F. López Sánchez. Boston: Brill, 2018, 284-86.

Scott, Kenneth. "The Political Propaganda of 44-30 B.C." *Memoirs of the American Academy in Rome* 11 (1933): 7-49.

Strauss, Barry. "Sextus Pompeius and the Strategy and Tactics of Ancient Sea Power." In *Rector maris. Sextus Pompeius und das Meer,* edited by Laura Kersten and Christian Wendt. Bonn, Ger.: Habelt (Antiquitas I, vol. 74), 2020:121-40.

Welch, Kathryn. *Magnus Pompeius: Sextus Pompeius and the Transformation of the Roman Republic.* Swansea, Wales: Classical Press of Wales, 2012.

보구드와 메토네

Andrews, Kevin. *Castles of the Morea.* Princeton, NJ: American School of Classical Studies at Athens, 1953.

Brizzi, Giovanni. "La Battaglia d'Azio." In Gentili, *Cleopatra,* 19-22.

Camps, G. "Bogud." *Encyclopédie berbère,* vol. 10. Aix-en-Provence, France: EDISUD, 1991: 1557-58.

Lawrence, A. W. *Greek Aims in Fortification.* Oxford: Clarendon Press, 1979.

Roller, Duane W. *The World of Juba II and Kleopatra Selene: Royal Scholarship on Rome's African Frontier.* New York: Routledge, 2003.

악티움 해전

Carter, John. *The Battle of Actium.* London: Hamish Hamilton, 1970.

Fratantuono, Lee. *The Battle of Actium 31 BC: War for the World.* Barnsley, UK: Pen & Sword Books, 2016.

Kromayer, J. "Actium: Ein Epilog." *Hermes* 68 (1933): 361-83.

_____. "Kleine Forschungen zur Geschichte des Zweiten Triumvirats. VII. Der Feldzug von Actium und der sogenannte Verrath der Cleopatra." *Hermes* 34, no. 1 (1899): 1-54.

Lange, Carsten Hjorst. "The Battle of Actium: A Reconsideration." *Classical Quarterly* 61, no. 2 (2011): 608-23.

Leroux, J. "Les problems stratégiques de la bataille d'Actium." *Recherches de Philologie et de Linguistique 2 (1968): 29-37, 55.*

Murray, William M. "Reconsidering the Battle of Actium—Again." In *Oikistes: Studies in Constitutions, Colonies, and Military Power in the Ancient World. Offered in Honor of A. J. Graham*, edited by Vanessa B. Gorman and Eric W. Robinson. Leiden, Neth.: Brill, 2002, 339-60.

Richardson, G. W. "Actium." *Journal of Roman Studies 27*, no. 2 (1937): 153-64.

Sheppard, Si. *Actium 31 BC: Downfall of Antony and Cleopatra*. Oxford, UK: Osprey Publishing, 2009.

Tarn, W. W. "The Battle of Actium." *Journal of Roman Studies* 21 (1931): 173-99.

악티움 해전의 유적과 기념물

Murray, William M. "The Dedication Inscription." In Konstantinos Zachos, ed. *The Victory Monument of Augustus at Nicopolis*. Athens: Athens Archaeological Society, forthcoming.

_____. "The Rostral Display on the Podium's Façade." Ibid.

Murray, William M., and Photios M. Petsas. *Octavian's Campsite Memorial for the Actian War*. Philadelphia: American Philosophical Society, 1989.

Zachos, Konstantinos. *An Archaeological Guide to Nicopolis. Rambling Through the Historical, Sacred, and Civic Landscape*. Trans. Deborah Brown. Monuments of Nicopolis 10. Athens: DIPCA-Scientific Committee of Nicopolis, 2015.

_____. "Excavations at the Actian Tropaeum at Nicopolis, A Preliminary Report." In *Foundation and Destruction, Nikopolis and Northwestern Greece: the Archaeological Evidence for the City Destructions, the Foundation of Nikopolis and the Synoecism*, edited by Jacob Isager. Athens: Danish Institute at Athens, 2001, 29-41.

_____. *To Mnēmeio tou Oktavianou Augoustou stē Nikopolē—To Tropaio tēs Naumachias tou Aktiou*. Athens: Hypourgieo Politismou, 2001.

_____. "The Tropaeum of the Sea-Battle of Actium at Nikopolis: Interim Report." *Journal of Roman Archaeology* 16 (2003): 64-92.

고대 선박과 해전

Belfiglio, Valentine J. *A Study of Ancient Roman Amphibious and Offensive Sea-Ground Task Force Operations*. Lewiston, NY: Edward Mellen Press, 2001.

Beresford, James. *The Ancient Sailing Season*. Leiden, Neth.: Brill, 2013.

Callahan, Harold Augustin. *The Sky and the Sailor: A History of Celestial Navigation*. New York: Harper and Brothers, 1952, 10-18.

Casson, Lionel. *Ships and Seamanship in the Ancient World*. Princeton, NJ: Princeton University Press, 1971.

De Souza, Philip. *Piracy in the Graeco-Roman World*. Cambridge: Cambridge University Press, 1999.

Kromayer, J. "Die Entwickelung der römischen Flotte vom Seeräuberkriege des

Pompeius bis zur Schlacht von Actium." *Philologus* 56 JG (December 1897): 458-466.

Morrison, J. F., and J. S. Coates. *Greek and Roman Oared Warships, 399-30 BC.* Oxford, UK: Oxbow Books, 2016. First published 1996 by Oxbow Books, Oxford: UK.

Morton, Jamie. *The Role of the Physical Environment in Ancient Greek Seafaring.* Leiden, Neth.: Brill, 2001.

Murray, William M. *The Age of Titans: the Rise and Fall of the Great Hellenistic Navies.* New York: Oxford University Press, 2012.

Pitassi, Michael. *The Navies of Rome.* Woodbridge, UK: Boydell, 2009.

Rodgers, William Ledyard. *Greek and Roman Naval Warfare: A Study of Strategy, Tactics, and Ship Design from Salamis (480 B.C.) to Actium (31 B.C.).* Annapolis, MD: United States Naval Institute, 1937.

Starr, Chester G. *The Influence of Seapower on Ancient History.* New York: Oxford University Press, 1989.

_____. *The Roman Imperial Navy: 31 B.C. -A.D. 324.* Ithaca, NY: Cornell University ress, 1941.

Taylor, E. G. R. *The Haven- Finding Art: A History of Navigation from Odysseus to Captain Cook.* New York: Abelard-Schuman, 1957.

Thiel, J. H. *Studies on the History of Roman Sea- Power in Republican Times.* Amsterdam: North-Holland (N. v. Noord-hollandsche uitgevers mij.), 1946.

로마군

Austin, N. J. E., and N. B. Rankov. *Exploratio: Military and Political Intelligence in the Roman World.* New York: Routledge, 1995.

Gilliver, Catherine, Adrian Keith Goldsworthy, and Michael Whitby. *Rome at War.* Oxford, UK: Osprey, 2005.

Goldsworthy, Adrian Keith, and John Keegan. *Roman Warfare.* New York: Smithsonian Books/Collins, 2005.

Keppie, L. J. F. *Colonisation and Veteran Settlement in Italy, 47-14 B.C.* London: British School at Rome, 1983.

_____. *The Making of the Roman Army: From Republic to Empire.* Totowa, NJ: Barnes & Noble Books, 1984.

_____. "Mark Antony's Legions." In *Legions and Veterans: Roman Army Papers 1971 - 2000.* Stuttgart, Ger.: Franz Steiner Verlag, 2000, 74-96.

_____. "A Note on the Title Actiacus." In *Legions and Veterans,* 97-98. [=*Classical Review* 21, no. 3 (1971): 329-30.]

Roth, Jonathan P. *The Logistics of the Roman Army at War (264 B.C.-A.D. 235).* Leiden, Neth.: Brill, 1999.

악티움 해전 이후

Beard, Mary. *The Roman Triumph*. Cambridge, MA: Belknap Press of Harvard University Press, 2007.

Gray-Fow, Michael. "What to Do with Caesarion?." *Greece & Rome* 61, no. 1 (2014): 38-67.

Gurval, Robert Alan. *Actium and Augustus: The Politics and Emotions of Civil War*. Ann Arbor: University of Michigan Press, 1995.

Ober, Josiah. "Not by a Nose: The Triumph of Antony and Cleopatra at Actium, 31 B.C." In *What If 2: Eminent Historians Imagine What Might Have Been*, edited by Robert Cowley. New York: G. P. Putnam's Sons, 2001, 23-47.

Östenberg, Ida. *Staging the World: Spoils, Captives, and Representations in the Roman Triumphal Procession*. Oxford: Oxford University Press, 2009.

Zanker, Paul. *The Power of Images in the Age of Augustus*. Ann Arbor: University of Michigan Press, 1988.

주

서론

1. William M. Murray, "The Dedication Inscription," in Konstantinos Zachos, ed. *The Victory Monument of Augustus at Nicopolis* (Athens: Athens Archaeological Society, forthcoming), esp. 21-22; William M. Murray and Photios M. Petsas, *Octavian's Campsite Memorial for the Actian War* (Philadelphia: American Philosophical Society, 1989), 62-76; Konstantinos Zachos, *An Archaeological Guide to Nicopolis.Rambling Through the Historical, Sacred, and Civic Landscape*, Monuments of Nicopolis 10, trans. Deborah Brown (Athens: DIPCA-Scientific Committee of Nicopolis, 2015), 65.

2. 공식 이름은 악티아 니코폴리스로, '악티움의 승리 도시'라는 뜻이다. 그리스어와 라틴어가 혼합된 이름이다.

3. Winston S. Churchill, "Foreign Affairs" (debate in the House of Commons, January 23, 1948), transcript available at Hansard 1803-2005, accessed April 11, 2021, https://api.parliament.uk/historic-hansard/commons//1948/jan/23/foreign-affairs#S5CV0446P0_19480123_HOC_99.

1 필리피로 가는 길

1. Cicero, *Letters to Atticus*, 14.20.2; 비교를 위해 다음을 참조. Joyce Tyldesley, *Cleopatra: Last Queen of Egypt* (New York: Basic Books, 2008), 107-8.

2. 좀 더 자세히 말하자면, 그는 왕관을 바친 것이 아니라, 왕의 신분을 드러내는 상징물인 리본을 바쳤다. 현대의 군주와 달리, 그리스-로마 세계의 왕들은 리본을 착용했고 왕관은 쓰지 않았다.

3. 카이사르 암살에 관해서는 나의 저서 *The Death of Caesar: The Story of History's Most Famous Assassination* (New York: Simon & Schuster), 2015를 참조.

4. 그런 증언을 한 사람은 그의 조모가 아니라 증조모였을 것이다.

5. o puer, qui omnia nomini debes, Cicero, *Philippics*, 13.24.

6. C. Suetonius Tranquillus, *Life of Augustus*, 77. D. Wardle in Suetonius, *Life of Augustus (Vita Divi Augusti)*, ed. D. Wardle (Oxford: Oxford University Press, 2014), 468 참조.

7. Suetonius, *Augustus*, 11.

8. William Shakespeare, *Julius Caesar*, act 4, scene 1, lines 12-13: "a slight, unmeritable man/Meet to be sent on errands."

9. Velleius Paterculus, *The Roman History*, 2.86.3.

10. Plutarch (Lucius Mestrius Plutarchus), *Brutus*, 29.9.

11. "Silver Denarius, Uncertain Value, 43 B.C.-42 B.C. 1944.100.4554," American

Numismatic Society online, accessed April 11, 2021, http://numismatics.org/collecti
on/1944.100.4554.

12. "Julius Caesar 'Assassination Coin' Sets World Record of Nearly $4.2 Million,"
ArtDaily, accessed April 11, 2021, https://artdaily.cc/news/129649/Julius-Caesar-
assassination-coin—sets-world-record-of-nearly—4-2-million.

13. Shakespeare, *Julius Caesar*, act 5, scene 5, line 73.

2 사령관과 여왕

1. Martial (Marcus Valerius Martialis), *Epigrams*, 11.20.

2. Duane W. Roller, *Cleopatra: A Biography* (Oxford: Oxford University Press, 2010),
116.

3. William Shakespeare, *Antony and Cleopatra*, act 1, scene 2, lines 196–210.

4. Plutarch, *Life of Antony*, 26.1–2; Plutarch (Lucius Mestrius Plutarchus), *Plutarch's
Lives*, vol. 9, *Demetrius and Antony.Pyrrhus and Caius Marius*, trans. Bernadotte
Perrin (London: W. Heinemann, 1920), 193–95.

5. 같은 책, 26.5; 같은 책, 195, modified.

6. Plutarch, *Antony*, 26.3–4; 비교를 위해 Shakespeare, *Antony and Cleopatra*, act 2,
scene 2, lines 225–32 참조.

7. Flavius Josephus, *Antiquities of the Jews*, 15.4.1, 그리고 *Against Apion*, 2.5; Appian
of Alexandria, *Civil Wars*, 5.9; Lucius Cassius Dio, *Roman History*, 48.24.2. 이 사료
들은 서로 모순되는 사항들을 기록하고 있으며 클레오파트라에게 적대적이다.

8. Plutarch, *Antony*, 29.1.

9. Shakespeare, *Antony and Cleopatra*, act 2, scene 2, line 240.

10. Plutarch, *Antony*, 27, 비교를 위해 25.4–5, 그리고 Cassius Dio, *Roman History*,
42.34.4–6 참조.

11. "Silver Tetradrachm of Cleopatra VII of Egypt/Mark Antony/Cleopatra VII of Egypt,
Antioch, 36 BC.1977.158.621," American Numismatic Society online, accessed April
11, 2021, http://numismatics.org/collection/1977.158.621.

12. "Bronze 80 drachm of Cleopatra VII of Egypt, Alexandreia, 51 BC–29 BC.
1941.131.1158," American Numismatic Society online, accessed April 11, 2021,
http://numismatics.org/collection/1941.131.1158.

13. "Bronze 80 drachm of Cleopatra VII of Egypt, Alexandreia, 51 BC–29 BC.
1944.100.75442," American Numismatic Society online, accessed April 11, 2021,
http://numismatics.org/collection/1944.100.75442.

14. Susan Walker 그리고 Peter Higgs, *Cleopatra of Egypt: From History to Myth* (London:
British Museum, 2001), catalog no. 179, p. 177; silver coin: catalog no. 220, p. 234.

15. "Silver Tetradrachm of Antony and Cleopatra, Antioch, 36 BC. 1967.152.567,"
American Numismatic Society online, accessed April 11, 2021, http://numismatics.
org/collection/1967.152.567.

16. "Silver Tetradrachm of Antony and Cleopatra, Antioch, 36 BC. 1967.152.567," American Numismatic Society online, accessed April 11, 2021, http://numismatics. org/collection/1944.100.65512.

17. 클레오파트에게 이집트인의 피가 25퍼센트 정도 섞였을 가능성도 있지만, 그럴 가능성은 별로 없다. 이렇게 보는 이유는 다음 두 가지다. 첫째 클레오파트라가 이집트 언어와 문화를 강조했고, 둘째 클레오파트라의 딸이 이집트 사제 가문에 영예를 수여했다. 이 복잡하고 미묘한 문제에 대해서는 다음 자료 참조. Roller, *Cleopatra*, 165–66. 또한 클레오파트라의 경쟁에 대해 Shelley P. Haley, "Black Feminist Thought and Classics: Re- membering, Re-claiming, Re-empowering," in *Feminist Theory and the Classics*, ed. Nancy Sorkin Rabinowitz and Amy Richlin (New York: Routledge, 1993), 23–43 참조.

18. Horace, *Ode* 1.37.7, 9–10, 12,13,14. 시인 호라티우스(퀸투스 호라티우스 플라쿠스)와 섹스투스 프로페르티우스는 안토니우스와 클레오파트라의 관계를 바라보는 옥타비아누스의 관점을 그대로 따른다. Kenneth Scott, "The Political Propaganda of 44–30 B.C.," *Memoirs of the American Academy in Rome* 11 (1933): 49.

19. Cassius Dio, *Roman History*, 50.1, 3, 5, 24–25; Horace, *Epode*, 9.11–16, and *Ode*, 1.37.7.12,13,14

20. 예를 들어 다음을 참조. Ovid (Publius Ovidius Naso), *Metamorphoses*, 15.827; Cassius Dio, Roman History, 50.26.2.

21. Horace, *Epodes*, 9.12.

22. Propertius, *Elegies*, 2.16.39–40, 4.6.21–22.

23. Horace, *Epodes*, 9.12.

24. Josephus, *Against Apion*, 2.59.

25. Cassius Dio, *Roman History*, 50.25.3.

26. Josephus, *Against Apion*, 2.59.

27. Propertius, *Elegies*, 4.6.21–22.

28. scholiast on Virgil (Publius Vergilius Maro), *Aeneid*, 8.696.

29. Florus, *Epitome of Roman History*, 21.3.11.

30. 이런 아랍 역사가들로는 알-마수디(아가피우스)와 마후브 이븐 쿠스탄틴이 있다. 다음 자료 참조. Okasha El- Daly, *Egyptology: The Missing Millennium, Ancient Egypt in Medieval Arabic Writings* (London: UCL Press, 2005), 121–23, 130–37.

31. Philostratus (Lucius Flavius Philostratus), *Lives of the Sophists*, 1.5.

32. Plutarch, *Antony*, 27.4–5.

33. Suetonius, *Julius Caesar*, 52.1.

34. Ronald Syme, "No Son for Caesar?," *Historia: Zeitschrift für Alte Geschichte*, 29, no. 4 (1980): 422–37 참조.

35. Arnaldo Momigliano, Theodore John Cadoux, Ernst Badian, "Oppius," in Simon Hornblower, Anthony Spawforth, and Esther Eidinow, eds., *The Oxford Classical Dictionary*, 4th ed. (Oxford: Oxford University Press, 2012).

36. Plutarch, *Pompey,* 10.5.

37. Nicolaus of Damascus, *Life of Augustus*, 68; Cassius Dio, *Roman History*, 47.31.5.
38. Suetonius, *Caesar*, 52.2.
39. Plutarch, *Antony*, 29.5–7; Adrienne Mayor, "Cleopatra & Antony Go Fishing," Wonders & Marvels, accessed April, 11, 2021, http://www.wondersandmarvels.com/2014/06/cleopatra-and-Antony-go-fishing.html.
40. Pliny the Elder, *Natural History*, 9.119–21.
41. Prudence J. Jones, "Cleopatra's Cocktail," *Classical World* 103, no. 2 (2010): 207–20.
42. Plutarch, *Antony*, 29.
43. Suetonius, *Augustus*, 15.1.
44. 같은 책, 25.4.

3 세 건의 조약과 한 건의 결혼

1. Reference "Filters," American Numismatic Society online, accessed April 11, 2021, http://numismatics.org/search/results?q=yearnum%3A%5B-50+TO+-30%5D+AND+domitius+ahenobarbus+AND+departmentfacet%3A%22Roman%22&lang=en.
2. Suetonius, *Augustus* 70.2; Plutarch, *Antony*, 33.2–3.
3. Appian, *Civil Wars*, 5.59.
4. Nicolaus, *Life of Augustus*,28; Nicolaus, *The Life of Augustus and the Autobiography*, ed. Mark Toher (Cambridge: Cambridge University Press, 2016), 214–15 참조.
5. Appian, *Civil Wars*, 3.91–92.
6. 같은 책, 3.14; Nicolaus, *Augustus*, 52–54.
7. Plutarch, *Antony*, 31.2.
8. Appian, *Civil Wars*, 4.32–34.
9. Plutarch, *Antony*, 31.4–5.
10. Publius Cornelius Tacitus, *Annals*, 1.10, subdolae adfinitatis, translated Tacitus, Cornelius, John Yardley, and Anthony Barrett, *The Annals: the Reigns of Tiberius, Claudius, and Nero* (Oxford: Oxford University Press, 2008), 9.
11. "Silver Cistophorus of Marc Antony, Ephesus, 39 BC. 1944.100.7032," American Numanistic Society online, accessed April 11, 2021, http://numismatics.org/collection/1944.100.7032?lang=en.
12. Priscian (Priscianus), *Institutio de arte grammatica*, X.47 (ed. H. Keil II, 536 [Leipzig, Ger., 1855]), cited in Emily A. Hemelrijk, *Matrona Docta: Educated Women in the Roman Élite from Cornelia to Julia Domna* (New York: Routledge, 1999), 107, 293n43.
13. Cassius Dio, *Roman History*, 48.31.2; Degrassi, Attilio, *Inscriptiones Latinae Liberae Rei Publicae*, 2. Ed., aucta et emendata (Florence: La nuova Italia, 1972), 562a=Hermann Dessau, *Inscriptiones Latinae Selectae* (Berolini: Weidmann, 1892) 3784; Josiah Osgood, *Caesar's Legacy: Civil War and the Emergence of the Roman*

Empire (Cambridge: Cambridge University Press, 2006), 193.

14. "Gold Aureus, Uncertain Value, 38 B.C. 1976.10.1," American Numismatic Society online, accessed April 11, 2021, http://numismatics.org/collection/1976.10. 1?lang=en.

15. Jackie Butler, "Fulvia: The Power Behind the Lion?," *Coins at Warwick* (blog), August 1, 2018, https://blogs.warwick.ac.uk/numismatics/entry/fulviathepower/. 안토니우스는 주화에서 옥타비아의 얼굴은 그대로 놔두고 이름을 제거했지만, 그 얼굴이 그 당시에 통용되던 옥타비아누스의 이미지를 상당히 닮아서 남매 관계임을 알 수 있다.

16. Virgil, *Eclogues*, trans. J. B. Greenough (Boston: Ginn, 1895), lines 8-12, http://www.perseus.tufts.edu/hopper/text?doc=Perseus%3Atext%3A1999.02.005 7%3Apoem%3D4.

17. Osgood, *Caesar's Legacy*, 193-201의 토론 참조.

18. Attilio Degrassi, *Inscriptiones Italiae*, vol. 13.1: *Fasti Triumphales et Consulares* (Rome: Libreria dello Stato, 1947), 86-87, 568, 비교를 위해 342-43, Fasti Barberiniani. Discussed by Carsten Hjort Lange, "Civil War and the (Almost) Forgotten Pact of Brundisium," in *The Triumviral Period: Civil War, Political Crisis, and Socioeconomic Transformations*, ed. Francisco Pina Polo (Zaragoza, Sp.: Prensas de la Universidad de Zaragoza), 139-41 참조.

19. Plutarch, *Antony*, 32.5-8; Appian, Civil Wars, 5.73; Cassius Dio, *Roman History*, 48.38.1-3. Pat Southern, *Mark Antony: A Life* (Stroud, UK: Tempus, 1998), loc. 2773 of 4044 (Kindle e-book) 참조.

20. Pindar, frag. 64.

21. Gustavo García Vivas, *Octavia Contra Cleopatra. El Papel De La Mujer En La Propaganda Política Del Triunvirato. 44-30 A.C.* (Madrid: Liceus Ediciones, 2013), 71, Joyce Maire Reynolds and Kenan T. Erim, *Aphrodisias and Rome: Documents from the Excavation of the Theatre at Aphrodisias Conducted by Professor Kenan T. Erim, Together with Some Related Texts* (London: Society for the Promotion of Roman Studies, 1982), doc. 81.26, 같은 곳의 해설 인용.

22. Appian, *Civil Wars*, 5.76, trans. Horace White, in Appianus, Horace White, and E. Iliff Robson, *Appian's Roman History* (Cambridge, MA: Harvard University Press, 1912), 507.

23. Cassius Dio, *Roman History*, 48.39.2; Seneca the Elder (Lucius Annaeus Seneca), *Suasoriae* 1.6. 이는 안토니우스를 비난하는 프로파간다에서 나온 이야기로 보인다.

24. Cassius Dio, *Roman History*, 49.21; Plutarch, *Antony*, 34.4.

25. 같은 책, 34.5.

26. 로마 황제 트라야누스(마르쿠스 울피우스 트라야누스)의 경우, 사후에 원로원으로부터 개선식을 거행해도 좋다는 허가가 내려졌다. Plutarch, *Life of Antony*, ed. C. B. R. Pelling (Cambridge: Cambridge University Press, 1988), 212.

27. 타렌툼 회의에 관해서는 다음을 참조. Appian, *Civil Wars*, 5.92-95; Cassius Dio,

Roman History, 48.54; Plutarch, *Antony*, 35; Plutarch, *Antony*, ed. comm., Pelling, 213–16.

28. Ronald Syme, *The Roman Revolution* (Oxford: Oxford University Press, 2002 [Oxford: Clarendon Press,1939]), 225–26n2 참조.

29. 주화에 관해서는 다음을 참조. Susan Wood, *Imperial Women: A Study in Public Images, 40 B.C.–A.D.68* (Boston: Brill, 1999), 41–51.

30. Beth Severy, *Augustus and the Family at the Birth of the Roman Empire* (New York: Routledge, 2003), 42.

4 옥타비아누스의 승리, 안토니우스의 패배와 복귀

1. Appian, *Civil Wars*, 5.111–12.

2. William M. Murray, *The Age of the Titans: The Rise and Fall of the Great Hellenistic Navies* (New York: Oxford University Press, 2012), 166–67 참조.

3. Augustus, *Res Gestae*, 25.

4. Suetonius, *Augustus*, 16.3.

5. Augustus, *Res Gestae*, 29.1.

6. Marjeta Šašel Kos, "Octavian's Illyrian War: Ambition and Strategy," in *The Century of the Brave: Roman Conquest and Indigenous Resistance in Illyricum During the Time of Augustus and His Heirs: Proceedings of the International Conference, Zagreb, 22.–26.9.2014*, ed. Marina Milecivic Bradač and Dino Demechili (Zagreb, Croatia: FF Press, 2018), 48–49 참조.

7. Scott, "Political Propaganda," 48–49 참조.

8. Suetonius, *Augustus*, 70; Suetonius, *Life of Augustus* (*Vita Divi Augusti*), ed., comm. D. Wardle, 443–46; Marleen Flory, "*Abducta Neroni Uxor*: The Historiographic Tradition on the Marriage of Octavian and Livia," *Transactions of the American Philological Association* 118 (1988): 343–59.

9. Plutarch, *Antony*, 33.2.–4; Suetonius, *Augustus*, 70.2.

10. Christopher Pelling, "The Triumviral Period," in *The Cambridge Ancient History*, vol. 10, *The Augustan Empire, 43 B.C.–A.D.69*, ed. Alan K. Bowman, Edward Champlin, and A. W. Lintott (Cambridge: Cambridge University Press, 1996), 49.

11. Pliny, *Natural History*, 14.22. Kenneth Scott, "Octavian's Propaganda and Antony's De Sua Ebrietate," *Classical Philology* 24, no. 2 (1929): 133–41 참조.

12. Suetonius, *Augustus*, 69.1–2.

13. 같은 책, 69.2. 라틴어는 의문 부호가 없어서 이 문장은 "그녀는 나의 아내다"로 번역될 수도 있다. 어순에 따라 진술이 될 수도 있고 질문이 될 수도 있는 문장인 셈이다. 그러나 진술문으로 해석하면 문맥이 통하지 않는다. 안토니우스가 옥타비아누스를 겨냥한 비난의 요지는 두 사람 다 아내를 속였다는 것이다. 즉 안토니우스가 중혼한 것이 아니라는 뜻이다. 그것도 옥타비아누스의 누나를 상대로 그렇게 할 수는 없다는 말이다. 그래서 이 문장은 의문문으로 읽어야 마땅하다.

14. Plutarch, *Antony*, 37.3-4, 38.1-2; A. S. Schieber, "Anthony and Parthia," *Rivista storica dell'Antichità* 9 (1979): 111.

15. Plutarch, *Antony*, ed. comm., Pelling, 225.

16. Plutarch, *Antony*, 37.3; Schieber, "Anthony and Parthia," 111.

17. Plutarch, *Antony*, 53.1-4.

18. 같은 책, 53.2; Cassius Dio, *Roman History*, 49.33.3-4; Plutarch, *Antony*, ed. comm., Pelling, 244-45.

19. Plutarch, *Antony*, 54.1; Plutarch, *Antony*, ed. comm., Pelling, 248. 실제로 옥타비아 누스는, 옥타비아가 소망한다면 안토니우스와 이혼하는 것이 정당하다고 공개적으로 암시한 셈이다.

20. Cassius Dio, *Roman History*, 49.38.1. 그 표결이 원로원에서 이루어졌는지 아니면 민회에서 이루어졌는지는 불분명하다. R. A. Bauman, "Tribunician Sacrosanctity in 44, 36 and 35 B. C.," *Rheinisches Museum Für Philologie* 124, no. 2 (1981): 174-78 참조.

21. Richard A. Bauman, *Women and Politics in Ancient Rome* (London: Routledge, 1992), 93.

22. 여기서 주목해야 할 점은, 카시우스 디오의 *Roman History* 49.38.1에서 리비아보다 옥타비아의 이름을 먼저 썼다는 것이다. 리비아가 로마의 역사에 전반적으로 크게 기여했는데도 말이다.

23. Marleen B. Flory, "Livia and the History of Public Honorific Statues for Women in Rome," *Transactions of the American Philological Association* 123 (1993): 295-96에 제시됨.

24. Plutarch, *Antony*, 50.6; Cassius Dio, *History of Rome*, 49.40.3-4.

25. Cassius Dio, *History of Rome*, 49.40.3-4.

26. Plutarch, *Antony*, 54.4-9; Cassius Dio, *History of Rome*, 49.41.

27. Strabo, *Geography*, 17.795.

28. Plutarch, *Antony*, 54.5.

5 전쟁의 발발

1. Tim G. Parkin, *Old Age in the Roman World: a Cultural and Social History* (Baltimore: Johns Hopkins University Press, 2003), 20-21.

2. Plutarch, *Antony*, 56.2.

3. 예를 들어 안토니우스의 친구들을 대신하여 로마에서 찾아온 게미니우스는 안토니우스를 설득하여 그녀를 이집트로 돌려보내려 했다(같은 책, 59.1-5).

4. 안토니우스도 그렇게 했을 가능성이 있다. 그러나 나중에 옥타비아누스의 적대적 프로파간다가 이 업적을 말소했다. Duane W. Roller, "The Lost Building Program of Marcus Antonius," *L'Antiquité Classique* 76 (2007): 87-98 참조.

5. W. W. Tarn, "Alexander Helios and the Golden Age," *Journal of Roman Studies* 22, no. 2 (1932):135-60; Michael Grant, *Cleopatra* (New York: Simon & Schuster, 1972), 172-75.

6. Plutarch, *Antony*, 56.6.

7. 같은 책, 56.7-10; Plutarch, *Plutarch's Lives*, vol. 9, trans. Perrin, 267.

8. Plutarch, *Antony*, 57.2-3.

9. 같은 책, 57.4; Cassius Dio, *Roman History*, 50.3.2.

10. Cassius Dio, *History of Rome*, 50.3.2; Seneca, *Suasoriae* 1.6.

11. 안토니우스는 로마에 두 채의 집을 갖고 있었다(Cassius Dio, *Roman History*, 53.27.5). 하나는 팔라티노 언덕에 있었고, 다른 하나는 포룸 계곡의 맞은편, 후대에 들어서는 콜로세움을 내려다보는 언덕에 있었다. 후자는 원래 대(大) 폼페이우스가 전에 소유했던 집이다. Eva Margareta Steinby, *Lexicon Topographicum Urbis Romae*, vol. 2 (Roma : Quasar, 1993), 34; Plutarch, *Antony*, 54.5 참조. 둘 다 부자 동네였고 옥타비아가 그중 어느 집에서 살았는지는 불분명하다. 5월 혹은 6월의 날짜에 대해서는 C. Suetonius Tranquillus, *Life of Augustus (Vita Divi Augusti)*, trans., intro., comm. D. Wardle, 442 참조.

12. Sarah Rey, "Les larmes romaines et leur portée : une question de genre?" *Clio: Women, Gender, History* 41, no. 1 (2015): 243-64.

13. Plutarch, *Antony*, 57.4.

14. Plutarch, *Antony*, ed. comm., Pelling, 259, suggests that Antony divorced Octavia in order to preempt her from divorcing him.

15. Appian, *Civil Wars*, 5.144.

16. Velleius Paterculus, *History of Rome*, 2.83.2.

17. 같은 책.

18. Cassius Dio, *Roman History*, 50.3.2.

19. Plutarch, *Antony*, 58.4.

20. Velleius Paterculus, *History of Rome*, 2.83.1. Another issue might have been the loss of Cleopatra's favor: Plutarch, *Antony*, 58.4.

21. Plutarch, *Antony*, 58.4-6; Cassius Dio, *Roman History*, 50.3.3-5; Suetonius, *Augustus*, 17.

22. Plutarch, *Antony*, 58.7.

23. Cassius Dio, *Roman History*, 50.4.3-4.

24. Suetonius, *Augustus*, 99.1.

25. Plutarch, *Antony*, 58.10.

26. 같은 책, 60.1.

27. Cassius Dio, *Roman History*, 50.4.5, 비교를 위해 다음을 참조. Augustus, *Res Gestae*, 7.3.

28. Augustus, *Res Gestae*, 25, trans. Frederick W. Shipley, *Velleius Paterculus and Res Gestae Divi Augusti* (London: W. Heinemann, 1955), 385.

6 침략자들

1. Tomislav Bilič, "The Myth of Alpheus and Arethusa and Open-Sea Voyages on the Mediterranean—Stellar Navigation in Antiquity," *International Journal of Nautical*

Archaeology 38, no. 1 (2009): 116–32; James Morton, *The Role of the Physical Environment in Ancient Greek Sailing* (Leiden, Neth.: Brill, 2001),151, 153–54, 185–87 참조.

2. William M. Murray가 2020년 9월에 개인적으로 알려준 내용이다.

3. Julius Caesar, *Commentaries on the Civil War*, 3.23–28; Plutarch, *Antony*, 7.1–6; Appian, *Civil Wars*, 2.59; Cassius Dio, *Roman History*, 41.48.

4. Plutarch, *Antony*, 35.1; Appian, *Civil Wars*, 5.56–61, 66, 93–95.

5. Plutarch, *Antony*, 58.1–2; Cassius Dio, *Roman History*, 50.10.3–6.

6. Cassius Dio, *Roman History*, 50.7.3, 9.1; Servius, *Virgil's Aeneid*, 7.684; Grant, *Cleopatra*, 198.

7. Cassius Dio, *Roman History*, 50.7.3.

8. 같은 책, 50.11.5; Syme, *Roman Revolution*, 292–93.

9. Livy (Titus Livius), *Periochae*, 132.2.

10. Velleius Paterculus, 2.82.4.

11. Plutarch, *Antony*, 58.1–3; Plutarch, *Antony*, ed. comm., Pelling, 259–60.

12. Cassius Dio, *Roman History*, 50.9.2.

13. 같은 책, 50.5.4; Propertius, *Elegies*, 3.11.45–46; *Latin Anthology*, 1.462.3; Ovid, Metamorphoses, 15.826–28; [Author Unknown,] *Elegy for Maecenas*, 1.53–54; Florus, Epitome, 2.21.2; Eutropius, *Abridgement of Roman History*, 7.7.1.

14. 나는 William M. Murray의 선구적 작업에 신세를 졌다. 다음을 참조. Murray, *Age of Titans*, 242–43.

15. 이 최대 규모의 선박을 가리키는 용어는 polyreme인데 "노를 많이 갖춘"이라는 뜻의 그리스어이다.

16. Murray and Petsas, *Octavian's Campsite Memorial*, 142–51; William M. Murray, "Reconsidering the Battle of Actium—Again," in *Oikistes: Studies in Constitutions, Colonies, and Military Power in the Ancient World. Offered in Honor of A. J. Graham*, ed. Vanessa B. Gorman and Eric W. Robinson (Leiden, Neth.: Brill, 2002), 342–43; Murray, Age of Titans, 235–38.

17. 로마가 해군 공성전을 펼친 사례도 몇 가지 있다. 가령 푸블리우스 코르넬리우스 스키피오 아프리카누스가 우티카(오늘날의 튀니지)에서 벌인 작전이 그것이다. 하지만 그런 작전들은 예외적인 경우다.

18. Murray, *Age of Titans*, 95–100, 125–28 참조.

19. Diodorus Siculus, *Library of History*, trans. Russel M. Geer (Cambridge, MA: Harvard University Press, 1954), vol. 10, bk. 20, p. 361, 20.83.2.

20. Cassius Dio, *Roman History*, 50.9.2.

21. Plutarch, *Antony*, 58.3; Plutarch, *Antony*, ed., comm. Pelling, 260 참조.

7 해군 왕관

1. Livy (Titus Livius), *Periochae*, 129; Cassius Dio, *Roman History*, 49.14.3; Seneca the

Elder (Lucius Annaeus Seneca), *De Beneficiis*, 3.32.4; Velleius Paterculus, *History of Rome*, 2.81.3; Virgil, *Aeneid* 8.683–84; Ovid (Publius Ovidius Naso), *Art of Love*, 3.392; Pliny, *Natural History*, 16.7–8. Meyer Reinhold, *From Republic to Principate: An Historical Commentary on Cassius Dio's Roman History Books 49–52* (36–29 B.C.) (Atlanta: Scholars Press, 1987) 34의 토론을 참조. Lindsay Powell, *Marcus Agrippa: Right-Hand Man of Caesar Augustus* (Barnsley, UK: Pen & Sword Books, 2015), 63, 276nn124–27.

2. Virgil, *Aeneid*, trans. John Dryden, 8.683.

3. 예를 들어 "RIC I (Second Edition) Augustus 158"이나 "RIC I (Second Edition) Augustus 160", American Numismatic Society online, accessed April 12, 2021, http://numismatics.org/ocre/id/ric.1(2).aug.158이나 http://numismatics.org/ocreid/ric.1(2).aug.160을 각각 참조.

4. Roger Crowley, *City of Fortune: How Venice Ruled the Seas*, (New York: Random House, 2011), 120.

5. From Corcyra, it is a distance of 1,114 miles, or 968 nautical miles, or 1,793 kilometers to Alexandria, Egypt ("Orbis: The Stanford Geospatial Network of the Ancient World," Stanford University Libraries online, accessed April 12, 2021, http://orbis.stanford.edu).

6. Vegetius, *De re militari*, 3.26, trans.; Paul Erdkamp, *Hunger and the Sword: Warfare and Food Supply in Roman Republican Wars (264–30 B.C.)* (Amsterdam: J. C. Gieben, 1998), 27.

7. Jonathan P. Roth, *The Logistics of the Roman Army at War* (264 B.C.–A.D. 235) (Leiden: Brill, 1999)의 여기저기의 많은 예시들.

8. Appian, *Civil Wars*, 5.118.

9. Shakespeare, *Antony and Cleopatra*, act 2, scene 2, line 247.

10. Stanford Geospatial Network," http://orbis.stanford.edu. 웹사이트에는 메토네가 포함되어 있지 않으나, 아키타스곶 혹은 아크리타스곶은 포함되어 있다. 이곳은 메토네에서 남동쪽 해상으로 약 20킬로미터 떨어진 곳이다("Sailing Distance Calculator," Sail Greece, accessed April 12, 2021, https://www.sailgreeceyachts.com/sailing-distances-greece.html).

11. Tomislav Bilič, "The Myth of Alpheus and Arethusa and Open-Sea Voyages on the Mediterranean—Stellar Navigation in Antiquity," *International Journal of Nautical Archaeology* 38, no.1 (2009): 116–32; Morton, *Role of Physical Environment in Ancient Greek Sailing*, 185–87 참조.

12. 거리는 "항해 거리 계산기"로 2021년 4월 12일에 측정한 계산에 근거했다. https://www.sailgreeceyachts.com/sailing-distances-greece.html. A distance of 751 kilometers, or about 395 nautical miles, comes from "Orbis: Stanford Geospatial Network," http://orbis.stanford.edu, 하지만 이 거리는 직선 루트가 아닌 루트를 측정한 것이다.

13. 고대 항해에 대해서는 다음을 참조. Morton, *Role of Physical Environment in Ancient*

Greek Sailing, 122–23, 185–94; James Beresford, *The Ancient Sailing Season* (Leiden, Neth.: Brill, 2013), 173–212; E.G.R. Taylor, *The Haven- Finding Art: A History of Navigation from Odysseus to Captain Cook* (New York: Abelard- Schuman, 1957), 3–64; Harold Augustin Callahan, *The Sky and the Sailor: A History of Celestial Navigation* (New York: Harper and Brothers, 1952), 10–18.

14. Livy (Titus Livius), *History of Rome*, 31.23.

15. 먼저 J. Kromayer의 "Kleine Forschungen zur Geschichte des Zweiten Triumvirats. VII. Der Feldzug von Actium und der sogenannte Verrath der Cleopatra," *Hermes* 34, no. 1 (1899): 9을 보라. 또한 Giovanni Brizzi, "La Battaglia d'Azio," in *Cleopatra: Roma e l'Incantesimo Dell'Egitto*, ed. Giovanni Gentili (Milano, It.: Skira), 2013, 21–22를 참조하라.

16. Kromayer, "Kleine Forschungen," 9; 25, n. 2, 기원전 31년 9월 2일의 악티움 해전 이전에 아그리파가 올린 업적을 모두 고려할 때, 그가 3월 이후에 공격을 시작했을 가능성은 낮다. 겨울 항해에 대해서는 다음을 참조. Beresford, *Ancient Sailing Season*, 269–70.

17. 이러한 주장에 대해서는 다음을 참조. Jean-Michel Roddaz, *Marcus Agrippa* (Rome: École française de Rome, 1984), 168–69.

18. 사령관은 C. 루크레티우스 갈루스이고, 연대는 기원전 171년이다. Livy (Titus Livius), *History of Rome*, 42.48.9.

19. 로마인들의 정찰선과 심해 위장 전술에 대해서는 다음 자료를 참조. Polybius, *Histories*, 3.95–96; Julius Caesar, *African War*, 26.3–4; Vegetius, *Epitome*, 4.37; N. J. E. Austin and N. B. Rankov, *Exploratio: Military and Political Intelligence in the Roman World* (New York: Routledge, 1995), 59–60, 62, 237.

20. C. Lucretius Gallus, 171 BC; Livy, *History of Rome*, 42.48.9.

21. 로마 전함의 속도에 대해서는 다음을 참조. Lionel Casson, *Ships and Seamanship in the Ancient World* (Princeton, NJ: Princeton University Press, 1971), 292–96.

22. Cassius Dio, *Roman History*, 50.9.4.

23. 같은 책.

8 아프리카 왕

1. 보구드에 관해서는 다음을 참조. alia, G . Camps, "Bogud," *Encyclopédie Berbère* vol. 10 (Aix-en-Provence, France: EDISUD, 1991), 1557–58; Duane W. Roller, *The World of Juba II and Kleopatra Selene: Royal Scholarship on Rome's African Frontier* (London: Routledge, 2003), 55–58.

2. Suetonius, *Caesar*, 52.1; Sallust (Gaius Sallustius Crispus), *Jugurtha*, 80.6.

3. Cassius Dio, *Roman History*, 43.36.1, 38.2–3.

4. 무어인 기병대에 관해서는 다음을 참조. Michael Speidel, "Mauri Equites: The Tactics of Light Cavalry in Mauretania," *Antiquités africaines* 29 (1993): 121–26.

5. Appian, *Civil Wars*, 2.104.

6. Thucydides, *Peloponnesian War*, 2.35.1–3; Illyrian raiders: Pausanias, *Description*

of Greece, 4.35.6-7.

7. N. A. Bees, "Modon," in *Encyclopaedia of Islam*, 2nd ed., ed. P. Bearman et al., consulted online December 14, 2020, http://dx.doi.org.proxy.library.cornell.edu /10.1163/1573-3912 islam SIM 5250.

8. Orosius, *Historiae Adversus Paganos* (*History Against the Pagans*), 6.19.6.

9. Murray, *Age of Titans*, 140, 290-91 참조.

10. Plutarch, *Brutus*, 47.1-4; Roth, *Logistics of the Roman Army at War*, 282.

11. Maev Kennedy, "Lord Nelson's Watch Expected to Fetch up to £450,000 at Sotheby's," *Guardian* (UK) online, June 22, 2018, https://www.theguardian. com /world/2018/jun/22/lord-nelson-watch-battle-of-trafalgar-auction-sothebys; William Clark Russell 그리고 Sérgio Antônio Sapucahy da Silva, *Horatio Nelson and the Naval Supremacy of England* (New York: G. P. Putnam's Sons, 1890), 203.

12. Morton, *Physical Environment in Ancient Greek Sailing*, 229-30.

13. 공격 및 방어 목록 참조. A.W. Lawrence, *Greek Aims in Fortification* (Oxford: Clarendon Press, 1979), 53-66. 또한 다음을 참조. Philip de Souza, "Naval Forces," in *The Cambridge History of Greek and Roman Warfare*, vol. 1, *Greece, the Hellenistic World, and the Rise of Rome*, ed. Philip Sabin, Hans van Wees, and Michael Whitby (Cambridge: Cambridge University Press, 2007): 450-51.

14. Philo (Philo Mechanicus), *Poliorketika*, 4.1.1-4; Lawrence, *Aims in Fortification*, 99, 101.

15. 같은 책, 4.3.72-75; 107.

16. Appian, *Civil Wars*, 5.109, 116.

17. Appian, *The Illyrian Wars*, 22-24 (where the city is called Segesta); Cassius Dio, *Roman History*, 49.37.

18. Kevin Andrews, *Castles of the Morea*, rev. ed., Glenn R. Bugh의 서문 (Princeton, NJ: American School of Classical Studies at Athens, 2006), 58-83. Hellenistic revetments: Lawrence, 473-74. Roman walls: John C. Kraft and Stanley E. Aschenbrenner, "Paleogeographic Reconstructions in the Methoni Embayment in Greece," *Journal of Field Archaeology* 4, no. 1 (Spring 1977): 22; Pausanias, *Description of Greece*, 4.35.1-2 참조.

19. 아그리파는 기습적으로 메토네를 공격하여 그곳의 왕을 죽였다.(Strabo, *Geography*, 359 8.4.3; Cassius Dio, *Roman History*, 50.11.3; Porphyry of Tyre, *On Abstinence from Animal Food*, 1.25). 아그리파의 공격은 바다 쪽에서 전개되었다(Strabo, *Geography*, 359 8.4.3). 메토네는 안토니우스의 강력한 수비대가 방어한다고 알려졌는데도 아그리파는 공격을 감행하여 성공을 거두었다(*Mothonam urbem ualidissimo Antoniano praesidio munitam expugnauit*, Orosius, *Against the Pagans*, 6.19.6).

20. The general Lamachus, 415 BC, as noted in Thucydides, *Peloponnesian War*, 6.49.

21. "by an attack from the sea" (ex epiplou): Strabo, *Geography*, 359 8.4.3.

22. 사피엔차는 이 섬의 현대 이름이다. 고대의 이름이 무엇이었는지는 알려지지 않았다. 프로

테와 사피엔차 사이의 항해 거리는 약 40킬로미터다. Greece, accessed April 12, 2020, https://www.sailgreeceyachts.com/sailing-distances-greece.html.

23. Appian, *Civil Wars*, 5.106. 야간의 기습에 관해서는 다음을 참조. Polybius, *Histories*, 1.49.6–50.64, and Philip de Souza, "Naval Battles and Sieges," in *The Cambridge History of Greek and Roman Warfare*, vol. 1, *Greece, the Hellenistic World, and the Rise of Rome*, ed. Philip Sabin, Hans Van Wees, Michael Whitby (Cambridge: Cambridge University Press, 2007): 444.

24. Livy, *History of Rome*, 31.23.

25. Fred Espenak, "Phases of the Moon: –0099 to 0000 (0100 to 0001 BCE," AstroPixels. com, last modified December 21, 2014, http://astropixels.com/ephemeris/phasescat/phas es-0099.html.

26. Livy, *History of Rome*, 31.23.

27. Sextus Julius Frontinus, *Stratagems*, 3.9.4. 프론티누스는 그 장군이 루키우스 코르넬리우스 루피누스라고 했는데, 아마도 루키우스 코르넬리우스 스키피오를 가리켰을 것이다.

28. 메토네 함락의 전략적 결과에 대해서는 다음을 참조했다. Michael Grant, *Cleopatra*, 204–5.

29. 드레이크의 공격은 1587년 스페인 카디스에서 일어났다.

30. Cassius Dio, *Roman History*, 50.11.3. Translated: Cassius Dio Cocceianus, Earnest Cary, and Herbert Baldwin Foster, *Dio's Roman History*, vol. 5 (New York: G. P. Putnam's Sons, 1917), 459.

31. 동시다발 공격에 관해서는 다음을 참조. John Arquilla and David Ronfeldt, *Swarming & the Future of Conflict* (Santa Monica, CA: Rand, 2000).

32. Plutarch, *Antony*, 68.4; Plutarch, *Plutarch's Lives*, vol. 9, trans. Perrin, 295.

33. Plutarch, *Antony*, 59.8.

34. Grant, *Cleopatra*, 204.

35. Velleius Paterculus, *Roman History*, 2.84.1.

36. Grant, *Cleopatra*, 205.

9 국자 위에 앉기

1. Plutarch, *Antony*, 60.2–7; Cassius Dio, *Roman History*, 50.8.1–6, 10.2.3.

2. Plutarch, *Antony*, 33.2–4; *On the Fortune of the Romans*, 319–20.

3. Plutarch, *Antony*, 62.2–4; Cassius Dio, *Roman History*, 50.9.5–6.

4. Cassius Dio, *Roman History*, 50.11.1; Orosius, *Against the Pagans*, 6.19.7. Reinhold는 옥타비아누스가 먼저 겨울철에 코르키라를 점령하려 했으나 폭풍우 때문에 물러갔다가 결국 이듬해 봄에 그 섬을 차지했다는 디오의 주장에 대해 설득력 있는 반론을 폈다(Reinhold, *From Republic to Principate*, 102). 이 작전의 성공은 아그리파에게 돌아가야 한다는 것이다.

5. Cassius Dio, *Roman History*, 50.12.1.

6. Plutarch, *Antony*, 62.6.

7. Plutarch, *Antony*, ed., comm. Pelling, 62.6, 272, citing J. N. Adams, *The Latin Sexual Vocabulary* (London: Duckworth, 1982), 23; Amy Coker, "How Filthy was Cleopatra? Looking for Dysphemistic Words in Ancient Greek," *Journal of Historical Pragmatics* 202 (2019): 186–203.

8. Suetonius, *Augustus*, 68.1.

9. Tacitus, *Annals*, 2.53.

10. Google Earth; William M. Murray가 2020년 9월 11일에 개인적으로 알려준 내용이다.

11. 그리스 요아니나에 사는 권위 있는 강연자이며 안내자인 베르고스 코스타스(Vergos Kostas)가 2020년 9월 14일에 개인적으로 알려준 내용이다.

12. 그것은 미티카스라는 곳에 위치해 있다.

13. William M. Murray가 2020년 9월에 개인적으로 알려준 내용이다

14. Plutarch, *Antony*, 63.1; Plutarch, *Antony*, ed. comm., Pelling, 273.

15. T. Rice Holmes, *The Architect of the Roman Empire* (Oxford: Clarendon Press, 1928), 1:149.

16. Velleius Paterculus, *Roman History*, 2.84.2.

17. Appian, *Civil Wars*, 5.139; Cassius Dio, *Roman History*, 50.13.5; Velleius Paterculus, *Roman History*, 2.84.1.

18. Southern, *Antony*, loc. 3528 of 4044 (Kindle e-book); "RRC 545/1," American Numismatic Society online, accessed April 12, 2021, http://numismatics.org/crro/id/rrc-545.1.

19. Cassius Dio, *Roman History*, 50.13.5.

20. Reinhold, *From Republic to Principate*, 103.

21. Appian, *Civil Wars*, 3.40; Cassius Dio, *Roman History*, 45.12.1–2.

22. Plutarch, *Antony*, 63.9–11.   Plutarch, *Antony*, ed. comm., Pelling, 276 참조.

23. Horace, *Epodes*, 9.17–20.

10 아폴론의 복수

1. 안토니우스의 병사들은 이런 질병으로 고생했을 가능성이 높다.

2. Homer, *The Iliad*, trans. Alexander Pope, bk. 1, ll. 67–72.

3. Plutarch, *Antony*, 62.1.

4. Orosius, *Against the Pagans*, 6.19.4.

5. Plutarch, *Antony*, 68.4.

6. Homer, *Iliad*, trans. Pope, bk. 1, ll. 79–82.

7. W. W. Tarn, "The Battle of Actium," *Journal of Roman Studies* 21 (1931): 188.

8. Cassius Dio, *Roman History,* 50.13.6; Velleius Paterculus, *Roman History*, 2.84.2.

9. Plutarch, *Antony*, 63.3–4; Velleius Paterculus, Roman history, 2.84.2; Suetonius, *Nero*, 3.1; Cassius Dio, *Roman History*, 50.13.6. 우리는 아헤노바르부스가 옥타비아누스의 캠프로 탈주한 경로는 알지 못한다. 하지만 그 당시 바다가 너무 험했기에 그가 보트를 타고서 고마로스만을 빠져나갔으리라고 보기는 어렵다(베르고스 코스타스가 2020년 9월 18일

에 저자에게 개인적으로 알려준 내용이다).

10. Plutarch, *Caesar*, 34.5. Plutarch, *Antony*, ed., comm. Pelling, 63.3-4, 274 참조.

11. Cassius Dio, *Roman History*, 50.13.7.

12. Velleius Paterculus, *Roman History*, 2.84.1.

13. Plutarch, *Antony*, 59.6; 연대기는 다음을 참조. Syme, *Roman Revolution*, 295.

14. "publicola", in Hubert Cancik et al., *Brills New paulyi Encyclopaedia of the Ancient World*, English ed. (Leiden, Neth.: Brill, 2002-2010). 로마 귀족 사회에서는 성인도 입양 대상이었다. 입양은 결혼과 마찬가지로 정치적 동맹을 강화하는 수단이었다.

15. "Corvinus," in Cancik et al., *Brill's New Pauly* 참조.

16. Cassius Dio, *Roman History*, 50.13.8.

17. Michael Grant, *From Imperium to Auctoritas: A Historical Study of Aes Coinage in the Roman Empire*, 49 B.C.-A.D. 14 (Cambridge: University Press, 1946), 39-41.

18. Cassius Dio, *Roman History*, 50.14.1-3.

19. Plutarch, *Antony*, 63.6.

20. 같은 책, 63.6-8; Cassius Dio, *Roman History*, 50.14.4.

21. Julius Caesar, *Civil War*, 3.96.1.

22. Seneca, *Suasoriae* 1.7.

23. Seneca, *Suasoriae* 1.7; Holmes, *Architect*, 1:149.

24. Plutarch, *Antony*, 63.4; Cassius Dio, *Roman History*, 51.22.8.

25. Plutarch, *Antony*, 63.7; Plutarch, *Antony*, ed. comm., Pelling, 275.

26. Plutarch, *Antony*, 63.8; Cassius Dio, *Roman History*, 50.15.1-3.

27. Si Sheppard, *Actium 31 BC Downfall of Antony and Cleopatra* (Oxford: Osprey, 2009), 62. 실제로 옥타비아누스는 이 전쟁 이후 겨울에 이탈리아에서 제대군인들의 반란 일보 직전에 직면했다. 하지만 반란을 일으키려 한 병사 가운데 안토니우스 쪽 병사는 없었다. Cassius Dio, *Roman History*, 51.4-5.

28. Plutarch, *Antony*, 64.1; Cassius Dio, *Roman History*, 50.15.3; Orosius, *Against the Pagans*, 6.19.8.

29. Plutarch, *Antony*, 62.1.

30. Cassius Dio, *Roman History*, 50.15.2-3.

31. Plutarch, *Antony*, 63.8.

32. Dellius: 같은 책, *Antony*, 59.6; Cassius Dio, *Roman History*, 50.23.1; Velleius Paterculus, *Roman History*, 2.84.2; Seneca, *Suasoriae* 1.7.

33. Cassius Dio, *Roman History*, 50.31.1-2.

34. Cassius Dio, *Roman History*, 50.31.1-3. 전투일 오전에 안토니우스의 함대가 강풍을 만나 피해를 보았다는 디오의 기록은 잘못된 것임이 틀림없다. 또 옥타비아누스와 아그리파가 작전 계획을 수립할 때 그날 오전까지 기다렸다는 것도 잘못된 기록이다(Rheinhold, *From Republic to Principate*, 113-14).

11 충돌

1. Murray, "The Rostrate Façade of the Victory Monument," pp. 5–6 n.9.
2. Murray and Petsas, *Octavian's Campsite Memorial*, 55–56; Murray, *Age of Titans*, 38–47.
3. Strabo, *Geography*, 7.7.6.
4. Plutarch, *Antony*, 64.1; Cassius Dio, *Roman History*, 50.15.4. Plutarch, *Antony*, ed. comm., Pelling, 276 참조.
5. Florus, *Epitome*, 2.21.5; Orosius, *Against the Pagans*, 6.19.6.
6. 나는 이 논증과 관련하여 Peter Yao에게 신세를 졌다.
7. Murray, *Age of Titans*, 243.
8. Cassius Dio, *Roman History*, 50.16.3, 30.4; 비교를 위해 다음을 참조. Reinhold, *From Republic to Principate*, 106의 해설.
9. Cassius Dio, *Roman History*, 50.15.4.
10. Plutarch, *Antony*, 64.4, Plutarch, *Plutarch's Lives*, vol. 9, trans. Perrin, 283, modified.
11. Plutarch, *Antony*, 64.2–4; Shakespeare, *Antony and Cleopatra*, act 3, scene 7, lines 61–66.
12. Plutarch, *Antony*, 64.3.
13. Philo, *Poliorketika* 21 [98.24], cited in Murray, *Age of Titans*, 296.
14. 나는 황혼의 항해를 위해 다음을 참고했다. "Preveza, Greece—Sunrise, Sunset, and Daylength, September 2020," Time and Date AS, accessed April 12, 2021, https://www.timeanddate.com/sun/greece/preveza?month =9&year =2020.
15. Plutarch, *Antony*, 65.4.
16. 안토니우스의 연설에 관해서는 다음을 참조. Cassius Dio, *Roman History*, 50.16–23.
17. Plutarch, *Antony*, 65.5, 궁극적인 출처는 아마도 지금은 사라진 아우구스투스의 회고록일 것이다.
18. Florus, *Epitome*, 2.21. 비슷한 맥락에서 다음을 참조. Livy, *Periochae*, 133; Velleius Paterculus, *Roman History*, 2.84.1; Cassius Dio, *Roman History*, 50.18.5; 23.2–3; 29.1–4.
19. Murray, *Age of Titans*, 236.
20. Appian, *Civil Wars*, 5.11.98–99; 비교를 위해 다음을 참조. Cassius Dio, *Roman History*, 50.19.3.
21. Velleius Paterculus, *Roman History*, 2.84.1.
22. Murray, "Reconsidering the Battle of Actium," 348–49의 제안을 참조.
23. Virgil, *Aeneid*, trans. Dryden, 8.679–84.
24. Plutarch, *Antony*, 65.6; John Carter, *The Battle of Actium* (London: Hamish Hamilton, 1970), 215–20; Murray, "Reconsidering the Battle of Actium," 350–51.
25. Orosius, *Against the Pagans*, 6.19.8.
26. Plutarch, *Antony*, 64.1.
27. Carter, *Battle of Actium*, 217. 안토니우스의 전함에는 약 110~120명에 이르는 갑판 병

사가 있었고, 옥타비아누스의 전함에는 90명이 있었다. William M. Murray는 안토니우스가 전함당 병사가 95명씩 배치되었다고 추산했다. William M. Murray, "The Ship Class of the Egadi Rams and Polybius's Account of the First Punic War," in Jeffrey G. Royal and Sebastiano Tusa, eds., *The Site of the Battle of the Aegates Islands at the End of the First Punic War: Fieldwork, Analyses and Perspectives 2005–2015* (Rome: "L'Erma" di Bretschneider, 2019), 29.

28. "Actium (Greece; ACT)," American Numismatic Society online, accessed April 12, 2021, http://numismatics.org/chrr/id/ACT; Irène Varoucha- Christodoulopoulou, "Acquistions du Musée d'Athènes," *Bulletin de Correspondance Hellénique* 84 (1960): 495–96.

29. 물론 이 주화들은 승선한 병사가 아닌, 또 다른 안토니우스 병사의 것일 수도 있다.

30. L. J. F. Keppie, "A Note on the Title 'Actiacus,'" in *Legions and Veterans: Roman Army Papers, 1971–2000* (Stuttgart, Ger.: Franz Steiner Verlag, 2000), 97–98.

31. 옥타비아누스와 그의 프로파간다 요원들은 아마도 마라톤을 염두에 두었을 것이다. 마라톤 전투에 참가한 제대군인들에게는 '마라톤 전사'라는 자랑스러운 이름이 부여되었다.

32. "Billienus, C.," in Cancik et al., *Brill's New Pauly* 참조.

33. 같은 책 "Sempronius," 참조.

34. G. Funaioli, ed., *Grammaticae Romanae fragmenta* (Leipzig, Ger.: Teubner, 1907), 491–92.

35. Nile mosaic, Palestrina, Italy.

36. Plutarch, *Antony*, 65.5.

37. Virgil, *Aeneid*, trans. Dryden, 8.689–90.

38. Appian, *Civil Wars*, 5.106–8, 118–21.

39. Cassius Dio, *Roman History*, 50.32.1.

40. Murray의 다음 논문에서 주장된 바와 같다. "Reconsidering the Battle of Actium," 342, and *Age of Titans*, 241.

41. Sheppard, *Actium 31 BC*, 78.

42. Cassius Dio, *Roman History*, 50.32.5.

12 보라색 돛을 단 황금색 배

1. Murray, "Reconsidering the Battle of Actium," 353.

2. Virgil, *Aeneid*, 8.707–8.

3. Carter, *Battle of Actium*, 224.

4. Florus, *Epitome*, 2.21.11.8; 비교를 위해 다음을 참조. Pliny, *Natural History*, 19.5.22; Plutarch, *Antony*, 60.3 참조.

5. Plutarch, *Antony*, 66.5; Cassius Dio, *Roman History*, 50.32.1–3; Velleius Paterculus, *Roman History*, 2.85.3; Florus, *Epitome*, 2.21.11.8.

6. Josephus, *Against Apion*, 2.59.

7. Cassius Dio, *Roman History*, 50.32.1–3.

8. Shakespeare, *Antony and Cleopatra*, act 4, scene 10, lines 13–18.

9. Plutarch, *Antony*, 66.6.

10. Josephus, *Against Apion*, 2.59.

11. Velleius Paterculus, *History of Rome*, 2.85.3.

12. Plutarch, *Antony*, 66.7–8.

13. Cassius Dio, *Roman History*, 50.33.3.

14. Plutarch, *Antony*, 66.8–67.1.

15. Plutarch, *Antony*, 67.1.

16. Pliny, *Natural History*, 32.2–4; Aristotle, *History of Animals*, 2.14.

17. Cassius Dio, *Roman History*, 50.33.4.

18. 예를 들어 스위스 함대가 '비보르크 곤틀렛'에서 탈주한 일(1790) 혹은 동맹군 함대가 툴롱 공성전에서 탈주한 일(1793) 등이 성공적인 탈주 작전인데, 그 작전들 수행 과정에서도 엄청난 손실이 발생했다.

19. Murray, "Reconsidering the Battle of Actium," 346–47.

20. Plutarch, *Antony*, 68.2–4; Plutarch, *Antony*, ed., Pelling, 같은 곳의 해설. 비교를 위해 다음을 참조. Cassius Dio, *Roman History*, 51.1.4.

21. 이 의견에 대하여 나는 Philip de Souza에게 신세를 졌다(2019년 11월 22일에 개인적으로 알려준 내용이다).

22. Plutarch, *Antony*, 68.1; Velleius Paterculus, *History of Rome*, 2.85.4; Suetonius, *Augustus*, 17.2.

23. 논쟁에 관해서는 다음을 참조. Jacqueline Leroux, "Les Problèmes stratégiques de la bataille d'Actium," *Recherches de philologie et de linguistique* 2 (1968) 52–55; Murray, "Reconsidering the Battle of Actium," 346–47, 353–54.

24. Plutarch, *Antony*, 68.3.

25. Velleius Paterculus, *History of Rome*, 2.85.4.

26. Cassius Dio, *Roman History*, 50.34.1.

27. 불붙은 발사체는 기원전 42년의 필리피 전투에서 성공적으로 활용되었다. Appian, *Civil Wars*, 4.115; William Ledyard Rodgers, *Greek and Roman Naval Warfare: A Study of Strategy, Tactics, and Ship Design from Salamis (480 B.C.) to Actium (31 B.C.)* (Annapolis, MD: United States Naval Institute, 1937), 494.

28. Cassius Dio, *Roman History*, 50.34–35; Horace, Odes, 1.37.13; Florus, *Epitome*, 2.21.6; Servius (Maurus Servius Honoratus), *Commentary on Virgil's Aeneid*, 8.682; Virgil, *Aeneid*, 8.694; 비교를 위해 Appian, Civil Wars, 5.121 참조.

29. 나는 이 부분과 관련해 스탠퍼드대학 고전과 역사 및 과학철학 연구자 Adrienne Mayor, 버밍엄대학 화학과 박사 Simon Cotton이 2020년 7월 17일에 보내온 메일에서 도움을 받았다.

30. Joshua Rapp Learn, "Historical Art Paints a Picture of Past Shark Abundance," Hakai, last modified May 22, 2018, https://www.hakaimagazine.com/features/historical-art-paints-picture-past-shark-abundance/.

31. Plutarch, *Antony*, 68.1; Cassius Dio, *Roman History*, 50.34.5.

32. Plutarch, *Antony*, 68.1; Velleius Paterculus, *History of Rome*, 2.85.5.

33. Suetonius, *Augustus*, 17.

34. Plutarch, *Antony*, 68.1.

35. 같은 책.

36. Orosius, *Against the Pagans*, 6.19.12.

37. Propertius, *Elegies*, 2.15.41, trans. Jasper Griffin, "Propertius and Antony," *Journal of Roman Studies* 67 (1977): 19.

38. Florus, *Epitome*, 2.21.11.7, in Florus, *Epitome of Roman History*, trans. E. S. Forster (Cambridge, MA: Harvard University Press, 1929), 327.

39. Orosius, *Against the Pagans*, 6.19.14; *Inscriptiones Latinae Selectae* 79.

40. Suetonius, *Caesar*, 30.

41. Velleius Paterculus, *Roman History*, 2.85.3–5.

42. Virgil, *Aeneid*, trans. Dryden, 8.704–6.

43. Plutarch, *Antony*, 67.1, 5.

44. Virgil, *Aeneid*, 8.709.

45. Plutarch, *Antony*, 67.6.

46. 같은 책.

47. 같은 책, 68.9.

48. 같은 책, 68.10; Pliny, *Natural History*, 35.200.

49. Cassius Dio, *Roman History*, 51.5.3.

50. 같은 책, 51.1.5; Plutarch, *Antony*, 68.5; Velleius Paterculus, *Roman History*, 2.85.6.

51. Keppie, "Antony's Legions," 81–83; L. J. F. Keppie, *The Making of the Roman Army: From Republic to Empire* (Totowa, NJ: Barnes & Noble Books, 1984): 134–36.

13 "나는 파괴하는 대신 구하려 했다"

1. *Res Gestae Divi Augusti* 3, trans. Frederick W. Shipley, *Velleius Paterculus and Res Gestae Divi Augusti* (London: W. Heineman, 1955), 349.

2. Cassius Dio, *Roman History*, 51.1.1; trans. M. Reinhold, *From Republic to Principate*, 118.

3. Cicero, *Letters to Atticus*, 16.15.3.

4. 출처에 관해서는 다음을 참조. Carlin A. Barton, *Roman Honor: The Fire in the Bones* (Berkeley: University of California Press, 2001), 50.

5. Cassius Dio, *Roman History*, 51.6.3.

6. Osgood, *Caesar's Legacy*, 387–88, plus Dessau, *Inscriptiones Latinae Selectae*, 2672; Adrian Keith Goldsworthy, *Antony and Cleopatra* (New Haven, CT: Yale University Press, 2010), loc. 6076 + 6076n7 of 8957, Kindle e-book.

7. Cassius Dio, *Roman History*, 51.6.4.

8. Cicero, *Philippics*, 2.85–87.

9. Suetonius, *Augustus*, 25.4.

10. Augustus, *Res Gestae*, 3.

11. Velleius Paterculus, *Roman History*, 2.86.2.

12. Cassius Dio, *Roman History*, 51.2.4, 51.16.1.

13. 같은 책, 51.2.4-6; Velleius Paterculus, *Roman History*, 2.87.3; Reinhold, *From Republic to Principate*, 124, for the sources.

14. Cassius Dio, *Roman History*, 51.2.5; Syme, *Roman Revolution*, 299.

15. Flavius Josephus, *The Jewish War*, 1.391-92, 그리고 *Jewish Antiquities*, 15.187-195.

16. Appian, *Civil Wars*, 4.46; Velleius Paterculus, *Roman History*, 2.77.2.

17. Velleius Paterculus, *Roman History*, 2.86.2.

18. Syme은 소시우스가 전투 중에 안토니우스 함대를 배신한 공로로 사면을 받았다고 주장했다(*Roman Revolutionary War*, 297). 그러나 이 멋진 추론의 증거는 없다.

19. Josephus, *Jewish War*, 1.1.353, 357; Barton, *Roman Honor*, 144.

20. In 17 BC. *Corpus Inscriptionum Latinarum* (Berlin: Berlin-Brandenburgische Akademie der Wissenschaften, 1863-) vol. 6: 32323. See "Sosius," in Cancik et al., *New Pauly*.

21. 그 당시 호민관은 가이우스 푸르니우스였다. Reinhold, *From Republic to Principate*, 124 참조.

22. Plutarch, *Antony*, 68.6.

23. 같은 책; Dio Chrysostom, *Orations*, 31.66; G. W. Bowersock, *Augustus and the Greek World* (Oxford: Clarendon Press, 1965), 85n4; Osgood, *Caesar's Legacy*, 385-86.

24. Cassius Dio, *Roman History*, 51.4.1, 54.9.10; Suetonius, *Augustus*, 93; Plutarch, *Antony*, 23.2; Plutarch, *Antony*, ed. comm., Pelling, 176.

25. 로수스와 셀레우코스 그리고 옥타비아누스에 관해서는 다음을 참조. Osgood, *Caesar's Legacy*, 375-77, 386.

26. Plutarch, *Antony*, 73.2; Suetonius, *Augustus*, 17.3; Cassius Dio, *Roman History*, 51.3-5.1.

27. "Orbis: Stanford Geospatial Network," http://orbis.stanford.edu.

28. Cassius Dio, *Roman History*, 51.4.4, Cassius Dio Cocceianus, Earnest Cary, Herbert Baldwin Foster 번역, *Dio's Roman History*, vol. 6 (London: W. Heinemann, 1914): 13.

29. Cassius Dio, *Roman History*, 51.5.2.

30. 같은 책, 51.4.7-8.

31. Velleius Paterculus, *History of Rome*, 2.88.

14 인도로 가는 길

1. "Filters," American Numismatic Society online, accessed April 12, 2021, http://numismatics.org/search/results?q=issuerfacet:%22L.%20Pinarius%20 Scarpus %22&lang=en.

2. Jean-Sébastien Balzat and Benjamin W. Mills, "M. Antonius Aristocrates: Provincial Involvement with Roman Power in the Late 1st Century B.C.," *Hesperia: The Journal of the American School of Classical Studies at Athens* 82.4 (2013): 651–72.

3. Plutarch, *Antony*, 67.1, 5–6.

4. 같은 책, 69.6–70.8; Plutarch, *Antony*, ed. comm., Pelling, 291.

5. Cassius Dio, *Roman History*, 51.5.4.

6. Callimachus, in Rudolf Pfeiffer, *Callimachus*, vol. 1: *Fragmenta* (Oxford: Clarendon Press, 1949), frag. 465, p. 353.

7. Walker and Higgs, *Cleopatra*, cat. no. 173, pp. 174–75.

8. Plutarch, *Antony*, 69.3–5; Cassius Dio, *Roman History*, 51.7.1.

9. Plutarch, *Antony*, ed. comm., Pelling, 26, 28–29, 294, 296 참조.

10. Cassius Dio, *Roman History*, 51.6.4–6, 7.1, 8.1–6, 9.5–6; Plutarch, *Antony*, 72–73.

11. Plutarch, *Antony*, 74.2; Cassius Dio, *Roman History*, 51.6.5–6.

12. 같은 책, 73.1–5; 같은 책, 51.8.6–7, 9.5.

13. Propertius, *Elegies*, 3.9.55; *Carmen de bello actiaco*, col. ii., 14–19.

14. Cassius Dio, *Roman History*, 51.9.5–6.

15. Plutarch, *Antony*, 74.1.

16. 같은 책, 75.1.

17. 같은 책, 75.4.

18. Barry Strauss, *The Death of Caesar: History's Most Famous Assassination* (New York: Simon & Schuster, 2015), 105–6 참조.

19. Plutarch, *Antony*, 75.4–6.

20. "Apoleipein O Theos Antonion," Constantine Cavafy and Geōrgios P. Savvidēs, *Poïēmata* (Athēnai: Ikaros, 1984), 24; first published, 1911. Trans. Barry Strauss.

15 독사에게 물리다

1. Cassius Dio, *Roman History*, 51.10.4; Plutarch, Antony, 76.3.

2. Pliny, *Natural History*, 21.9.12. 저자는 안토니우스가 클레오파트라를 불신하여 둘이 함께 음식을 먹거나 술을 마실 때 시종에게 먼저 시식하게 했다고 주장한다.

3. Plutarch, *Antony*, 76.4; Cassius Dio, *Roman History*, 51.10.6. 클레오파트라의 능묘 위치는 알려지지 않았다. 많은 학자가 왕궁 근처에 있었을 것으로 추정한다. 다음을 참조하라. Owen Jarus, "Where Is Cleopatra's Tomb?," Live Science, last modified July 27, 2020, https://www.livescience.com/where-is-cleopatra-tomb.html.

4. 안토니우스의 자살에 관한 출처는 다음을 참조. Plutarch, *Antony*, 76.3; Cassius Dio, *Roman History*, 51.10.4; Livy, *Periochae*, 133.

5. Plutarch, *Brutus*, 43.8. 그 자유민의 이름은 핀다로스(Pindarus)였다.

6. Cassius Dio, *Roman History*, 51.10.8.

7. See, for comparison, 같은 책, 51.8–9; Plutarch, *Antony*, 76.2–3.

8. Suetonius, *Augustus*, 17.4.

9. Plutarch, *Antony*, 82.1; Roller, Cleopatra, 146.

10. Cassius Dio, *Roman History*, 51.15.1; Plutarch, *Antony*, 84.3, refers to burial.

11. 나는 플루타르코스의 *Antony*, 78.5–79.6의 자세한 정보를 따랐다. 좀 더 압축된 다른 버전으로는 Cassius Dio, *Roman History*, 51.11.4–5를 참조하라.

12. Pliny, *Natural History*, 7.46; Suetonius, *Augustus*, 16.3.

13. 두 사람이 그리스어, 라틴어, 제3자의 통역, 이 중 어떤 것으로 대화를 나누었는지는 불분명하다.

14. Florus, *Epitome*, 2.21.11.9; Florus, *Epitome*, trans. Forster, 327.

15. 디오는 클레오파트라가 옥타비아누스를 만난 이후에 리비아에게 보내는 선물을 옥타비아누스에게 전했다고 주장한다. 옥타비아누스가 클레오파트라의 자살을 경계하는 태도를 조금 누그러뜨리기 위해서였다고 한다. Cassius Dio, *Roman History*, 51.13.3.

16. Livy, *Fragment* 54, Acron과 Porphryion의 주석을 참조할 것.

17. Plutarch, *Antony*, 86.4.

18. Cassius Dio, *Roman History*, 51.14.1.

19. Plutarch, *Antony*, 85.7; Plutarch, *Plutarch's Lives*, vol. 9 trans. Perrin, 329, translation modified.

20. Virgil, *Aeneid*, 8.697; Horace, *Odes*, 1.37.27; 예시를 위해 다음을 참조. Florus, *Epitome*, 2.21.11, and Propertius, *Elegies*, 3.11.53.

21. 크기에 대해서는 다음을 참조. "Cobra," San Diego Zoo Wildlife Alliance online, accessed April 12, 2021, https://animals.sandiegozoo.org/animals/cobra.

22. 이것과 다른 코브라 맹독에 관련해서, 나는 *Snakes: The Evolution of Mystery in Nature* (Berkeley: University of California Press, 1997)의 저자이자 코넬대학 생태학과 명예 교수인 Harry W.Greene과 2020년 9월 13일에 나눈 대화에 의존했다. 스탠퍼드대학의 고전과 역사 및 과학 철학 연구자인 Adrienne Mayor께 감사하다.

23. Plutarch, *Antony*, 6–8; Cassius Dio, *Roman History*, 51.11.2; Aelian, *On the Nature of Animals*, 9.11; Galen 14.235–36; *Carmen de Bello Actiaco* col. v 36–43; Plutarch, *Antony*, ed. comm., Pelling, 296–97.

24. Horace, *Odes*, 1.37; John Conington, trans. *The Odes and Carmen Saeculare of Horace*, 3rd ed. (London: Bell and Daldy, 1865), 38.

16 "나는 왕을 보려 했다"

1. Plutarch, *Antony*, 80.2.

2. 같은 책, 80.1; Cassius Dio, *Roman History*, 51.16.3–4; Themistius, *Orations*, 8.108b–c, 173b–c; Julian, *To Themistius*, 265c; *Caesar*, 21.326b; *Epistles*, 51.433d–34a.

3. Plutarch, *Antony*, 80.30–4; Plutarch, *Antony*, ed. comm., Pelling, 311–12.

4. C. P. Cavafy, "Caesarion," ll.16–17, trans. Barry Strauss.

5. Walker and Higgs, *Cleopatra*, cat. nos. 171–72, pp. 172–74.

6. 카르나크에서 출토된 클레오파트라와 카이사리온의 화강암 석주를 참조할 것. 1764, in

Turin, Italy, in Giovanni Gentili, ed., *Cleopatra: Roma e l'incantesimo dell'Egitto* (Milan, It.: Skira, 2013), cat. no. 17, 100–102, 251–52.

7. Suetonius, *Caesar*, 52.2.

8. 카이사르의 특징에 대해서는 다음을 참조. Jeremy Paterson, "Caesar the Man," in *A Companion to Julius Caesar*, ed. Miriam Griffin (Chichester, UK: John Wiley & Sons, 2015), 126–27.

9. Suetonius, *Caesar*, 52.1.

10. Michael Gray-Fow, "What to Do with Caesarion?," *Greece & Rome* 61, no. 1 (2014): 38n3.

11. Nicolaus, *Life of Augustus and Autobiography*, ed. Toher, 3–6, 288.

12. Plutarch, *Antony*, 71.3; Cassius Dio, *Roman History*, 51.6.1.

13. 안틸루스의 마지막에 관한 자세한 내용은 다음을 참조. Plutarch, *Antony*, 81; Cassius Dio, *Roman History*, 51.6.2, 15.5; Suetonius, *Augustus*, 17.5.

14. Plutarch, *Antony*, 81.5.

15. Clement of Alexandria, *Stromateis*, 21.129.1–2.

16. Cassius Dio, *Roman History*, 51.16.5; Suetonius, *Augustus*, 18.1.

17. 같은 책.

18. 이 문단 속의 날짜는 그 당시 로마에서 통용되던 역법을 따르고 나중에 기원전 8년에 아우구스투스가 수정한 역법을 따르지 않았다. T. C. Skeat, "The Last Days of Cleopatra: A Chronological Problem," *Journal of Roman Studies* 43 (1953): 98, 100.

19. *Corpus Inscriptionum Latinarum*, 2nd edn., vol. 1: p.323 and 244=IIt.13.2.191 (Fasti Amiternini); Cassius Dio, *Roman History*, 51.19.4–6; Reinhold, *From Republic to Principate*, 148–49.

17 아우구스투스의 개선식

1. Cassius Dio, *Roman History* 51.21.7–8.

2. Konstantinos Zachos, *An Archaeological Guide to Nicopolis. Rambling Through the Historical, Sacred, and Civic Landscape,* Monuments of Nicopolis 10 (Athens: DIPCA-Scientific Committee of Nicopolis, 2015), 60, 66–68; Zachos, "The Tropaeum of the Sea-battle of Actium at Nikopolis: An Interim Report," *Journal of Roman Archaeology* 16 (2003): 90–92; Zachos, "The Triumph of Augustus on the Actium Monument at Nicopolis" (lecture, September 24, 2013), https://www.youtube.com/watch?v =LmaOgpXJHMA.

3. 아폴로 소시아누스 신전의 프리즈로, 오늘날 로마의 Centrale Montemartini에 전시되어 있다.

4. Suetonius, *Tiberius*, 6.4.

5. Mary Beard, *The Roman Triumph* (Cambridge, MA: Harvard University Press, 2009), 224–25.

6. Cassius Dio, *Roman History*, 51.21.9.

7. Strabo, *Geography*, 12.3.6, 35; Robert Alan Gurval, *Actium and Augustus: The Politics and Emotions of Civil War* (Ann Arbor: University of Michigan Press, 1995), 28-29.
8. Cassius Dio, *Roman History*, 51.2.2; Gurval, Actium, 29.
9. Propertius, *Elegies*, 2.1.31-34.
10. Cassius Dio, *Roman History*, 51.19.2.
11. Virgil, *Aeneid*, trans. Dryden, 8.714-720.
12. Cassius Dio, *Roman History*, 51.21.9.
13. 같은 책, 51.22.1-2.
14. 같은 책, 53.2-12.
15. Horace, *Satires*, 2.3.185-86.
16. Virgil, *Aeneid* 1.279.
17. Cassius Dio, *Roman History*, 55.6.6-7; Suetonius, *Augustus*, 31; Macrobius (Macrobius Ambrosius Theodosius), *Saturnalia*, 1.12.35.
18. Macrobius, *Saturnalia*, my translation, 1.12.35.
19. Otherwise unknown. 같은 책.
20. P. Köln, 4701, lines 12-14, in Köln et al., *Kölner Papyri* (Wiesbaden: VS Verlag für Sozialwissenschaften, 1987), 113-14.
21. Roller, *World of Juba II and Kleopatra Selene*, 251.
22. "Académie des inscriptions & belles- lettres," *L'Année Épigraphique*, Année 1928 (Paris: Presses Universitaires de France, 1929): 26, number 88.
23. M. E. J. J. van Aerde, *Egypt and the Augustan Cultural Revolution, An Interpretative Archaeological Overview*, Babesch Supplements, 38 (Leuven, Belg.: Peeters, 2019) 참조.
24. Stephanie Malia Hom, "Consuming the View: Tourism, Rome, and the Topos of the Eternal City," *Annali d'Italianistica*, "Capital City: Rome 1870-2010," 28 (2010): 91-116.
25. Cassius Dio, *Roman History*, 56.30.3.

도판 출처

1. bpk Bildagentur/Muenzkabinett, Staatliche Museen, Berlin, Germany/Reinhard Saczewski/Art Resource, NY
2. Metropolitan Museum of Art
3. Metropolitan Museum of Art
4. bpk Bildagentur/Antikensammlung, Staatliche Museen, Berlin, Germany/Christoph Gerigk/Art Resource, NY
5. Katherine K. Adler Memorial Fund/The Art Institute of Chicago
6. bpk Bildagentur/Muenzkabinett, Staatliche Museen, Berlin, Germany/Dirk Sonnewald/ Art Resource, NY
7. Rowan/Wikimedia Commons
8. Metropolitan Museum of Art
9. Metropolitan Museum of Art
10. Matthew Sears 촬영
11. Barry Strauss 촬영
12. Scala/Art Resource, NY
13. Rijksmuseum, Amsterdam
14. Konstantinos L. Zachos 제공
15. Barry Strauss 촬영
16. William M. Murray 원본 도판 제공, Richard Scott 그림
17. Metropolitan Museum of Art
18. Metropolitan Museum of Art

찾아보기

악티움 해전

로마 제국을 만든 전쟁

1판 1쇄 2023년 3월 22일

지은이 | 배리 스트라우스
옮긴이 | 이종인

펴낸이 | 류종필
편집 | 권준, 이은진, 이정우
마케팅 | 이건호
경영지원 | 김유리
표지 디자인 | 석운디자인
본문 디자인 | 이미연
교정교열 | 문해순

펴낸곳 | (주)도서출판 책과함께
　　　　주소 (04022) 서울시 마포구 동교로 70 소와소빌딩 2층
　　　　전화 (02) 335-1982
　　　　팩스 (02) 335-1316
　　　　전자우편 prpub@daum.net
　　　　블로그 blog.naver.com/prpub
　　　　등록 2003년 4월 3일 제2003-000392호

ISBN 979-11-92913-10-0 03900